자치입법론

지방정책법의 연구 **1**

자 치 입 법 론

선정원 조성규 권경선 진성만 문상덕

경인문화사

머리말

    지방정책법의 연구 시리즈의 첫 번째 주제로 자치입법론을 선정하여 발행한다. 지방자치의 진전과 함께 지방행정실무에서 자치입법은 점점 중요해지고 있으나 이에 관한 개별 논문들 이외에 단행본이 거의 없는 우리 현실을 고려한 선택이었다.

    1980년대 미국과 영국에서 규제개혁의 열풍을 타고 사회과학과 법학의 융합적 연구가 각광받기 시작한 이후 세계 공법학계는 큰 변화를 겪고 있다. 90년대 이후 독일에서는 행정법의 개혁과 보장국가론이 전통 행정법학을 대신하여 크게 융성하고 있고, 일본에서도 90년대 이후 자치체 정책법무론이 발전해오고 있다.

    지방정책법의 연구 시리즈는 지방행정 수준에서 이와 같은 세계적 흐름에 부응하기 위해 기획되었다. 이 시리즈의 발간에 있어서는 이론과 실무의 상호소통은 물론 공법학과 사법학 등 전통적 법학의 학문적 접근방법뿐만 아니라 행정학, 재정학, 경제학, 사회복지학 등 지방행정과 관련있는 여러 학문들의 성과를 수용하기 위해 학제적 접근방법도 취하고자 한다. 다만, 자치입법론은 그 주제의 특성상 법학적 방법론이 가장 빈번하게 사용되었다.

    자치입법론은 오랫동안 흔들리지 않고 지방자치법연구에 매진해왔던 선배 연구자들 및 동학들과의 학문적 교류를 통해 얻은 연구성과물이라고 할 수 있다. 이 책에 수록된 글들도 저자들이 학술지에 발표했던 것들을 일부 또는 전면 수정하거나 통폐합하고 새로 쓴 글들이다. 여러 저자들이 참여하였기에 주제와 내용의 일부 중복은 피하기 어려웠지만 적어도 그 관점이나 주장내용은 서로 다른 것들만 수록하려 노력했다.

여러모로 부족하고 아쉬움도 남는 작업이었지만 이 책이 자치입법과 지방자치의 발전에 도움이 되고 유사한 연구와 책들의 발간에 하나의 계기가 되기를 바란다.

저자 일동

차 례

제1편
자치입법의 기초

제1장 입헌주의적 지방자치와 지방자치법 이념의 변화·발전

선정원

I. 자치입법권의 자율성의 내용과 범위의 불명확성의 지속

1. 자치입법권의 보장에 있어 헌법 제8장의 한계

2019년 연방제수준의 자치분권제를 지향한 정부의 헌법개정안은 국회에서 일단 좌절되었다. 하지만, 이 정부의 헌법개정안에서도 법령과 자치입법의 관계부분은 개정대상에 포함시키지 않았었다. 그 동안 우리나라에서 지방자치에 대한 법률의 개입범위에 한계를 가하는 헌법규정이 존재하는지 존재한다면 그 의미는 무엇인지 명확하지 않는 것으로 인식되어 왔기 때문에 자치입법권을 명확히 보장해주기 위한 규정이 정부의 헌법개정안에도 포함되지 않은 유감이라 할 것이다. 이와 같은 상황이기 때문에 장래 이와 유사한 헌법개정노력이 성공하는가와는 상관없이 현행 헌법이 자치입법권에 대해 취하고 있는 태도는 쉽게 바뀌기 어려울 것으로 보인다.

현행 헌법은 제8장에서 지방자치에 관한 두 개의 규정을 두고 있다. 이 중 자치입법권에 관한 규정은 헌법 제8장 제117조 제1항인데, "지방자치단체는 주민의 복리에 관한 사무를 처리하고 재산을 관리하며, 법령의 범위 안에서 자치에 관한 규정을 제정할 수 있다"고 하고 있다. 이 중에서 자치입법권의 내용과 범위에 관한 중요한 표현은 "주민의 복리"와 "법령의 범위"이다. 그런데, 주민의 복리에 관한 사무라는 것은 매우 막연한 불확정개념이다. 현실적으로 많은 개별법령에서 주민의 복리사항에 대해 개입의 정도를 달리하여 많은 규정을 두고 있지만 헌법은 그것을 지도할 기능이나 한계설정의 기능을 거의 못하고 있다. 이와 같이 입법자들이 주민의 복리개념을 막연하게 이해하여 자치입법권에 개입하는 상황에서 "법령의 범위"라는 표현도 법률의 우위와 법률의 유보는 지켜져야 한다는 형식적인 요청을 넘어 자치입법권을 침해하는 '입법자의 독재'를 막아낼 수 없다.

입법실무상으로는 헌법이 아니라 지방자치법 제15조 단서, "주민의 권리제한 또는 의무부과에 관한 사항이나 벌칙을 정할 때에는 법률의 위임이 있어야 한다"는 규정(일본 지방자치법에는 없는 규정임)이 국가의 입법사항과 자치법규로 규정할 사항을 구분하는 핵심적 근거로 작용하고 있다. 주민의 복리에 관한 사무는 주민의 권리의무에 영향을 미칠 사무일 것이기 때문에 헌법상의 기준은 지방자치법에 의해 축소되고 형해화되고 있다고 볼 수 있을 것이다. 이것은 현재 한국의 자치법규에서 대부분의 중요한 조례는 위임조례임을 보아도 알 수 있다.

결국 우리나라에서 법령과 자치입법의 관계를 지도할 보다 실질적인 기준이 헌법으로부터 도출되지 않고 있다고 진단할 수 있을 것이다.

2. 자치분권의 과제와 제도적 보장이론의 한계

"최소보장", "핵심영역의 보장" 등으로 불리우는 제도적 보장이론1) 은

---

1) 제도적 보장론은 독일 기본법 제28조 제2항 제1문과 우리 헌법 제8장의 해석을 위한 이론으로 20세기 초 바이마르 공화국당시 수많은 군소정당이 난립하며 합종연횡하는 국가 혼란상황에서 입법자들이 오랜 역사와 전통속에 형성되어 국가와 국민의 삶의 계속성을 구성하는 핵심적인 요소들을 자의적으로 폐지하거나 변경함으로써 혼란을 초래하는 것을 막기 위해 등장한 것이다. 헌재 1994. 4. 28. 91헌바15 등, 판례집 6-1, 317, 338-339 ;

입법자와의 관계에서 헌법이 지방자치에 관하여 최소골격을 유지시킨다는 점에서는 여전히 지방자치제의 소극적인 폐지금지와 본질변경의 금지의 근거로서는 의미를 갖는다.

우리 헌법재판소는 지방자치제에 대해 제도적 보장의 하나로서, "제도적 보장은 객관적 제도를 헌법에 규정하여 당해 제도의 본질을 유지하려는 것"으로서, "헌법에 의하여 일정한 제도가 보장되면 입법자는 그 제도를 설정하고 유지할 입법의무를 지게 될 뿐만 아니라 헌법에 규정되어 있기 때문에 법률로써 이를 폐지할 수 없고, 비록 내용을 제한한다고 하더라도 그 본질적 내용을 침해할 수 없다"고 한다.[2]

하지만, 헌법재판소는 권한쟁의심판사건에서 "지방자치의 원리는 헌법에 의하여 보장되기 때문에 입법적·행정적인 수단에 의한 규율은 필요·최소한에 그쳐야 한다. 중앙정부의 지방자치단체에 대한 관여를 필요·최소한으로 제한하지 않고서는 지방자치단체의 자주성 존중, 자립적 정책의 수립·집행이 제대로 되지 아니할 우려가 크기 때문이다"고 하여,[3] 제도의 본질적 사항과 관계있는지를 묻지 않고 입법자라 하더라도 지방자치단체에 대한 관여를 필요·최소한으로 제한하여야 한다고 하여 다른 견해를 제시하기도 했다.[4]

제도적 보장론은 소극적 의미를 넘어서 지방자치제의 적극적 형성과 발전방안의 구체화와 관련하여서는 전혀 유용하지 않다. 글로벌 경제에서 규모의 경제를 배경으로 하는 집권의 논리와 지역사회의 다양성과 정치민주화를 배경으로 하는 분권의 논리간의 갈등과 충돌의 상황에서 헌법이 입법

헌재 1997. 4. 24. 95헌바48, 판례집 9-1, 435, 444-445 ; 헌재 2001. 06. 28. 2000헌마 735, 판례집 13-1, 1431-1432 ; 헌재2003. 3. 27. 2002헌마573 참조.

2) 헌재 1997.4.24. 95헌바48 ; 헌재 2001. 6.28. 2000헌마735 ; 헌재 2003.3.27. 2002헌마 573.

3) 헌재 1998.8.27. 96헌라1 전원재판부 【시흥시와정부간의권한쟁의】.

4) 지방자치제에 관한 헌법재판소의 입장이 일관되지 못하다는 비판은, 김배원, 헌법적 관점에서의 지방자치의 본질, 공법학연구 제9권 제1호, 2008, 229면.

자에게 지방자치를 통해 헌법의 가치를 최적으로 실현시키도록 하는 규범
력을 갖도록 하는데 있어 제도적 보장론은 무력하다. 이 때문에 제도적 보
장이론의 소극성과 무력성에 대한 많은 비판들이 독일은 물론 우리나라에
서도 나오고 있다.5)

　지방자치제의 적극적 형성의 방향을 지도하고 규율하여 법령제정권자의
자치입법권에 대한 침해를 한계지우고 중앙권한의 지방이양노력을 적극적
으로 지도할 헌법의 비전과 기준이 절실히 필요하고 그에 대한 사회적 합
의도 필요하다고 할 것이다.

Ⅱ. 입헌주의적 지방자치를 위한 헌법전문의 재해석

1. 입헌주의적 지방자치

　우리나라에서 "지방자치의 제도적 보장론의 한계에 대한 대안으로서 제
시되고 있는 입헌주의적 지방자치론"6)은 헌법에 지방자치에 관한 규정이

---

5) 제도적 보장론에 대한 비판적 견해들은 "지방자치가 자유민주국가에서 수행하고 있는
　여러 가지 제도적인 기능을 감안할 때 과연 지방자치에 관한 제도적 보장이 지방자치의
　전면적인 폐지만을 금지하는 정도의 효과밖에는 나타내지 못한다고 주장할 수 있는 것
　인지 의문을 가지지 않을 수 없다"는 견해,(허영, 한국헌법론, 박영사 2006, 792면.) 수백
　년간의 중앙집권제의 역사를 가진 우리 나라에서 지방자치제도를 전래의 제도보장으로
　보는 것은 무리가 있고,(정종섭, 헌법학원론, 박영사 2006, 766면.) 우리 나라의 경우 지
　방자치제도는 헌법에 의하여 비로소 창설된 제도이어서 제도적 보장론에서 밀하는 역사
　적 전통에 의거한 본질내용을 찾을 수 없으므로,(조성규, 지방자치제의 헌법적 보장의
　의미, 공법연구 제30집 제2호, 417면.) 지방자치의 본질내용은 헌법 자체로부터 발견되
　어야 할 것이라는 견해, 폐지나 공동화로부터 보호하기 위한 이론으로서 제도적 보장이
　론이라는 버팀목은 더 이상 불필요하다는 견해(김명연, 지방자치행정의 제도적 보장의
　의의와 내용, 공법연구 제32집 제5호, 674면.) 등이 제시되고 있다.

미비하거나 없음으로 인하여 지방자치의 발전에 문제가 있음을 인정하고 헌법해석을 통해 지방자치의 근거와 지방정부와 주민의 자율영역을 보호하며 지방자치의 원리를 규범화하는 이론이다.[7]

비교법적으로 볼 때, 입헌주의적 지방자치론(constitutional localism ; local constitutionalism)은 미국 연방헌법에서 명시적으로 지방자치단체(local government)에 관해 규정하지 않은 결과 지방자치의 발전에 문제가 있음을 인정하고 헌법의 해석(특히, the Tenth Amendment)을 통해 지방자치의 근거를 발견하여 지방자치단체와 주민의 자율영역을 보호하기 위해 주장되고 논의되어 왔다.[8]

우리 헌법 제8장은 지방자치를 규정하고 있지만 적극적으로 자치입법권의 보장을 위한 근거규정으로서 기능하지 못하고 있다. 현재로서는 우리나라의 지방자치와 자치입법권의 내용 및 범위가 지방자치권에 대해 침묵하고 있는 미국 헌법에서와 같이 법령제정권자들의 의사에만 맡겨져 있는 듯 운영되어왔으나, 헌법의 규범력을 회복하여 헌법이 법령제정권자와 자치입

---

6) 최상한, 입헌주의적 지방자치론과 자치제도의 확대, 정부학연구 제18권 제3호, 2012, 181면.

7) 정재황(공동연구책임자), 지방자치의 헌법적 보장 - 지방자치와 입법권의 한계 -, 헌법재판연구 제17권, 2006, 30-76면 ; 선정원, 입헌주의적 지방자치와 조직고권, 지방자치법연구 제7권 제2호, 2007, 319-341면 ; 김배원, 헌법적 관점에서의 지방자치의 본질, 공법학연구 제9권 제1호, 2008, 219-247면 ; 문상덕, 지방자치제도의 활성화와 행정소송 :지방자치관련 대법원판례 검토를 중심으로, 행정법연구 제25호, 2009, 104면 ; 최상한, 입헌주의적 지방자치론과 자치제도의 확대, 정부학연구 제18권 제3호, 2012, 153-185면.

8) 미국에서 입헌적 지방자치론을 주장한 문헌으로는, David J. Barron, THE PROMISE OF COOLEY'S CITY: TRACES OF LOCAL CONSTITUTIONALISM, University of Pennsylvania Law Review 147, 1999 ; David J. Barron, A LOCALIST CRITIQUE OF THE NEW FEDERALISM, Duke Law Journal 51, 2001 ; Jake Sullivan, THE TENTH AMENDMENT AND LOCAL GOVERNMENT, Yale Law Journal 112, 2003 ; Roderick M. Hills, Jr., IS FEDERALISM GOOD FOR LOCALISM? THE LOCALIST CASE FOR FEDERAL REGIMES, Journal of Law and Politics 21, 2005 ; Richard C. Schragger, CITIES AS CONSTITUTIONAL ACTORS: THE CASE OF SAME-SEX MARRIAGE, Journal of Law and Politics 21, 2005.

법권자를 함께 지도하도록 하기 위해서 헌법의 전문 등을 재해석함으로써 입법자에 의한 제약없는 자치권침해를 제한하기 위한 근거로 삼아야 할 것이다.

2. 헌법전문의 재해석을 통한 지방자치권의 근거와 지향점의 발견

지방자치를 지도할 헌법의 근본정신을 단지 헌법 제8장에서만 발견하려는 태도는 잘못된 것이다. 보다 근본적으로 헌법의 본문규정들을 지도하는 정신과 원칙을 헌법전문에서 찾아야 한다. 특히, 헌법전문에 규정된 표현인 "자율과 조화를 바탕으로 자유민주적 기본질서를 더욱 확고히 하여"라고 한 부분은 주목할 만하다.

헌법전문은 1948년 7월 17일 제헌헌법에 등장한 이후 1962년 12월 26일 제3공화국헌법, 1972년 12월 27일 유신헌법, 1980년 10월 27일 제5공화국헌법, 그리고 1987년 10월 29일 현행 헌법 등 총 4번의 개정이 이루어졌다. 대부분의 표현이 제헌헌법의 전문과 동일하고 몇 개의 표현만이 수정되거나 추가되었다.

"자율과 조화를 바탕으로 자유민주적 기본질서를 더욱 확고히 하여"라고 한 부분은 현행헌법에서 비로소 추가된 것인데, 1972년 유신헌법과 1980년 헌법에서는 단순히 "자유민주적 기본질서"라는 표현만이 사용되고 있었다. 현행 헌법은 독재권력과 국민간의 극심한 대립과 갈등속에서 국가사회의 화합과 통합을 목표로 제정된 것으로 "자율과 조화를 바탕으로 자유민주적 기본질서를 더욱 확고히 하여"라는 부분은 지방분권과정에서 그리고 지방자치단체내에서 기관간 갈등이 고조되는 과정에서 입법, 행정, 사법을 지도하여 갈등해결을 가능하게 하기 위한 주요한 지도원칙이 될 수 있다고 본다. 단순히 헌법 제8장과 지방자치법 제15조 단서규정등 해당 개별 규정들만을 기초로 법령을 적용하는 것보다는 헌법상의 지도원칙과 헌법 제8장 그리고 지방자치법의 이념의 변천을 함께 종합적으로 이해함으로써 헌법의 규범력을 보다 강화시킬 수 있을 것으로 기대한다.

이러한 입장에서 볼 때, "자율과 조화를 바탕으로 자유민주적 기본질서"의 추구는 입헌주의적 지방자치를 위한 헌법의 지도정신이자 원칙이므로 헌법 제117조와 제118조의 해석에 있어서도 이 지도정신과 원칙은 존중되어야 한다. 헌법은 제117조와 제118조에서 지방자치단체의 주민복리에 관한 사무처리권, 재산관리권, 그리고 자치입법권을 보장하며 지방자치단체에 의회를 두도록 규정하고 있는데, 입법자가 이에 관해 규율할 수 있다 하더라도 그 입법은 "자율과 조화를 바탕으로 자유민주적 기본질서"의 추구 원칙을 침해하지 않는 것이어야 한다.

헌법전문의 재해석만으로는 자치입법권의 보장을 위해 불완전할 수 있다. 자치입법권의 보장과 관련하여 현행 헌법 제8장은 법령제정권자와 자치입법권자를 적극적으로 지도하는 기준으로서 작동하지 못하고 있음이 그동안의 지방사무의 이양작업이나 행정실무와 재판에서 명확해졌다. 헌법개정이 다시 시도된다면 자치입법권을 적극적으로 보호할 헌법적 근거가 규정되어야 하고 그의 위법을 사법적 통제수단을 통해 시정할 수 있는 자치권침해구제소송9)도 도입될 필요가 있다 할 것이다.10)

---

9) 협의로는 자치권을 침해하는 법령이나 상급기관의 자치입법에 대한 자치단체의 구제소송을 말한다. 광의로는 자치권을 침해하는 국가나 상급기관의 권력적 조치를 처분으로 보아 공법인인 자치단체가 헌법소원이나 항고소송을 제기할 수 있도록 하는 것까지 포함해서 이해한다. 이에 대해서는, 조성규, 지방자치단체의 공법상 지위에 관한 연구 : 독일 게마인데(Gemeinde)의 행정소송상 원고적격을 중심으로, 2001(서울대 박사) 및 석종현, 독일에 있어서의 지방자치단체의 헌법소원, 헌법재판 제3권, 1991, 329면, 그리고 박정훈, 지방자치단체의 자치권을 보장하기 위한 행정소송, 지방자치법연구 제1권 제2호, 2001, 9-36면 참조.

10) 국회나 중앙부처의 법령이나 상급 자치단체의 자치법규에 의한 자치단체의 자치권침해

Ⅲ. 지방자치법 이념의 역사적 변화와 발전

우리나라의 지방자치법사에서 이승만·장면정부(1948-1961)시대를 제1기라고 부를 수 있을 것인데, 이 시기를 이끈 지방자치법의 이념은 민주성이었다. 즉, 1949년 8월 15일 처음으로 지방자치법이 제정되어 시행되었는데, "지방의 행정을 국가의 감독하에 지방주민의 자치로 행하게 함으로써 대한민국의 민주적 발전을 기함"(지방자치법 제1조)을 법의 목적으로 규정하여 제1기 지방자치법의 이념을 민주성으로 밝히고 있었다.

한편, 박정희·전두환정부(1962-1987)시대를 제2기라고 부를 수 있을 것인데, 박정희정부시대부터 전두환정부시대(1988년 4월 6일까지 존속)까지 지방자치에 관한 법적 규율은 지방자치법보다는 1961년 9월 1일부터 시행된 '지방자치에관한임시조치법'에 의해 이루어졌다. 이 시기를 이끈 지방자치법의 이념은 능률성이었는데, '지방자치에관한임시조치법'은 "혁명과업을 조속히 성취하기 위하여 지방자치행정을 더욱 능률화하고 정상화함으로써 지방자치행정의 건전한 토대를 마련함"을 목적으로 하여 제2기 지방자치법의 이념이 능률성임을 명시하고 있다.

노태우정부시대(1988-1992) 이후 2002년까지를 지방자치법사에서 제3기라고 부를 수 있을 것인데, 이 시기를 이끈 지방자치법의 이념은 민주성과 능률성이라고 할 수 있을 것이다. 1987년 6월 시민항쟁과 6.29선언이후 한국의 민주화추세는 거스를 수 없는 것이 된다. 이것은 지방자치제도에도 큰 영향을 미치게 된다. 지방자치법이 1988년 4월 6일 전면개정되었는데, 제1조에서 "지방자치행정의 민주성과 능률성을 도모하며 지방자치단체의 건전한 발전을 기함"을 목적으로 제시하여 민주성과 능률성이라는 양대 이

구제소송에서는 심사기준으로서 비례원칙이 중요한 역할을 할 것이다. 방승주, 중앙정부와 지방자치단체와의 관계 - 지방자치에 대한 헌법적 보장의 내용과 한계를 중심으로 -, 공법연구 제35집 제1호, 2006, 101면 ; 류시조, 지방자치제의 보장을 위한 논의와 한계, 공법학연구 제11권 제1호, 2010, 68면.

념을 제시하여 제3기 지방자치법의 목적과 방향을 명시하고 있다.

노무현정부의 등장과 함께 우리나라의 지방자치는 큰 변화를 맞이하게 되었는데, 2002년이후 현재까지를 지방자치법 제4기라고 할 수 있을 것이다. 이미, 1989년 12월 30일의 지방자치법개정으로 민주성과 능률성 이외에 "지방의 균형적 발전과 대한민국의 민주적 발전"이 지방자치법의 목적으로 추가되어 2020년 현재에 이르고 있다.

지방자치법 1-3기와 달리 지방자치법 제4기에서는 민주성, 능률성 이외에 균형발전도 지방자치의 이념으로 추가하는 것이 필요하게 되었다. 2004년 1월 16일에는 "지방자치단체의 지방분권에 관한 책무를 명확히 하고 지방분권의 기본원칙·추진과제·추진체계 등을 규정함으로써 지방을 발전시키고 국가경쟁력을 높이는 것을 목적"으로 지방분권특별법이 제정됨으로써, 지방분권이 우리 사회의 중요한 화두로 대두되었다.

최근 지방자치법의 이념은 다시 한번 중대한 변화의 과정에 있다. 행정안전부가 2020년 6월 19일 제21대 국회에 제출한 지방자치법 전부개정안 제1조에서는 "지방자치행정에 주민의 참여를 보장하며, 국가와 지방자치단체 간, 지방자치단체 상호간의 협력적인 기본관계를 정함으로써" 라는 문구를 첨가하였다.[11] 개정안 제안이유서에 따르면 이 변화는 "1995년 민선 지방자치 출범 이후 변화된 지방행정환경을 반영하여, 획기적인 주민주권을 구현하고, 자치단체의 자율성 강화 및 이에 상응하는 투명성과 책임성을 확보하며, 중앙과 지방의 관계를 협력적 동반자 관계로 전환함으로써, 새로운 시대에 걸맞는 주민중심의 지방자치를 구현하기 위한 것"이다. 1-4기와 달리 지방자치법의 이념으로 주민자치를 추가한 것이 2020년 개정안의 차이점이라고 볼 수 있을 것이다.

지방자치법의 이념의 변천사(민주성 ->능률성 ->민주성+능률성 ->민주

---

11) 이 법안은 제20대 국회 회기중인 2018년 11월 13일 국회제출안과 동일한 것으로 2020년 6월 19일 제21대 국회에서 정부가 다시 제출한 안이다.

성+능률성+균형발전 ->민주성+능률성+균형발전+주민자치)를 통해 드러나는 것은 지방조직형성에 있어 단지 능률성의 가치만을 추구할 수는 없는 것이고, 헌법 전문에서 제시한 지도이념인 '자율과 조화'를 바탕으로 자유민주적 기본질서를 추구한다는 취지에 맞게 민주성, 능률성, 균형발전 그리고 더 나아가 주민자치가 조화있게 실현되도록 법을 해석하여야 한다는 점이다.

자치입법권도 민주성, 능률성, 균형발전과 주민자치가 조화있게 실현되도록 보장되고 확대 강화되어야 할 것이다.

제2장 법치행정의 원리와 조례제정권의 관계
- 조례에 대한 법률유보의 문제를 중심으로

조 성 규

I. 서 론

지방자치가 '풀뿌리 민주주의'로 표현되거나 또는 '민주주의의 학교'에 비유되는 것은 지방자치와 민주정치와의 불가분성을 나타내는 것으로, 지방자치의 본질적 의의가 민주주의의 실현에 있다는 것은 당연한 주지의 사실이다. 따라서 지방자치의 수준은 민주주의실현의 하나의 척도로서 기능하며, 그러한 점에서 자유민주주의를 지향하는 우리나라에서도 지방자치 내지 지방분권에 대한 논의가 법적으로나 사회적으로 중요한 의미를 갖는다는 것은 당연한 결과이다.

특히 현대의 권력분립적 구조 하에서 행정권과 사법권은 입법권에 종속적이거나 적어도 입법권에 의한 구속을 받을 수밖에 없다는 점에서, 중앙과 지방 사이의 입법기능의 배분문제는 지방분권의 수준을 파악하는데 매우 중요한 기준이 될 수밖에 없다. 동시에 민주주의의 본질을 자기결정의 원리라고 할 때, 어떤 조직체의 자기결정의 유무를 판단함에 있어 가장 중요한 요소는 바로 규범정립권의 유무라고 할 수 있고, 따라서 자치입법권의 확대는 자기책임적 사무수행을 보장하기 위한 불가결한 요소이며, 자치입법권의 충실한 보장은 지방자치보장에 있어 핵심적 내용이라고 하여야 할 것이다.

좁은 의미에서 자치란 자치입법이라 할 수 있을 정도로 지방자치제에서 자치입법권이 갖는 의미는 중요하며, 따라서 자치입법권은 지방자치단체에

보장되는 자치권의 본질적 부분의 하나가 된다.1)

지방자치단체에 자치입법권을 부여한다는 것은 자신의 문제를 스스로 정함으로써 국가법령이 간과할 수도 있는 영역을 당사자로 하여금 전문적인 입장에서 판단하도록 하고 또한 자기책임으로 판단토록 하여, 이로써 규범 정립자와 규범수범자간의 간격을 줄임으로써 사회적인 힘을 활성화하는데 기본적인 의미가 있다. 동시에 국가의 입법자는 그 인식이 용이하지 않은 지역과 사항에 있어서의 상이성을 고려하여야 하는 부담으로부터 벗어나는 장점도 갖는 것이다. 따라서 자치입법권의 보장은 법적으로 독립된 자주적인 단체로서 지방자치단체의 자율적인 프로그래밍(Selbstprogrammierung)의 보장이며, 자기표현(Selbstdarstellung)의 보장이 된다.2)

실제로 우리나라에서도 지방자치가 본격적으로 자리를 잡으면서, 지방의 회 및 조례의 역할이 증대하고 이에 따라 조례와 관련된 법적 분쟁도 적지 않게 발생하고 있다. 그러한 상황에서 조례제정권과 관련한 법적 검토의 필요성은 당연히 중요한 것일 수밖에 없는바, 다만 조례가 지방자치의 본질적 부분이고, 지방자치는 헌법적으로 보장되는 제도라는 점에서 조례제정권에 대한 법적 논의 역시 지방자치의 헌법적 보장이라는 관점을 기본틀로 하여 접근하여야 함은 물론이라 할 것이다.

다시 말하면, 지방자치의 헌법적 보장이 일반화되어 있는 현대의 헌법구조상, 지방자치권에 대한 이해는 단순히 이론적인 차원의 것이 될 수는 없으며, 이는 법규범적인 것이 되어야 하며 그 기준과 내용은 헌법이 직접 제공하고 있다고 보아야 할 것이다. 물론 헌법의 최고규범성의 결과, 추상적 헌법규율을 구체화하는 법률이 중요하며, 지방자치제도 역시 헌법적으로 보장된 제도임에도 실제적으로는 지방자치법이 기본적 규율을 담당하고

---

1) Stober, Kommunalrecht in der Bundesrepublik Deutschland, 2. Aufl., S. 50.
2) Schmidt-Aßmann, Die kommunale Rechtsetzung im Gefuge der administrativen Handlungs und Rechtsquellen, 1981. S. 5

있다. 그러나, 지방자치법은 구체화된 헌법이다3). 따라서 지방자치법은 지방자치의 내용은 물론 자치권의 보호가능성 및 범위에 관하여 본원적인 결단을 내릴 수는 없으며, 지방자치의 헌법적 보장의 의미를 충실히 구현하여야 하는 것이다.

II. 조례제정권의 본질

1. 조례의 개념 및 성질

일반적으로 조례란 지방자치단체가 법령의 범위 안에서 그 권한에 속하는 사무에 관하여 지방의회의 의결로써 제정하는 법을 말한다.4) 조례는 통상 불특정다수인에 대하여 대외적 구속력을 갖는 법규이며5), 따라서 형식적 의미의 법률은 아니지만 실질적 의미의 법률에 해당한다.6) 그렇다고 하여 지방자치단체가 조례제정권을 통해 자치입법권을 가진다는 것이 헌법상 권력분립원칙의 위반은 아니며 이는 헌법에서 명문으로 그 근거가 주어져 있는 것으로, 헌법 제117조 제1항은 지방자치단체는 "법령의 범위 안에서 자치에 관한 규정을 제정할 수 있다"고 규정하고 있다. 따라서 조례에 관한 실정법상의 근거규정인 지방자치법 제22조는 헌법상의 규정을 구체화한 것에 불과하며, 조례제정권을 창설하는 의미는 아니다.

그러한 점에서 전통적으로 조례의 법적 성질과 관련하여, 이를 시원적 입법으로 볼 것인지 전래적 입법으로 볼 것인지의 문제가 대립되어 왔다.7)

---

3) Stober, a.a.O., S. 3.
4) 김동희, 행정법 II, 2004. 74면.
5) 그러나 조례는 그 속성상, 규율내용의 일반추상성이 필수적인 특징이라고 볼 수는 없으며, 구체적인 사항을 규정할 수 있는 동시에, 외부적 효력을 가지지 아니하는 것도 있다.
6) 홍정선, 지방자치법학, 2002. 203면.
7) 조례의 법적 성질에 관한 학설은 조례자주입법설과 조례위임입법설로 나눌 수 있고, 전

이는 지방자치권의 본질과도 관련되는 것으로, 지방자치권의 본질과 관련하여 고유권설과 전래설의 이론적 대립은 결국 지방자치단체와 국가와의 관계를 어떻게 볼 것인가의 문제인바, 오늘날 지방자치단체 상위의 행정단위들이 존재하는 동시에, 국가를 중심으로 한 국가법질서의 통일성이 요구되는 상황 하에서 국가의사로부터 완전히 독립된, 고유권을 가진 지방자치단체를 상정하기는 어렵다고 할 것이다. 따라서 기본적으로는 전래설의 입장이 타당하다고 할 것이며[8], 자치입법권의 내용으로서의 조례 역시 전래적 입법으로서 보아야 할 것이다. 다만 조례는 헌법적으로 보장된 자치행정권의 본질적 내용인 동시에 지방의회를 통해서 제정된다는 점에서 민주적 정당성을 가지는바, 전래적 입법이지만 자주적 입법으로서의 성질을 가진다고 할 것이다.[9]

자는 다시 고유권설에 입각한 조례자주입법설과 전래설에 입각한 조례자주입법설로 나눌 수 있다. 고유권설에 입각한 조례자주입법설은 지방자치단체의 자치권은 자연권적 고유권이며 지방자치단체의 고유사무에 속하는 사항은 조례의 전권사항으로 본다. 따라서 헌법 제117조 제1항 규정의 '법령의 범위 안에서'를 고유사무에 관한 한 특별한 의미가 없는 것으로 보거나 완화하여 해석한다. 이에 비해, 전래설에 입각한 조례자주입법설은 조례제정권은 국가의 통치권으로부터 전래된 것이고 통치권의 일부가 이양된 것이긴 하나 적어도 자치사무에 관하여 법령에 위반되지 않는 한 법령의 개별적인 위임없이도 조례를 제정할 수 있다고 한다. 다만 조례는 국가법 체계의 일부이기 때문에 국가의 법령에 우선할 수 없다고 한다. 이와 달리, 조례위임입법설은 조례제정권이 국가로부터 부여된 것이며, 헌법으로부터 법률, 그리고 법률의 수권에 의해 명령, 조례가 제정되므로, 조례도 위임입법의 일종이라고 한다. 따라서 조례와 행정입법은 본질상 차이가 없다고 본다. 현재의 학설상으로는 전래설에 근거한 조례자주입법설이 일반적 입장으로 보인다.

8) 다만 지방자치를 직접 헌법에서 보장하고 있는 헌법체제 하에서는 지방자치권은 일차적으로 헌법에 의해 실정법적 근거가 주어지고 있는 것이므로 전래설 역시 헌법적 전래를 의미하는 것으로 보아야 할 것이다(서원우, "지방자치의 헌법적 보장", 고시연구 1993. 6, 19면). 따라서 지방자치제의 헌법적 보장을 전제로 하는 한, 지방자치권의 근거 및 그 내용에 대한 기준은 헌법조항 및 헌법상의 기본원리의 문제가 될 것이므로, 자치권의 본질에 관한 이론상의 논의는 그 의미를 대폭 상실하게 된다고 할 것이다. 그런 맥락에서 전래설에 바탕한 제도적 보장설 역시 오늘날에는 법률에 의한 본질적 내용의 침해를 금지하는 정도의 소극적 의미로서만 파악되어서는 안될 것이다.

9) 통설적 입장으로 보인다. 김동희, 앞의 책, 76면 ; 홍정선, 앞의 책, 204면 ; 박윤흔, 행정

결국 지방자치단체의 조례는 헌법을 정점으로 하는 국법체계의 일환을 이루는 것이나, 이는 지방자치단체가 자치권에 근거해서 제정하고, 그 구역 내에서 시행되는 것으로, 각 지방자치단체의 법질서를 구성한다는 점에서, 국가의 입법권에 의하여 정립되는 국법과는 일단 독자적인 자주적 법체계를 형성한다.10) 그러한 조례의 자주적 입법성은 지방자치의 헌법적 보장에서 비롯되는 것임은 물론이다.

2. 지방자치의 헌법적 보장과 조례제정권의 본질

지방자치의 헌법적 보장의 핵심적인 내용은 지방자치단체는 원칙적으로 자신의 지역 내의 모든 사무를(전권한성) 자기책임으로 처리할 수 있는 권한(자기책임성)을 가진다는데 있다. 따라서 자신의 지역에 관련되는 지역적 사무가 존재하는 한, 헌법상의 보장내용에 의해서 그 사무는 원칙적으로 지방자치단체의 사무영역에 해당하며 지방자치단체의 권한이 인정된다. 동시에 지방자치는 고유한 사무를 "자신의 책임"하에서 규율할 수 있어야 한다는 것을 본질로 한다. 자기책임성은 다른 고권주체, 특히 국가의 합목적성에 대한 지침으로부터의 자유를 의미하며, 고유한 정책적 구상에 따라 결정할 수 있는 능력을 말하는 것으로, 즉 자기책임성은 사무의 수행여부, 시기 및 방법과 관련되는 것이며, 넓은 의미에서의 재량의 표현이다11). 따라서 자기책임성으로부터 지방자치단체는 법질서 내에서 법적으로 활동가 능한 모든 다양한 수단들을 사용할 수 있으며, 당연히 이에 상응하여 지방자치단체에게는 자신의 사무를 규율하는 수단으로서 사용할 수 있는 법적

법강의(하), 2004, 126면 등.
10) 김동희, 앞의 책, 74면.
11) Schmidt-Aßmann, Kommunalrecht, in: ders.(Hg.), Besonderes Verwaltungsrecht, 11. Aufl., 1999, S. 20 (Rn. 19).

제도가 허용되어야 한다. 지방자치단체의 자치입법권 역시 이러한 관점에서 헌법적 보장영역에 속하게 되는바, 입법에 대한 행정의 구속성의 결과, 자율적 입법권의 보장이 없는 자율적 행정의 보장은 무의미하기 때문이다.

이를 제도적 차원에서 접근해 볼 때, 자기책임성을 실현하기 위한 제도적 수단으로서 특별하게 마련된 것이 지방자치단체의 고권(Gemeindehoheit)이다. 소위 지방자치단체 고권은 헌법상의 임무를 효율적으로 수행하게 하는 데 봉사하는 것으로, 지방자치단체의 사무에 있어 특유한 것이다. 고권에 대한 기본사고는 지방자치단체 고권은 지방자치권의 보장을 위해서 불가결하다는 것이지만, 물론 이러한 사고는 개개의 고권에 대한 것이 아니라 총체적 고권개념에 대한 것이다. 동시에 이러한 고권은 법률에 의한 대강의 지침 및 국가의 제한 없이 존재하는 것은 아니다. 즉 그 명확한 실체라는 관점에서 볼 때, 자치고권의 개념은 다수의 행위가능성의 묶음을 의미하는 것으로, 특정한 구체적 권한의 내용까지 세부적으로 보장되는 관념은 아니지만, 다만 입법자에 의해서 모든 고권이 완전히 폐지될 수 없다는 것은 핵심영역의 보호에 포함된다[12]. 지방자치단체의 권한, 즉 '自治高權'은 그 내용에 따라 자치단체의 조직을 당해 지방자치단체가 스스로 결정할 수 있는 자치조직권, 지방주민의 복리를 증진하기 위한 사업을 관리, 경영하는 자치행정권, 지방자치단체의 사무를 처리하고 자치단체의 존립을 유지하기 위하여 필요한 세입을 확보하고 지출을 행하는 자치재정권, 그리고 지방자치단체가 자치행정에 관해 필요한 규정을 정립할 수 있는 자치입법권 등이 인정된다.[13]

---

12) Löwer, in: von Münch/ Kunig, Grundgesetz-Kommentar, 3. Aufl., 1995, Art. 28 Rn. 65 (S. 306).

13) 자치고권의 내용으로는, 일반적 계획고권 및 도시계획고권(Raumplanungshoheit), 인사고권, 조직고권, 법정립고권 및 재정고권을 논하기도 하며(Schmidt-Aßmann, a.a.O., S. 22-24 (Rn. 23), 지역고권, 조직고권, 인사고권, 재정고권, 계획고권, 법정립고권, 행정고권, 협력고권 및 정보고권의 형태로 분류하기도 한다(Stober, a.a.O., S. 42 ff. 참조), 허영교수는 지역고권, 인사고권, 재정고권, 계획고권, 조직고권, 조세고권, 조례고권 등을 들고 있는바(허영, 헌법이론과 헌법, 2000, 1033면), 이들은 모두 예시적인 것으로 보아

다만 헌법적으로 보장된 자기책임성은 법률과 법에 대한 기속으로부터 면제를 의미하는 것은 아닌바, 고권의 주체로서 지방자치단체는 이미 헌법 상의 법치주의에 의하여 법률과 법에 기속되고 있는 것이다. 즉 일반적인 행정의 법률구속성으로부터 지방자치단체의 모든 행위는 법률과 법에 구속되며, 이는 적법성의 통제가 불가결함을 의미하는 것이다. 따라서 자기책임성을 보장하기 위한 제도적 수단으로서의 본질을 가지는 자치입법권을 포함한 지방자치단체의 고권 역시 무제한의 자유를 누리는 것이 아니라, 법치주의의 원칙에 의한 구속과 제한은 당연히 존재하게 된다.

Ⅲ. 법치행정의 원리와 조례제정권의 한계

1. 개 설

지방자치의 헌법적 보장의 의미가 법치주의로부터의 자유를 의미하지 않음은 재론의 여지가 없다. 따라서 지방자치의 보장은 - 일정한 원리에 의한 제한은 있지만 - 법률에 의한 구체화를 필요로 하는 법률유보 하에서 존재하며, 조례제정권 역시 마찬가지이다. 우리 헌법 제117조 제1항 역시 지방자치단체는 '법령의 범위 안에서' 자치에 관한 규정을 제정할 수 있다고 규정하고 있으며, 이에 근거한 지방자치법 제22조도 지방자치단체는 '법령의 범위 안에서' 그 사무에 관하여 조례를 제정할 수 있다고 규정하고 있다.

동시에 지방자치의 본질상으로도 지방자치는 자치행정에 속한다. 따라서 지방의회는 국회(Parlamente)가 아니며 자치행정주체의 기관으로, 본질상 행정권에 속한다. 즉 조례는 행정권에 의한 입법으로서, 법규범이긴 하지만 형식상으로는 행정작용의 본질을 가지는 것이다.[14)]

─────────────

야 할 것이다.

그러한 점에서 일반적인 행정의 법률구속성으로부터 지방자치단체의 모든 행위는 법률과 법에 구속되며, 조례제정권의 범위와 한계의 문제 역시 법치행정의 원리라는 관점에서 검토되어야 할 것이다.

2. 법률우위의 원칙과 조례제정권

조례제정권은 헌법상 보장된 지방자치권의 일환으로서 보장되는 것임은 분명하지만, 이는 시원적인 것이 아니며 전래적인 것으로 보아야 하는 결과, 이에 대해서도 법률우위의 원칙은 당연히 적용된다. 따라서 법률에 위반하는 조례는 무효라고 할 것이다. 다만 행정실제에 있어 조례가 법령에 위반하는지의 여부가 명확한 것은 아닌 동시에, 조례로 규율하려는 사항이 이미 법령에 의하여 규율되고 있는 경우, 조례제정의 가능성과 관련하여 법률선점이론[15]이 문제되지만, 오늘날에는 조례의 자주적 입법성의 결과, 조례제정권이 확대되는 경향이 나타난다.[16] 그러한 경향은 우리나라 판례에서도 나타나는바, 조례의 법령에의 위반 여부는 형식으로 판단될 것이 아니라, 당해 법령의 취지가 전국적으로 획일적 규율을 하는 것이 아니라

---

14) Schmidt-Aßmann, a.a.O., S. 66 (Rn. 95) ; 홍정선, 앞의 책, 204면.
15) 법률선점이론이란 법률로 이미 규율되고 있는 영역에 대하여 조례가 다시 동일한 목적으로 규율하는 것은 법률이 이미 선점한 영역을 침해하는 것이므로 법률에서 특별히 위임하지 않는 한 허용되지 않는다는 이론을 말한다. 국법선점이론이라고도 하며, 이는 내용적으로는 조례에 대한 법률의 우위를 의미하므로 법률전점이론을 의미하게 된다.
16) 법률선점이론은 주로 일본에서 논의되는 것으로, 오늘날 완화된 입장에 의하면, ⅰ) 국가의 법령과 동일한 사항·대상을 다른 목적으로 규율하는 조례, ⅱ) 국가의 법령과 같은 목적이라도 당해 법령의 대상 이외의 사항을 규율하는 조례는 법령에 위반되지 않는 것으로 보는 반면, ⅲ) 국가의 법령과 동일한 목적으로, 동일사항에 대하여 법령보다 엄격한 요건이나 규제수단을 정하는 조례는 법령에 위반되는 것으로 허용되지 않는다. 다만 그러한 경우에도 당해 법령에 의한 규제가 전국적 차원의 최저기준을 설정하는 것으로 해석되는 경우에는 조례에 의한 보다 강화된 규제도 허용되며, 주로 공해규제관련 조례에서 문제되고 있다(김동희, 앞의 책, 76면 ; 박윤흔, 앞의 책, 128면).

각 지방의 실정에 맞게 별도로 규율하는 것을 용인하는 취지로 해석될 때에는 조례에 의한 별도의 규율이 허용된다고 보고 있다.[17)

결론적으로 법률우위의 원칙은 조례제정권에 대해서도 당연히 적용됨은 의문의 여지가 없으므로 조례는 법령에 위반될 수 없으나, 다만 법령에의 저촉 여부는 결국 헌법에 의한 지방자치의 보장의 취지와 내용, 국가법질서의 통일성, 지방의회의 입법능력, 조례의 침익성 여부 및 실효성 등을 종합적으로 평가하여 구체적 사안에 따라 결정되어야 할 것이다.[18)

3. 법률유보의 원칙과 조례제정권

1) 개 설

법률우위의 원칙과 달리 조례제정의 경우에도 법률유보의 원칙이 적용되는가에 대해서는 의문이 있을 수 있는바, 기본적으로 조례는 민주적 정당성에 근거한 자주법으로서 법률에 준하는 성질을 가지기 때문이다. 헌법

---

17) "지방자치단체는 법령에 위반되지 아니하는 범위 내에서 그 사무에 관하여 조례를 제정할 수 있는 것이고, 조례가 규율하는 특정사항에 관하여 그것을 규율하는 국가의 법령이 이미 존재하는 경우에도 조례가 법령과 별도의 목적에 기하여 규율함을 의도하는 것으로서 그 적용에 의하여 법령의 규정이 의도하는 목적과 효과를 전혀 저해하는 바가 없는 때, 또는 양자가 동일한 목적에서 출발한 것이라고 할지라도 국가의 법령이 반드시 그 규정에 의하여 전국에 걸쳐 일률적으로 동일한 내용을 규율하려는 취지가 아니고 각 지방자치단체가 그 지방의 실정에 맞게 별도로 규율하는 것을 용인하는 취지라고 해석되는 때에는 그 조례가 국가의 법령에 위반되는 것은 아니다"(대법원 1997. 4. 25. 선고, 96추244판결) ; 동지, 대법원 2000. 11. 24. 선고 2000추29 판결.

18) 박윤흔, 앞의 책, 129면. 그러한 점에서 판례는, 생활보호법과는 달리 자활보호대상자에게 생계비를 지원하도록 한 조례는 생활보호법에 위반되지 않는다고 판시하고 있으며(대법원 1997. 4. 25. 선고 96추244 판결), 자동차관리법령의 기준과 달리 보다 높은 수준에서 자동차등록거부사유를 규정하는 조례는 법령에 위반된다고 보고 있다(대법원 1997. 4. 25. 선고 96추251 판결).

제117조 제1항은 지방자치단체는 '법령의 범위 안에서' 자치에 관한 규정을 제정할 수 있도록 한데 비해, 이를 구체화한 지방자치법 제22조 단서는 "주민의 권리제한 또는 의무부과에 관한 사항이나 벌칙을 정할 때에는 법률의 위임이 있어야 한다"고 규정하여 침해유보론을 채택하고 있다. 이에 관해서는 학설상 합헌론과 위헌론의 대립이 있는바, 그러한 대립의 근저에는 지방자치에 대한 헌법적 보장과 법치행정의 원리, 구체적으로는 법률유보의 원칙과의 관계를 어떻게 이해할 것인지가 문제된다고 할 것이다.19)

2) 학설의 양상

(1) 합헌설

지방자치법 제22조 단서의 조항은 법률유보원칙의 당연한 결과이므로 헌법에 반하지 않는다는 입장이다.20) 이에 의하면, 조례가 민주적 정당성을 가진 지방의회에 의하여 제정되는 자주법으로서 법률에 준하는 성질을 가진다는 점은 부인할 수 없으나, 그러나 국민의 전체의사의 표현으로서의 법률과 제한적 지역단체의 주민의 의사의 표현인 조례와의 사이에는 그 민주적 정당성에서 차이를 인정할 수밖에 없다. 동시에 헌법 제37조 제2항이 "국민의 모든 자유와 권리는 … 법률로써 제한"할 수 있도록 규정하여, 기본권제한에 대한 법률유보원칙을 명시하고 있는바, 여기서의 법률은 국회가 제정한 형식적 의미의 법률을 의미한다는 점에 대하여는 의문이 없다는 점을 근거로 하고 있다.

이에 비해, 절충적인 입장으로 지방자치법 제22조 단서를 지방자치의 헌

---

19) 조례제정권과 법률유보의 문제에 있어서, 조례에 의한 권리제한·의무부과의 경우와 조례에 의한 벌칙의 가능성은 논의의 방향이 다를 수 있으므로 이하에서는 전자의 경우로 한정하여 살펴보기로 한다.
20) 김동희, 앞의 책, 78면 ; 홍정선, 앞의 책, 206면 이하.

법적 보장 하에서 헌법합치적으로 해석하는 한 위헌의 문제는 제기되지 않는다는 입장도 있다.21) 이에 의하면 지방자치법 제22조 단서의 의미는 지방자치단체가 갖는 조례제정권의 한계의 문제로서, 지방자치단체의 사무가 위임사무이든, 자치사무이든 특정영역에 대하여 법률유보의 원칙적용에 의해 법령이 직접 규율하고 있는 때에는 조례가 독자적으로 규정하여 법령과 충돌되거나 경합되는 내용을 규정할 수 없는 반면, 법령에 의한 규율이 없는 때에는 지방자치단체가 법령의 위임 없이도 직접 규율할 수 있다고 해석하여야 한다고 본다.

(2) 위헌설

동조항은, 지방자치의 헌법적 보장의 내용 및 조례제정권의 본질에 비추어 볼 때, 지방자치권에 대한 과도한 제약의 소지가 있다는 점에서 헌법에 위반된다는 입장이다.22) 이에 의하면, 지방자치의 헌법적 보장의 결과 헌법 제117조 제1항에 의하여 '법령의 범위 안에서', 즉 법령에 위반되지 않는 한 자치사무에 대하여 자율적으로 정할 수 있는 자주입법권이 포괄적으로 보장되어 있는데 대하여 지방자치법 제22조가 지방자치의 본질에 반하는 추가적 제한을 가하고 있는 것이므로 헌법에 위반된다고 본다.

3) 판례의 입장 및 소결

우리나라 헌법재판소23)와 대법원24)은 합헌설을 취하고 있다. 다만 조례

---

21) 유지태, 행정법신론, 2004, 736면.
22) 서원우, 지방자치의 헌법적 보장, 고시연구 1993. 6., 33면 ; 박윤흔, 앞의 책, 131면 ; 김남진, 행정법Ⅱ, 2001, 109면.
23) "이 사건 조례들은 담배소매업을 영위하는 주민들에게 자판기 설치를 제한하는 것을 내용으로 하고 있으므로 주민의 직업선택의 자유 특히 직업수행의 자유를 제한하는 것이 되어 지방자치법 제15조 단서 소정의 주민의 권리의무에 관한 사항을 규율하는 조례라

가 가지는 민주적 정당성의 결과, 일반 행정입법과 달리 조례에 대한 법률의 위임은 포괄적이어도 무방하다고 보고 있다.[25]

지방자치단체의 자주입법인 조례의 제정에 있어서도 법률유보의 원칙이 적용되는가의 문제는 외형적으로 국민의 기본권제한에 관한 '헌법상의' 법률유보의 요청과 지방자치에 있어서의 독립성과 자율성의 보장을 위한 '헌법상의' 지방자치의 보장요청의 충돌에 있다고 할 것이다. 따라서 문제의 해결을 위해서는 일견 모순되어 보이는 양 원리의 본질적 의미와 내용을 탐구하는 것이 필요할 것이므로 아래에서 구체적으로 살펴보도록 한다.

고 할 수 있으므로 지방자치단체가 이러한 조례를 제정함에 있어서는 법률의 위임을 필요로 한다."(헌법재판소 1995. 4. 20. 선고 92헌마264·279(병합) 전원재판부결정).

24) "지방자치법 제15조는 원칙적으로 헌법 제117조 제1항의 규정과 같이 지방자치단체의 자치입법권을 보장하면서, 그 단서에서 국민의 권리제한·의무부과에 관한 사항을 규정하는 조례의 중대성에 비추어 입법정책적 고려에서 법률의 위임을 요구한다고 규정하고 있는바, 이는 기본권 제한에 대하여 법률유보원칙을 선언한 헌법 제37조 제2항의 취지에 부합하므로 조례제정에 있어서 위와 같은 경우에 법률의 위임근거를 요구하는 것이 위헌성이 있다고 할 수 없다."(대법원 1995. 5. 12. 선고 94추28 판결).

25) "법률이 주민의 권리의무에 관한 사항에 관하여 구체적으로 아무런 범위도 정하지 아니한 채 조례로 정하도록 포괄적으로 위임하였다고 하더라도, 행정관청의 명령과는 달리, 조례도 주민의 대표기관인 지방의회의 의결로 제정되는 지방자치단체의 자주법인 만큼, 지방자치단체가 법령에 위반되지 않는 범위 내에서 주민의 권리의무에 관한 사항을 조례로 제정할 수 있는 것이다."(대법원 1991. 8. 27. 선고 90누6613 판결) ; "도시교통정비촉진법 제19조의10 제3항에서 교통수요관리에 관하여 법에 정한 사항을 제외하고는 조례로 정하도록 규정하고 있고, 차고지확보제도는 차고지를 확보하지 아니한 자동차·건설기계의 보유자로 하여금 그 자동차·건설기계를 운행할 수 없도록 하는 것으로서 결과적으로 자동차 등의 통행량을 감소시키는 교통수요관리(그 중 주차수요관리) 방안의 하나에 해당하므로, 동조항의 규정은 비록 포괄적이고 일반적인 것이기는 하지만 차고지확보제도를 규정한 조례안의 법률적 위임근거가 된다."(대법원 1997. 4. 25. 선고 96추251 판결) ; "조례의 제정권자인 지방의회는 선거를 통해서 그 지역적인 민주적 정당성을 지니고 있는 주민의 대표기관이고 헌법이 지방자치단체에 포괄적인 자치권을 보장하고 있는 취지로 볼 때, 조례에 대한 법률의 위임은 법규명령에 대한 법률의 위임과 같이 반드시 구체적으로 범위를 정하여 할 필요가 없으며 포괄적인 것으로 족하다."(헌법재판소 1995. 4. 20. 선고 92헌마264, 279 결정).

Ⅳ. 법률유보원칙의 본질과
조례제정권의 헌법적 보장의 관계

1. 법률유보원칙의 본질적 의미

1) 법률유보의 의미

법률은 그 연혁적 측면에서 보면, 법치주의 이전의 국왕의 절대적 권한을 축소하기 위하여 시민의 자유와 재산을 침해할 때에는 시민의 대표인 의회가 제정한 법률에 의하도록 하는 시민의 권리보장적 기능에서 출발하였다. 그러나 오늘날의 의회민주주의적 국가에서 법률은 사회적 법치국가의 이념에 따라 국가목표실현을 위한 도구로서 적극적 기능을 수행한다는 것도 부인할 수 없다.26) 그러한 의미에서의 법률개념에는 실질적 의미의 법률이 중요한 의미를 가지게 될 것이지만, 법률의 출발점인 권리보장적 의미에서는 여전히 형식적 의미의 법률, 즉 헌법상의 입법기관이 헌법상 예정된 절차에 따라 '법률'의 형식으로 제정하는 규범이 중요한 의미를 가질 수밖에 없다.

따라서 의회민주적 법치국가에서는 의회가 제정한 법률이 헌법 하에서 국가의 최고의사표시로서 모든 국가활동의 근거와 한계를 제공한다. 법률유보의 원칙은 바로 이러한 사고에서부터 비롯되는 것으로, 이는 헌법상의 명시적 규정 여부와는 무관하게 법률유보원칙은 헌법에 기초를 둔 의회민주주의의 및 법치국가의 원칙과 더불어 기본권보장으로부터 비롯되는 것으로 보아야 한다.27) 따라서 법률유보원칙의 의의 및 그 구체적 형태는 단

---

26) 김대휘, 법률유보의 원칙, 사법행정 1993. 6. 18면.

27) Maurer, Allgemeines Verwaltungsrecht, 12. Aufl., §6 Rn. 4. 독일의 경우는 우리나라와 달리 법치주의 원리를 헌법에 명시하고 있고(기본법 제20조 제3항), 법률유보의 원칙은 동조항으로부터 파생되는 것으로 일반적으로 보지만, 그에 대해 동조항은 단지 법률에

순히 법률의 개념의 문제에 그치는 것이 아니며, 동원칙의 다양한 근거에 기초해서 논의되어야 할 것이다.

ⅰ) 법률유보원칙의 근거로는 우선 법치국가원칙이 들어질 수 있다. 법치국가의 원칙은 국가와 시민 사이의 법률관계는 법률을 통해서 규율되어야 한다는 것을 요구하며, 그러한 법률은 행정작용만을 규정하는 것이 아니라 시민에 대하여 예측가능성 및 기대가능성을 부여함으로써, 권력분립 및 법적 안정성을 보장한다.[28] 그러나 법치국가원리가 행정의 행위규준을 설정하여 공권력의 자의와 남용을 방지하고 개인의 자유를 보장하도록 명령하는 것은 분명하지만(입법 - 집행의 기능분리), 오늘날 입법의 현실은 국회가 '통법부'화되는 경향을 보이고 있는 동시에, 법규명령 역시 그러한 법치국가적 요건을 상당정도 충족하고 있다. 물론 헌법의 기본적 관심사는 권력남용의 방지에 있는 것이고, 이는 일반적으로 법정립기능과 법집행기능이 분리될 때에 가장 잘 달성될 수 있는 것이긴 하지만, 입법의 구조와 실제에서 본다면, 법치주의원리에서 법률유보의 결정적 요소를 끌어내는 것은 오늘날에는 그 한계가 있다고 할 것이다.

ⅱ) 법률유보의 원칙은 동시에 민주주의원리에서도 근거된다. 민주주의의 원칙은 국민에 의해서 선출되고 따라서 직접적인 민주적 정당성을 가지는 의회가 공동체에 있어 본질적인 결단을 행해야 한다는 것, 특히 시민에 대하여 중요한 일반적인 규정을 제정하여야 한다는 것을 요구한다. 이는 법률유보를 통하여 달성되는데, 법률유보는 유보범위에 속하는 사무를 법률제정자에게 "유보"하는 것이고, 그 결과로 행정은 단지 법률상의 수권에 근거하여서만 - 고유한 권리나 혹은 고유한 전권에 의한 것이 아니라 -

---

대한 행정의 구속만을 규정하고 있다는 점에서 의문이 제기되기도 한다고 한다. 그러나 법률유보의 원칙은 기본법 제20조 제3항의 명시적 규정에서 파생되는지와는 무관하게 인정될 수 있는바, 동원칙은 여하튼 헌법에 기초를 둔 의회민주주의 및 법치국가의 원칙과 더불어 기본권보장으로부터 비롯되기 때문이라고 본다.

28) Maurer, a.a.O., Rn. 5.

활동할 수 있다. 따라서 의회에 대한 유보로서 법률유보는 동시에 권력분립적 의미를 가진다.[29]

다만 민주주의원리에 있어 대표성의 원리의 측면에서 본다면, 오늘날 의회만이 민주적 정당성을 가지는 것이 아니라, 행정부 역시 민주적 정당성을 가진다는 점에서 법규명령도 상당한 정도로 법률에 비교될 수 있는바, 법률유보의 결정적 요소는 대표성의 측면과 더불어 형식적 법률의 제정절차라는 점에서 찾아져야 할 것이다.[30]

iii) 법률유보원칙은 기본권보장에서도 근거를 찾을 수 있는데, 기본권은 시민의 자유와 재산을 최대한 보호하며, 단지 - 구체적 상황에 대한 법률유보 혹은 제한유보에 상응하여 - 법률을 통해서만 제한될 수 있다. 즉 기본권의 행사와 그 제한을 포함하여 기본권의 실현을 위한 입법자의 활동은 국가적 임무에 속한다. 물론 "기본권과 관련한 법률유보"는 법률유보의 일반적 원칙과 동일한 것은 아니다. 그러나 법률유보원칙의 두 유형은 밀접한 관련을 가지는바, 민주주의원칙 및 법치국가원칙에서도 기본권제한은 의회의 법률제정자를 통해서 규율되어야 한다는 것을 직접 요구하기 때문이다.[31]

이상에서 살펴본 법률유보원칙의 근거들은, 법률유보원칙이 의미하는 "법률"은 일단 형식적 법률(의회법률)을 말한다는 것을 보여준다. 그럼에도 불구하고 전통적인 견해에 따르면, 법규명령 또한 그것이 형식적 법률에 근거를 두고 있고 이를 통해 내용적으로 특정되는 경우, 그러한 이유에서 법률유보를 충족하는 것으로 이해한다. 이에 따르면 법률유보는, 행정은 형식적 법률에 의한 것이든 형식적 법률에 근거한 법규명령에 의한 것이든

---

29) Maurer, a.a.O., Rn. 5.
30) 김대휘, 앞의 글, 29면 참조. 독일연방헌법재판소도 일련의 판결에서 입법절차에 있어 토론과 합의추구의 공개성이 높은 정도로 보장되어 있음을 강조한다(BVerfG 40, 237 (249) ; 41, 251 (260) ; 33, 125 (159) - 같은 곳 참조).
31) Maurer, a.a.O., Rn. 7.

불문하고 규범적 수권을 필요로 한다는 것을 의미하게 된다. 다만 근래에 들어서는 양자를 보다 엄격하게 구별하는 입장에서 특정한 사무에 대해서는 오로지 형식적 법률에 의한(의회제정법에 의한) 규율을 배타적으로 요구한다(소위 의회유보).

2) 법률유보의 범위와 규율밀도

법률우위의 원칙이 행정의 전 영역에 적용된다는 데에 대해 아무런 다툼이 없는데 반해, 법률유보의 적용영역에 대해서는 논란이 있다.

19세기에 입헌주의의 헌법적 수단으로서 발전된 법률유보는 본질적으로 침익적 행정으로 제한되었는바, 법률유보는 전권적인 집행권에 대하여 개인적 영역 및 사회적 영역을 보호하고, 필요한 침해는 법률의 형식을 통해 국민대표의 동의에 구속되도록 하는 기능을 하는 것으로 이해되었다. 즉 법률유보는 이미 그 당시부터 의회민주주의적 및 법치국가적 기능을 수행하였지만(의회의 동의, 법률의 형태), 그러나 그 범위는 헌법정책적 요청 및 시대적 관념에 상응하여 시민의 자유와 재산의 침해에 대한 것으로 한정되었다. 자유주의적 시민들은 단지 자신의 고유한 영역에 대한 존중만을 요구하였던 것으로, 그 당시에는 미미했던 급부행정에 대해서는 관심이 없었으며, 소위 특별권력관계까지 포함하여 행정내부적 영역은 행정권 자체에 의한 규율영역으로 남겨져 있었다.

그러나 법률유보원칙의 침해행정 영역으로의 제한은 이제는 극복된 것으로, 의회민주주의의 발전, 수익적 행정의 중요성의 점증 및 모든 국가 영역에 대한 헌법의 관철은 법률유보의 확대를 요구한다. 이는 동시에 법률유보의 본래적 및 현대적 기능 – 즉 민주주의적 및 법치주의적 기능 – 에서도 기인하는 것으로, 민주주의 및 법치주의적 기능은 오늘날 모든 국가영역에서 요구되며, 따라서 그 적용영역 또한 확대된다. 물론 그로부터

모든 행정작용이 "전부유보"에 있게 되는 결과가 되지는 않는다. 그러나 개
개 시민의 기본권관련적 결정 및 중요한 결정들은 당연히 법률제정자를 통
해서 행해져야 하고 그에게 책임이 있는 것이라는 점은 분명하다.[32]

여기서 문제는 어떠한 사항 및 사무가 법률유보 범위에 있는 것인지, 나
아가 - 법률유보의 범위 내에서도 - 법률제정자 스스로가 규율해야 되
는 것은 무엇이며, 법규명령 제정자에게 위임될 수 있는 것은 무엇인지 및
현실적으로 법률에 의한 규율은 어떠한 형태로 행해져야 하는지에 관한 것
이다. 그러나 여기서는 이에 관한 상세한 논의는 생략한다.[33]

2. 지방자치의 헌법적 보장의 의미

1) 지방자치의 헌법적 보장의 본질

지방자치의 헌법적 보장의 성질은 제도적 보장으로 보는 것이 일반적이
다. 다만 전통적 제도적 보장설은 본질상으로 그 한계를 가지게 되는데, 이
는 지방자치권이 헌법에 의하여 보장되고 있다는 점이 강조되기는 하지만,
이는 본질적으로는 전래설에 입각한 것이며, 단지 임의적으로 폐지될 수
없다는 의미에서의 보장에 중점을 두고 있는 것이다. 따라서 제도적 보장
설에 있어서 중요한 것은 지방자치단체의 법적 지위, 권능의 보장이라기보
다는 지방자치제도의 본체 내지 본질적 내용을 법률적 침해로부터 옹호하
려는 소극적 취지라고 밖에는 설명될 수 없다. 따라서 전통적인 제도적 보
장설에 입각해서 현대 헌법상 지방자치의 보장을 충분히 설명하기는 어려

---

32) Maurer, a.a.O., Rn. 9-11 참조.
33) 다만 어떠한 입장에 서더라도 전통적인 '침해유보'의 관점은 법률유보의 최하한으로서의
    의미를 가진다는 것은 부정할 수 없을 것이다. 이는 우리 헌법상의 근본적 출발점이기도
    하다.

우며, 지방자치가 현대 민주국가에서 수행하고 있는 민주주의적·권력분립적 기능을 감안할 때, 과연 지방자치에 관한 헌법규정이 소극적으로 지방자치의 폐지를 금지하는 정도의 보장적 효과밖에는 없는 것인지에 대해서 의문이다.

　결국 지방자치제가 헌법에 의하여 직접 보장되고 있는 현대의 헌법체제 하에서 지방자치권의 본질을 규명하는 일차적 기준은 헌법 그 자체가 되어야 한다. 현대 헌법에 있어 제도적 보장의 의미는 전통적인 의미에서처럼 단지 입법으로부터의 침해를 방지하는 소극적 의미에 불과할 수 없는 것이며, 그 구체적 내용은 헌법이 지향하는 지방자치의 의의와 기능에 따라 결정되어야 할 것이다. 헌법상 지방자치의 가치는 민주주의와 권력분립원리의 현대적 구현 및 나아가 주민의 기본권보장의 강화에 있는 것이다. 결국 지방자치의 내용은 헌법적 보장을 통하여 이미 확정되어 있는 것이고, 그 결과 제도적 보장의 본질상, 입법자가 이를 상세히 규정하는 것이 가능하고 중요한 것이라 할지라도 입법자의 구체화 및 형태화에 전적으로 의존하는 것은 아니다. 지방자치의 헌법적 보장의 의미를 제도적 보장으로 이해하는 것이 일반적이라고 할 수 있지만, 제도적 보장이란 것은 헌법상의 기본권보장에 대응하는 구분개념으로서 범주적 의의를 가지는 것일 뿐, 그 구체적 보장내용은 직접 헌법에 의해 주어지는 것이며, 제도적 보장이라는 성격을 통해 자동적으로 규정지워지는 것은 아니다.

　다만 지방자치의 헌법적 보장을 전통적 제도적 보장론에 비해 적극적으로 이해하고, 이를 통해 지방자치단체의 사법적 권리보호가 허용된다고 하여, 이것이 지방자치단체에게 기본권을 보장하는 것은 아니며[34], 따라서 지방자치의 보장과 시민에 대한 기본권보장 사이에는 명백한 단절이 존재한다.[35]

---

34) 독일의 통설의 입장이다. Löwer, a.a.O., Rn. 39 ; Schmidt-Aßmann, a.a.O., Rn. 24 ; Stober, a.a.O., S. 34 등.

2) 지방자치의 헌법적 보장과 법률유보와의 관련성

지방자치의 헌법적 보장의 본질은 제도적 보장에 해당하는 것으로, 결국 지방자치에 대한 권리는 사인의 권리와 실체적으로 완전히 동일하게 될 수는 없다. 따라서 지방자치권은 사인의 기본권에 대한 보호와 마찬가지로 포괄적인 최대한 보호를 누리는 것은 아니다. 즉 지방자치단체의 권리는 제도적 보장의 성격상, 지방자치의 헌법적 보장이 포함하는 객관적인 내용을 위한 보장으로서 그 의미를 갖는 것이며, 이는 곧 헌법적 보장의 객관법적 측면이 권리를 승인하는 한에서만 이러한 보장의 권리적 측면은 효력을 가질 수 있다는 것을 의미한다. 지방자치단체의 주관적 지위는 사인의 권리처럼 인격의 발현을 목적으로 하는 일반적이고 포괄적인 것은 아니며, 단지 소송상의 차원에서 사인과 동일하게 취급될 뿐이다. 제도적 보장은 순수한 주관적 권리와 전적으로 객관법적인 보장 사이에 존재하는 것으로, 제도 그 자체를 보장하는 것인 동시에, 객관적 제도보장의 권리자에게 그 보장영역에 대한 침해에 대하여 방어할 수 있는 주관적 법적 지위를 부여하는 것이다.[36)]

그러한 헌법적 보장의 관점에서 본다면, 결국 제도적 보장의 본질은 국가와 지방자치단체와의 관계를 어떻게 이해할 것인지, 구체적으로 지방자치권의 내용 및 그 침해에 대한 방어를 본질로 하는 것이다. 이는 다시 말하면, 지방자치의 헌법적 보장이 국민 또는 주민의 권리보호라는 측면에 대하여 직접 의미를 가지는 것은 아니라는 것이며, 따라서 지방자치의 헌

35) 그러한 점에서, 종래 독일에서는 지방자치에 대한 법률유보는 형성적 법률유보로서 해석되었고, 따라서 재산권의 내용과 한계를 규정하는 입법자의 권한과 유사한 것으로 보았기 때문에, 기본권 도그마틱을 지방자치의 침해에 대한 차단벽으로서 원용하였다(BVerfGE 56, 298 (312 f.) ; Blümel, a.a.O., S. 269 ff.) 그러나 라스테데(Rastede)판결(BVerfGE 79, 127 (146 ff.))에서 독일 연방헌법재판소는 기본권보장과 제도적 보장을 준별하여, 재산권의 내용결정과 지방자치의 보장 사이에는 구조적 유사성이 있을 수 없다고 보았다.

36) Stober, a.a.O., S. 34.

법적 보장이 국민 또는 주민의 권리침해에 있어 법률유보의 적용가능성에 영향을 주는 요소는 아니라고 볼 것이다. 오히려 법률유보의 원칙은 국가행정은 물론 지방자치행정을 포함하여 모든 행정 영역에 대하여 권한의 행사를 제한하는 원리로서 기능하는 것이다.37)

3. 조례제정권과 법률유보의 원칙의 적용 여부

1) 법률유보와 조례제정권의 본질

조례제정권은 헌법상의 지방자치의 보장으로부터 직접 주어진다. 따라서 지방자치법상의 조례제정권의 부여는 지방자치의 헌법적 보장에 상응하여 국가와 지방자치단체 사이의 관계에서 단지 선언적 의미를 가지는 것이다. 지방자치의 본질적 의의가 주민의 참여를 통한 민주주의원리의 실현에 있다고 할 때, 주민의 입장에서 지방자치단체의 의사형성에 대한 참여는 지방자치단체가 단지 순수한 법률의 집행 외에 형성적 사무, 특히 급부 및 계획행정을 수행할 수 있을 때에 중요한 의미를 가진다. 그러한 의미에서 형성적 사무는 지방자치단체가 그 집행을 위해 불가결한 법적 규율을 - 법률우위원칙의 준수하에서 - 독자적으로 형성할 수 있을 때에만 법적으로 의미를 가지게 된다. 따라서 자주적 입법기능은 지방자치에 있어 불가결한 내용이 된다.38)

따라서 조례는 법규범으로, 공법상의 법인인 지방자치단체에 의하여 자

---

37) 이와 관련하여, 헌법규범 사이에도 우열이 있는 단계구조로 되어 있고, 법률유보원칙의 근거인 민주주의 및 법치주의의 원칙은 지방자치의 헌법적 보장을 능가하는 규정이라는 견해(홍정선, 조례의 법리, 이화여대 법학논집 제2권, 36면)도 마찬가지의 입장이라 할 것이다.

38) Schmidt-Aßmann, Kommunalrecht, in ; ders(Hrgs.), Besonderes Verwaltungsrecht, 11. Aufl. S. 66 (Rn. 94).

신의 사무를 규율하기 위하여 제정되는 것이다. 즉 조례는 국가(국가입법자, 국가의 집행기관)에 의해서가 아니라, 국가에 의해서 전래된 것이긴 하더라도 법적으로 독립된 기관에 의해서 제정된다는 점에서 형식적 법률 및 법규명령과 구별된다. 동시에 조례는 국가와 독립된 법인체의 구성원인 주민에 의해서 직접 선출된 대표기관인 지방의회에 의해서 제정된다. 그러나 그러한 사실이 지방의회는 권력분립원칙이 의미하는 입법기관에 해당한다는 명제의 수용을 유도하는 것은 아니다. 즉 지방의회는 "국회와 마찬가지로" 구성원에 의해 선출되어 구성되며, 또한 법규범의 제정에 대한 권한을 가지는 것이긴 하지만, 그럼에도 불구하고, 조례가 경우에 따라서는 집행적 성격을 가진다는 점은 논외로 하더라도, 지방의회는 본질적으로 국회가 아니고 자치행정주체의 기관이며, 실제상으로도 현저하게 - 양적인 측면에서는 물론 질적인 측면에서도 - 행정사무를 수행하여야 한다.39) 그러한 점에서 조례의 제정은 지방자치단체의 다른 모든 활동과 마찬가지로 "행정"이며, 헌법상의 기본원칙에 따라 법률의 구속하에 있다.40)

물론 조례의 민주적 정당성으로부터 조례와 일반적 행정입법으로서 법규명령과의 사이에는 본질적 차이가 있다고 할 것인바, 조례의 제정에 대한 수권은 일반적 규정으로 충분하며, 헌법을 통해서 행정권에 대한 입법권의 위임에 있어 요구되는 구체성을 필요로 하지 않는다. 조례는 민주적 정당성에 기초하여 구성된 기관(지방의회)에 의해서 제정되는 것이며, 지방의회는 자신의 조직적 영역에 한정하여(지방자치단체) (지역적) 입법자의 역할을 가지기 때문이다. 따라서 자치사무의 규율에 대하여 일반조항의 형태로 지방자치법이 수권하는 것은 헌법적으로 아무런 의문이 없는 것으로 보아야 한다.41)

---

39) Maurer, Allgemeines Verwaltungsrecht, 12. Aufl., §4 Rn. 15.
40) Schmidt-Aßmann, a.a.O., Rn. 95.
41) Seewald, Kommunalrecht, in: Steiner(Hrgs.), Besonderes Verwaltungsrecht, 5. Aufl., S. 27 f.(Rn. 72. ff.) ; BVerwGE 6. 247 ff.

그럼에도 불구하고 조례의 민주적 정당성이라는 측면이 당연히 법률유보의 원리를 배제할 수 있는 것은 아닌바, 조례는 본질적으로는 의회의 법률과 구별되는 행정작용으로서의 속성을 가지기 때문이다. 다만 일의적으로 명백히 대답될 수 없는 것은, 조례의 경우 법률의 우위원칙 외에 법률의 유보원칙도 적용되는지, 적용된다면 어느 정도로 적용되는지의 문제이다.

2) 조례와 법률의 관계

법률과 조례의 관계는 법치주의원리의 한 내용이라 할 수 있는 의회입법의 우위의 원칙과 조례는 민주주의원리의 실현으로서 주민들의 자기규율의 표현이라는 점을 어떻게 조화시킬 것인가와 관련하여 문제된다.

이러한 문제는 민주적 정당성이라는 관점을 형식적으로 이해서는 한에서는 해결되기 어려운 문제일 것이다. 즉 입법권의 본질을 민주적 정당성의 관점에서, 원칙적으로 수범자에 의해 직접 선출된 대표에 유보되는 것임을 전제로 하는 경우, 지방의회는 주민에 의해 보통·평등·직접·비밀·자유선거로 선출된 자로 구성된 입법기관(주민대표)으로서의 민주적 정당성을 가지는 동시에, 지방자치단체는 국가조직의 하부단계가 아니고 독자적인 행정주체로서 국가와 지방자치단체간의 대립관계를 강조한다면, 국가적인 입법자인 국회와 지방자치단체의 입법자인 지방의회간의 긴장관계는 해소되지 아니한다. 이러한 경우에는 완전한 민주적 정당성을 갖는 두 기관 사이에서 오로지 헌법상의 권한배분만이 문제될 것이고[42], 이는 결국

---

42) 즉 지방자치의 의미가 지역주민들 스스로 지역적 사무를 자기 책임으로써 처리하도록 하는 것이라면 국가영역의 유보권은 유해로운 것이 되어서 법률의 유보는 자치사무의 경우에는 그 의미를 상실하게 되고, 지방의회는 형식적 법률에 의한 위임이 없어도 자신의 사무영역에서 입법권을 가지게 된다는 결과가 되므로, 여기서의 문제는 다만 조례로서 규율하자 하는 사항이 자기책임에 속하는 당해 지역공동제의 사무인지의 여부에 달려있게 된다.

지방의회가 국가의 입법자와 동등하게 파악되게 됨을 뜻한다. 따라서 국회의 정당성의 근거와 지방의회의 정당성의 근거가 대등한 것이 되어 법률의 유보가 조례의 경우에는 별다른 의미를 갖지 못할 것이다.[43]

그러나 앞서 살펴본, 법률유보의 본질과 관련하여 본다면, 법률유보의 근거로서 민주주의의 원리, 구체적으로는 민주적 정당성의 문제를 실질적으로 볼 때, 양자는 동일한 의미의 것으로 이해할 수는 없을 것이다. 현대에 있어 지방자치단체는 국가조직의 한 부분이지 그 자체로 국가는 아니며, 더욱이 국가와 대립관계에서 존재하는 것도 아니다. 동시에 지방자치단체의 인적기초는 국가의 그것과 동일시할 수는 없는 것으로, 지방자치단체의 주민은 국민의 일 부분으로서 이중적 지위를 가지는 것이지 국가의 인적 기초와 분리되는 부분국민은 아닌 것이다. 그렇다면 전 국민에 보편적으로 적용되어야 하는 부분이 조례에 의해 굴절될 수는 없다고 보는 것이 합리적일 것이다.[44]

국민이 국가권력을 자신들에 의해 선출된 대표인 의회로 하여금 행사하게 하는 대의제 민주주의에 있어 대립하는 이해를 결정하는 것은 의회가 하여야 하는 것으로, 이는 국회가 특정의 집단이익에 대한 공공복지의 수호자로서의 임무인 것이다. 이러한 점에서 보면, 지방의회와 국회가 가지는 민주적 정당성은 형식적 측면에서는 동일해 보이지만, 그 실질에 있어서 주민에 의한 민주적 정당성과 주민인 동시에 국민에 의한 민주적 정당성이라는 점에서 차이가 있다고 볼 수밖에 없다. 따라서 국민에게 보편적인 그리고 국가공동체에 중요한 사항은 국회가 결정할 수밖에 없는 것이다. 여기에 법률유보의 본질적 의미가 있는 것이고, 국민의 자유와 권리에 대한 침해는 법률에 의하도록 한 헌법 제37조 제2항 역시 그러한 원리를 선언한 것으로 보아야 할 것이다.

---

43) 홍정선, 앞의 글, 31면.
44) 홍정선, 앞의 글, 31면.

3) 소결 - 법률유보의 원칙적 적용

조례는 국가로부터 파생된 전래적 법원이긴 하지만, 지방자치의 헌법적 보장에 근거한 자주적 법원으로 - 다른 법규명령과 달리 - 특별한 개별적인 법률상의 수권을 필요로 하지 않는다. 즉 조례는 민주적으로 선출된 지방의회에 의하여 제정되며, 지방의회는 자신의 지역단체의 영역에서 "입법자"의 역할을 수행한다. 조례제정권의 부여를 통해서 지방자치단체에게는 고유한 법제정권의 영역이 이전되는 것이며, 그러한 영역은 조례를 제정하는 기관의 민주적 기초를 통해서 그 자체로부터 정당화된다. 이러한 사실로부터 법규명령의 제정은 타율적인 것인데 반해, 조례의 제정은 자율적인 법의 제정이다.

따라서 조례의 본질은 형식적 법률과 달리 행정입법에 해당함에도 불구하고 행정입법에 대한 일반적 위임법리로서의 구체적 위임의 법리(헌법 제75조, 제95조)는 조례에 대해서는 적용될 수 없다는 것은 분명하다. 지방자치단체는 자신의 자치행정권을 실현하기 위하여 국가행정보다 자유로운 지위를 가지며, 지방자치단체는 자신의 주민의 의하여 선출된 지방의회를 통하여 고유한 직접적인 민주적 정당성을 지니고 있기 때문이다.

그럼에도 불구하고 그러한 사실로부터 자치행정영역에 대하여는 국가의 회의 입법기능을 포기하여야 한다는 결론이 도출되는 것은 아닌바, 조례와 법률은 그 민주적 정당성에서도 차이가 있는 동시에 조례제정권의 보장은 - 헌법적으로 보장된 것이기는 하지만 - 법률유보의 본질적 의미를 배제하는 것은 아니기 때문이다. 그러한 점에서 독일 연방헌법재판소가 전문의판결(Facharzt - Beschluß)[45]에서 직능상의 자치행정에 대해 적시했던 근거들은 원칙적으로 지방자치행정에 대해서도 적용된다.[46] 지방의회는 국회가

---

45) "전문의제도는 오로지 의사회의 자치법규로서 규율되도록 위임될 수는 없다."(BVerfGE 33. 125 (159 f.)).

46) Schmidt-Aßmann, a.a.O.,

아니며, 따라서 조례입법자에 대해서도 법치국가적으로 불가결하게 요구되는 의회법률을 통한 국민의 규율단계상의 보호(Distanzschutz)는 보장되어야 한다.[47] 왜냐하면 지방자치권이나 지방자치단체의 자치입법권이 전국민에 의해 정당성이 주어진 국회가 행하는 입법의 질서보장기능을 결코 배제할 수는 없는 것으로, 말하자면 지방자치행정과 지방자치단체의 자치입법권은 민주적으로 정당화된 국가의 입법이 갖는 안전기능을 배제할 수는 없는 것이기 때문이다.[48]

다만 그러한 규율단계에 대한 명령은 법률유보 이론을 지방자치에 특유하게 파악함으로써도 물론 충족될 수 있다고 보는바, 조례가 가지는 민주적 정당성의 결과, 일반 법규명령과 달리 조례에 대한 법률의 위임은 포괄적이어도 무방하며, 우리나라 판례도 그러한 입장임은 전술한 바와 같다.

그러나 규율단계에 대한 문제와 달리 규율근거로서의 법률유보의 원리는 조례의 경우에도 원칙적으로 적용되어야 하는바, 조례의 민주적 정당성 및 조례제정권의 헌법적 보장은 법률유보의 원리를 배제하는 의미를 가질 수 없기 때문이다. 따라서 조례가 국민의 자유와 권리를 침해하거나 혹은 그와 관련한 침해를 수권하는 경우에는 특별한 법률상의 근거가 필요하다. 즉 소위 고전적인 침해유보는 조례에 대해서도 적용되며, 침해의 유형과 방향을 특정하는 법률상의 근거를 요구한다. 법률에 의한 "위임프로그램"에 대해 요구되는 그러한 특정성에 대한 요건은 지방자치단체는 자치사무에 있어 조례를 제정할 수 있다는 지방자치법상의 일반적 규정(일반적 조례조항)으로 충족되지 않는다.[49] 우리나라 지방자치법 제22조 단서는 바로 그러한 명령을 규정한 것이라고 할 것이다.

다만 충분히 특정된 수권의 필요성이라는 요청에 있어 그 내용과 범위가

---

47) Schmidt-Aßmann, a.a.O.,
48) 홍정선, 앞의 글, 30면.
49) Schmidt-Aßmann, a.a.O., Rn. 96.

문제되는바, 소위 본질성이론에 의하면, 법률의 입법자는 기본적인 규범적
영역, 특히 기본권행사의 영역에 있어서는 국가적 규율이 허용되는 한 모
든 본질적 결정을 스스로 행할 것이 요구된다. 따라서 상세한 법률적 규정
이 없는 조례제정권의 부여는 지방자치단체에게 기본권침해를 수권할 수
없으며, 특히 자유와 재산의 침해를 수권하지 못한다. 그러한 점에서 법률
의 유보라는 법치주의적 원칙은 당연히 요구되며, 기본권제한적인 규율을
위한 개별적 수권근거들은 개별적 기본권에 관하여 개별적이고 구체적인
내용의 법률유보가 요구된다.[50]

4. 지방자치법 제22조 단서의 존치 여부

이상의 논의로부터 조례제정권에 대하여도 헌법상 법률유보의 원리는
원칙적 적용되어야 하며, 따라서 우리나라 지방자치법 제22조가 주민의 권
리를 제한하거나 의무를 부과하는 내용의 조례를 제정함에 있어서는 법률
의 위임을 요하도록 한 규정은 법률유보원리의 선언으로서 헌법에 위반되
는 것은 아니라고 보아야 할 것이다. 다만 문제는 동 조항의 합헌성 여부와
는 별도로 지방자치의 헌법적 보장의 본질상 동 조항의 존치 여부에 대해
서는 다른 관점에서의 검토가 필요하다고 보인다.

지방자치법 제22조 단서조항이 법률의 위임을 요구하는 것은 헌법상 법
률유보원칙의 적용내용을 선언한 것에 불과하며, 동조항으로부터 조례에
대한 법률유보의 원칙이 창설되는 것은 아니다. 따라서 조례에 대한 법률
유보는 원칙적 적용을 전제로, 그 구체적 내용과 범위는 헌법상 법률유보
의 본질적 의미에 따라 헌법상의 지방자치의 보장과 조화를 이루는 것이어
야 함은 물론이다.[51] 법률유보의 중요한 근거의 하나인 민주적 정당성의

---

50) Seewald, a.a.O. Rn. 75.

관점은 조례의 경우에도 충족될 수 있기 때문이다.

그러한 관점에서 본다면, 조례는 자기책임성의 보장을 위한 본질적 수단인 동시에 자주법으로서의 속성을 가지며, 지방자치단체의 사무는 - 침해의 유형과 정도는 상이할지라도 - 주민의 자유와 권리를 침해할 수 있는 소지를 내포할 수밖에 없다는 점에서, 조례에 대한 법률유보원칙의 적용은 지방자치의 헌법적 보장에 상응하도록 개방적이어야 할 필요가 있다고 생각된다. 그럼에도 불구하고 현행 지방자치법 제22조 단서조항은 권리제한이나 의무부과의 경우에는 획일적으로 법률의 위임을 요하도록 함으로써 헌법적으로 보장된 지방자치의 자율성을 제한할 수 있는 소지를 가지고 있다는 점에서 문제가 있다고 보인다. 물론 판례가 인정하는 포괄적 위임의 법리를 통해서 그러한 문제는 어느 정도 해결될 수도 있을 것이지만, 그러한 경우에도 어쨌든 - 포괄적이든 구체적이든 - 형식적 법률상의 근거가 필요하다는 점에서 각 지방의 특유한 사정에 신속하게 대응하는 데는 한계가 있을 수밖에 없게 된다.

동시에 법논리적으로 볼 때에도, 일반적·포괄적 위임의 허용법리는 조례의 민주적 정당성에 근거한 것이기는 하지만, 그것이 국민의 기본권과 관련되는 본질적이고 중요한 사항에 대해서도 무제한적으로 적용되는 것이라면, 이는 이미 법률유보원칙의 본질에서도 벗어나는 것인바, 단지 그러한 형식적 차원에서 법률유보의 필요성은 특별한 법적 의미는 없는 것이라고 보인다.

따라서 입법론적으로는 지방자치법 제22조 단서를 삭제하고, 조례에 대한 법률유보의 문제는 원칙적으로 일반적 법률유보이론을 통하되 지방자치의 헌법적 보장의 의미를 고려하여 일반행정작용에 비하여 완화된 형태로 조례와 법률유보의 문제를 해결하는 것이 지방자치의 헌법적 보장의 취

---

51) 현대 행정법에 있어 법률유보이론 그 자체에 대해서도 그 범위와 충족 여부에 대해서는 많은 논란이 있음은 주지의 사실이다.

지에 합당한 것이 아닌가 생각된다.[52]

V. 판례상으로 나타난 조례제정에 있어 법률유보원칙의 구체화

1. 개 설

판례상으로 나타나는 조례와 법률유보원칙과의 관계는 기본적으로 지방자치법 제22조 단서가 합헌이라는 전제하에서 원칙적으로 법률유보원칙이 적용되지만, 다만 조례의 민주적 정당성에 비추어 조례에 대한 법률의 위임은 일반행정입법과 달리 포괄적 위임으로도 족한 것으로 보고 있음은 전술한 바와 같다.[53] 이러한 판례의 기본적 원칙은 지방자치의 헌법적 보장이라는 관점에서 원론적으로 타당하다. 그럼에도 불구하고 조례에 대한 법

---

52) 이와 관련하여, 조례에 대한 법률유보원칙의 적용문제는 입법정책적인 것이므로 지방자치법 제22조 단서는 헌법에 위반되는 것은 아니지만, 입법론적으로는 동조를 개정하여 형벌을 정하는 조례에 한정하여 법률의 근거를 요하도록 규정하는 것이 바람직하다는 견해가 제시되고 있다(박균성, 앞의 책, 109면). 물론 결론적 입장은 타당하다고 할 수 있지만, 그러나 조례와 법률유보의 문제는 헌법상 법치국가적 원리로서의 법률유보의 문제와 지방자치의 헌법적 보장의 조화에 관한 문제이므로, 이를 단순히 입법정책적 결정의 대상으로 보는 데는 의문이 있다.

53) "지방자치단체는 자치사무에 관하여 이른바 자치조례를 제정할 수 있고, 이러한 자치조례에 대해서는 지방자치법 제15조(현 제22조)가 정하는 '법령의 범위 안'이라는 사항적 한계가 적용될 뿐, 일반적인 위임입법의 한계가 적용될 여지가 없으며, 여기서 말하는 '법령의 범위 안'이라는 의미는 '법령에 위반되지 아니하는 범위 안'으로 풀이 된다"(대법원 2003. 5. 27. 선고 2002두7135 판결) ; "법률이 주민의 권리의무에 관한 사항에 관하여 구체적으로 아무런 범위도 정하지 아니한 채 조례로 정하도록 포괄적으로 위임하였다고 하더라도, 행정관청의 명령과는 달라, 조례도 주민의 대표기관인 지방의회의 의결로 제정되는 지방자치단체의 자주법인 만큼, 지방자치단체가 법령에 위반되지 않는 범위 내에서 주민의 권리의무에 관한 사항을 조례로 제정할 수 있는 것이다"(대법원 1991. 8.27. 선고 90누6613 판결) 및 앞의 각주 24), 25) 참조.

률유보원칙과 관련하여 판례는 일관된 입장에 있다고 보이지는 않는바, 일부 판례는 법률의 위임근거와 관련하여 조례의 자율적 입법의 성격을 존중하여 목적론적인 해석을 통해 조례제정의 가능성을 넓게 인정하는 경향을 보이고 있는 반면, 일부의 입장은 조례의 본질에 대한 이해 없이 형식적 차원에서 법률유보의 문제를 판단함으로써 조례제정의 가능성을 축소하는 경향을 보이기도 한다.

　물론 그러한 입장의 차이는 구체적 타당성의 확보라는 관점에서 이해될 수 있는 것이기도 하지만, 위에서 살펴본 바와 같이 조례에 대한 법률유보원칙의 적용과 관련하여 이론상의 대립이 있고 따라서 이에 대한 판례의 정립이 중요한 의미를 가진다는 점에서 보면, 판례가 지방자치의 헌법적 보장이라는 관점에서 조례에 대한 법률유보의 문제에 보다 정치하게 접근하여야 할 필요가 크다고 생각된다.

2. 판례의 구체적 검토

　판례는 기본적으로 지방자치의 헌법적 보장 및 조례의 민주적 정당성의 관점에서 자치사무에 관한 한, 조례의 자율적 제정의 가능성을 넓게 열어주려는 태도인 것으로 보이는바, 대법원은 주민의 권리·의무에 관한 사항 내지 권리제한·의무부과에 관한 사항을 조례로 정함에 있어서는 법률의 개별적인 위임이 있어야 한다는 입장을 기본적으로 견지하면서도 조례의 특수성을 고려하여 법률의 위임의 구체성을 완화하려는 태도를 보이고 있다. 즉,

　　"법률이 주민의 권리·의무에 관한 사항에 관하여 구체적으로 아무런 범위도 정하지 아니한 채 조례로 정하도록 포괄적으로 위임하였다고 하더라도, 행정관청의 명령과는 달라, 조례도 주민의 대표기관인 지방의회의 의결로 제정되는 지방자치단체의 자주법인 만큼, 지방자치단체가 법령에 위반되지 않는 범위 내에

서 주민의 권리·의무에 관한 사항을 조례로 제정할 수 있는 것"(대법원 1991. 8. 27. 선고 90누6613 판결)

"지방자치 단체는 그 내용이 주민의 권리의 제한 또는 의무의 부과에 관한 사항이거나 벌칙에 관한 사항이 아닌 한 법률의 위임이 없더라도 조례를 제정할 수 있다"(대법원 1970. 2. 10. 선고 69다2121 판결)

"조례가 규정하고 있는 사항이 그 근거 법령 등에 비추어 볼 때 자치사무나 단체위임사무에 관한 것이라면 이는 자치조례로서 지방자치법 제15조(현 제22조)가 규정하고 있는 '법령의 범위 안'이라는 사항적 한계가 적용될 뿐, 위임조례와 같이 국가법에 적용되는 일반적인 위임입법의 한계가 적용될 여지는 없다."(대법원 2000. 11. 24. 선고 2000추29 판결)

는 판결 등이 그러한 입장인데, 그러한 관점에서 판례는 가능한 한, 조례를 합헌적·합법률적으로 해석하는 경향을 보이고 있으며,54) 위임근거의 존재

---

54) "공유재산의 대부와 같은 관리행위가 지방의회의 의결사항인지 여부에 관하여는 명시적으로 규정하고 있지 아니하지만, …일반적으로 공유재산의 관리가 그 행위의 성질 등에 있어 그 취득이나 처분과는 달리 지방자치단체장의 고유권한에 속하는 것으로서 지방의회가 사전에 관여하여서는 아니되는 사항이라고 볼 근거는 없는 것이므로, 지방자치법과 지방재정법 등의 국가 법령에서 위와 같이 중요재산의 취득과 처분에 관하여 지방의회의 의결을 받도록 규정하면서 공유재산의 관리행위에 관하여는 별도의 규정을 두고 있지 아니하더라도 이는 공유재산의 관리행위를 지방의회의 의결사항으로 하는 것을 일률적으로 배제하고자 하는 취지는 아니고 각각의 지방자치단체에서 그에 관하여 조례로써 별도로 정할 것을 용인하고 있는 것이라고 보아야 한다."(대법원 2000. 11. 24. 선고 2000추29 판결) ; "지방자치단체는 그 내용이 주민의 권리의 제한 또는 의무의 부과에 관한 사항이거나 벌칙에 관한 사항이 아닌 한 법률의 위임이 없더라도 조례를 제정할 수 있다 할 것인데 청주시의회에서 의결한 청주시행정정보공개조례안은 행정에 대한 주민의 알 권리의 실현을 그 근본내용으로 하면서도 이로 인한 개인의 권익침해 가능성을 배제하고 있으므로 이를 들어 주민의 권리를 제한하거나 의무를 부과하는 조례라고는 단정할 수 없고 따라서 그 제정에 있어서 반드시 법률의 개별적 위임이 따로 필요한 것은 아니(다) … 행정정보공개조례안이 국가위임사무가 아닌 자치사무 등에 관한 정보만을 공개대상으로 하고 있다고 풀이되는 이상 반드시 전국적으로 통일된 기준에 따르게 할 것이 아니라 지방자치단체가 각 지역의 특성을 고려하여 자기고유사무와 관련된 행

여부에 관해서도 관련규정을 포괄적으로 판단하거나55) 목적론적으로 해석
함으로써 위임의 법적 근거를 넓게 인정하는 경향을 보이고 있다.56)

정정보의 공개사무에 관하여 독자적으로 규율할 수 있다."(대법원 1992. 6. 23. 선고 92
추17 판결) 등.
55) "차고지확보제도 조례안이 자동차·건설기계의 보유자에게 차고지확보의무를 부과하는
한편 자동차관리법에 의한 자동차등록(신규·변경·이전) 및 건설기계관리법에 의한 건설
기계등록·변경신고를 하려는 자동차·건설기계의 보유자에게 차고지확보 입증서류의 제
출의무를 부과하고 그 입증서류의 미제출을 위 등록 및 신고수리의 거부사유로 정함으
로써 결국 등록·변경신고를 하여 자동차·건설기계를 운행하려는 보유자로 하여금 차고
지를 확보하지 아니하면 자동차·건설기계를 운행할 수 없도록 하는 것을 그 내용으로
하고 있다면, 이는 주민의 권리를 제한하고 주민에게 의무를 부과하는 것임이 분명하므
로 지방자치법 제22조 단서의 규정에 따라 그에 관한 법률의 위임이 있어야만 적법하다.
도시교통정비촉진법 제19조의10 제3항에서 교통수요관리에 관하여 법에 정한 사항을
제외하고는 조례로 정하도록 규정하고 있고, 차고지확보제도는 차고지를 확보하지 아니
한 자동차·건설기계의 보유자로 하여금 그 자동차·건설기계를 운행할 수 없도록 하는
것으로서 결과적으로 자동차 등의 통행량을 감소시키는 교통수요관리(그 중 주차수요관
리) 방안의 하나에 해당하므로, 같은법 제19조의10 제3항의 규정은 비록 포괄적이고 일
반적인 것이기는 하지만 차고지확보제도를 규정한 조례안의 법률적 위임근거가 된다."
(대법원 1997. 4. 25. 선고 96추251 판결).
56) "지방의회에서의 증인. 감정인의 선서의무를 규정한 조례안은 헌법 제19조에서 보장된
양심의 자유를 침해하는 것이므로 지방자치법 제22조 단서에 따라 법률의 위임이 있어
야 할 것인바, 지방자치법 제36조 제4항, 같은법시행령 제17조의4 제5항은 증인의 선서
의무를 규정하고 있고 감정인의 선서의무에 관하여는 이를 직접적으로 규정하고 있지
않지만, 지방자치법 제36조가 감사·조사에 관한 절차와 증언·감정 등에 관한 절차를 같
이 규정하고 있는 점에 비추어 보면 광의의 감사·조사절차에는 증언·감정 등에 관한 절
차도 포함되는 것으로 보아야 할 것이므로, 같은법시행령 제19조의2가 법 및 영이 규정
하지 아니한 부분에 관하여 조례에 위임하고 있는 "감사 또는 조사에 관한 절차"는 광의
의 것으로서 협의의 감사·조사절차와 증언·감정 등에 관한 절차를 포괄하는 것으로 보
아야 할 것이어서, 그 조례안이 증인 외에 감정인의 선서의무를 규정한 것은 같은법시행
령 제19조의2의 위임에 근거하여 감정인에 관하여도 그 진술의 진실성을 담보하기 위하
여 증인의 선서의무에 준하여 선서의무를 부과하고 있는 것이라고 볼 수 있어 지방자치
법에 위반된다고 할 수 없다."(대법원 1995.6.30. 선고 93추76 판결) ; 같은 취지의 판결
로, "지방의회 불출석 증인에 대한 동행명령장제도는 이에 의하여 불출석 증인을 그 의
사에 반하여 일정한 장소에 인치하는 것을 내용으로 하므로, 헌법 제12조가 보장하고
있는 신체의 자유권에 대한 중대한 제한을 가하는 것이 분명하여 지방자치법 제22조 단
서에 의하여 법률상 위임이 있어야 할 것인바, 지방자치법이 제36조 제7항에서 행정사무

다만 이러한 판례의 기본적 입장에 비해, 일부 판례는 조례에 대한 법률 유보의 문제를 형식적으로만 판단하여 조례의 대외적 효력을 부인하거 나57), 지방자치단체장의 권한을 제한하는 조례 등에 대해서는 일반적으로 조례제정 가능성을 부인하는 경향을 보이고 있는 듯 하다.58)

의 감사·조사를 위하여 필요한 사항 및 선서·증언·감정 등에 관한 절차를 대통령령으로 정하도록 위임하여, 같은법 시행령은 제17조의2 내지 제19조에서 이에 관한 중요한 사항에 관하여 규정한 다음 제19조의2에서 법 및 영에 규정한 것 외에 감사 또는 조사에 필요한 사항은 당해 지방자치단체의 조례로 정한다고 규정하여 그 나머지 세부절차를 부분적으로 조례에 재위임하였고, 조례에 위임하고 있는 "감사 또는 조사에 필요한 사항"은 광의의 것으로서 협의의 감사·조사절차와 증언·감정등에 관한 절차를 포괄하는 것으로 보아야 하므로, 동행명령장제도는 지방의회에서의 증언·감정 등에 관한 절차에서 증인·감정인 등의 출석을 확보하기위한 절차로서 규정된 것으로 같은법 시행령 제19조의2 규정의 "감사 또는 조사에 필요한 사항"에 해당한다고 보아야 할 것이어서, 결국 같은 법 제36조제7항, 같은법 시행령 제19조의2의 규정이 비록 포괄적이고 일반적이기는 하지만 동행명령장제도를 규정한 조례안의 법률적 위임 근거가 된다고 보는 것이 타당하다."(대법원 1995.6.30. 선고 93추83 판결).

57) "학원의 설립·운영에관한법률시행령 제18조에서 수강료의 기준에 관하여 조례 등에 위임한바 없으므로, 제주도학원의설립·운영에관한조례나 그에 근거한 제주도학원업무처리지침의 관계 규정이 법령의 위임에 따라 법령의 구체적인 내용을 보충하는 기능을 가진 것이라고 보기 어려우므로 법규명령이라고는 볼 수 없고, 행정기관 내부의 업무처리지침에 불과하다."(대법원 1995.5.23. 선고 94도2502 판결).

58) "지방자치단체장의 기관구성원 임명·위촉권한이 조례에 의하여 비로소 부여되는 경우는 조례에 의하여 단체장의 임명권한에 견제나 제한을 가하는 규정을 둘 수 있다고 할 것이나 상위 법령에서 단체장에게 기관구성원 임명·위촉권한을 부여하면서도 임명·위촉권의 행사에 대한 의회의 동의를 받도록 하는 등의 견제나 제약을 규정하고 있거나 그러한 제약을 조례 등에서 할 수 있다고 규정하고 있지 아니하는 한 당해 법령에 의하여 임명·위촉권은 단체장에게 전속적으로 부여된 것이라고 보아야 할 것이어서 하위 법규인 조례로써는 단체장의 임명·위촉권을 제약할 수 없다 할 것이고 지방의회의 지방자치단체 사무에 대한 비판, 감시, 통제를 위한 행정사무감사 및 조사권의 행사의 일환으로 위와 같은 제약을 규정하는 조례를 제정할 수도 없다."(대법원 1993.2.9. 선고 92추93 판결) ; 같은 취지의 판결로, "지빙의회가 집행기관의 인사권에 관하여 소극적 사후적으로 개입하는것은 그것이 견제의 범위 안에 드는 경우에는 허용되나, 집행기관의 인사권을 독자적으로 행사하거나 동등한 지위에서 합의하여 행사할 수는 없으며, 사전에 적극적으로 개입하는 것도 원칙적으로 허용되지 아니하므로 조례안에 규정된 행정불만처리조정위원회 위원의 위촉, 해촉에 지방의회의 동의를 받도록 한 것은 사후에 소극적으로 개입하는

3. 소 결

이상에서 개략적으로 검토한 바와 같이, 판례가 조례에 대한 법률유보의 문제를 기본적으로 조례의 민주적 정당성 및 지방자치의 헌법적 보장의 관점에서 접근하는 것은 지극히 타당한 방향이라 할 것이지만, 일부판례에서 나타나는 바와 같이 조례에 대한 법률유보를 형식적 차원에서 접근하는 것은 조례의 특수성에 대한 고려가 다소 부족한 것으로 판단된다.

조례에 대한 법률유보의 문제는 전술한 바와 같이, 법치행정의 원리라는 기본적 관점 하에서 지방자치의 헌법적 보장을 고려하여 판단되어야 할 문제인바, 주민의 권리제한이나 의무부과(고전적 침해유보)와 직접 관련되지 않는 경우의 조례제정 가능성에 대해서는 지방자치의 헌법적 보장의 관점에서 보다 구체적 검토가 필요한 것이 아닌가 생각된다.

특히 단체장의 권한행사를 제약하는 조례에 대해 판례는 법적 근거를 비교적 엄격하게 요구하는 것으로 보이는바, 이는 법치행정의 관점에서도 지방자치의 헌법적 보장의 관점에서도 타당성에 의문이 있다. 물론 단체장의 전속적 권한을 본질적으로 침해하는 조례인 경우에는 법령위반의 문제가 있을 수 있지만,59) 조례가 당해 지역의 특수한 사정을 고려하여 민주적 정

것으로서 지방의회의 집행기관에 대한 견제권의 범위에 드는 적법한 규정이라고 보아야 될 것이나, 그 일부를 지방의회 의장이 위촉하도록 한 것은 지방의회가 집행기관의 인사권에 사전에 적극적으로 개입하는 것으로서 지방자치법이 정한 의결기관과 집행기관 사이의 권한분리 및 배분의 취지에 배치되는 위법한 규정이며"(대법원 1994.4.26. 선고 93추175 판결) 등.

59) "지방자치법상 의결기관과 집행기관 사이의 권한의 분리 및 배분의 취지에 비추어 보면, 지방의회는 지방자치단체의 예산을 심의·확정할 권한이 있으므로 지방자치단체의 재정부담을 수반하는 국·시비보조금의 사업이 적절하지 않다고 판단되면 관련 예산안에 대한 심의를 통하여 사후에 감시·통제할 수 있으나, 법령상 지방자치단체의 장에게 예산안 편성 또는 국·시비보조금의 예산계상 신청 등의 사무에 관한 집행권한을 부여하면서도 그 권한행사에 대한 의회의 사전 의결 또는 사후 승인을 받도록 하는 등의 권한행사를 견제·제한하는 규정을 두거나 그러한 내용의 조례를 제정할 수 있다고 규정하고 있지 아니하는 한, 하위법규인 조례로써는 단체장의 예산안 편성권 또는 국·시비보조금의 예

당성을 가지고 제정되는 입법이라는 점을 고려하면 주민의 권리제한이나 의무부과에 관한 것이 아닌 한 조례의 제정가능성 자체는 넓게 인정되어야 할 것이기 때문이다. 그러한 점에서 법령상의 위임근거가 없다는 이유만으로 단체장에 대한 권한행사의 제약이 반드시 법령에 없는 새로운 견제장치로서 법치행정의 관점에서 허용될 수 없는 것인지[60]는 의문이다.[61]

동시에 법이론적인 검토가 필요한 것이긴 하지만, 기관위임사무에 대한 조례의 가능성을 부인하고 있는 판례의 태도 역시 조례의 민주적 정당성 및 위임사무의 대부분이 기관위임사무의 형태로 존재하는 행정현실상, 일률적으로 자율적 조례의 제정가능성에서 배제하는 입장 역시 재고의 여지

산계상 신청권을 본질적으로 제약하는 내용의 규정을 할 수 없고, 이러한 내용의 조례가 제정되었다면 이는 지방자치법에 위배된다."(대법원 1996. 5. 10. 선고 95추87 판결).

60) "당해 지방자치단체의 주민을 상대로 한 모든 행정기관의 행정처분에 대한 행정심판청구를 지원하는 것을 내용으로 하는 조례안은 지방자치단체의 사무에 관한 조례제정권의 한계를 벗어난 것일 뿐 아니라, 가사 그 조례안이 당해 지방자치단체의 행정처분에 대한 행정심판청구만을 지원한다는 의미로 이해한다고 하더라도, 그 지원 여부를 결정하기 위한 전제로서 당해 행정처분의 정당성 여부를 지방의회에서 판단하도록 규정하고 있다면 이는 결국 지방의회가 스스로 행정처분의 정당성 판단을 함으로써 자치단체의 장을 견제하려는 것으로서 이는 법률에 규정이 없는 새로운 견제장치를 만드는 것이 되어 지방자치단체의 장의 고유권한을 침해하는 것이 되어 효력이 없다."(대법원 1997. 3. 28. 선고 96추60 판결).

61) 이러한 입장과 달리, 옴부즈만제도의 채택에 관해서는 판례는 긍정적으로 보고 있다. "지방자치단체의 집행기관 중 독립성을 갖는 옴부즈맨이라는 합의제 행정기관으로 하여금 지방실정에 맞게 신속하고 효율적으로 주민고충을 처리하고 지방행정에 대한 감시·통제 기능을 수행하도록 하는 지방자치단체의 옴부즈맨제도는, 중앙정부 차원에서 전국적인 행정 감시·통제기능을 수행하는 기관·제도 또는 독립성이 약한 기관에 의한 자체 행정 감시·통제제도와는 다른 기능과 효율성을 가지며, 나아가 그 옴부즈맨제도가 위와 같은 다른 감시·통제제도의 이용을 배제하거나 그 전치조건으로 옴부즈맨에 의한 고충처리를 받도록 규정하고 있지 아니하고 오히려 행정심판, 소송, 헌법재판소의 심판, 헌법소원, 감사원의 심사청구 기타 다른 법령에 의한 불복·규제절차가 진행중인 사항을 옴부즈맨의 관할에서 배제하고 있다면 이는 주민으로 하여금 그와 같은 다른 불복·규제제도와 동시에 또는 선택적으로 지방행정에 대한 불복·규제제도를 추가로 이용할 수 있도록 한 것으로서 독자적인 기능과 효율성을 가진다."(대법원 1997. 4. 11. 선고 96추138 판결).

가 있다고 생각된다.

VI. 결 론

법률유보의 원칙과 자치입법으로서의 조례제정권은 외형상으로 모순되
는 긴장관계에 있을 수 있다. 그러나 그 본질적 측면에서 본다면 법률유보
의 원칙은 법치국가원리, 민주주의원리 및 기본권의 보장이라는 헌법상의
기본적 요청에 근거한 것으로 헌법하의 모든 권력을 구속하는 원리임은 분
명하며, 동시에 지방자치의 헌법적 보장의 본질 역시 법률유보가 추구하는
법치주의, 민주주의 및 기본권보장의 강화에 크게 다르지 않다. 그러한 점
에서 양자는 조화될 수 있는 것인바, 지방자치행정은 법률유보의 예외적
영역이 아니며, 조례는 민주적 정당성을 지닌 특수한 형태에서의 행정입법
의 하나인 점에서 조례제정권에 대하여도 – 일반적 법규명령과의 차이에
도 불구하고 – 법률유보의 원칙은 당연히 적용된다고 할 것이다. 따라서
그러한 법률유보의 원칙을 선언하고 있는 지방자치법 제22조의 단서는 헌
법상의 원칙의 선언에 불과한 선언적 규정에 해당하는바, 헌법에 반하는
것으로 볼 수는 없다고 할 것이다.

다만 조례에 적용되는 법률유보의 구체적 내용과 관련하여, 헌법상의 지
방자치의 보장 및 조례의 민주적 정당성으로부터 비롯되는 조례의 특수성
을 어떠한 형태로 이해하여야 할 것인가가 문제로 된다. 이는 결국 법률유
보이론의 본질에 비추어 판단하여야 할 것인바, 그러한 관점에서 볼 때, 조
례에 대한 법률의 위임을 획일적으로 포괄적 위임으로 족한 것으로 보는
것도 문제(기본권관련적 사항 내지는 본질성설의 관점)인 동시에, 항상 개
별구체적 위임을 요하는 것도 조례의 민주적 정당성(지방자치의 본질)에
비추어 문제라고 할 것이다. 따라서 결국은 조례에 의한 권리침해의 정도

와 유형에 따라 구체적으로 판단할 수밖에 없는 문제라고 보이는바, 그러한 점에서 지방자치법 제22조의 단서조항은 폐지하고, 조례와 법률유보의 문제는 지방자치의 헌법적 보장의 이념을 충분히 고려하는 차원에서 법률유보이론의 일반적 문제로 다루는 것이 지방자치의 본질에 비추어 타당할 것이다.

제3장 조례와 법률의 관계

I. 서 론

현대 분권화사회에서 지방자치의 중요성은 재론의 여지가 없다고 할 것
인바, 그 핵심적 이유는 무엇보다도 지방자치가 가지는 민주주의적 의미[1]
에서 비롯된다고 할 것이다. 물론 현재 우리나라 지방자치의 실상을 통해
지방자치제도 자체에 대해 부정적인 의문을 제기하는 입장도 있을 수 있으
나, 이는 어디까지나 지방자치제도 자체의 문제가 아니라 우리나라 현재의
지방자치가 지방자치의 본질에 부합하지 않은 형식적인 껍데기만의 지방
자치가 시행되고 있는 병폐적 산물이라는 현실적 문제에서 기인하는 것인
바, 지방자치제도의 문제로 지적하기는 곤란하다.

동시에 현대의 권력분립적 구조 하에서 행정권과 사법권은 입법권에 종
속적이거나 적어도 입법권에 의한 구속을 받을 수밖에 없다는 점에서, 행
정을 본질로 하는 지방자치에 있어 자치입법의 중요성은 당연하다. 따라서

---

1) "지방자치는 국민자치를 지방적 범위 내에서 실현하는 것이므로 지방시정에 직접적인
  관심과 이해관계가 있는 지방주민으로 하여금 스스로 다스리게 한다면 자연히 민주주의
  가 육성·발전될 수 있다는 소위 "풀뿌리 민주주의"를 그 이념적 배경으로 하고 있는 것
  이다. … 지방자치제도는 현대 입헌민주국가의 통치원리인 권력분립 및 통제·법치주의·
  기본권보장 등의 제원리를 주민의 직접적인 관심과 참여 속에 구현시킬 수 있어 바로
  자율과 책임을 중시하는 자유민주주의 이념에 부합되는 것이므로 … 민주정치의 요체이
  며 현대의 다원적 복합사회가 요구하는 정치적 다원주의를 실현시키기 위한 제도적 장
  치로서 … 국민주권주의와 자유민주주의 이념구현에 크게 이바지할 수 있는 것이다"(헌
  재 1991. 3. 11 선고, 91 헌마 21).

지방자치의 실질적 구현을 위해서는 자치입법권의 보장이 중요하며, 그러한 이유에서 자치입법권의 문제는 지방자치법의 오랜 화두가 되어왔다.

지방자치는 전 국가의 획일적 규율이 아니라, 각 지역의 특유한 사정에 바탕하여 자율적인 입법과 정책을 통한 각 지방의 경쟁적 발전을 통하여 전 국가의 균형적이고 통일적인 발전을 도모하는 것을 본질로 한다. 그러한 점에서 입법의 자율성은 무엇보다도 획일적인 국가입법인 법률로부터의 자유의 확보가 중요하다. 물론 조례의 자율성 역시 법치주의 안에서 존재하는 것으로, 국가법질서의 통일성과 조화를 이루어야 함은 당연한 요청이나, 그러한 요청이 결코 지방자치에 대한 제약이 되어서는 안된다. 그러한 점에서 국가의사로서 법률과 지방자치단체의 자치입법으로서 조례와의 규범조화적 관계의 설정은 아무리 강조해도 지나치지 않다. 그럼에도 불구하고 우리나라 자치입법의 현실은 '자치'입법권의 보장이라는 표현이 어색할 정도이며, 이는 결국 지방자치의 예속으로 연결되는바, 조례와 법률의 관계라는 해묵은 법적 쟁점을 오늘 다시 거론하는 이유이기도 하다.

이하에서는 조례와 법률의 입법적 본질이라는 근본적 문제로부터 지방자치에 있어 양자의 바람직한 관계 설정을 도모하는 한편, 현재 법률에 위반된 조례의 실제 유형에 대한 검토를 통하여 사법적 문제에 있어 조례와 법률간의 관계에 대한 실천적 방향성을 도출하여 보도록 한다.

II. 조례와 법률의 본질에 대한 규범적 고찰

1. 조례 및 법률의 규범적 본질

조례는 주민의 대표기관인 지방의회에 의해 제정되는 지방자치단체의 입법인데 비해, 법률은 국민의 대표기관인 국회에 의해 제정되는 국가의 입법을 말한다. 즉 양자는 그 규율영역을 달리하고 있으나, 본질상으로는 대의제 민주주의 하에서 대표기관을 통한 규범의 수범자의 의사로서, 규범적 본질에 있어서는 주권자의 의사라고 이해된다.

결국 조례와 법률은 그 규범형식의 차이에도 불구하고 그 규범적 본질은 대의제 민주주의를 통해 조직화된 대표기관을 통해 발현된 수범자의 의사로서, 국민주권주의의 구체적 제도화인바, 국민주권의 원리는 조례와 법률의 규범적 관계에 대한 문제의 출발점이라 할 것이다.

2. 국민주권주의와 법률

1) 국민주권주의

헌법 제1조 제2항은 "대한민국의 주권은 국민에게 있고, 모든 권력은 국민으로부터 나온다"고 규정하고 있는바, 이는 우리 헌법이 국민주권주의를 헌법의 기본원리로 채택하고 있음을 천명한 것이다. 국민주권의 원리라 함은 국가적 의사를 전반적·최종적으로 결정할 수 있는 최고의 권력인 주권을 국민이 보유한다는 것과 모든 국가권력의 정당성의 근거를 국민에게서 찾아야 한다는 것을 내용으로 하는 민주국가적 헌법원리를 말한다.[2] 여기서 '주권'은 국가권력의 최고독립성 또는 국가의사를 최종적으로 결정하는 권력 또는 권위를 말하며, '모든 권력'은 주권의 내포로서 통치권, 즉 국가권력을 말한다.[3]

물론 국민주권의 학문적 의미에 대해서는 다양한 논의가 있으나, 적어도 주권이 국민에게 있다는 것은 국민이 최종적인 결정권, 즉 헌법제정권력과 일체의 국가권력을 가진다는 것을 의미하고, 이러한 국가권력의 구체적 행

---

2) 권영성, 헌법학원론, 박영사, 2011, 131면.
3) 김철수, 헌법학개론, 박영사, 2013, 137면.

사는 국민투표에 의해서 또는 국민대표에 의해서 행해지는바, 모든 국가권
력의 행사는 결국 국민에 의해서 정당화된다는 것을 의미한다고 볼 수 있
다.4) 즉 국민주권이란 국가권력의 정당성이 국민에게 있고, 국가 내의 모
든 통치권력의 행사를 이념적으로 국민의 의사에 귀착시킬 수 있다는 것을
뜻한다.5) 국민주권주의는 우리나라 헌법의 근본규범에 해당하는 것으로,
이는 헌법 각 조항의 해석기준이 되며, 헌법개정의 한계로서 어떠한 경우
에도 개정될 수 없다.6)

다만 국민주권주의의 원리에도 불구하고 현실적으로 국민주권의 실현은
기술적 방법 내지 제도적 장치에 의존하는바, 국민주권의 제도적 구현형태
에는 직접민주제와 간접민주제의 두가지 유형으로 구분된다.7) 오늘날 주권
자로서의 국민은 주권행사자로서의 국민8)을 통해서 또는 국민대표기관을
통하여 주권을 행사하고 있는바, 대의제 민주주의 하에서 후자가 일반적이
라 할 것이다.9) 국민주권의 원리가 반드시 국민 스스로가 모든 국사에 국
민투표의 형식으로 직접 참여하거나 국민이 직접 '국가기관' 내지 '주권행
사기관'으로서 통치권을 손에 쥐고 행사하는 것만을 그 내용으로 하는 것
이 아니고 주권자로서 선출한 대표자를 통해서 국사를 처리하는 간접적인
방법을 동시에 그 내용으로 하기 때문에 직접민주주의와 간접민주주의 모
두 국민주권의 이념과 조화된다.10)

결국 그 기능상 입법권, 집행권, 사법권으로 분화되는 국가권력의 출발
점은 주권이라 할 것으로, 입법권의 구체화로서 법률의 본질은 주권의 표

---

4) 김철수, 앞의 책, 169면.
5) 허영, 한국헌법론, 박영사, 2013, 145면.
6) 김철수, 앞의 책, 171면 ; 헌법재판소 1989.9.8. 선고 88헌가6 진원새관부.
7) 권영성, 앞의 책, 134면.
8) 선거기관, 국민투표기관으로서의 국민이 여기에 해당한다.
9) 헌법재판소도 대의제민주주의를 헌법의 기본원리에 속한다고 보고 있다(헌법재판소
   1998. 10. 29. 선고 96헌마186 전원재판부).
10) 허영, 앞의 책, 146면.

시이며, 그 법적 권위는 주권으로부터 비롯되는바, 구체적으로는 주권의 실현으로서 민주적 정당성을 본질로 한다.

2) 국민주권주의 하에서 법률의 규범적 의미

법률이란 국회가 헌법이 규정하는 입법절차에 따라 심의·의결하고 대통령이 서명·공포함으로써 효력을 발생하는 헌법의 하위법규범을 말하는바, 법률제정권은 대의제 민주주의의 실현수단이며,[11] 민주적 정당성을 필수적 속성으로 한다.[12] 그렇게 본다면 결국 법률은 국민주권주의의 결과물로서 주권의 표시, 즉 민주적 정당성을 본질로 하는 것으로, 주권의 최고독립성의 결과 국민의 의사인 법률은 다른 국가의사에 우월한 지위를 갖는다.

이론상으로는 물론 헌법재판소의 입장도 국민주권주의의 실현과 관련하여, 국민주권의 이념성과 그 구체화로서 민주주의 선거제도와의 기능적 연관성을 강조하고 있다.[13] 즉 국민주권주의는 그 조직적 실현 내지 국가기관이라는 측면에서는 주권자, 즉 국민의 대표기관인 의회와 직결되며, 그 의사적 실현 내지 규범형식이라는 측면에서는 주권자의 대의기관으로서 국회의 의사, 즉 법률과 직결된다.

결국 우리나라 헌법이 선언하고 있는 국민주권의 원리는 우리나라 국가권력의 정당성이 국민에게 있고, 모든 통치권력의 행사를 최후적으로 국민

---

11) 허영, 앞의 책, 930면.
12) 권영성, 앞의 책, 798면 ; 헌법재판소 1991.2.11. 선고 90헌가27 전원재판부.
13) "헌법상의 국민주권론을 추상적으로 보면 전체국민이 이념적으로 주권의 근원이라는 전제 아래 형식적인 이론으로 만족할 수 있으나, 현실적으로 보면 구체적인 주권의 행사는 투표권 행사인 선거를 통하여 이루어지는 것이다. 실질적 국민주권을 보장하기 위하여 유권자들이 자기들의 권익과 전체국민의 이익을 위해 적절하게 주권을 행할 수 있도록 민주적인 선거제도가 마련되어야 하고, 국민 각자의 참정권을 합리적이고 합헌적으로 보장하는 선거법을 제정하지 않으면 안된다."(헌법재판소 1989.9.8. 선고 88헌가6 전원재판부).

의 의사에 귀착시킬 수 있다는 의미이지, 국민이 직접 '통치권'을 행사하여
야 한다는 의미는 아니다.14) 오히려 현대 국가에 있어 국민주권원리의 실
현이 대의제 간접민주주의 방식에 의하고 있음을 고려하면, 통치권의 담당
자가 국민의 주권행사에 의해서 결정되기 때문에 통치권의 행사도 궁극적
으로 국민의 의사에 의해 정당화되는지 여부가 중요하기 때문에15) 법률에
있어서도 다른 규범적 가치보다 민주적 정당성의 강조가 중요하고 가장 핵
심적인 본질이 되어야 한다.

3. 소위 주민주권주의와 조례

1) 국민주권주의와 지방자치

국민주권의 원리는 국가적 의사를 전반적·최종적으로 결정할 수 있는
최고의 권력인 주권을 국민이 보유한다는 것과 모든 국가권력의 정당성의
근거를 국민에게서 찾아야 한다는 것을 내용으로 하는 민주국가적 헌법원
리로서, 우리나라 헌법도 당연히 국민주권의 원리를 기본원리로 하고 있음
은 전술한 바와 같다.

그렇다면 지방자치 역시 당연히 헌법의 기본원리인 국민주권주의 하에
서 이해되어야 하는 것으로, 지방자치권도 국가의 권력구조의 일부인 점에
서 당연히 국민주권과의 관련성을 가질 수밖에 없다. 물론 지방자치권의
본질과 관련하여서는 전통적으로 고유권설의 관점과 전래설의 관점이 대
립되고 있으나, 현대 국가에 있어 국가와 완전히 분리된 고유한 영역으로
서의 지방자치를 인정하기는 곤란한바 기본적으로 고유권적 관점보다는

---

14) 허영, 앞의 책, 147면.
15) 허영, 앞의 책, 147면 참조.

전래설의 관점이 타당하다. 다만 전래설의 의미 역시 지방자치의 본질적 의의 및 기능을 고려할 때, 현대적 관점에서는 국가의 통치권으로부터의 전래, 즉 국가 통치권의 하위적 개념으로 이해되어서는 안되며, 직접 헌법에 의해서 조직화된 권력, 즉 국민주권으로부터 직접 전래된 것으로 이해하여야 하며,[16] 그렇게 본다면 소위 신고유권적 관념과 유사하다.[17]

즉 지방자치권을 권력의 본원이자 본질이라는 측면에서 본다면, 이는 국민주권으로부터 비롯된 국가 권력의 일부로서,[18] 지방자치의 헌법적 보장을 통해 국가의 통치권과 대등한 관계에서 이루어진 권력의 분산이라고 보아야 할 것으로, 결국 국가의 통치권과 마찬가지로 주권자의 위임에 의한 권력을 본질로 하는 것인 점에서[19] 지방자치권 역시 주권과 직접적 관련성을 가진다고 할 것이다.[20]

지방자치와 주권과의 관련성은 지방자치의 본질이 민주주의의 실현에 있다는 점에서도 더욱 당연하다. 민주주의의 본질은 구성원 공동체의 권력의 형성 및 그 행사에 있어서 그 근거를 구성원의 합의에 두어야 한다는 데 있으며, 따라서 민주주의의 실현방식과 관련하여서는 직접민주주의와 대의제로서 간접민주주의가 있으나, 이는 실현방식의 문제일 뿐 어떠한 경우에든 의사결정의 정당성의 근원은 그 구성원, 즉 주권자라 할 것이기 때

---

16) 권영성, 앞의 책, 51면 참조.
17) 조성규, 지방자치법제에 있어 분권개헌의 의의 및 과제, 지방자치법연구 제12권 제3호 (2012.9.), 85면.
18) "우리 헌법의 전문과 본문의 전체에 담겨있는 최고 이념은 국민주권주의와 자유민주주에 입각한 입헌민주헌법의 본질적 기본원리에 기초하고 있다. 기타 헌법상의 제원칙도 여기에서 연유되는 것이므로 이는 헌법전을 비롯한 모든 법령해석의 기준이 되고, 입법형성권 행사의 한계와 정책결정의 방향을 제시하며, 나아가 모든 국가기관과 국민이 존중하고 지켜가야 하는 최고의 가치규범이다."(헌법재판소 1989.9.8. 선고 88헌가6 전원재판부).
19) 입법권·집행권·사법권의 총합을 의미하는 국가의 통치권은 주권의 위임에 따라 조직되고 주권에 종속하는 권력이므로 당연히 주권 또는 헌법제정권력의 하위에 위치하는 권력이다(권영성, 앞의 책, 51면).
20) 조성규, 앞의 글, 86면

문이다.[21]

　문제는 지방자치단체의 독립된 행정주체성을 전제로 할 때, 국민주권주의와 분리하여 소위 주민주권주의의 개념이 허용될 수 있을 것인지이며, 이는 아래서 따로 살펴본다.

2) 주민주권주의의 허용성[22]

　국가의 권력구조의 결정 및 모든 국가권력의 정당성의 근거는 국민에게 있다는 국민주권주의를 전제로 할 때, 지방자치권의 규범적 근거 역시 헌법, 즉 국민주권으로부터 비롯된다는 것은 부인할 수 없다. 이를 좀더 미시적으로 본다면, 국민주권의 제도적 구현이 '국가권력의 근거로서 국민'에 두어진다고 할 때, '지방자치권의 근거로서 주민'이라는 명제는 주민주권이라는 문제로 이어질 수 있다.

　국가의 구성원인 국민의 주권에 의하여 위임된 것이 국가의 통치권이라는 구조는 지방자치에서도 동일한 것으로, － 국가권력의 구체화로서 － 지방자치권은 그 구성원인 주민인 (일부)국민의 주권에 의하여 위임된 것으로 이해하여야 하며, 따라서 지방자치에 존재하는 국민주권을 － 그 본질적 내용으로 본다면 － '주민주권'으로 이해하는 것도 무방하다고 보인다. 지방자치단체의 주민은 당연히 주민이자 국민으로서 이중적 지위를 가지기 때문이다.[23]

　다만 이렇게 보는 경우 전통적 주권이론과 관련하여 문제가 되는 것은 전통적으로 주권은 대외적 독립성·대내적 최고성을 본질적 특성으로 하면서, 시원성·항구성·단일불가분성·불가양성·자율성 등과 같은 특성을 가진

---

21) 조성규, 앞의 글, 83면

22) 이하의 내용은, 조성규, 지방자치법제에 있어 분권개헌의 의의 및 과제, 지방자치법연구 제12권 제3호(2012.9.), 86-88면을 바탕으로 정리한 것임.

23) 조성규, 앞의 글, 86면.

다고 이해되는바, 주민주권론이 그러한 주권의 특성에 반하는 것이 아닌가 하는 의문이다. 그러나 국민주권원리의 기본적 관념은 현실적인 주권의 행사주체의 문제보다는 이념적인 주권의 귀속주체에 관한 것으로, 모든 국가권력은 국민으로부터 비롯되는 것으로 국민 전체의 이익을 위하여 행사되어야 한다는 국가권력의 정당성의 근거 내지 국가권력의 지향점을 본질로 하는 것이다.24) 즉 주권론의 본질은 주권의 행사주체 보다는 권력의 정당성 내지 근원의 탐구를 본질로 하는 것이라 보아야 한다.25)

외형상 주민주권론과 가장 배치되어 보이는 주권의 불가분성의 문제 역시, 이는 동일한 법주체 내에서 권력의 기초인 주권이 이중적으로 또는 가분적으로 공유될 수 없다는 것을 의미하는 것으로 보아야 하며, 국가의 통치권과 지방자치권의 사이에 개입될 문제는 아니라고 생각된다. 더욱이 국가의 통치권과 지방자치권은 모두 국가권력의 내용으로 분권을 의미하는 동시에 지역주민은 국가의 국민으로서 이중적 지위를 가지는 점에서 주권의 분산이라 할 수 없으며, 주권자에 의해서 미리 예정된 국민주권의 영역별 단위(unit)활동으로 이해될 수 있다.26)

특히 지방자치권이 국가의 통치권에 의해 창설적으로 주어진 것이 아니라는 것을 전제한다면, 이는 헌법제정권력을 통하여 헌법상으로 직접 인정된 권력으로서, 헌법제정권력, 즉 주권과의 관련성은 불가피하다. 여기서 한걸음 더 나가 주권론의 의미를 국민이냐 주민이냐는 주체의 문제로 좁게

---

24) "국민주권의 원리는 일반적으로 어떤 실천적인 의미보다는 국가권력의 정당성이 국민에게 있고 모든 통치권력의 행사를 최후적으로 국민의 의사에 귀착시킬 수 있어야 한다는 등 국가권력 내지 통치권을 정당화하는 원리로 이해되고(헌재 2000. 3. 30. 99헌바113 ; 헌재 2006. 2. 23. 2003헌바84 등 참조), 선거운동의 자유 근거인 선거제도나 죄형법정주의 등 헌법상의 제도나 원칙의 근거로 작용하고 있다(헌재 2004. 8. 26. 2004헌바14 ; 헌재 2004. 3. 25. 2001헌마710 참조)."(헌법재판소 2009.3.26. 선고 2007헌마843 전원재판부).
25) 조성규, 앞의 글, 87면.
26) 조성규, 앞의 글, 87면.

이해하지 말고, 당해 구성원을 지배하는 권력의 근원 내지 출발점으로 본다면, 지방자치권은 국민주권에 기한 것이 아닌 직접 주민주권에 의한 것으로 보더라도 그 규범본질상으로는 아무런 문제가 없다고 생각된다.27)

더욱이 국민주권론 자체도 - 연혁적으로 - 실체적 의미보다는 국가권력의 정당성 및 지향점을 위한 이념적인 것임을 고려할 때, 지방자치의 보장에 대한 전통적인 제도적 보장설의 한계를 극복하고 현대 민주국가에 있어 지방자치의 의의 및 본질, 그 기능에 부합되는 지방자치의 형성을 위한 근본적 방향으로서 주민주권론 역시 목적론적으로 필요하며, 불가능한 것은 아니라고 보인다.

국가권력구조에 있어, 국민은 주권자임에도 국회가 정하는 법률 및 이에 따른 행정에 의해 지배·통치되는 근거는 주권자인 국민이 주권의 위임을 통해 국가통치권을 부여했다는 것을 규범적 논리로 한다. 같은 논리로 볼 때, 주민주권이 명시적으로 전제되지 않았을 뿐 지방자치 권력구조에 있어, 주민이 지방의회가 정하는 조례 및 이에 따른 지방자치행정에 의해 지배·통제되는 근거는 어디서 찾아야 하는지. 대의제가 동일하게 전제되었음에도 주민주권이 규정되지 않았으므로, 국가와 달리 지방자치에 있어서 주민은 주권자가 아닌 단지 행정의 객체로서 지배·통제의 대상이라고 볼 수는 없을 것이며, 이 역시 '주권자'로서의 주민의 지위는 전제된다고 보아야 할 것이다. 다만 문제는 지방자치에서의 주권이 국민주권이냐, 주민주권이냐의 문제라 할 것이나, 지역주민의 자치와 관련하여 국민주권이라는 관념은 적절하지도 않을뿐더러 자치라는 관념에 부합될 수 없다.28)

결국 형식적 용어가 아니라 실질적인 법원리적 내용으로 본다면, 지방자치에 있어 주민은 주권자로서, '지방자치단체의 의사를 전반적·최종적으로 결정할 수 있는 최고의 권력인 주권을 주민이 보유하며, 모든 지방자치권

---

27) 조성규, 앞의 글, 87면.
28) 조성규, 앞의 글, 88면.

의 정당성의 근거는 주민에게서 찾아야 한다'는 주권의 논리가 그대로 적
용되며, 이는 대의제를 통한 입법권의 실현인 조례에 대해서도 마찬가지이
다. 앞서 보았듯이 헌법재판소 역시, 국민주권주의의 결과, '국민주권'의 실
현을 위한 수단으로 대의제 및 그를 전제로 한 선거권 등 국민의 정치적
참여를 제도화하고 있고, 그러한 제도화에 있어서는 실질적인 국민주권론
이 되도록29) 최대한 참여가 보장되는30) 적절한 제도화의 의무가 있는 것으
로 보고 있는바, 그 원리적 의미는 동일하다고 할 것이다.

　　물론 주민주권의 개념에 대하여 비판적인 입장도 있으며, 일설은 부분은
전체에 포괄되는 것이라는 전제 하에 주민은 국민의 일부이므로, 국민주권
의 관념이 주민주권의 관념으로 통용될 수 있다는 논리설정은 다분히 비유
적인 것이라고 보고 있다.31) 그러나 국가 전체의 의사결정과 관련하여 주
민주권을 개입시키는 경우에는 부분과 전체의 문제로서 비판적인 입장이
타당할 수 있으나, 지역 자체에 국한되는 문제로서 지방자치권의 구체적
행사와 관련하여서는 주민은 주민이자 일부국민으로서 당해 지역에 관한
전체의 의사라고 할 것이므로 비판적인 입장이 반드시 타당한 것으로 보이
지 않으며,32) 특히 주권을 행사자의 관점이 아니라 권력의 출발점이라는
관점에서 접근한다면 더욱 그러한 비판은 적절하지 않다고 생각된다.

　　결국 주민주권 개념이 도입되더라도 이는 국민주권주의에 대비되는 '주
권'개념을 강조하는 제도적 의미가 아니며, 권력의 출발점이자 주체로서의
주민을 강조하는 법원리적 의미의 것이라고 할 것이다.

---

29) 헌법재판소 1989.9.8. 선고 88헌가6 전원재판부(각주 14) 참조).
30) 헌법재판소 1994.7.29. 선고 93헌가4,6(병합) 전원재판부.
31) 김배원, 헌법적 관점에서의 지방자치의 본질, 공법학연구 제9권 제1호, 232면. 이 글에서
　　는 국회의원 선출과 지방의회의원 선출을 예시적으로 거론하고 있는바, 국회의원의 선출
　　은 당해 지방에서 선출하지만 국가의사에 관한 것인 점에서 당해 지역에 국한되는 지방
　　자치의 의사와는 당연히 구분되어야 할 것으로, 주민주권론에 대한 비판논거로는 적절치
　　않다고 보인다.
32) 조성규, 앞의 글, 88면.

3) 주권 개념 하에서 조례의 규범적 의미

지방자치가 민주주의 이념의 실현에 부합하는 것임은 이론은 물론 헌법재판소를 통해서도 명식적으로 확인되고 있는 것이다.[33] 동시에 민주주의는 기본적으로 국민주권의 이념을 실현하기 위해 채택된 것으로, 우리 헌법이 채택하고 있는 자유민주주의는 국민이 직접 국가권력의 주체의 주체가 되는 통치형태도 아니고, 치자와 피치자가 동일한 통치형태도 아니다. 그렇다고 다수의 통치를 뜻하는 상대적 민주주의도 아니고, 우리 헌법이 추구하는 자유민주주의는 국가권력의 창설은 물론 국가 내에서 행사되는 모든 권력의 최후적 정당성이 국민의 정치적 합의에 귀착될 수 있는 통치형태이다.[34] 이렇게 본다면, 주민주권이 허용될 수 있는지를 논외로 하더라도 지역적으로 분리된 독립된 행정주체로서의 지방자치단체를 전제로 한다면, 지방자치단체에서도 국민의 주권을 실현하기 위한 민주적 정당성을 가진 기관의 구성 및 그에 따른 민주적 정당성을 가진 주민의사의 표현은 규범원리적으로 국가와 동일한 구조로 나타난다고 할 것이다.

우리나라 헌법 제118조는 지방자치에 있어 대의제 민주주의를 원칙으로 하고 있으며, 그 결과 민주적 절차에 따라 지역주민에 의해 선출된 대표기관인 지방의회의 의사에는 민주적 정당성이 주어진다. 결국 지방자치와 관련하여 지방자치단체의 자치권 및 의사결정에 있어 민주적 정당성의 근원은 여전히 그 구성원인 주민에게서 찾아져야 한다.[35] 즉 지방의회 의사의

---

33) "지방자치는 민주주의의 요체이고, 현대의 복합사회가 요구하는 정치적 다원주의를 실현시키기 위한 제도적 장치로서 지방의 공동 관심사를 자율적으로 처결함과 동시에 주민의 자치역량을 배양하여 국민주권주의와 자유민주주의의 이념구현에 이바지함을 목적으로 하는 제도이다."(헌법재판소 2009.3.26. 선고 2007헌마843 전원재판부): 헌법재판소 1991.3.11. 선고 91헌마21 전원재판부 등.

34) 허영, 앞의 책, 148면.

35) 다만 그러한 의미는 지방의회의 의사에 비하여 주민의 의사가 항상 우월한 지위를 가져야 한다는 것은 아니며, 대의제 민주주의 하에서도 민주적 정당성의 본원적 출발점은

민주적 정당성은 대의제 민주주의를 통한 법논리적·법제도적 결과물이라 할 것이며, 대의제 민주주의의 채택이 민주적 정당성의 본원적 근거로서 주민과의 관계를 단절하거나 주민의 지위를 변화시키는 것은 아니라고 할 것이다.36)

민주주의의 원리는 직접민주주의이든 간접민주주의이든 이는 그 실현형 태 내지 방법의 문제이며, 그 본질은 권력의 근원으로서 주권의 제도적 구 현수단이다.37) 즉 민주주의가 그 본질로서 지향하고 있는 것은 국민의 '주 권'의 실현이며, 이를 위한 구체적 수단으로서, 대의제 원칙 하에서 선거권, 피선거권 등 공무담임권 및 언론·출판·집회·결사의 자유라든가 청원권 등 일련의 정치적 기본권을 보장하고 있으며, 이와 더불어 직접민주제적 요소 를 가미하고 있는 것이다.38)

이는 민주주의를 기본적 이념으로 하고 있는 지방자치에서도 마찬가지 로, 지방자치가 지향하는 민주주의의 그 이면에는 역시 지방자치권의 본원 적 근거로서 '주권'이 존재하며, 그러한 주권의 실현을 위해 선거권, 피선 거권 등 정치적 권리와 더불어 주민의 직접참여가 제도화되어 있는 것이 다. 이는 적어도 - 주민주권 개념을 허용할 것인지와는 별개로 - 지방자 치에 있어 '주권'의 법규범적 구조화가 불가능한 것이 아님을 반증하는 것 이라 할 것이다.

헌법이 지방자치제도를 보장하고 있는 규범적 의의를 국민주권의 이념

여전히 구성원인 주민에 있다는 점의 강조라 할 것이다. 권한충돌의 문제는 민주주의의 실현방식으로서 대의제 민주주의와 직접민주주의의 관계에 관한 것으로 이와는 별개의 것이라 할 것이다.

36) 조성규, 앞의 글, 83면.
37) 권영성, 앞의 책, 137면 참조.
38) "국민주권주의를 구현하기 위하여 헌법은 국가의 의사결정 방식으로 대의제를 채택하고, 이를 가능하게 하는 선거 제도를 규정함과 아울러 선거권, 피선거권을 기본권으로 보장 하며, 대의제를 보완하기 위한 방법으로 직접민주제 방식의 하나인 국민투표제도를 두고 있다."(헌법재판소 2009.3.26. 선고 2007헌마843 전원재판부).

이 요구하는 '공감대의 정치'를 지방 차원에서 실현시켜 국가권력의 창설과 국가 내에서 행사되는 모든 권력이 국민의 공감대에 바탕을 두도록 하기 위한 것이라는 데서 찾는 입장39)은 물론, 지방자치의 규범적 본질이 민주주의의 실현에 있다는 점에서도 - 주민주권 자체를 허용할지 여부와는 별개로 - 지방자치와 국민'주권'의 실현과의 연계성은 명확하다고 할 것이다. 헌법재판소도 주민주권을 의도한 것으로 보이지는 않지만, 주민이 '주권의 지역적 주체'임은 명시하고 있다.40)

이론 및 실무의 입장으로도 지방자치제도는 직접 또는 간접으로 국민주권주의의 이념을 실현시키는데 기여하는 제도로 보고 있는바,41) 이를 각 지역에서의 국민, 즉 국민이자 주민의 '주권'의 실현이라고 본다면, 이 역시 주민주권의 간접적 근거라고 할 수 있으며, 적어도 조례의 규범적 본질 역시 주권 내지 주권의 실현으로서 민주적 정당성에 있다는 근거가 된다.

Ⅲ. 조례와 법률의 규범적 관계

1. 국민주권주의 내지 민주적 정당성의 관점

조례와 법률은 각각 주민 및 국민의 대표기관이 제정하는 입법으로서 대

---

39) 허영, 앞의 책, 150면.

40) "헌법 제117조와 제118조에 의하여 제도적으로 보장되는 지방자치는 국민주권의 기본 원리에서 출발하여 주권의 지역적 주체로서의 주민에 의한 자기통치의 실현으로 요약할 수 있고, 이러한 지방자치의 본질적 내용인 핵심영역은 어떠한 경우라도 입법 기타 중앙 정부의 침해로부터 보호되어야 한다는 것을 의미한다. 다시 말하면 중앙정부의 권력과 지방자치단체 간의 권력의 수직적 분배는 서로 조화기 요청되고 그 조화과정에서 지방 자치의 핵심영역은 침해되어서는 안 되는 것이며, 이와 같은 권력분립적·지방분권적인 기능을 통하여 지역주민의 기본권 보장에도 이바지하는 것이다(헌재 1998. 4. 30. 96헌 바62 참조)."(헌법재판소 2014.06.26. 선고 2013헌바122 전원재판부).

41) 김철수, 앞의 책, 174면 ; 헌법재판소 2009.3.26. 선고 2007헌마843 전원재판부.

의제 민주주의를 통한 주민 및 국민의 의사의 발현이다. 따라서 조례와 법률의 관계를 근본적으로 고찰하기 위해서는 조례와 법률이라는 규범의 발현근거로서 입법권의 본질에서부터 출발하여야 하며, 이는 결국 국민주권주의와 연결된다. 즉 주권의 구체적인 실현방식이 입법권의 형태로 발현된 것이다.

따라서 주민주권주의의 허용성 여부와는 무관하게, 적어도 주권의 실현 내지 규범의 수범자에 의한 민주적 정당성이라는 측면에서 조례와 법률은 차이가 없다고 할 것이다. 조례와 법률의 규범적 동위성을 명시적으로 밝히고 있지는 않지만, 조례는 주민의 대표기관인 의회가 제정하는 입법이기 때문에 조례에 의한 재산권의 제한, 조례의 의한 과세, 조례에 의한 처벌 등이 모두 다 가능하다는 입장[42] 역시 같은 맥락이라고 할 것이다.

다만 ― 지방자치의 법적 문제의 본질적 출발점인 ― 국가와 지방자치단체의 중첩성의 결과, 조례와 법률은 국가법질서의 통일성이라는 관점에서 양자의 모순·충돌의 경우에 형식적 우열관계의 정립이 필요한바, 이는 규범의 본질로부터 비롯되는 것은 아니며, 법질서의 통일성을 위한 제도적 요청에서 비롯되는 것으로 보아야 한다.

이러한 관점에서 본다면, 여기서 상론하지는 않지만 조례에 대한 법률유보원칙의 실질적인 규범적 근거는 찾기 어렵다고 할 것이다.

2. 조례제정권의 규범적 본질

법률과 조례의 규범적 관계를 정립하기 위해서는 ― 지방자치가 헌법적 보장의 대상인 점에서 ― 조례제정권의 규범적 본질에 대한 고찰 역시 중요하다.

지방자치가 헌법에 의해 제도적으로 보장되고 있음은 주지의 사실로서,

---

42) 김철수, 앞의 책, 1597면.

헌법이 보장하는 지방자치의 핵심적인 내용은 지방자치단체는 원칙적으로 자신의 지역 내의 모든 사무를 자기책임으로 처리할 수 있는 권한을 가진다 는데 있다. 즉 자신의 지역에 관련되는 지역적 사무가 존재하는 한, 헌법상 의 보장에 의해서 그 사무는 원칙적으로 지방자치단체의 사무로서 지방자 치단체의 권한이 인정되며(소위 지방자치단체의 전권한성(Allzuständigkeit)), 동시에 지방자치는 자신의 사무를 "자신의 책임"하에서 규율한 수 있어야 한다는 자기책임성의 보장을 본질로 한다. 자기책임성은 다른 고권주체, 특 히 국가의 합목적성에 대한 지침으로부터의 자유를 의미하며, 지방자치단 체가 자신의 고유한 정책적 구상에 따라 결정할 수 있는 능력을 말한다.43)

문제는 헌법이 보장하는 자기책임성은 그 자체로서는 추상적 원리에 불 과한 것으로, 이를 구체화할 수 있는 법적 수단이 필요한바, 지방자치단체 의 자기책임성을 실현하기 위한 법제도적 수단으로서 특별하게 마련된 것 이 소위 지방자치단체의 고권(Gemeindehoheit)이다. 즉 자치고권은 헌법상 으로 보장된 지방자치의 실질적이고 구체적인 보장을 위해 불가결한 권한 이라는 것을 기본사고로 하는 것으로서, 따라서 지방자치의 핵심영역으로 서 직접 헌법적으로 보호되는 것으로, 법률에 의해서도 함부로 침해될 수 없는바, 이러한 자치고권에는 자치입법권도 당연히 포함된다.44) 결국 조례 제정권은 국민주권주의를 통한 민주적 정당성이라는 헌법적 가치 외에 지 방자치의 헌법적 보장을 통하여 특별한 헌법적 보호를 추가적으로 누린다.

3. 조례와 법률의 관계 설정

법률과 조례의 관계는 법치주의 원리의 한 내용이라 할 수 있는 의회입

---

43) 조성규, 국가와 지방자치단체간 입법, 사무권한 및 재원의 배분, 공법연구 제36집 제2호 (2007.12.), 44면.
44) 홍정선, 신지방자치법, 박영사, 2009, 60면 참조.

법 우위의 원칙과 조례는 민주주의 원리의 실현으로서 헌법상 보장된 지방자치를 통한 주민의 자기규율의 표현이라는 점을 어떻게 조화시킬 것인가의 문제이다.

 이러한 문제는 민주적 정당성이라는 관점을 형식적으로 이해서는 한에서는 해결되기 어려운 것으로, 양자 모두 국민주권의 실현을 위한 입법권을 본질로 하기 때문이다. 즉 입법권의 본질을 민주적 정당성의 관점에서, 원칙적으로 수범자에 의해 직접 선출된 대표에 유보되는 것임을 전제로 하는 경우, 지방의회는 주민에 의해 보통·평등·직접·비밀·자유선거로 선출된 자로 구성된 입법기관(주민대표)으로서의 - 국회와 동일한 구조로 - 민주적 정당성을 가지는 동시에, 지방자치단체는 국가조직의 하부단계가 아니고 독자적인 행정주체로서 국가와 지방자치단체간의 대등관계를 강조한다면, 국가의 입법자인 국회와 지방자치단체의 입법자인 지방의회간의 긴장관계는 해소되지 아니한다.[45][46]

 그러나 입법권의 근거로서 민주주의의 원리, 구체적으로는 민주적 정당성의 문제를 실질적으로 본다면, 현대에 있어 지방자치단체는 국가조직의 한 부분이지 그 자체로 국가는 아니며, 더욱이 국가와 대립관계에서 존재하는 것도 아니다. 동시에 지방자치단체의 인적 기초인 주민을 국가의 인적 기초와 동일시할 수는 없는 것으로, 지방자치단체의 주민은 국민의 일부분으로서 이중적 지위를 가지는 것이지 국가의 인적 기초인 국민과 분리되는 또 다른 국민은 아닌 것이다. 그렇다면 전 국민에 보편적으로 적용되어야 하는 부분이 조례에 의해 왜곡된다는 것은 합리적이지 않다. 같은 맥

---

45) 조성규, 법치행정의 원리와 조례제정권의 관계 - 조례에 대한 법률유보의 문제를 중심으로 -, 공법연구 제33집 제3호(2005.5.), 386면.
46) 이러한 형식적 관점에서는 양자 모두 완전한 민주적 정당성을 갖게 되므로, 법률과 조례의 관계는 오로지 헌법상의 권한배분, 즉 자치사무인지의 여부만이 문제될 것이고, 이는 결국 지방의회가 국가의 입법자와 동등하게 파악하게 됨을 뜻하는바, 조례에 대한 법률의 유보는 법원리적으로 아무런 의미를 가질 수 없다.

락에서 국가 조직의 일부로서 지방자치단체를 전제로 하는 경우, 국가의 법률과 지방자치단체의 조례가 모순·충돌되는 경우 법질서의 통일성을 위한 양자간의 관계 설정의 필요성 역시 현실적으로 존재한다.

국민이 국가권력을 자신들에 의해 선출된 대표인 의회로 하여금 행사하게 하는 대의제 민주주의에 있어 대립하는 이해를 결정하는 것은 의회가 하여야 하는 것으로, 이는 특정의 집단이익에 대한 공공복리의 수호자로서의 국회의 임무인 것이다. 이러한 점에서 보면, 지방의회와 국회가 가지는 민주적 정당성은 형식적 측면에서는 동일해 보이지만, 그 실질에 있어서 주민에 의한 민주적 정당성과 주민인 동시에 국민에 의한 민주적 정당성이라는 점에서 차이가 있다고 볼 수밖에 없다. 따라서 국민에게 보편적인 그리고 국가공동체에 중요한 사항은 국회가 결정할 수밖에 없는 것이고, 그러한 의미에는 법률은 조례보다 우월한 지위와 효력을 갖는다.47)

4. 조례에 대한 법률우위의 원칙의 규범적 의미

조례에 대한 법률우위원칙의 적용은 당연한 공리인 것처럼 여겨져 왔으며, 이는 민주적 정당성의 관점에서 보더라도 전체 국민의 민주적 정당성은 주민의 민주적 정당성에 우선하여야 하는 점에서 타당하다. 다만 여기서 지적하고 싶은 것은 조례에 대한 법률의 우위는 자연법적인 선험적인 원리는 아니라는 것이며, 이는 궁극적으로 조례에 대한 법률우위의 원칙에도 일정한 한계가 있을 수 있음을 의미한다.

전술한 바와 같이, 규범의 본질이라는 측면에서는 조례와 법률의 본질적 우열이 도출될 수는 없으며, 결국 조례에 대한 법률의 우위는 형식적·제도적 우열관계의 정립이라고 보아야 한다. 이러한 결론은 법률과 조례의 충

---

47) 조성규, 앞의 글, 387면.

돌이 문제되는 경우라도, 조례의 법률에의 위반은 규범의 본질에 대한 고
려를 통하여 엄격하게 판단되어야 한다는 실천적 의미로 나타난다. 그럼에
도 불구하고 - 후술하듯이 - 현재 조례의 위법성 판단과 관련한 우리나
라 사법실무의 입장은 조례에 대한 법률의 본질적 우위를 전제로 하는 듯
이 입장인바, 타당성에 의문이 있다.

다만 종래의 전통적인 법률선점(先占)론, 정확히는 법률전점(專占)론에
비하여 현재는 국가최저기준(national minimum)이론에 의하여 조례의 법률
위반을 완화하는 입장에 있으며,48) 조례와 법률의 제도적 위계관계를 전제
로 할 때 타당한 방향으로 보이나, 원리적 이해에 비하여 구체적 적용 현실
은 아직 충분하다고 보이지는 않는다.

법률에 대한 헌법우위 역시 당연한 공리로서, 법률의 위헌성 여부의 판
단에 있어서 합헌적 해석이 법원칙으로 자리잡고 있듯이, 조례의 법률 위
반의 여부 역시 조례의 합법적 해석이 규범적 원리로 요구된다. 특히 조례
와 법률의 우열관계가 규범적 본질로부터 비롯되는 것이라기 보다는 국가
법질서의 통일성을 위한 법제도적·기술적 의미가 더 크다는 것을 고려하면
더욱 그러하다.

국가법질서의 통일성에 대한 요청 역시 법치주의로부터 비롯되는 헌법
적 요청인 것은 당연하지만, 지방자치법원리 역시 헌법으로부터 보장되는
헌법적 원리인 점에서 양자에 대한 조화적 해석과 적용이 필요하다. 헌법

---

48) "지방자치단체는 법령에 위반되지 아니하는 범위 내에서 그 사무에 관하여 조례를 제정
할 수 있는 것이고, 조례가 규율하는 특정사항에 관하여 그것을 규율하는 국가의 법령이
이미 존재하는 경우에도 조례가 법령과 별도의 목적에 기하여 규율함을 의도하는 것으
로서 그 적용에 의하여 법령의 규정이 의도하는 목적과 효과를 전혀 저해하는 바가 없는
때, 또는 양자가 동일한 목적에서 출발한 것이라고 할지라도 국가의 법령이 반드시 그
규정에 의하여 전국에 걸쳐 일률적으로 동일한 내용을 규율하려는 취지가 아니고 각 지
방자치단체가 그 지방의 실정에 맞게 별도로 규율하는 것을 용인하는 취지라고 해석되
는 때에는 그 조례가 국가의 법령에 위반되는 것은 아니다."(대법원 1997.04.25. 선고
96추244 판결) ; 대법원 2000. 11. 24. 선고 2000추29 판결.

규범의 조화적 해석의 필요성은 헌법 해석의 기본적 원리로서, 규범상호간
의 우열관계를 전제로 하는 이익형량의 원칙과 달리 규범상호간의 조화적
이고 동화적인 효력을 전제로 하며, 그러한 점에서 헌법의 통일성49)이라는
측면에서 볼 때, 이익형량의 원칙보다 조화의 원칙이 더 우선하는 것으로
보아야 한다.50) 우리 헌법재판소도 규범조화적 해석을 강조하고 있으나,51)
유독 지방자치제도와 관련하여서는 규범조화적 해석이 실제 구현되고 있
는지는 의문이다.

조례에 의한 차등적 규율이 각 지역에 따라 불평등한 것이 될 수도 있지
만, 이는 국가법질서의 통일성의 관점에서만 고려될 문제가 아니며, 각 지
역의 특유한 사정에 바탕한 차등적 발전을 통하여 전국의 균등한 발전을
도모하고 하는 - 헌법이 보장하는 - 지방자치법적 가치에 대한 고려 역
시 중요하다. 조례에 의한 차등적 규율은 헌법이 지방자치제를 보장하고
있는 데에서 오는 불가피한 결과이므로 헌법위반이 아니다.52)

비교법적으로 보더라도 우리나라와 일본은 지방자치의 규범적 근거인
헌법53) 의 규정형식과 내용이 거의 동일함에도 지방자치법54)을 통한 조례

---

49) 헌법의 통일성이란 헌법은 그 자체로서 사회공동체를 정치적인 일원체로 조직하기 위한
    법질서를 뜻하기 때문에 하나하나의 헌법조문이 독립해서 어떤 의미를 갖는 것이 아니
    고 모든 조문이 불가분의 밀접한 관계를 가지고 서로 보충·제한하는 기능을 나타내는
    것이기 때문에 그러한 헌법의 일원성 내지 통일성을 헌법해석의 지침으로 삼아야 한다
    는 것으로, 헌법조문의 해석에 있어서는 해당 조문만을 대상으로 할 것이 아니고 그 조
    문을 헌법 전체의 체계나 의미를 고려하여 통일적인 각도에서 살펴야 할 것을 요구한다
    (허영, 앞의 책, 72면).
50) 허영, 앞의 책, 73면.
51) "두 기본권이 서로 충돌하는 경우에는 헌법의 통일성를 유지하기 위하여 상충하는 기본
    권 모두가 최대한으로 그 기능과 효력을 나타낼 수 있도록 하는 조화로운 방법이 모색되
    어야 할 것이고, 결국은 이 법에 규정한 정정보도청구제도가 과잉금지의 원칙에 따라
    그 목적이 정당한 것인가 그러한 목적을 달성하기 위하여 마련된 수단 또한 언론의 자유
    를 제한하는 정도가 인격권과의 사이에 적정한 비례를 유지하는 것인가의 여부가 문제
    된다 할 것이다."(헌법재판소 1991.9.16. 선고 89헌마165 전원재판부).
52) 권영성, 앞의 책, 249면.

제정권의 범위, 특히 법률유보원칙과 관련하여서는 상반된 태도를 보이고

53) 우리나라 헌법이나 일본 헌법이나 침익적 조례에 대한 법률유보의 문제를 직접 규정하고
있지는 않으나, 우리나라는 기본권제한에 관한 일반적인 법률유보원칙을 규정한 헌법 제
37조 제2항 및 개별적 법률유보를 규정한 헌법 제12조 제1항의 죄형법정주의, 제59조의
조세법률주의 등을 근거로 조례에 대한 법률유보원칙을 합헌으로 보고 있다. 이에 비해
일본은 헌법상 의회입법원칙(제41조), 죄형법정주의(제31조), 조세법률주의(제84조)등의
해석과 관련하여 통설적인 입장은 조례준법률설의 관점에서 위 규정은 국가행정에 해당
하는 것으로서 국가행정에서 국민의 권리의무에 관한 사항을 법률로 정하여야 하지만,
지방자치에 있어서 주민의 권리의무에 대해서는 조례로 규정하여 한다고 해석한다(이영
호, 조례제정권과 법률의 관계, 법제 2002. 8. 23면).

대한민국헌법	일본 헌법
제117조 ① 지방자치단체는 주민의 복리에 관한 사무를 처리하고 재산을 관리하며, 법령의 범위안에서 자치에 관한 규정을 제정할 수 있다. 제118조 ②지방의회의 조직·권한·의원선거와 지방자치단체의 장의 선임방법 기타 지방자치단체의 조직과 운영에 관한 사항은 법률로 정한다.	제92조 지방공공단체의 조직 및 운영에 관한 사항은 지방자치의 본지에 기하여 법률로 정한다. 제94조 지방공공단체는 그 재산을 관리하고, 사무를 처리하고 행정을 집행하는 권능을 가지며, 법률의 범위 내에서 조례를 제정할 수 있다. .

54) 우리나라 지방자치법은 명시적으로 침익적 조례에 대한 법률유보원칙을 규정하고 있는
데 반해, 일본 지방자치법은 명시적으로 우리나라와 상반된 입장이며, 특히 조례제정권
의 한계로서 지방자치법상 '법령에 위반하지 아니하는 한'의 의미를 엄격한 법규명령으
로 한정함으로써 헌법상 '법률의 범위 안'에서도 동일한 것으로 보고 있다(이영호, 앞의
글, 23면).

우리나라 지방자치법	일본 지방자치법법
제22조(조례) 지방자치단체는 법령의 범위 안에서 그 사무에 관하여 조례를 제정할 수 있다. 다만, 주민의 권리 제한 또는 의무 부과에 관한 사항이나 벌칙을 정할 때에는 법률의 위임이 있어야 한다.	제14조 ① 보통지방공공단체는 법령에 위반하지 아니하는 한 제2조제2항의 사무에 관하여 조례를 제정할 수 있다. ② 보통지방공공단체는 의무를 부과하거나 권리를 제한하려면 법령에 특별한 정함이 있는 경우를 제외하고는 조례에 의하여야 한다. ③ 보통지방공공단체는 법령에 특별한 정함이 있는 것을 제외하고는 그 조례 중에 조례에 위반한 자에 대하여 2년 이하의 징역 또는 금고, 100만엔 이하의 벌금, 구류, 과료 또는 몰수의 형 또는 5만엔 이하의 과태료를 부과하는 취지의 규정을 둘 수 있다.

있는바, 이는 기본적으로 지방자치에 대한 규범적 인식의 문제임을 보여주는 것이라 할 것이다.

Ⅳ. 조례의 위법성 판단에 대한 실무의 입장

1. 조례의 위법성 판단의 기준 : 조례와 국가법령의 관계

국가법질서의 통일성 역시 법규범에 있어 중요한 가치인바, 조례에 대한 법률의 우위는 기본적으로는 타당한 원리이다. 다만 조례가 법률에 위반하는지 여부에 대해서는 형식적 기준이 아닌, 조례의 규범적 본질 및 헌법상 보장되는 지방자치의 이념에 대한 충분한 고려가 있어야 함은 당연하며, 그러한 점에서 — 구체적 적용결과의 타당성은 논외로 — 국가최저기준이론 등을 통한 조례제정권에 대한 실질적 고려를 위한 노력은 바람직하다.

문제는 국가법질서의 통일성을 형식적 측면에서 접근하여 법률 이외의 모든 국가법령을 조례보다 상위의 규범으로 인식하고, 위법성의 기준으로 전제하는 데 있다. 우리 헌법 자체도 이미 조례제정을 '법령'의 범위 안에서 허용하고 있고(제117조), 이를 구체화하는 지방자치법 역시 '법령'을 조례의 상위규범으로 전제하고 있음은 물론, 한걸음 더 나아가 침익적 조례에 대한 법률의 유보를 당연하게 규율하고 있다(법 제22조 단서).

이러한 입법상황에서 '법령'의 의미를 엄격한 의미의 위임명령으로 한정하여 해석한다면 그나마 다행이지만, 특히 헌법재판소는 법령의 의미와 관련하여 상위법의 수권이 있는 한 고시 등 행정규칙의 형식에 의한 경우도 조례의 상위규범으로 인정하고 있는비,[55] 국민주권원리의 실현으로서 조례

---

55) "헌법 제117조 제1항에서 규정하고 있는 '법령'에 법률 이외에 헌법 제75조 및 제95조 등에 의거한 '대통령령', '총리령' 및 '부령'과 같은 법규명령이 포함되는 것은 물론이지만, 헌법재판소의 "법령의 직접적인 위임에 따라 수임행정기관이 그 법령을 시행하는데

의 민주적 정당성에 부합하는 결론인지는 의문이다.

2. 조례에 대한 위법성의 평가

위법조례로서 사법권에 의해 무효가 된 조례 역시 적지 않은바, - 불충분한 입법상황을 고려할 때 - 조례제정권의 실질적 보장을 위해서는 사법권의 역할 또한 중요하다. 위법조례의 유형은 크게 국가사무인 기관위임사무에 대한 조례의 제정, 지방자치법 제22조 단서의 침익적 법률유보의 위반, 근래에는 소위 기관대립형 구조와 관련하여 단체장의 권한 제한 조례가 위법조례의 상당수를 차지한다. 다만 최근에는 단체장의 권한 제한 조례와 관련하여 위법성을 다소 완화하는 태도를 보이는 것으로 보이나,[56]

필요한 구체적 사항을 정한 것이면, 그 제정형식은 비록 법규명령이 아닌 고시, 훈령, 예규 등과 같은 행정규칙이더라도, 그것이 상위법령의 위임한계를 벗어나지 아니하는 한, 상위법령과 결합하여 대외적인 구속력을 갖는 법규명령으로서 기능하게 된다고 보아야 한다"고 판시한 바에 따라, 헌법 제117조 제1항에서 규정하는 '법령'에는 법규명령으로서 기능하는 행정규칙이 포함된다."(헌법재판소 2002.10.31. 선고 2001헌라1).

56) o 예산낭비 사례 등을 공개하도록 하고 예산성과금의 지급 한도를 제한하는 내용의 조례안에 대하여 구청장이 지방자치법에 위배된다는 이유 등으로 재의를 요구하였으나 구의회가 원안대로 재의결한 사안에서, 위 조례안이 지방자치단체장의 예산집행 등에 관한 권한 및 예산성과금 지급에 관한 권한을 본질적으로 침해한다고 볼 수 없다고 한 사례(대법원 2014.02.13 선고 2013추67 판결),

o 구청장이 도시계획위원회 위원으로 임명·위촉할 수 있는 '구의회 의원'을 '구의회 의장이 추천한 구의원'으로 개정하는 '서울특별시 서초구 도시계획조례 일부 개정 조례안'에 대하여 구청장이 재의를 요구하였으나 구의회가 재의결한 사안에서, 위 조례안이 구 국토의 계획 및 이용에 관한 법률 시행령 제112조 제3항 에 위배되거나 지방자치단체장의 고유한 인사권을 침해한다고 볼 수 없다고 한 사례(대법원 2013.09.12 선고 2013추50 판결),

o 화천군의회가 의결한 '화천군 관내 고등학교 학생 교육비 지원 조례안'에 대하여 화천군수가 도의 자치사무에 관한 것이라는 등의 이유로 재의를 요구하였으나 군의회가 조례안을 재의결하여 확정한 사안에서, 위 조례안이 집행기관인 지방자치단체장 고유의 재량권을 침해하였다거나 예산배분의 우선순위 결정에 관한 지방자치단체장의 권

여전히 조례를 국가법령의 하위규범으로 보는 인식을 기저로 하고 있다고 보인다.

이하에서는 조례의 위법사례를 실증적으로 분석하여 봄으로써 — 일반화에는 한계가 있을 수 있으나 — 조례의 위법성 평가의 문제점을 지적해 보고자 한다.

영유아보육법이 보육시설 종사자의 정년에 관한 규정을 두거나 이를 지방자치단체의 조례에 위임한다는 규정을 두고 있지 않음에도 보육시설 종사자의 정년을 규정한 '서울특별시 중구 영유아 보육조례 일부개정조례안' 제17조 제3항은, 법률의 위임 없이 헌법이 보장하는 직업을 선택하여 수행할 권리의 제한에 관한 사항을 정한 것이어서 그 효력을 인정할 수 없으므로, 위 조례안에 대한 재의결은 무효라고 한 사례57)에서 대법원은 "영유아보육법 제24조 제2항, 제4항은 지방자치단체가 설립한 공립보육시설은 법인·단체 또는 개인에게 위탁하여 운영할 수 있는바, 보육시설위탁 등에 필요한 사항은 보건복지가족부령으로 정하도록 하고 있고, 이에 따른 영유아보육법 시행규칙 제24조 제8항은 보육시설의 운영위탁에 관한 구체적인 사항은 공립보육시설의 경우 지방자치단체의 조례로 정하도록 하고 있을 뿐이며, 영유아보육법이 보육시설종사자에 대하여 결격사유(제20조), 자격(제

한을 본질적으로 침해하여 위법하다고 볼 수 없다고 한 사례(대법원 2013.04.11 선고 2012추22 판결),

o 지방자치단체가 합의제 행정기관의 일종인 민간위탁적격자심사위원회의 위원 정수 및 위원의 구성비를 어떻게 정할 것인지를 조례로 정한 사안과 관련하여 해당 지방의회 조례제정권의 범위 내에 있는 사항으로서 위법하지 않다고 한 사례(대법원 2012.11.29 선고 2011추87 판결), '서울특별시 중구 사무의 민간위탁에 관한 조례안' 제4조 제3항 등이 지방자치단체 사무의 민간위탁에 관하여 지방의회의 사전 동의를 받도록 한 것과 지방자치단체장이 동일 수탁자에게 위탁사무를 재위탁하거나 기간연장 등 기존 위탁계약의 중요한 사항을 변경하고자 할 때 지방의회의 동의를 받도록 한 것은, 지방자치단체장의 집행권한을 본질적으로 침해하는 것으로 볼 수 없다고 한 사례(대법원 2011.02.10 선고 2010추11 판결) 등이 그러하다.

57) 대법원 2009.05.28. 선고 2007추134 판결.

21조)에 대해서는 규정하고 있지만, 정년 등 연령에 관한 조항을 두고 있지 않으며 이를 지방자치단체의 조례에 위임하는 규정을 두고 있지 않다"는 것을 조례의 위법사유로 제시하고 있다.

그러나 정년 규정이 기본권에 관한 본질적인 사항, 소위 의회유보 영역으로서 법률이 직접 규정하여야 한다는 논리라면 모르지만, 부령으로 정하는 것이 허용되는 사항임에도 단지 형식적인 위임이 없다는 이유만으로 조례의 위법성을 도출하는 것이 타당한지는 의문이다. 특히 조례로 정한 정년 연령의 합리성 등 내용에 대한 판단은 전혀 없이 그저 조례에 규정되어 있다는 사실만으로 위법한다는 결론은 조례의 민주적 정당성, 준법률성과는 어울리지 않는다.

물론 - 위헌성 논란의 중심에 있는 - 지방자치법 제22조의 단서를 전제로 하는 한, - 법의 해석과 선언을 본질로 하는 - 사법권으로서는 위법성 판단에 본질적인 한계가 있을 수밖에 없다고 보이기는 하지만, 적어도 사법적극주의의 관점에서 조례의 본질에 대한 고려가 필요하다고 보인다. 대법원이 일반적으로 허용하고 있는 수익적 조례의 경우에도 권익이 침해되는 누군가는 항상 존재할 수 있기 때문이다.

지방자치단체장의 권한 제한 조례에 있어서도 형식적인 관점은 여전하다. 부산광역시 기장군에서 군정홍보 강화로 군민의 알 권리를 증진시키고 효율적인 군정수행을 목적으로 군보발행 업무를 효율적으로 운영하기 위하여 종전에 단체장의 내부인사만으로 운영되던 편집회의를 폐지하고 편집위원회를 두되, 위원장은 부군수로 하고 부위원장은 위원회에서 추천하며, 위원은 군 소속 5급 공무원과 군의회 의원 2명 및 군보발행에 관한 학식과 경험이 풍부한 사람 중에서 군수가 임명 또는 위촉하도록 하는 내용으로 발의된 '부산광역시 기장군 군보 조례 일부개정조례안'은 지방자치단체장의 고유권한에 속하는 사항의 행사에 관하여 지방의회가 사전에 적극적으로 개입하는 것으로서 법령에 위반되어 무효라고 한 사례[58]에서 대법원은 "지방자치법상 지방자치단체의 집행기관과 지방의회는 서로 분립되어 각기 그 고유권한을 행사하되 상호 견제의 범위 내에서 상대방의 권한 행사에 대한 관여가 허용되나, 지방의회는 집행기관의 고유권한에 속하는 사항의 행사에 관하여는 견제의 범위 내에서 소극적·사후적으로 개입할 수 있을 뿐 사전에 적극적으로 개입하는 것은 허용되지 아니한다(대법원 2001. 12. 11. 선고 2001추64 판결 참조). 그리고 지방자치법 제101조, 제103조, 제112조, 제127조, 지방자치단체의 행정기구와 정원기준 등에 관한 규정(이하 '행정기구규정'이라 한다) 제5조, 제7조, 제36조 제2항의 각 규정을 종합하면, 지방자치법령은 지방자치단체의 장으로 하여금 지방자치단체의 대표자로서 당해 지방자치단체의 사무와 법령에 의하여 위임된 사무를 관리·집행하는 데 필요한 행정기구를 설치할 고유권한과 이를 위한 조례안의 제안권을 가지도록 하는 반면 지방의회로 하여금 지방자치단체장의 행정기구 설치권한을 견제하도록 하기 위하여 지방자치단체의 장이 조례안으로써 제안한 행정기구를 축소·통폐합할 권한을 가지도록 하고 있다(대법원 2005. 8. 19. 선고 2005추48 판결 참조). 이에 더하여, 지방자치법 제116조에 그 설치의 근거가 마련된 합의제 행정기관은 지방자치단체의 장이 통할하여 관리·집행하는 지방자치단체의 사무를 일부 분담하여 수행하는 기관으로서 그 사무를 독립하여 수행한다 할지라도 이는 어디까지나 집행기관에 속하는 것이지 지방의회에 속한다거나 집행기관이나 지방의회 어디에도 속하지 않는 독립된 제3의 기관에 해당하지 않는 점, 행정기구규정 제3조 제1항의 규정에 비추어 지방자치단체의 장은 집행기관에 속하는 행정기관 전반에 대하여 조직편성권을 가진다고 해석되는 점"을 위법사유로 제시하고 있다.

그러나 위 조례를 내용상으로 볼 때에는 물론, 형식상으로 보더라도 관련 규정의 내용이 이를 금지하고 있다고 해석되지 않음에도 일반규정59) 및

---

58) 대법원 2014.11.13. 선고 2013추111 판결.

기관대립형이라는 막연한 원리적 근거를 통하여 조례의 위법성을 도출하는 것이 타당한지는 의문이다.

지방자치는 국민주권주의의 실현을 위한 민주주의 이념에 부합하는 것이며, 헌법이 지역적 효력을 가지는 법규범의 정립권능을 지방자치단체에 부여한 것은 규범정립자와 수범자 간의 간격을 줄임으로써 지역적 에너지를 활성화하고, 지역적 특성을 고려하여 탄력적 규율을 가능하게 하며, 국가입법기관의 부담도 경감하려는데 그 목적이 있다. 그렇다면 조례의 위법성 여부의 판단에 있어서도 그 규범적 본질과 의의에 대한 적극적 고려가 당연히 필요하며, 그러한 점에서 국가감독권의 한계로서 '법령 위반'에 재량권의 일탈·남용이 포함되는 지에 대한 대법원 소수의견의 입장은 시사하는 바가 많다.

주지하듯이, 대법원 다수의견은 지방자치단체에 대한 국가감독권과 관련하여, 지방자치법 제169조 제1항이 규정하고 있는 '법령 위반'에는 재량권의 일탈·남용도 포함된다고 보고 있는데 반해,[60] 소수의견은 지방자치의

---

59) 그나마 구체적으로 적시된 지방자치법 제116조 역시, "① 지방자치단체는 그 소관 사무의 일부를 독립하여 수행할 필요가 있으면 법령이나 그 지방자치단체의 조례로 정하는 바에 따라 합의제행정기관을 설치할 수 있다.

② 제1항의 합의제행정기관의 설치·운영에 관하여 필요한 사항은 대통령령이나 그 지방자치단체의 조례로 정한다."고 규정하고 있을 뿐이다.

60) "[다수의견] 지방자치법 제157조 제1항 전문은 "지방자치단체의 사무에 관한 그 장의 명령이나 처분이 법령에 위반되거나 현저히 부당하여 공익을 해한다고 인정될 때에는 시·도에 대하여는 주무부장관이, 시·군 및 자치구에 대하여는 시·도지사가 기간을 정하여 서면으로 시정을 명하고 그 기간 내에 이행하지 아니할 때에는 이를 취소하거나 정지할 수 있다"고 규정하고 있고, 같은 항 후문은 "이 경우 자치사무에 관한 명령이나 처분에 있어서는 법령에 위반하는 것에 한한다"고 규정하고 있는바, 지방자치법 제157조 제1항 전문 및 후문에서 규정하고 있는 지방자치단체의 사무에 관한 그 장의 명령이나 처분이 **법령에 위반되는 경우라 함은 명령이나 처분이 현저히 부당하여 공익을 해하는 경우, 즉 합목적성을 현저히 결하는 경우와 대비되는 개념으로, 시·군·구의 장의 사무의 집행이 명시적인 법령의 규정을 구체적으로 위반한 경우뿐만 아니라 그러한 사무의 집행이 재량권을 일탈·남용하여 위법하게 되는 경우를 포함한다고 할 것이므로,** 시·군·구의 장의 자치사무의 일종인 당해 지방자치단체 소속 공무원에 대한 승진처분이 재량권을 일

헌법적 보장의 취지에 비추어 볼 때, 지방자치법 제169조 제1항의 해석에 있어서는 행정법의 일반적 원리와 달리 재량의 일탈·남용의 경우를 포함하지 않는 것으로 좁게 해석하여야 한다고 보고 있다.61)

대법원 다수의견은 행정법의 일반이론이 '재량권의 일탈·남용'을 일반적인 '위법'사유로 보고 있는 점에서는 물론, 재량권의 일탈·남용을 취소사유로 규정하고 있는 행정소송법 제27조에 비추어 보더라도 법논리상 아무런 문제가 없는 것으로 일응 보인다. 그러나 한걸음 나아가 지방자치의 헌법적 보장에 따른 지방자치의 본질에 비추어 본다면, 너무도 당연해 보이는 다수의견의 입장에 대해서는 의문이 있을 수 있으며, 오히려 반대의견이 보다 설득력을 가질 수 있다.62)

탈·남용하여 위법하게 된 경우 시·도지사는 지방자치법 제157조 제1항 후문에 따라 그에 대한 시정명령이나 취소 또는 정지를 할 수 있다."(대법원 2007.3.22. 선고 2005추62 전원합의체 판결【승진임용직권취소처분취소청구】)

61) "**[대법관 김영란, 박시환, 김지형, 이홍훈, 전수안의 반대의견]** 헌법이 보장하는 지방자치제도의 본질상 재량판단의 영역에서는 국가나 상급 지방자치단체가 하급 지방자치단체의 자치사무 처리에 개입하는 것을 엄격히 금지하여야 할 필요성이 있으므로, **지방자치법 제157조 제1항 후문은 지방자치제도의 본질적 내용이 침해되지 않도록 헌법합치적으로 조화롭게 해석하여야 하는바,** 일반적으로 '법령위반'의 개념에 '재량권의 일탈·남용'도 포함된다고 보고 있기는 하나, 지방자치법 제157조 제1항에서 정한 취소권의 행사요건은 위임사무에 관하여는 '법령에 위반되거나 현저히 부당하여 공익을 해한다고 인정될 때', 자치사무에 관하여는 '법령에 위반하는 때'라고 규정되어 있어, 여기에서의 '법령위반'이라는 문구는 '현저히 부당하여 공익을 해한다고 인정될 때'와 대비적으로 쓰이고 있고, 재량권의 한계 위반 여부를 판단할 때에 통상적으로는 '현저히 부당하여 공익을 해하는' 경우를 바로 '재량권이 일탈·남용된 경우'로 보는 견해가 일반적이므로, **위 법조항에서 '현저히 부당하여 공익을 해하는 경우'와 대비되어 규정된 '법령에 위반하는 때'의 개념 속에는 일반적인 '법령위반'의 개념과는 다르게 '재량권의 일탈·남용'은 포함되지 않는 것으로 해석하여야 한다.** 가사 이론적으로는 합목적성과 합법성의 심사가 명확히 구분된다고 하더라도 '현저히 부당하여 공익을 해한다는 것'과 '재량권의 한계를 일탈하였다는 것'을 실무적으로 구별하기 매우 어렵다는 점까지 보태어 보면, 지방자치법 제157조 제1항 후문의 '법령위반'에 '재량권의 일탈·남용'이 포함된다고 보는 다수의견의 해석은 잘못된 것이다."(대법원 2007.3.22. 선고 2005추62 전원합의체 판결【승진임용직권취소처분취소청구】)

조례의 위법성 문제를 포함하여 지방자치 관련법령의 해석에 있어서는 지방자치의 헌법적 보장의 취지에 합당하도록 헌법합치적 내지 헌법구체화적 해석이 필요하다. 물론 헌법상 보장되는 지방자치권이라고 하여 법적으로 무제한의 자유를 누리는 것은 아니며, 법치행정의 원리상 자치사무라도 위법한 경우에는 국가 등 감독기관에 의한 통제의 대상이 되는 것은 당연하다. 자치입법권이라고 하더라도 그 예외는 아니다. 문제는 위법한 조례에 대한 통제에 있어 차별성이 요구되는 것이 아니며, 조례의 위법성 판단자체에 대한 특별한 규범적 고려가 요구된다는 것이다. 조례의 위법 여부에 대한 특별한 고려는 법치주의의 위반이 아니라, 국민주권주의 및 지방자치의 헌법적 보장을 통해 요구되는 것으로 지방자치 영역에서의 법치주의의 구현이다.63)

3. 헌법재판소에 의한 조례의 위법성 판단 문제

헌법재판소도 조례에 대한 위헌심사권을 인정하고 있다.64) 조례의 행정입법적 성격을 고려하면 조례에 대한 헌법재판소의 규범통제에 대해서는

---

62) 조성규, 지방자치제도에 있어 사법권의 의의와 역할, 행정법연구 제34호(2012.12.), 311면.
63) 그러한 관점에서 볼 때, 수익적 조례의 위법성에 대해서는 일반적으로 완화된 입장이기는 하지만, "**지방자치단체가 그 재정권에 의하여 확보한 재화는 구성원인 주민의 희생으로 이룩된 것이므로** 이를 가장 효율적으로 사용함으로써 건전한 재정의 운영을 하여야 하는 것이나, 주민의 복리에 관한 사무를 처리하는 권한과 의무를 가지는 지방자치단체의 기관인 지방의회가 미리 지방자치단체장의 의견을 들은 후 **당해 지방자치단체의 재정능력범위 내에서 생활보호법과는 별도로 생활곤궁자를 보호하는 내용의 조례를 제정·시행하는 것은 지방자치제도의 본질에 부합하는 것이다**"(대법원 1997.04.25. 선고 96추244 판결)는 입장은 지방자치의 본질에 대한 고려에 기반하고 있다고 할 것이다.
64) 헌법재판소 2008.12.26. 선고 2007헌마1387 전원재판부 【서울특별시보도상영업시설물관리등에관한조례제3조제2항등위헌확인】; 헌법재판소 2008.12.26. 선고 2007헌마1422,2008헌마32(병합) 전원재판부 【서울특별시보도상영업시설물관리등에관한조례제3조제4항등위헌확인】.

그 허용성과 관련하여 법규명령에 대한 헌법재판소의 규범통제와 동일한 문제가 제기될 수 있다. 여기서는 그에 관한 상론은 생략하나, 적어도 조례는 통상적 법규명령과 달리 민주적 정당성을 가지는 입법으로서 헌법상 보장된 지방자치의 실현을 위한 구체적 제도화라는 점에서 헌법재판을 통한 조례제정권의 실현 및 보장의 필요성은 인정될 수 있을 것으로 보인다.

문제는 그럼에도 불구하고 조례의 위헌성 여부에 대한 헌법재판소의 구체적 입장 역시 조례의 민주적 정당성 및 헌법적 의미에 대한 충분한 고려가 있다고 보여지지는 않는다는 점이다.

법질서의 통일성 및 규범정립권의 실질적 보장이라는 관점에서 규범의 해석과 관련하여 법률의 합헌적 해석의 요구는 헌법상 당연한 규범적 요청으로 받아 들여지고 있고,[65] 헌법재판소도 법률에 대한 합헌적 해석의 당위성을 강조하고 있다.[66] 합헌적 법률해석이 법질서의 실질적 통일성을 담보하기 위한 것이라고 할 때, 법률과 조례와의 관계에서서도 그러한 요구는 명시적 규정 여하와 무관하게 당연하게 요구된다고 할 것이다. 특히 합헌적 법률해석은 그 내용상으로 합헌적인 해석의 소지를 조금이라도 가지고 있는 법률은 되도록 그 효력을 지속시켜야 한다는 소극적 의미와 함께, 헌법정신에 맞도록 법률의 내용을 제한·보충하거나 새로 결정할 수 있다는 적극적 의미까지 포함하는 것으로 보고 있다.[67] - 적극적 합헌해석은 입법권에 대한 침해의 소지가 있기 때문에 그 허용 범위에 대해서는 논란은 있으나 - 적어도 소극적인 의미에서라도 조례의 법률적합적 해석이 실무상 이루어지고 있는지 자체도 의문이다.

---

65) 허영, 앞의 책, 75면.
66) 헌법재판소 1989.7.21. 선고 89헌마38 전원재판부.
67) 허영, 앞의 책, 75면.

V. 결 론

조례와 법률의 관계에 대한 해묵은 논쟁을 다시 한번 이 글에서 다룬 것은 조례에 대한 규범적 의미, 특히 그 헌법적 가치에 대한 인식의 전환을 촉구하기 위함이다. 현대의 분권화사회에서 지방자치 내지 지방분권의 필요성을 역설하면서 조례의 자율성을 도외시하는 것은 어불성설이며, 조례의 자율성은 조례가 가지는 규범적 본질 및 헌법적 가치에 부합하게 제도화되어야 한다.

'조례에 대한 법률의 우위'. 누가 보더라도 당연한 명제이며, 이 글에서도 이를 부정하고자 하는 것은 아니다. 다만 법률이 조례에 우선하여야 하는 그 규범적 본질과 의미를 다시 한번 명확히 하고자 하는 것이다. 조례에 대한 법률의 우위는 지방자치단체에 대한 국가의 당연한 우위를 전제로 하는 것이 아니다. 즉 본질적이고 자연법원리적인 결과물이라기 보다는 법질서의 통일성과 조화를 위한 경험적이고 제도화된 원리라고 할 것이다. 따라서 조례의 위법성에 대한 판단에 있어서는 규범 외형적인 충돌 외에 규범의 본질에 대한 충분한 고려가 함께 형량되는 것이 필요하고 당연하다.

그럼에도 불구하고 우리나라 지방자치의 현실에 있어서는 국민과 사회의 일반적인 인식은 물론, 지방자치를 구체화하고 형성하는 입법권, 행정권, 사법권 모두 - 전통적인 중앙집권적 의식과 경험에서 비롯된 것인지는 모르나 - 지방자치단체에 대한 국가의 당연한 우위, 이로부터 비롯되는 조례에 대한 법률의 당연한 우위가 너무나도 자연스러운 인식이 되고 있는 듯하다.

지방자치제도는 선험적인 법이론의 산물이 아니라, 그 나라의 사회·정치·경제·문화 등 모든 영역을 아우르는 구체적인 경험의 산물임을 고려할 때, 우리나라 지방자치가 실질적이고 이상적으로 실현되기 위해서는 외형적인 법제도의 정비보다 지방자치 및 조례제정권의 본질에 대한 근본적인

인식의 전환이 우선적으로 필요한 것이 아닌가 하는 의문으로 결론을 대신
하도록 한다.

제4장 국가와 지방자치단체 간 입법권 배분
– 자치입법권의 해석론과 입법론 –

문 상 덕

I. 머리말

 지역주민의 생활공간에서 펼쳐지는 지방자치의 과정에선, 당해 지역의 특성이나 여건, 주민들의 다양한 요망 내지 이익상황 등이 복잡·다양하게 교차한다. 특히 21세기 다원적 후기산업사회에서는 중앙집권적 단선(單線) 권력체제만으로는 효과적인 대응을 하기 어렵고, 분권화된 지방자치체제를 통하여 지역 차원의 자율적인 의사결정과 탄력적인 행정대응이 가능하여야 지역공동체의 독자적 발전과 주민의 실질적인 삶의 질(質) 향상이 도모될 수 있다. 헌법은 바로 이러한 다원적·자율적 기제(機制)가 국가공동체 내에서 제대로 작동할 수 있도록 지방자치를 제도적으로 보장하고 있는바 (헌법 제8장), 그 입법적 함의로는 지방자치의 지속성 확보를 위한 지방자치단체의 존립 및 그 주관적 법적 지위의 보장, 자치사무에 대한 지방자치단체의 전권한성(全權限性)과 자기결정권의 보장 등을 들 수 있을 것이다.[1] 이와 같은 지방자치제도의 헌법적 보장에 따라 입법자에 의하더라도 그 제도 자체를 폐지하거나 실질적 내용 내지 본질적 부분을 훼손 내지 박탈하는 것과 같은 법률 제정은 불가하고 만일 그러한 입법이 있더라도 위헌으로서 무효가 된다.[2]

---

[1] 김희곤, "자치입법권의 헌법상 보장과 조례제정절차에의 주민의 참가", 우석대학교논문집 제17집, 1995, 4면.

지방자치단체에 부여된 자치입법권 역시 위와 같은 지방자치에 대한 헌법적 보장으로부터 도출되는 것으로서, 우리 헌법은 제117조 제1항에서 "지방자치단체는 주민의 복리에 관한 사무를 처리하고 재산을 관리하며, 법령의 범위 안에서 자치에 관한 규정을 제정할 수 있다."고 규정하고 있다. 이러한 자치입법권은 국가입법권에 대하여, 자치입법자와 그 수범자(受範者)간의 간격을 좁히고 당해 지역에서 그 주민에게만 적용되는 자율적이고 탄력적인 자치법의 형성을 가능하게 한다는 점에서 지방자치단체의 자기결정의 핵심적인 요소가 된다.3) 지방자치의 본질적 의미가 민주주의의 실현에 있고 민주주의의 본질은 자기결정의 원리라고 할 때, 지방자치단체의 자기결정권의 유무를 판단함에 있어 가장 중요한 요소는 자기 스스로를 규율하는 자치규범 정립권의 보장 여부라고 할 것인바, 이러한 측점에서 지방자치단체에게 보장되는 자치입법권은 가장 중요한 자치고권이 된다 할 것이다.4)

한편 자치법규는 지역적응성(地域適應性)·상황즉응성(狀況卽應性)·지역종합성(地域綜合性)의 성향을 갖는 법규로서, 때로는 국가법령에 대해 선

---

2) 다만 오늘날에는 전통적인 제도적 보장설에 입각하여 현대 헌법상의 지방자치의 보장을 충분히 설명하기는 어렵다고 보기 시작하였다. 연원적으로 독일 바이마르시대의 역사적 상황 하에서 지방자치권을 강화시켰던 제도적 보장론은, 소위 본질적 내용의 보장 내지 제도 자체의 폐지금지를 내용으로 하는 소극적 보장을 의미하였던바, 그러한 방어적 특성과 제한적 내용 때문에 오히려 오늘날에는 지방자치에 대한 속박으로서 나타날 수도 있음을 주의하여야 한다. 최봉석, "분권헌법으로의 전환을 위한 개헌과제", 지방자치법연구 제10권 제3호, 2010. 9, 276면.

3) 자치입법(自治立法)은 그 기능으로서 먼저 내부관계에서는, (1) 당해 지방자치단체 내에서 지역진흥수단기능, 자치행정의 근거·지침제시 기능, 자치행정을 구속하는 기능, 행정의 계속성 유지기능을, (2) 주민과의 관계에서는 주민욕구 실현기능, 주민의 권리의무의 명시기능, 주민의 계발(啓發)·선도기능을 수행하고, 외부관계에 있어서는, (1) 국가와의 관계에서, 국가법제의 지방단위에서의 종합화기능, 국가법제의 보완기능, 국가법제의 선도기능, 국가시책에의 호소기능, (2) 국가 이외의 외부관계에서는, 다른 지방자치단체의 정책유도기능, 지역 외에 대한 파급기능 등을 수행한다. 박영도, 『自治立法의 理論과 實際』, 한국법제연구원 연구보고 98-2, 1998, 20-25면.

4) 조성규, "지방자치의 보장과 헌법개정", 공법연구 제34집 제1호, 2005. 11, 139-140면.

도(先導)적 역할을 하기도 한다. 국가의 법령이 전국 통일적·획일적 법규임에 비하여, 조례 등의 자치법규는 다수의 지방자치단체에서 개별적이고 구체적인 필요에 따라 창출되고 적용되는 법규이므로, 지방자치의 현장은 '법창조(法創造)의 최첨단 실험실'[5])이 되기도 한다. 실제 1991년 민선의회가 구성된 이래, 여러 제약과 한계 속에서도 자치법규의 수는 꾸준히 증가하여 왔고, 분야에 따라서는 지역적 특색을 갖는 창의적 조례들도 적지 않게 나타나고 있다.[6])

한편, 대한민국헌법 제40조는 "입법권은 국회에 속한다."고 규정하여, 원칙적으로 국민대표기관인 국회에 입법권을 부여하고 있다. 그런데 오늘날에는, 국가기능의 분화와 국가운영의 효율화로 인하여 국회가 입법의 중심적 기관이긴 하지만 필요한 경우 다른 헌법상 기관들도 입법을 할 수 있도록 하고 있다(의회입법독점(獨占)주의→의회입법중심(中心)주의).[7]) 이러한 국회입법의 예외로서 헌법 스스로 인정한 입법권으로는, 대통령의 긴급명령권·긴급재정경제명령권(헌법 제76조①②), 대통령령·총리령·부령 등의 행정입법권(헌법 제75조, 95조), 지방자치단체의 자치입법권(헌법 제117조①), 대법원규칙(헌법 제108조) 등 헌법기관들의 입법권이 있다.

---

5) 北村喜宣, 『自治体環境行政法』, 良書普及會, 1997, 2-3면 참조.
6) 자치입법의 구체적 현황에 관하여는, 최환용, "자치입법의 현황과 과제", 지방자치법연구 통권 제20호, 2008. 12, 81면 이하 및 김희곤, "한국 지방자치제도의 현황과 발전방향 - 자치입법권을 중심으로 - ", 지방자치법연구 통권 제62호, 2019. 6, 25-29면을 참조 바람.
7) 다음의 헌재 2004. 10. 28. 선고, 99헌바91 결정문 참조.
   "오늘날 의회의 입법독점주의에서 입법중심주의로 전환하여 일정한 범위 내에서 행정입법을 허용하게 된 동기가 사회적 변화에 대응한 입법수요의 급증과 종래의 형식적 권력분립주의로는 현대사회에 대응할 수 없다는 기능적 권력분립론에 있다는 점 등을 감안하여 헌법 제40조와 헌법 제75조, 제95조의 의미를 살펴보면, 국회입법에 의한 수권이 입법기관이 아닌 행정기관에게 법률 등으로 구체적인 범위를 정하여 위임한 사항에 관하여는 당해 행정기관에게 법정립의 권한을 갖게 되고, 입법자가 규율의 형식도 선택할 수도 있다 할 것이므로, 헌법이 인정하고 있는 위임입법의 형식은 예시적인 것으로 보아야 할 것이고, 그것은 법률이 행정규칙에 위임하더라도 그 행정규칙은 위임된 사항만을 규율할 수 있으므로, 국회입법의 원칙과 상치되지도 않는다."

　본고의 관심사는 국회입법권의 예외의 하나인 지방자치단체의 자치입법
권을 국회의 입법권과 대비하여 현행법상 어떻게 이해하여야 하고(해석론),
또 앞으로 양 입법권의 관계를 어떻게 법제적으로 설정해 갈 것인가(입법
론)를 모색하는 데 있다. 사실 이 논제는 이미 공법학계에서 적지 않게 다
루어져 왔었지만, 본고에서도 다음과 같은 관점에서 재음미해 보고자 한다.
　먼저 해석론과 관련하여, 이 문제에 관한 현행 헌법 내지 지방자치법 규
정들의 해석은, 과연 현재의 다수설 특히 판례의 해석으로 완전히 결착(結
着)된 것일까. 이와 관련하여 참고로, 기본적인 규정 구조가 유사하였던 우
리 건국헌법 하에서도 현재의 다수설 및 판례와 동일한 해석이 채택되었는
지 다시 한번 음미할 필요가 있다고 보았다. 그리고 입법론과 관련해서는,
현재의 다수설과 판례의 입장이 그대로 유지되고 입법상황에도 다른 특별
한 변화가 없는 한, 지방자치단체의 자치입법권은 지금까지와 같이 상당
정도 제약된 채 불완전한 지방자치가 지속될 수밖에 없을 것이다. 따라서
지방자치를 그 본연의 모습에 더욱 가까운 것으로서 내실을 다지기 위해서
는 지방분권 확대의 차원에서 자치입법권과 관련한 헌법 내지 법률의 개정
등 새로운 법제도적 변화가 필요한 것으로 판단된다.
　이러한 점들을 단초(端初)로 하여 조금은 해묵은 이 과제에 대하여 주로
조례제정권과 일반적 법률유보의 문제를 중심으로 하여 "국가와 지방자치
단체 간 입법권 배분－자치입법권의 해석론과 입법론"이라는 제하(題下)에
서 검토해 보고자 한다.

II. 자치입법권의 법적 성격

　지방의회의 심의와 의결을 통하여 입법되는 핵심적 자치법규인 조례를
'행정입법(行政立法)'의 일종으로 보는 입장은, 지방의회 나아가 이를 제정

하는 지방자치단체의 성격을 행정기관의 일종으로 보는 시각과 연결되어 있다. 일부 학자들은 지방자치단체를 근본적으로 국가통치권의 삼권 중 행정권(집행권)에 속하는 행정기관 내지 단체로 보거나, 그 내부기관인 지방의회 역시 그 의회성(議會性)을 부인하고 행정기관의 일종으로 인식[8]하며, 그러한 연장선상에서 지방의회가 의결하고 지방자치단체가 제정하는 조례 역시 행정권 행사의 한 형식에 의한 행정입법의 일종으로 보고 있는 듯하다.[9]

지방자치법 제22조 단서의 해석 등과 관련하여, 일부 학자들이 규제적 조례[10]에 대한 법률의 위임 필요성을 당연한 것으로 주장하는 배경에는, 기본권 제한의 일반적 법률유보원칙을 규정한 헌법 제37조 제2항의 적용 문제와는 또 별개로, 지방자치단체 - 지방의회 - 조례를, 각각 행정권의 일부 - 행정기관 - 행정입법으로 이해하는 입장 차가 존재하는 것으로 추측되는 것이다.[11]

지방자치단체는 지방의 행정을 담당한다는 점에서 국가 등과 함께 공법상의 행정주체의 일종임에는 틀림이 없다. 하지만 지방자치단체가 행정주체의 일종이라고 하여 지방자치단체의 자치고권이 모두 행정권만을 내용으로 하여야 한다거나 지방자치단체를 단순히 행정기관이라 하고 그에 의하여 행사되는 조례입법권을 행정입법권이라고 단정하는 것은 적절하지 않다.[12] 지방자치단체는 행정주체의 일종이지만, 우리 헌법은 지방자치단

---

8) 홍정선, 新지방자치법, 박영사, 2009, 92면 및 219-220면.
9) 홍정선, 앞의 책, 295면 ; 박균성, 행정법론(下), 박영사, 2016, 177면.
10) 권리 제한 또는 의무 부과에 관한 내용의 조례를 본고에서는 '규제적 조례'로 부르기로 함.
11) 물론, 지방의회를 행정기관으로 보는 경우에도 조례를 전적으로 행정입법으로만 보지 않는 견해도 있는데, 예컨대 박균성 교수는 위임조례를 행정입법의 성질을 갖는다고 보는 것에는 문제가 없지만, 자치조례는 행정입법과 구별되어야 하며 이것은 지방자치단체의 자치법이며 법률에 준하는 성질을 갖는다고 하여 구분하고 있다. 박균성, 앞의 책, 177면.
12) 국가도 역시 행정주체의 일종이지만 일반적으로 국가를 행정권의 담당자로만 보지 않는 것과 같은 이치이다. 행정권은 입법권, 사법권과 더불어 국가권력의 일부이며 국가는 행정권의 담당지로서 행정주체적 성격 외에도, 입법(立法)주체, 사법(司法)주체로서의 성

체의 고권에 반드시 행정권만을 부여한 것이 아니라 직접 자치입법권도 부
여하고 있기 때문이다(헌법 제117조 제1항).13)

물론 헌법이 지방자치단체에 대하여 연방국가의 주와 같은 준국가적 성
격을 부여하고 있는 것은 아니며 지방자치단체는 어디까지나 국가(조직)의
일부라는 점에는 틀림이 없다. 하지만, 그렇다고 하여 헌법이 지방자치단체
를 행정(집행)적 권한만을 갖는 존재로 한정한 것도 아니라고 본다. 따라서
지방자치단체를 단순히 행정권에 속하는 '행정'기관이라고 보는 시각에는
동의하기 어렵다. 그리고 지방자치단체는 행정'기관'이 아니라 헌법에 의하
여 직접 지방행정권과 자치입법권 등을 부여 받은 독자적인 법주체로서 권
리능력과 행위능력, 당사자능력 등을 보유한 공법인이라는 사실을 간과해
서는 안 될 것이다.14)

요컨대 필자의 관점에서는, 우리 헌법 속에서 지방자치단체와 지방의회
를 적어도 행정부에 속하는 행정기관의 일종으로 한정짓는 논거를 찾아보
기는 어렵다고 본다. 지방자치단체는, 헌법과 법령에 의하여 제한된 범위의
것이지만 행정권을 행사하는 행정주체의 일종이면서 동시에 단순한 행정
입법권이 아니라 지역의 자치입법권을 행사하는 입법주체로서의 성격도
갖는다고 할 것이다. 이러한 의미에서 조례의결권이라는 자치입법권의 핵
심기능을 담당하는 지방의회도 행정위원회와 같은 통상의 행정기관이 아
니라 입법기관으로서의 성격을 아울러 갖는다고 하여야 한다.15) 게다가 지

격도 아울러 갖는 것이다.
13) 조성규 교수도 다음과 같이 같은 취지의 견해를 피력하고 있다. "조례제정권은 헌법상의
지방자치의 보장으로부터 직접 주어진다. 따라서 지방자치법상의 조례제정권의 부여는
지방자치의 헌법적 보장에 상응하여 국가와 지방자치단체 사이의 관계에서 단지 선언적
의미를 가지는 것이다." 조성규, "법치행정의 원리와 조례제정권의 관계 - 조례에 대한
법률유보의 문제를 중심으로 -", 공법연구 제33집 제3호, 2005. 5, 385면.
14) 이러한 측면에서 김도창 선생께서는 "지방자치단체는 지역을 지배하는 공법인이다. 그러
한 의미에서 지방자치단체는 어느 정도까지 국가와 동형(Ebenbild)인 통치단체의 성격을
가졌고 단순한 경제단체에 그치지 아니한다."는 입장을 피력하고 계신다. 김도창, 一般
行政法論(上) 第4全訂版. 청운사, 1992, 145면

방의회는 민선의 의원으로 구성되는 헌법상 지방자치단체의 필수(必須)기
관이라는 점도 간과하지 말아야 한다.[16]

Ⅲ. 현행법 하에서의 자치입법권의 해석론

1. 조례와 헌법 제117조·지방자치법 제22조의 해석론

위와 같은 논의에 입각할 때, 지방자치단체가 제정하는 조례가 행정기관
에 의한 행정입법과 동일한 성격의 규범이라고 보는 데에는 동의하기 어렵
다.[17] 특히 자치조례는 – 법률종속성과 위임입법성을 본질로 하는 통상의
행정입법과는 달리 – 헌법이 국회입법권과는 구별하여 직접 지방자치단

---

15) 지방의회의 성격과 관련한 兪鎭午 선생의 다음과 같은 해설은 많은 참고가 된다. 즉 건
   국헌법 제97조가 "지방자치단체의 조직과 운영에 관한 사항은 법률로써 정한다. 지방자
   치단체에는 각각 의회를 둔다. 지방의회의 조직, 권한과 의원의 선거는 법률로써 정한
   다."고 규정한 것과 관련하여, 유진오 선생은 "본 조 제1항은 지방자치단체의 조직과 운
   영에 관한 사항은 법률로써 정할 것을 규정하였는데, 그것은 지방자치라는 것은 지방적
   사항에 관하여는 행정부의 간섭을 배제하고 법률의 범위 내에서 지방민의 자치로써 처
   리하는 것을 의미하는 것이기 때문이다. 본 조 제2항은 지방자치단체에는 각각 의회를
   둘 것을 규정하였는데, 그것은 지방자치단체는 반드시 의사기관인 의결기관을 가져야 한
   다는 것을 의미한다. 만일 지방자치단체가 의사기관을 가지지 아니 한다면 그것은 완전
   한 의미의 지방자치라 할 수 없다. 지방자치는 지방적 사항에 관하여서는 지방민이 선거
   한 지방민의 대표로써 조직된 지방의회가 완전한 의결권을 가짐으로써 비로소 달성되는
   것이다."고 해설하고 있다. 兪鎭午, 新稿 憲法解義, 一潮閣, 1954, 281-282면.
16) 헌법 제118조 ① 지방자치단체에 의회를 둔다. ② 지방의회의 조직·권한·의원선거와…
   (중략)…법률로 정한다.
17) 동지의 견해로서, 이기우·하승수, 지방자치법, 대영문화사, 2007, 321면. 이기우 교수는
   헌법 제117조 제1항은 지방자치단체에게 자치입법권과 자치행정권을 부여해 주민에 대
   한 관할권을 부여한 것이라고 본다. 따라서 헌법 제117조 제1항은 헌법 제40조에 의한
   국회의 입법권에 대한 예외로서 지방자치단체의 입법권을 설정한 것으로서 헌법에 의해
   직접 부여된 지방자치단체의 고유한 입법권이라고 본다. 이 점에서 조례는 법률에 의해
   그 내용이 규정되는 행정입법과는 본질적으로 성질을 달리한다는 것이다.

체에 부여한 자치입법권의 산물이다. 따라서 다수설 및 판례와 같이, 규제
적 조례에 관한 자치입법권의 행사에 있어서도 행정입법에서와 같은 법률
의 위임(법률유보)이 당연히 요구된다고 하는 인식에 대해서는 재음미할
여지가 있다고 본다.[18]

그러면 과연 지방자치단체의 자치입법권은 국가의 입법권에 종속된 것
인가, 아니면 전체로서의 국가 입법권의 일부가 헌법에 의하여 배분된 것
인가. 자치입법권을 전자로 보게 되면 이에는 행정입법과 같이 법률우위
뿐 아니라 법률유보의 원칙도 적용되어야 할 것이나, 후자로 보게 된다면
행정입법인 법규명령과는 달리 법률우위의 원칙은 적용될 수 있으나 법률
유보원칙은 적용되지 않을 수 있는 여지가 생길 수 있다.

종래 자치법규인 조례의 법적 성질에 관하여는, 조례위임입법설과 조례
자주입법설이 주장되어 왔다. 조례위임입법설은 조례는 전래적 법원으로서
조례제정권은 국가로부터 부여된 것이며, 헌법으로부터 법률, 그리고 법률
의 수권에 의하여 명령, 조례가 제정되므로, 조례도 위임입법의 일종이라고
한다. 한편 조례자주입법설은 고유권설에 입각한 시원(始原)적 자주입법설
과 전래설에 입각한 전래적 자주입법설로 나눌 수 있는데, 시원적 조례자

---

18) 최승원 교수의 다음의 논술도 필자의 기본입장과 같은 맥락에서 제시된 것으로 이해된다.
"자치입법권 내지 조례제정권을 행정작용으로 이해하는 입장에서는 법치행정의 원리 하
의 지방자치라는 등식을 유지하게 되므로, 법치행정원리의 적용을 완화시키는 논리 전개
가 어려울 수밖에 없다. 반면 전래설을 취하더라도 지방자치권을 행정권만의 전래가 아
닌 통치권의 전래로 보면, 법치행정의 원리와 지방자치의 조화라는 화두를 내세우기가
수월하다. 예컨대 규율효과가 침익적이든 수익적이든 복효적이든 적어도 지방자치사무
중 지방적 특성에 기한 고유사무에 관한 한, 그 규율이 불가피하게 요구되는 경우에는
설령 법률(의회의 입법권)의 규율이 없는 경우에도, 헌법과 법의 일반원칙에 반하지 않
는 범위 내에서 지방선거에 의하여 부여받은 민주적 정당성의 한도 내에서 지방의회의
자주입법권 내지 자치입법권으로써 규율할 수 있다는 논리 전개가 가능하다. 이른바 추
가·초과조례나 조례의 실효성을 담보하기 위한 여러 수단 채택 등을 위한 법논리적 근거
확보도 가능하다." 최승원, "조례의 본질", 지방자치법연구 제6권 제1호(통권 11호),
2006. 6. 25, 395면.

주입법설은 지방자치단체의 자치권은 주민의 자연권적 고유권이며 지방자
치단체의 고유사무에 속하는 사항은 조례의 전권사항으로 본다. 전래적 조
례자주입법설은 조례제정권은 국가의 통치권으로부터 전래된 것이기는 하
나, 조례는 일반적인 수권(포괄수권)으로도 제정될 수 있다거나, 적어도 자
치사무에 관하여는 법령에 위반되지 않는 한 개별적인 위임 없이도 조례를
제정할 수 있다고 한다.[19]

  그런데 자치입법권의 근거와 한계를 설정한 헌법 제117조 제1항과 지방
자치법 제22조의 본문을 살펴보면, 각각 자치입법권의 범위와 한계로 "법
령의 범위 안에서"를 제시하고 있는데, 그 의미에 관하여 다수의 학설과 판
례[20]는 이를 '법령에 위반되지 않는 범위 안에서'의 의미로 해석하고 있다
고 하겠다. 물론 이러한 해석에 대하여도, 동 규정의 "법령의 범위 안에서"
의 의미가 명백하지 않다거나,[21] 국민의 기본권을 침해하는 경우에는 법률
유보의 적용을 받아야 하고 그 외의 경우에는 법령에 위반되지 않는 범위
안에서 법률의 위임 없이도 조례를 제정할 수 있는 것으로 보아야 할 것[22]

---

19) 좀 더 상세히는 박윤흔, 최신 행정법강의(하)(개정27판), 2004, 125-126면을 참조 바람.
20) 대법원은, 지방자치법 제15조(현재는 제22조) 본문은 "지방자치단체는 법령의 범위 안에
   서 그 사무에 관하여 조례를 제정할 수 있다."고 규정하는바, 여기서 말하는 '법령의 범
   위 안에서'란 '법령에 위반되지 않는 범위 내에서'를 가리키므로 지방자치단체가 제정한
   조례가 법령에 위반되는 경우에는 효력이 없다(대법원 2007. 2. 9. 선고 2006추45 판결)
   고 하여, 종전의 여러 판결에 나타난 입장을 거듭 확인하고 있다.
   헌법재판소도, "헌법 제117조 제1항은 지방자치단체가 법령의 범위 안에서 자치에 관한
   규정을 제정할 수 있도록 규정하고 있고, 구 지방자치법 제15조는 "지방자치단체는 법령
   의 범위 안에서 그 사무에 관하여 조례를 제정할 수 있다. 다만, 주민의 권리 제한 또는
   의무 부과에 관한 사항이나 벌칙을 정할 때에는 법률의 위임이 있어야 한다."고 규정하
   고 있는바, 이는 조례제정권 행사의 한계로서 법률우위의 원칙을 의미한다. 대법원도 구
   지방자치법 제15조 본문의 '법령의 범위 안에서'란 '법령에 위반되지 않는 범위 내에서'
   를 가리키므로 지방자치단체가 제정한 조례가 법령에 위반되는 경우에는 효력이 없다(대
   법원 2007. 2. 9. 선고 2006추45 판결)고 보고 있다."고 판시한 바 있다(헌재 2009. 07.
   30. 선고, 2007헌바75 결정).
21) 홍정선, 앞의 책, 302면.
22) 김홍대, 지방자치입법론, 박영사, 1999, 100-102면.

이라는 견해도 주장되고 있다.

아무튼 다수의 학설과 판례에 의할 때, 조례는 국법인 법령 즉 헌법과 법률, 법규명령 등에 위반되지 않는 범위 안에서 제정될 수 있고, 이것은 법체계상 자치법규인 조례가 국법인 법령의 하위규범임을 의미하는 것으로서 법률(법령) 우위의 원칙을 선언한 것이라 할 수 있다. 그런데 이러한 해석은, 지방자치법 제22조의 문언과 구조에서도 간접적으로 확인할 수 있다고 본다. 즉 제22조의 본문은 지방자치단체가 "법령의 범위 안에서" 조례를 제정할 수 있다고 하면서도, 그 단서에서 주민의 권리 제한, 의무 부과, 벌칙과 같은 규제적 조례를 정할 때는 법률의 위임이 있어야 한다는 법률유보원칙을 추가적으로 규정함으로써, 적어도 본문의 "법령의 범위 안"에서의 의미에는 법률유보 관련적 의미는 포함되어 있지 않음을 간접적으로 암시하고 있다고 생각된다는 것이다.

요컨대 헌법 제117조 제1항과 지방자치법 제22조의 본문에서 동일하게 사용하고 있는 "법령의 범위 안에서"의 의미는 법령 우위의 원칙 즉 법령에 위반되지 않는 범위 안에서의 의미로 파악하는 것이 타당한 것으로 생각된다. 그리고 여기서 다시 한번 유의할 점은, 우리나라에 있어서 자치입법권의 보장 및 그 범위와 한계를 규정한 헌법 제117조 제1항에서는 지방자치법 제22조 본문과 같이 단지 지방자치단체는 "법령의 범위 안에서" 자치에 관한 규정을 제정할 수 있다고만 규정하고 있을 뿐이지 제22조 단서에서와 같은 법률의 위임 등의 법률유보적 문구는 전혀 사용하고 있지 않다는 점이다.

한편, 헌법 제117조 제1항이 지방자치단체의 자치입법권을 보장하고 있지만 이는 원칙을 정한 것으로서, "법령의 범위 안에서" 자치입법권을 보장한다고 하여 법령에 위반하지 않는 한 자치입법권이 절대적으로 보장된다는 것을 규정한 것으로까지는 보기 어렵다고 생각한다. 자치입법권의 구체적인 범위는 헌법의 범위 안에서 법률로써 구체화할 수는 있다고 보기 때문이다.23) 이러한 관점에서 볼 때, 일단 국회가 제정하는 개별 법률이 하위 법인 조례에 대하여 개별적 사항에 관하여 구체적 또는 포괄적 위임을 하는 것은 허용될 수 있다고 하겠다. 조례에 대한 일반적 법률유보의 적용을 부정하는 문제와는 별개로, 법률이 개별적으로 조례에 일정한 사항을 위임할 수 없다고 할 것은 아니기 때문이다. 조례는 자치법규의 일종이긴 하나 국가는 필요한 경우 법률을 통하여 직접 지방자치단체의 사무에 대한 법적 규율을 설정할 수 있고, 자치사무에 관해서든 위임사무에 관해서든 일정한 사항을 조례에 위임할 수도 있다고 본다.24) 왜냐하면 지방자치단체의 자치 입법권이 전 국민에 의해 정당성이 주어진 국회가 행하는 입법의 질서보장 기능을 배제할 수는 없기 때문이다.25)

그러나 국가가 법률로써 조례에 일정한 사항을 위임할 수 있다는 것과, 지방자치법 제22조 단서26)와 같이 규제적 조례의 입법에 있어서 어느 경우에나 법률의 위임을 필요로 한다는 것은 근본적인 차이가 있다고 본다. 지방자치법이 규제적 조례 일반에 대하여 법률의 위임을 요구하는 것은, 자치입법권을 매우 심각하게, 그리고 실질적으로 형해화(形骸化)시킬 수도 있다는 점에서 자치입법권을 보장하는 헌법의 근본적 취지에 반할 수도 있다고 본다. 이것은 헌법이 지방자치단체에 부여한 '자치' 입법권을, 국가가 침해적 법률유보의 고리를 매개로 상당한 제약을 가하는 결과를 초래할 수 있고, 자치입법으로서의 조례에 대하여 통상적으로 기대할 수 있는 자율적 기능마저 현저히 왜곡시킬 수도 있기 때문이다.27)

---

23) 동지의 견해로 박균성, 앞의 책, 181면.

24) 하지만 이러한 경우에도, 자치사무에 대하여 법령이 지나치게 상세한 규정을 둠으로써 자치입법의 여지 내지 가능성을 거의 소멸시켜버리는 정도의 극단적인 규율을 하는 것은 문제가 있을 수 있다.

25) 홍정선, "조례의 법리", 법학논집 제2권 1호, 1997, 30면.

26) "다만, 주민의 권리 제한 또는 의무 부과에 관한 사항이나 벌칙을 정할 때에는 법률의 위임이 있어야 한다."

27) 박균성 교수는 이 점에 관하여 헌법이 보장한 자치입법권을 본질적으로 제한하는 것은

실제 지방자치법 제22조 단서의 제약으로 인하여, 우리나라의 자치입법 (조례)의 형성과 발전은 상당히 저해되어 온 것으로 생각된다. 1991년 지방자치가 복원된 후 이미 20여 년이 지나고 있으나, 제정된 주요 조례들은 법령의 위임에 의하여 그 시행규칙적 성격을 가진 위임조례들이 대부분이다. 지방자치단체가 위임조례 위주로 주요한 자치입법 활동을 하다 보니 지방자치단체 스스로 기획하고 입안하고 시행착오를 거쳐 자생력을 배양하려고 하기보다, 중앙부처의 입법적 배려와 지원에 막연히 의존하는 등 무사안일의 풍조가 존재하고 있다. 특히 지방의 입법활동은 위임조례에 따른 중앙부처들의 표준조례 시달로 인해 표준조례안 모방 등의 타성에서 벗어나지 못하고, 중앙부처들이 시달하는 표준조례 자체도 법제처 등의 엄격한 심사를 거치지는 않기 때문에 상위법 위반이나 법기술적 오류 등이 존재하는 등 적지 않은 문제점을 안고 있기도 하다.[28] 물론 법령의 위임 없이 지방자치단체가 독자적으로 제정한 자치 내지 자주조례들도 존재하나 이들 조례에는 지방자치단체가 임의로 규제적 내용을 담을 수는 없기 때문에, 주로 선언적·훈시적 내용이나 조직 내부적 규율, 지원적·급부적 규율 또는 일정한 사업이나 시정계획 등을 밝히는 입법에 그치고 있는 실정이다. 그리고 자주적 입법설계의 한계가 노정되다 보니 이른바 특이(特異)조례나 창의(創意)조례 등의 실례도 그다지 많지 않은 것으로 보인다.

한편 규제적 조례에 대한 법률유보 적용의 문제를 우회적으로 완화하기 위하여, 판례가 개발한 이른바 (조례에 대한) 포괄위임 허용의 논리로도 이러한 문제를 근본적으로 치유하기는 어렵다고 본다. 구체적 위임의 원칙이 적용되는 행정입법과는 달리 조례에 대해서는 특별히 포괄적 위임이 허용

아니라고 보면서, 국민의 권리제한이나 의무부과에 관한 사항을 법률의 위임에 의해 정하도록 할 것인지의 여부는 입법정책에 속하는 것으로 보아야 한다고 하여, 위헌설을 부인하고 있다. 박균성, 앞의 책, 181면.

28) 위임조례 위주의 조례입법의 현실을 분석·비판한 조정찬, "위임조례 위주의 조례입법 극복방안", 지방자치법연구 제4권 제2호, 2004. 12, 43면.

된다고 하더라도, 지방자치법 제22조 단서가 존재하는 한 규제적 조례의 입법에는 여전히 법률의 위임이 필수적으로 요구된다는 사실은 변함이 없기 때문이다.

2. 조례와 헌법 제37조 제2항의 해석론

우리 헌법상 국가는 국민의 기본권을 보장할 의무가 있다.(헌법 제10조) 하지만 이러한 기본권도 "국민의 모든 자유와 권리는 국가안전보장·질서유지 또는 공공복리를 위하여 필요한 경우에 한하여 법률로써 제한할 수 있으며, 제한하는 경우에도 자유와 권리의 본질적인 내용을 침해할 수 없다."(헌법 제37조②) 이 헌법 제37조 제2항은 이른바 기본권 제한의 일반적 법률유보원칙을 규정한 것이다.

이러한 기본권 제한의 일반적 법률유보원칙은 지방자치단체의 자치입법권 행사에 대해서도 전면적으로 적용되는 것일까. 만일 헌법 제37조 제2항을, 지방자치단체의 자치입법권을 보장한 헌법 제117조 제1항보다 우월한 조항으로 새긴다면 이에 대하여 긍정적으로 답할 수 있을 것이다. 즉 규제적 내용의 조례를 제정하기 위해서는 적어도 법률의 위임이 있어야만 하고, 그러한 내용을 규정한 지방자치법 제22조 단서는 조례입법권에 대한 헌법상의 법률유보원칙의 적용을 확인하는 의미의 규정이 된다.(합헌론적 입장)

그런데 이 문제와 관련하여 필자는, 그동안의 위와 같은 지배적인 해석 태도가 과연 의문의 여지없이 타당한 것인가, 즉 우리의 헌법체계는 조례에 대한 법률유보원칙의 적용을 당연한 것으로 인정하고 있다고 보아야만 할 것인가에 관하여 - 헌법 개정에 관한 논의는 별론으로 하더라도 - 여전히 일말의 의문을 떨쳐버리지 못하고 있다. 그것은 이러한 해석이, 지방

자치 내지 자치입법권의 보장의 문제를 지나치게 기본권의 보장과 그것을
가능하게 하는 법치주의적 측면을 중심으로 바라보고 있는 데서, 법해석상
의 일정한 부조화가 초래된 것은 아닌지 의문의 여지가 있기 때문이다.29)
    즉 우리 헌법은 국가의 국민의 기본권 보장의무와 함께 기본권 제한의
일반적 법률유보원칙을 천명하였지만, 조례는 해당 지방자치단체의 관할구
역 내에서만 효력을 갖는 지역적 자치법규로서, 지방자치 차원에서는 국민
이 이제 더 이상 국민의 지위만을 갖는 것이 아니라 해당 지방자치단체의
주민으로서의 지위도 갖게 되는데, 이러한 주민에 대하여 지역의 고권주체
인 지방자치단체가 지역에 있어서의 공익적 목적의 실현을 위하여 불가피
하다고 인정하는 경우에 헌법이 직접 수권한 자치입법권을 행사하여 고유
사무라고도 할 수 있는 자치사무의 수행과 관련되는 주민의 권리를 제한하
거나 의무를 부과하는 것은, 주민의사의 총의(總意)로서의 주민의 대표기
관인 지방의회의 결단(조례)으로써 이루어지는 것으로서 이러한 의미의 독
자적 지역자치입법권의 행사는 우리 헌법에 있어서도 받아들여 질 수 있는
것이라고 생각한다. 헌법이 국민의 자유와 권리의 규제에 관하여 법률의
근거를 요하는 이유는 국민이 자기승인에 의하지 않고는 자기의 권리와 자

---

29) 이와 관련하여는 이미 최승원 교수가 앞의 논문에서 한층 새롭고 조화로운 헌법적 시각
    에서 이 문제를 바라볼 것을 주장한 바 있다. "우리 헌법은 지방자치에 관한 2개 조항을
    두고 있지만, 그것만을 지방자치에 관한 헌법규율로 보아서는 아니 된다. 지방자치의 헌
    법적 보장이 2개 조항만으로 이루어지는 것은 아니고, 헌법 전체적인 규범조화적 틀로써
    지방자치는 실현된다. 공동체의 기본법인 헌법의 기본원리는 당연히 지방자치의 밑거름
    이 된다. 헌법의 3대 원리라 일컬어지는 민주주의, 법치주의, 복리주의는 불가분의 삼정
    (三鼎)관계에 있다. 우리가 살아가는 생활질서의 규범틀은 법치주의를 기반으로 하지만
    그 틀의 형성은 민주주의에 의하며, 틀에 담기는 내용이 복리주의의 실현이 된다. 틀의
    형상과 내용은 각 나라의 시대적·정치적 환경에 따라 달라질 수 있지만, 법치나 복리의
    정당성의 기초는 결국 민주임을 망각해서는 아니 된다. 법학자들이 이구동성으로 민주주
    의의 구현으로서 지방자치를 강조하면서도, 실제 논의에서는 법치주의에 입각한 지방자
    치 그것도 법치행정의 원리 하의 지방자치라는 일면적 시각에 얽매이는 모습을 볼 수
    있다. 기실 법치주의는 민주주의의 실현수단이기도 하다." 최승원, 앞의 논문, 401면.

유를 침해 받지 않는다는 대표제 민주주의의 원리에 근거한 것인데, 이와 같은 요청은, 조례가 주민의 의사에 의하여 민주적으로 구성된 주민의 정치적 대표기관인 지방의회에서의 심의와 의결에 의하여 제정되는 것이라는 점을 부인할 수 없는 이상, 지역에 있어서의 대표제 민주주의의 원리에 기하여 충분히 충족되고 있는 것이라고 보아야 하지 않을까 하는 것이다.

종래 기본권 보장은 최대보장을 원칙으로 하면서도, 지방자치의 보장은 입법에 의한 제도적 본질의 침해 내지 훼손의 금지라는 소극적 제도보장의 관점에서만 이해하였기 때문에 기본권 제한의 법률유보원칙을 규정한 헌법 제37조제2항이 지방자치 입법권을 보장한 헌법 제117조 제1항을 당연히 능가하는 우월적 조항으로 새기게 된 것이 아닐까 한다. 하지만 현대 헌법에 있어서의 기본권 보장도 다른 헌법원리나 헌법적 제도들을 고려하지 않은 채 생각할 수만은 없게 되었고, 지방자치의 제도적 보장이라고 하는 것도 지방자치의 소극적 보장을 넘어서서 지방자치단체의 법적 지위 내지 자치권에 대한 적극적 보장의 의미를 갖는 것으로 새롭게 조명되고 있다는 점을 고려하면,[30] 헌법 제37조 제2항이 제117조 제1항에 대하여 당연히 우월한 조항이라고 단정하는 것도 타당하지 만은 않다고 생각된다. 이러한 의미에서, 지방자치 입법권을 보장한 헌법 제117조 제1항과 기본권 제한의 일반적 법률유보를 선언한 헌법 제37조 제2항은, 양 규정이 의도하는 헌법적 취지의 조화를 도모하는 관점에서 종합적으로 재해석, 검증될 필요가 있다고 본다.

필자는, 헌법 제117조 제1항은 국회입법권을 규정한 헌법 제40조나 헌법 제37조 제2항의 기본권 제한의 법률유보원칙에 대하여 헌법 스스로가 설정한 헌법적 예외로서, 국회 입법권에 대하여 법령에 위반되지 않는 범위 내에서 지방자치단체에 대하여 자치적 입법권을 배분한 규정으로 자리매김할 수 있을 것으로 본다. 헌법이 자치사무 즉 자치행정의 주체인 지방자치

---

30) 조성규, "지방자치의 보장과 헌법개정", 공법연구 제34집 제1호, 2005. 11, 124-127면 참조.

단체에 대하여 자치입법권이라는 중대한 권력을 직접 부여하면서도, 굳이 헌법 제75조·제95조의 행정입법(대통령령·총리령·부령)의 승인에서 명시하고 있는 바와 같은 법률위임(법률유보)의 족쇄를 씌우고 있지 않은 것은, 제37조 제2항의 기본권 제한의 일반적 법률유보에도 불구하고, 적어도 개별 지방자치단체 범주 내에서 자치사무의 수행과 관련하여 불가피하게 당해 지역 주민의 권리를 제한하거나 의무를 부과하게 되는 자율적 입법권은, 국가의 법령을 위반하지 않는 한도 안에서는 해당 지방자치단체가 − 그것도 주민의 민주적 대표기관인 의회의 심의와 의결을 거쳐서 − 자율적으로 행사할 수 있도록 보장하기 위한 것이라고 해석하는 것이 타당하다고 본다. 이렇게 보아야 헌법의 지방자치 내지 자치입법권 보장의 의미를 지방자치의 본질에 부합하는 진정한 것으로 받아들일 수 있다고 본다.

지방자치단체는 국가(조직)의 일부분이면서 지역에 있어서의 행정주체의 하나로서 지방행정을 수행하는 것이 본질적인 존립목적이고, 지방행정이란 예외적인 위임사무의 처리 외에는 기본적으로 자치사무를 처리하는 것이 중심이 된다. 자치사무의 처리는 당연히 그 나름의 공공적·공익적 목적을 가지고 지역 주민과 그 재산 등을 상대로 이루어지고 이러한 작용은 국법을 단순히 집행하는 것에 한정되는 것만이 아니라, 당해 자치사무 수행과 관련되는 법적 근거나 기준 등도 자율적으로 정할 수 있는 자치입법활동도 포함하는 것이다. 따라서 지방자치단체는 헌법과 법률이 인정한 자치입법권을 행사하여, 국법을 위반하지 않는 한도 내에서 자치사무의 수행과 직결되는 주민의 권리를 제한하거나 의무를 부과하는 규제적 조례도 정할 수 있어야 할 것이다. 이러한 규제적 내용을 담을 수 있어야만 조례가 '법규'로서의 실질적 의미를 가질 수 있고,[31] 또한 그러한 법규를 필요에 응히여

---

31) 조례는 대외적으로 일반적 구속력(외부효과)를 가지는 법규로서의 성질을 갖는 것이 원칙이고 그러한 법규로서의 실질은 통상 규제적 조례에서 가장 명확하게 드러난다고 할 것이다.

지방자치단체가 '자율적으로 발의하고 규정'할 수 있어야만 비로소 '자치'
입법이라고 할 수 있을 것이다. 그런데 법규로서의 규제적 조례를, 항상 별
개의 법주체인 국가로부터의 법률적 위임이라는 타율적 단초에 의해서만
비로소 형성할 수 있도록 하는 것은, '자치' 입법권의 본질을 왜곡시키고
그 헌법적 보장정신을 훼손하는 결과로 이어질 수밖에 없다.[32]

　현실적으로도, 국회가 전국의 모든 지방자치단체의 개별적·지역적 입법
수요를 미리 예측하고 이에 기하여 사전에 조례 제정의 법률적 위임근거를
일일이 설정한다는 것은 입법실무적으로나 현실적으로 매우 기대하기 어
려우며 가능하지도 타당하지도 않다고 본다.[33] 오히려 국회에 의한, 지방
자치를 충분히 고려하지 않은 법령의 제·개정이나 지역적 입법수요의 완급
(緩急)에 부응하지 못하는 입법지연 또는 지역적 입법수요를 무시하거나
간과한 입법부작위 등으로 인해, 결국 법률이 조례에의 위임근거를 두지
않게 되면, 지역에서는 스스로 해결하여야 할 중요한 입법적 문제들을 독
자적으로 해결할 수 없게 되어, 지역적 공익의 실현이나 주민의 권익 조정
또는 복리의 실현에 장해를 초래하게 될 수밖에 없게 될 것임을 간과하지
말아야 할 것이다. 예컨대 불가피한 지역적 규제의 필요성이 생긴 경우에
도 그러한 새로운 혹은 특수한 규제의 필요성이 아직 전국적인 차원으로

---

32) 이상은 문상덕, "조례와 법률유보 재론", 행정법연구 제19호, 2007. 12, 12-14면까지의
　　내용을 부분적으로 발췌, 보완한 것임.
33) 유사한 주장으로 "자치사무의 내용은 지방자치법 제9조에서 규정하지만 자치사무를 통
　　해 주민의 복리를 증진시키는 방법은 지방자치단체마다 다를 수 있기 때문에 애당초 자
　　치사무에 대한 수행방법을 법률을 통해 개별적·구체적으로 위임하는 것은 불가능하다.
　　그렇다면 자치사무의 수행에 있어서 어느 정도 주민의 자유와 의무에 관련된 내용을 조
　　례를 통해 규율하는 것은 피할 수 없는데, 이를 일률적으로 법률의 위임을 요하는 것으
　　로 제한하는 것은 헌법 제117조에서 예상하지 않았다고 보아야 한다. 국가가 자치사무의
　　수행과 관련하여 권리 제한과 의무 부과에 대해 개입할 수 있는 최대한도는 권리 제한과
　　의무 부과의 내용과 그 상한 정도이다. 이런 점에서 지방자치법 제22조 단서는 위헌이라
　　고 본다." 박찬주, "조례제정권의 근거와 범위", 법학 제50권 1호, 서울대 법학연구소,
　　2009, 504면.

확대되어 국가적인 문제로 되지 않은 경우에는 법률에 근거가 설정되기 어렵고 그 결과 지역적 규제의 필요를 충족시킬 수 없는 결과가 되고, 또한 경우에 따라서는 지리적 환경이나 산업환경의 특성 등 지역상황의 특수성으로 인해 단지 특정지역만의 이해관계에 국한되어 국가 차원의 문제로 확산될 가능성도 없으며 따라서 국법의 제정 가능성도 현저히 낮은 경우들에도 위와 같은 마찬가지의 결과가 초래될 수 있다. 또한 전국적 차원에서의 문제의 심각성과 대응입법의 필요성은 확인되었으나 법률의 제·개정을 둘러싸고 중앙의 각 정당·정파와 중앙관료, 이익집단 간의 이해관계가 상충됨으로써 입법 자체가 시간적으로 지연되고 내용적으로 변질되어 버리는 경우, 그리고 경우에 따라서는 법률입안자가 입법기술적으로 위임규정을 누락해 버리거나 자치입법에 대한 인식 부족 등으로 법률상 위임규정을 두지 않게 된 경우 등에도 같은 결과가 초래될 수 있다. 여기에 더하여, 법률의 상당수가 실질적으로는 소관 중앙행정기관의 입안에 의하여 제·개정되고 있는 입법현실을 고려할 때, 지방법규인 조례 제정의 가능성을 법률의 실질적 입안자라 할 수 있는 중앙관료들의 판단에 맡겨버리는 것은 바람직하지도 않다고 본다. 만일, 중앙관료들의 일관되지 않은 판단에 따라서 - 혹은 중앙관료의 관료이기주의 내지 행정편의주의에 좌우되어 - 법률의 입안과정에서 우연히 또는 의도적으로 조례위임규정이 빠져버리게 되면 자치입법권의 행사 가능성은 전면적으로 차단되게 될 것인데, 이러한 상황은 지방으로의 분권 내지 지역 자율성의 확대 보장이라고 하는 시대적 요청에도 부합하지 않는 것이라고 본다.

3. 건국헌법과 최초 지방자치법의 해석론

자치입법권에 관한 헌법과 법률의 해석론을 전개함에 있어서는, 동 규정의 시원을 이루는 건국헌법(1948. 7. 17 제정·시행, 헌법 제1호) 제96조[34] 및 최초의 지방자치법(1949. 7. 4 제정, 1949. 8. 15 시행, 법률 제32호)의 관련 규정[35]의 내용과 해석론이 참고가 될 것으로 생각한다. 특히 건국헌법 제96조와 최초의 지방자치법 제7조 역시 지방자치단체는 '법령의 범위 내에서' 자치에 관한 규정 또는 조례를 제정할 수 있다고 하고 있다.

그런데, 이 규정들의 해석과 관련하여 제헌국회의 헌법기초위원회 전문위원[36]으로서 건국헌법의 기초 형성에 결정적 기여를 한[37] 유진오 선생의 해석론은 그 의의가 매우 크다고 생각된다.[38] 유진오 선생은 건국헌법을 해설한 그의 저서에서 "본 조(헌법 제96조 - ※필자 주) 제2항은 지방자치단체의 자치입법권을 규정하였는데, 지방자치단체는 법령의 범위 내에서 자치입법권을 가지고 있는 것이므로 그 사무에 관하여 필요한 입법을 할

---

34) [건국헌법] 제8장 지방자치 제96조 지방자치단체는 법령의 범위 내에서 그 자치에 관한 행정사무와 국가가 위임한 행정사무를 처리하며 재산을 관리한다. 지방자치단체는 법령의 범위 내에서 자치에 관한 규정을 제정할 수 있다.

35) [최초 지방자치법] 제1장 총강 제2절 조례와 규칙
    제7조 지방자치단체는 법령의 범위 내에서 그 사무에 관하여 조례를 제정할 수 있다.
    제9조 도 또는 서울특별시의 조례나 그 장의 규칙에는 법률의 특별한 위임이 있을 때에 한하여 형벌을 과하는 규정을 제정할 수 있다.

36) 김수용, 건국과 헌법, 경인문화사, 2008, 268-269면 참조.

37) 1948년 당시의 국회 헌법기초위원회는 유진오 선생이 중심이 되어 기초한 초안을 원안(原案)으로 하여, 헌법안을 심의하였다고 한다(兪鎭午, 憲法基礎回顧錄, 一潮閣, 1980, 52면).

38) 실제 兪鎭午案 제1회 草稿(1948. 5. 미군정청 사법부 법전편찬위원회에 제출한 안)와 건국헌법의 자치입법관련 규정은 아래와 같이 상당히 대동소이한 것으로 보인다(고려대학교 박물관 편, 현민 유진오 건국헌법 관계 자료집, 고려대학교 출판부, 2009. 8, 159면, 237면).
    [兪鎭午案 제1회 草稿] 제8장 지방제도 제117조 도, 시 및 면은 국가의 행정구역인 동시에 자치단체로서 재산을 관리하며 법령의 범위내에서 그 고유의 행정사무와 법률에 의하야 위임된 사무를 처리하며, 자치규정(조례)를 제정한다.
    [건국헌법] 제8장 지방자치 제96조 지방자치단체는 법령의 범위내에서 그 자치에 관한 행정사무와 국가가 위임한 행정사무를 처리하며 재산을 관리한다. 지방자치단체는 법령의 범위내에서 자치에 관한 규정을 제정할 수 있다.

수 있지만, 지방자치단체가 제정한 조례 또는 지방자치단체의 장이 발한 규칙은 국가나 상급지방단체의 법령에는 위반할 수 없으며(지방자치법 제7 조, 제8조 참조) 그에 위반한 것은 무효이다. 또 조례와 규칙에는 법률의 위임이 없는 한 처벌에 관한 규정을 설치할 수 없는데(지방자치법 제9조) 그 것은 국민은 법률에 의하지 아니하고는 처벌을 받지 아니하기 때문이다." 고 서술하고 있다.[39] 이러한 해설로 보아 유진오 선생도 "법령의 범위 내에서" 자치입법권을 보장하고 있는 동 규정의 취지를 "법령에는 위반할 수 없다"는 법률우위의 원칙을 선언한 것으로 해석하였다고 판단된다.

건국헌법에 있어서도 현행 헌법 제37조 제2항과 같은 기본권 제한의 일반적 법률유보 조항(건국헌법 제28조[40])이 존재하고 있었으나, 유진오 선생이 이를 들어 조례 입법에 있어서 법률의 위임(법률유보)이 요구되는 것으로 주장하지는 않고 있다. 건국헌법에 기하여 제정된 최초의 지방자치법 역시 그 제7조에서 "지방자치단체는 법령의 범위 내에서 그 사무에 관하여 조례를 제정할 수 있다."고 규정할 뿐 현재의 제22조 단서와 같은 규제적 조례의 법률위임규정은 두고 있지 않았다. 다만 오히려 조례에 의한 형벌 부과에 관해서는 제9조에서 "도 또는 서울특별시의 조례나 그 장의 규칙에는 법률의 특별한 위임이 있을 때에 한하여 형벌을 과하는 규정을 제정할 수 있다."고 하여 조례에 의한 규제의 설정에 있어서와는 달리 형벌을 규정할 경우에는 반드시 법률의 위임이 있어야 함을 규정하고 있다. 이러한 규정들을 종합적으로 살펴보면, 건국헌법과 최초의 지방자치법은 적어도 '법령의 범위 내에서'의 의미에 법률의 위임이 일반적으로 요구된다는 의미를 담고 있는 것은 아니었던 것으로 해석된다고 하겠다.

요컨대 국가 전체의 권력구조를 설계하고 구체적인 법체계를 최초로 형

---

39) 兪鎭午, 新稿 憲法解義, 일조각, 1954, 280-281면.
40) 건국헌법 제28조 국민의 모든 자유와 권리는 헌법에 열거되지 아니한 이유로써 경시되지는 아니한다. 국민의 자유와 권리를 제한하는 법률의 제정은 질서유지와 공공복리를 위하여 필요한 경우에 한한다.

성한 건국헌법과 그 구체화법률에서, 지방자치단체의 자치입법권을 헌법이 직접 부여하고 자치법규로서의 조례의 제정에 － 형벌규정을 제외하고는 － 법률의 위임을 요구하고 있지 않았다는 사실은, 대체적으로 법령구조가 유사하게 유지되고 있는 현행법체계의 해석에 있어서도 매우 비중 있게 참고되어야 할 것이다.

4. 지방자치법 제22조 단서의 신설과정과 그 의미추론

그런데 현행 지방자치법 제22조 단서는, 최초의 지방자치법에는 없던 것이 제3대 국회 제21회 회기에 정부에 의하여 제출되어 1956. 2. 13. 시행된 지방자치법개정법률[시행 1956. 2. 13, 법률 제385호]에서 처음 신설된 것이다. 당시 개정법률 제7조(현행법 제22조)는 "지방자치단체는 법령의 범위 내에서 그 사무에 관하여 조례를 제정할 수 있다. 단, 주민의 권리, 의무에 관한 사항이나 벌칙을 규정할 때에는 법률의 위임이 있어야 한다."고 규정하였다.

그런데 당시의 정부가 어떤 배경 내지 이유에서 위 단서 신설안을 제출하였는지는, 정부의 법률안 제안이유서나 법제사법위원회의 심사보고서 등에도 빠져 있는 것으로 보여 정확히 알기는 어렵다.[41] 다만, 정부에 의하여

---

41) 정부, 의안번호 030137, 제안일자 1955. 12. 17, 제안회기 제3대 국회 제21회.
   (출처: 국회 홈페이지>의안정보시스템 http://likms.assembly.go.kr/bill/jsp/BillDetail.jsp? bill_id=001690)
   한편 이 단서조항은, 제12대 국회 제140회 회기에 내무위원장인 전병우에 의하여 제안되어 1988. 4. 6. 제정된 지방자치법개정법률[시행 1988. 5. 1, 법률 제4004호]에 의하여 제15조로 옮겨지면서, 현행법과 동일하게 "다만, 주민의 권리제한 또는 의무부과에 관한 사항이나 벌칙을 정할 때에는 법률의 위임이 있어야 한다."고 수정된 바 있다. 하지만 이 개정과정에서도 제안이유서나 회의록에서 왜 법률위임의 범위를 규제적 조례로 한정하게 되었는지에 관한 설명은 찾아보기 어렵다.
   (출처 : 국회 홈페이지>의안정보시스템 http://likms.assembly.go.kr/bill/jsp/BillDetail.jsp?

지방자치법개정법률안이 제출된 1955년 12월 전후는, 한국 전쟁 이후 이승만 정부가 반공주의 정책을 강화하고 국민들의 자유를 제약하면서 독재적 집권(集權)정치를 강화하였던 시기였다. 1954년 5월에는 여당인 자유당이 장악한 대한민국 제3대 국회가 개원하였고, 같은 해 11월 27일에는 이승만의 종신 집권을 가능하게 하기 위하여 헌법의 대통령 3선금지조항 폐지를 도모한 사사오입개헌이 강행되기도 하였다. 이 개헌에 기하여 실시된 1956년 5월의 대통령 선거에서는 이승만이 다시 당선되어 제3대 대통령으로 취임하였다.[42]

이러한 시대적 정황으로 미루어 보건대, 독재적 집권성향을 강화한 이승만 정부와 여당인 자유당 중심의 국회에 의해 전격 도입된 지방자치법 제7조 단서는, 조례 입법권에 대한 법률유보적 제한을 신설하여 지방자치단체의 자율적 자치입법권 행사에 대한 국가통제를 강화하고자 한 정략적 의도가 숨어있었던 것은 아닐까 추론해 본다. 만일 법률의 위임 근거 없이 규제적 조례를 정하는 것은 위헌이라든가 하는 법리적 주장이나 이유가 지방자치법 개정 추진의 배경이 되었었다면, 위 정부 법률안 제안이유서나 법제사법위원회의 심사보고서 등에서 이러한 취지의 주장이 설시되었을 것으로 예상하기 쉬운데, 결과적으로 정부가 자치입법권을 결정적으로 제약하게 될 새로운 규제입법을 추진하면서도 공식적으로 아무런 언급을 하지 않고 있었던 것으로 보아 위와 같은 추측을 하는 것도 무리는 아니라고 생각한다.

---

bill_id=010664)

42) 출처:위키백과 http://ko.wikipedia.org/wiki/제1공화국#.EC.A0.84.ED.9B.84.EC.9D.98_. ED.98.BC.EB.9E.80

Ⅳ. 바람직한 자치입법권 배분을 위한 입법론

1. 자치입법권 강화를 위한 입법정책의 필요성

우리 헌법의 지방자치관련 규정은 비교법적으로는 물론, 지방자치의 헌법적 보장의 현대적 의미에 비추어 볼 때도, 지방자치권의 내용과 범위를 밝혀내기에는 지나치게 단순하고, 지방자치의 구체적 내용의 대부분을 법률에 맡기고 있다는 점에서 지방자치권의 적극적 보호를 위한 기본결단으로는 부족하며, 따라서 지방자치의 현대적 의의와 기능에 맞도록 헌법의 개정이 필요한 것으로 생각된다.[43] 이른바 현대적 분권형 헌법으로의 개정이 주창되는 소이(所以)이기도 하다.

자치입법권과 관련한 헌법 개정은, 먼저 국회입법권에 대한 자치입법권의 배분문제, 헌법 제37조 제2항의 자치입법권에 대한 적용 배제문제 등이 명확히 규정될 필요가 있을 것이다. 한편 헌법의 개정에 따르거나, 경우에 따라서는 헌법 개정 없이도 지방자치법 등 법률적 차원의 입법적 개선도 요구된다. 특히 지방자치법 제22조 단서의 삭제 문제가 지속적으로 제기되고 있는바, 이 문제에 대한 해법도 찾아야 할 것이다.

지방자치분권 및 지방행정체제개편에 관한 특별법은 그 제14조 제1항에서 "국가는 지방자치단체의 자치입법권을 강화하기 위하여 조례제정범위를 확대하는 등 필요한 법적 조치를 하여야 한다."고 규정함으로써 자치입법권의 확대·강화를 지방자치분권의 핵심과제의 하나로 설정하고 있다. 이러한 조치에 다양한 입법적 조치가 포함될 수 있음은 의문의 여지가 없다. 하지만 역대 정부를 거치면서도 아직 이 문제에 관한 특별한 진전을 보지

---

43) 이기우, "지방자치 기반강화를 위한 헌법개정", 한국지방자치학회보 제17권 제4호, 2005. 12, 5-6면 ; 조성규, "지방자치의 보장과 헌법개정", 공법연구 제34집 제1호, 2005. 11, 130면 ; 최우용, "지방자치의 관점에서 본 헌법개정", 지방자치법연구 제8권 제3호, 2008. 9, 176-178면 등 다수.

는 못하고 있다. 지방분권 추진에 적극적이었던 참여정부 시절에는 위 규정의 전신인 구 지방분권특별법 제12조 제1항에 따라 자치입법권 강화방안을 모색하기 위한 정부 차원의 구체적 시도를 한 적이 있으나 역시 별다른 성과를 거두지 못하였다. 당시 정부는 행정자치부에 자치입법제도개선연구단[44]을 발족하여 구 지방자치법 제15조(본문 및 단서)와 제20조의 개정방안 등 자치입법권의 확대방향을 제도적으로 모색하고자 하였지만, 연구단 내에서조차도 조례에 대한 법률유보론의 적용을 끝내 극복하지 못함으로써 뚜렷한 성과 없이 활동을 종료하고 말았다.[45]

아무튼, 현재와 같은 협소한 자치입법권과 위임조례 위주의 왜곡된 자치입법 현상을 근본적으로 타개하기 위해서는 — 다수의 학설과 판례의 입장이 바뀌고 있지 않은 상황에서 — 해석론만으로는 현실적인 한계가 있어 보이고, 결국 헌법의 개정을 비롯하여 지방자치법의 개정 등 입법적 개선방안을 모색하는 것이 불가피한 것으로 보인다.[46] 다만 위에서 살펴본 현

---

44) 자치입법제도개선연구단은 2004년 7월에 학계와 연구기관 및 행정기관의 전문가 12인으로 구성되어 동년 12월까지 총 4회의 회의를 거쳤다.

45) 동 연구단의 논의 결과, 구 지방자치법 제15조 본문 '법령의 범위 안에서'의 의미에 대하여는 법률의 위임이 없어도 조례 제정이 가능하다는 면에서는 의견이 일치하여 현행규정을 유지하자는 의견과 '법령에 위반되지 아니하는 범위 안에서'로 개정하자는 의견이 대립하였고, 제15조 단서 법률유보조항에 관해서는 다수의견이 위 단서를 삭제할 경우 위헌의 시비를 피할 수 없다고 보아 위임이 필요한 사항은 직접 지방자치법에 열거하는 방안을 제시하였다고 한다. 기타 상위법령을 제정하여 기존의 조례와 모순·저촉이 발생할 때에 그 조례를 실효시킬 수 있는 제도를 마련한다든가, 법률의 위임이 없음에도 침익적 조례를 제정하기 위해서는 주민의 동의를 받는 방안, 기타 지방자치단체에게 침익적 조례 제정의 필요 시에 국가에 대하여 법률의 위임을 청구할 수 있는 제도를 도입하자는 방안 등이 제안되었다고 한다. 동 법 제20조 벌칙조항과 관련해서는, 조례 위반에 대하여 과태료를 조례로 규정하는 외에 조례에서 형벌을 설정·부과하는 것은 헌법 제12조 제1항의 죄형법정주의에 반하므로 현행 규정(1,000만원 이하 과태료)을 그대로 존치하는 것으로 의견을 모았다고 한다.

46) 최봉석 교수도 다음과 같이 같은 입장을 피력하고 있다. "언제까지 편견과 오해에 기반한 이러한 지리한 논쟁과 혼란을 지속할 수 없는바, 헌법해석이 그 한계점에 도달한 바에는 헌법의 본문이 직접 자치입법권과 법률유보의 관계를 정리하여 자치입법의 합헌성

행법 해석론은 새로운 입법적 개선방안을 모색하는 데에도 매우 유익한 시사점들을 제시해 줄 수 있다고 생각한다.

2. 바람직한 헌법 개정의 방향

자치입법권 강화를 위한 헌법 개정의 핵심은, 국회입법권에 대한 지방자치단체의 자치입법권의 위상과 성격을 분명히 하면서, 자치입법권 행사에 대한 기본권 제한의 일반적 법률유보의 적용을 명시적으로 배제하는 데 있다고 본다. 이것은 국회입법권과 지방자치단체의 자치입법권을 실질적으로 배분하는 의미를 가질 것이다.

앞서 살펴본 대로, 필자는 현행법의 해석을 통해서도 헌법 제40조의 국회입법의 원칙과 제37조 제2항의 기본권 제한의 일반적 법률유보원칙은 지방자치의 장에서는 예외로 인정될 수 있다고 보았다. 하지만 이에 대한 해석이 판례에 의하여 수용되고 있지 못하거나 학계에서 역시 여전히 엇갈리고 있고 정부도 자치입법권 강화의 향배를 거의 가늠하지 못하고 있는 것이 현실이므로, 자치입법권을 규정하는 헌법 개정안은 예컨대, "지방자치단체는 법령에 위반되지 않는 범위 안에서 그 사무에 관하여 조례를 정할 수 있다. 다만 지방자치단체는 헌법 제37조제2항, 제40조에도 불구하고 관할 구역 내에서의 질서유지, 공공복리 등을 위하여 필요한 경우에 한하여 조례로써 주민의 권리 제한 또는 의무 부과, 과태료에 관한 사항을 정할 수 있다."는 정도의 규정을 두는 것이 어떨까 한다. 이렇게 함으로써 헌법 스스로 조례입법의 범위와 한계를 설정하고 기본권 제한의 법률유보원칙의 적용을 배제하며, 지방자치단체의 자치사무 수행과 관련해서는 법령에 위

과 내실화를 스스로 담보하게 하는 개헌작업이 필요한 시점이라는 점에는 공감하지 않을 수 없다." 최봉석, "실질적 자치권 보장을 위한 헌법개정의 방향", 지방자치법연구 제9권 제4호, 2009. 12, 136면.

반하지 않는 범위 안에서 자치법규인 조례로써 자율적인 규제를 설정하는 것도 가능하다고 확인하는 것이 타당하다고 보았다.

3. 바람직한 지방자치법의 개정방안

1) 지방자치법 제22조 단서의 삭제와 보완적 입법론

위와 같은 개헌을 전제로, 자치입법권 확대를 위한 법률적 조치로는 일단 현행 지방자치법 제22조 단서를 – 위헌·합헌 여부를 떠나 – 이를 삭제하는 것이 불가피하다고 본다. 이렇게 함으로써 법률 차원에서도 조례에 있어서는 법령의 우위원칙만 적용된다고 하는 점을 명확히 할 필요가 있다.

다만, 위와 같이 지방자치법을 개정하여 실제로 법령에 위반하지 않는 한도에서라면 자유롭게 조례를 제정할 수 있다고 하여도, 문제는 어떠한 내용의 조례를 정하여야만 법령에 위반되지 않을 지가 명확하지는 않다. 법령에의 위반 여부는 명문의 규정에 명백히 반하는 경우라면 모를까 일반적으로 그러한 명문의 규정이 없으면 당해 법령의 취지에 저촉하는 지가 문제될 것인데 그러한 법령의 취지가 무엇인가를 해석하는 일 자체도 지방자치단체 차원에서는 쉽지만은 않은 일이기 때문이다. 그동안 국가가 법령을 제·개정할 때 그 법령 전체 또는 개별조항들과 그에 상응하는 조례의 관련성 등에 관하여는 관심이 없거나 주의를 기울이지 않은 채 법안을 성안하는 경우가 적지 않았고, 그로 인해 당해 법령이 자치입법과의 관계에 있어서 어떤 의미를 갖는지가 명확하지 않은 경우가 많았다. 그러다 보니 지방자치단체의 입법현장에서는 조례의 제정 가능 여부나 제정 가능한 경우에도 어떠한 정도와 내용의 조례라야만 법령에 저촉되지 않을지 등이 불명확하여 적극적인 자치입법활동을 하기 어려운 점도 있었다. 이것은 결국 소극적인 자세, 표준조례나 타 자치단체의 조례 등을 모방하는 수동적 자

치입법 문화 내지 관행으로 이어졌고 자치입법의 활성화에 실질적 장애요
인이 되었던 것이다.

그래서 국가가 지방자치 내지 지방행정 관련 개별법령을 입안할 때마다
가능한 한 입법자가 스스로 그 법령 내지 개별규정에 조례와의 관계를 명
시하여 조례의 제정 가능 여부 내지 가능한 경우의 그 허용범위 등을 명확
히 하는 것도 필요하다고 본다.47) 그리고 이러한 방식의 국가 입법활동이 일
관되게 이루어질 수 있도록 지방자치법에 그와 같은 입법방식 준수의무를
국가입법의 기본원칙으로서 규정하는 것도 바람직하다고 본다. 이렇게 하게
되면, 국가의 법령과 지방자치단체의 자치법규 간에 체계적인 질서를 유지하
면서도 유기적이고 보완적인 입법 배분이 가능하게 되지 않을까 한다.

한편, 조례와 죄형법정주의의 관계와 관련하여, 과태료가 아닌 형벌인
벌칙을 정하는 조례의 경우 법률의 개별적인 위임이 필요한 것인가 하는
문제와 관련해서는 이를 긍정적으로 새기는 것이 불가피하다고 본다. 조례
의 실효성 확보의 차원에서, 조례 위반 행위에 대하여 형벌을 조례로 정할
수 있도록 일반적 유보조항을 두자는 견해도 있지만 일반적인 규제나 행정
질서벌인 과태료와는 달리, 형사범의 창설과 형벌의 부과는 국가사무로 보
아야 하고,48) 형벌의 창설에 있어서는 보다 신중을 기하여야 하며, 헌법상
의 엄격한 죄형법정주의원칙에 비추어 보아도 법률의 개별적·구체적 위임

---

47) 구체적으로는, 특히 개별법령의 규정이 전국적 획일기준이고 추가 또는 초과조례 등의
　　가능성을 일체 인정하지 않는 취지일 경우에는 그 뜻을 명문으로 규정하게 하여 자치법
　　규에 의한 새로운 규율을 예방하거나 차단하여 국법선점의 뜻을 명시하고, 조례에 의한
　　새로운 입법사항의 설정을 허용하되 그 범위를 일정한 한도에서 제한하고자 하는 취지
　　일 경우에는 구체적인 범위를 정하여 명시적으로 조례에 위임하며, 그러한 법령선점 또
　　는 위임의 취지가 법령상 명시적으로 규정되어 있지 않은 경우에는, 당해 법령의 규정은
　　전국적 최저기준 내지 표준률(rule)을 정한 것으로 추정하여, 지방자치단체로서는 법령의
　　취지를 기초로 당해 지역의 필요에 상응하여 자치사무에 관한 독자적 자치입법(주민의
　　권리의무관련 사항도 포함하여)을 추진하는 것도 가능하도록 하자는 것이다(이상은 졸
　　고, 自治立法의 位相 및 機能 再考, 행정법연구 제7호, 2001. 9, 98-100면).
48) 박윤흔, 앞의 책, 132면 ; 박균성, 앞의 책 170면.

이 없이는 형벌을 조례로 정할 수 없다고 보는 것이 적절하다고 본다. 과거 형사벌칙제정권을 조례에 일반적으로 위임한 구 지방자치법 제20조의 규정이 위헌이라는 주장이 제기되었고 이를 받아들여 1994년 법률 개정 시 위 규정이 삭제된 사정이 있었음도 상기할 필요가 있을 것이다.[49] 따라서 이 문제와 관련하여는, 앞서 살펴본 최초의 지방자치법에서와 같이 "지방자치단체는 법률의 위임이 있을 때에 한하여 형벌을 과하는 규정을 제정할 수 있다."고 신설 규정을 둠으로써, 조례에 의한 규제에 있어서 와는 달리 형벌을 규정할 경우에는 반드시 법률의 위임이 있어야 함을 명시하는 것이 바람직할 것이다.

2) 조례에 대한 위임 확대

위에서 언급한대로 지방자치법 제22조 단서가 삭제되어 규제적 조례 제정에 있어서 법률위임(법률유보)의 고리가 끊어진다면 모르겠지만, 국가가 이러한 규제틀을 그대로 유지하고 판례의 태도도 여전히 변경되지 않는다고 한다면, 현행 법제의 한계 내에서 자치입법권을 신장시키기 위한 또 다른 방책들을 강구할 수밖에 없다.

동 조항 단서의 존재로 인하여 자치조례의 제정이 상당히 제약되고 있는

---

49) 대법원 1995. 6. 30. 선고 93추83 판결 "지방자치법 제15조 단서는 지방자치단체가 법령의 범위 안에서 그 사무에 관하여 조례를 제정하는 경우에 벌칙을 정할 때에는 법률의 위임이 있어야 한다고 규정하고 있는데, 불출석 등의 죄, 의회모욕죄, 위증 등의 죄에 관하여 형벌을 규정한 조례안에 관하여 법률에 의한 위임이 없었을 뿐만 아니라, 구 지방자치법(1994. 3. 16. 법률 제4741호로 개정되기 전의 것) 제20조가 조례에 의하여 3월 이하의 징역 등 형벌을 가할 수 있도록 규정하였으나 개정된 지방자치법 제20조는 형벌권을 삭제하여 지방자치단체는 조례로써 조례 위반에 대하여 1,000만 원 이하의 과태료만을 부과할 수 있도록 규정하고 있으므로, 조례 위반에 형벌을 가할 수 있도록 규정한 조례안 규정들은 현행 지방자치법 제20조에 위반되고, 적법한 법률의 위임 없이 제정된 것이 되어 지방자치법 제15조 단서에 위반되고, 나아가 죄형법정주의를 선언한 헌법 제12조 제1항에도 위반된다."

현실에서 그나마 자치입법을 활성화시키려면 법률을 통하여 조례에의 위임을 더욱 확대해 가는 것이 차선책일 것으로 본다. 즉, 현재와 같이 법률에서 어떠한 사항을 대통령령이나 부령 등의 행정입법에 획일적으로 위임하는 대신 가능한 구체적인 보완사항을 조례에 위임하게 되면, 위임의 범위 내라는 한계는 있지만 당해 규율사항에 대하여 조례 입법과정에서 각 지방의 특성이나 여건, 입법수요 등을 고려할 수 있게 되고 조례의 제정건수가 늘어나며 자치입법의 경험이나 기술이 제고되어 전체적으로 조례입법권이 신장되는 효과를 기대할 수도 있을 것이다.

그런데 이와 같이 전국적으로 통일성·획일성을 갖는 시행법령 보다는 조례에의 위임을 확대하기 위해서는, 기본적으로 자치입법을 중시하는 국가의 입법원칙 등이 명확히 확립될 필요가 있다. 예컨대 지방자치법과 같은 일반법에 "국가는 지방자치와 관련되는 법률을 제·개정함에 있어서 그 시행에 필요한 사항을 하위법규에 위임하는 경우에는 가능한 한 대통령령·총리령·부령 등의 국가의 법령보다는 지방자치단체의 조례에 위임하도록 노력하여야 한다."와 같은 규정을 신설하는 것이다.

그 외 조례에 위임하였음에도 위임사실의 부지(不知), 지방의 입법의지의 미약, 입법기술이나 법령해석능력의 부족, 정파간 또는 이해관계자들 사이의 의견 조정의 곤란 등으로 조례의 제·개정이 지연되거나 법령의 취지에 반하는 방향으로 입법되는 등 부적절한 경우가 야기될 수도 있으므로, 이러한 지방자치단체의 사정을 감안하여 적절하고도 유효한 조례가 적시에 제·개정되도록 하여야 할 것이다. 예컨대 법률의 제·개정을 통한 조례 위임사항이 발생하였을 때에는 이를 행정안전부장관이 각 지방자치단체에 공식적으로 알려 조례 입법을 촉진하고, 조례 입법의 부담을 실질적으로 덜어주기 위하여 소관 부처와 법제처 등이 협력하여 법체계나 이론, 법기술적으로 문제가 없는 자치입법가이드나 표준조례(안) 등을 작성, 제시하도록 하는 등의 방안이 그것이다.

다만 표준조례의 제시에 있어서는, 종래와 같이 획일적이고 전형적인 표준조례를 제시하게 되면 자치적 입법이 본격적으로 활성화되지 않은 현실에서 어느 지방자치단체나 거의 대동소이한 천편일률적 조례를 양산하여 오히려 자치입법의 취지를 반감시킬 수도 있기 때문에, 이러한 점을 보완하여 예컨대, 지역의 특수성이나 자율성을 적극적으로 살릴 필요가 있는 항목은 아예 부분적으로라도 표준조항을 제시하지 않거나, 가능한 선택 가능한 복수의 유형 또는 기준을 제시하여 지방자치단체가 선택할 수 있는 여지를 주거나, 표준조례의 모든 조문 또는 주요 조문에 대하여는 조문예뿐 아니라 비교적 상세한 해설을 추가하여 조문의 취지와 내용을 지방자치단체에서 충분히 이해할 수 있도록 조력한다거나, 조문형 표준조례 보다는 조례 입안 시 유의하여야 할 핵심적 요지를 가이드라인으로 제시함으로써 획일적·형식적으로 모방해버리는 경향을 줄여나가든가 하는 식으로 유연하고 효과적인 자치입법지원방식이 강구될 필요가 있다고 본다.

제2편
자치입법의 전개

제1장 도와 시·군간 조례제정권의 배분기준

선 정 원

I. 분권개혁의 진전을 위한 법해석학적 접근의 재조명필요

1. 도와 시·군간 분쟁의 해결에 있어 법해석론의 가치

1) 특별법에 의한 일반법의 결단의 무시

1987년 민주헌법이 제정된 후 우리 사회에서 지방분권을 위한 개혁이 점점 진전을 이루는 가운데 다시 지방분권을 표방한 개헌노력이 지속되고 있다. 이에 따라 과거 중앙집권적 시스템에서 암묵적으로 용인되고 있던 법령들과 법해석들이 자치권이 강화된 분권사회에 부적합하게 된 경우들이 늘어나고 있어 이의 개혁이 시급해지고 있다.

우리 사회에서 정치적 대화나 입법론에서 널리 회자되는 입법관련 구어 중의 하나는 '총론 찬성, 각론 반대' 또는 '원칙 찬성, 세부사항 반대'라는 말이다. 지방자치분권 및 지방행정체제개편에 관한 특별법은 지방자치법과 함께 분권과 업무배분에 관한 기본법이자 일반법으로 이해할 수 있을 것인데, 이 법 제9조에 따를 때 입법자는 보충성원칙을 규정하여 매우 명확하게 기초자치단체의 관할범위를 우선적으로 보장하려는 입법태도를 보여주었다.

하지만, 그 동안 우리 법집행실무에서 광역자치단체와 기초자치단체의 입법권의 배분에 보다 결정적인 의미를 갖는 것은 특별법우선의 원칙에 의해 우선 적용되는 개별 특별법상의 사무배분기준이었다. 도시계획관계법령, 환경관계법령, 지방교통관계법령, 지방교육관계법령 등 수많은 특별법령들에서 국가와 광역자치단체의 우월적 지위를 과도하게 인정함으로써 기초자치단체의 입법권을 부당하게 제약하여 현장기관의 권한을 강화하고자 하는 일반법상의 원칙의 의미를 크게 훼손해왔다. 일반법 제정자의 입법의지는 다른 특별한 정당화사유가 없다면 특별법령들의 제정과 해석에 있어서도 끝까지 관철되어야 할 것이다.[1]

2) 분권개혁으로부터 소외된 문제로서 광역과 기초간 권한갈등

지방자치법상 국가사무와 자치사무의 구분 및 권한배분의 기준과 관련해서 많은 불확실성과 의문이 존재하지만, 더욱 많은 문제점을 안고 있는 것이 광역과 기초간 권한배분, 특히 입법권의 배분기준에 관한 것이다. 그럼에도 불구하고 광역과 기초간 권한갈등, 특히, 조례제정권의 소재를 둘러싼 갈등은 분권개혁과정에서 정치권은 물론 학계에서도 별로 주목받지 못했었다.

우리 헌법은 광역과 기초간 권한배분문제에 대해서는 직접적으로 규정하고 있지 않고, 지방자치법은 제9조 제2항에서 지방자치단체의 사무를 예시하고 있지만, "법률에 이와 다른 규정이 있으면 그러하지 아니하다."고 규정하여 특별법이 우선 적용됨을 명확히 하고 있어 특별법에 의한 제약없는 자치권축소를 막는데 무력하다. 또, 지방자치법 제10조 제1항 제1호는 광역자치단체의 사무를 열거하고 나서 동 제2호에서는 "제1호에서 시·도

---

1) 선정원, 자치법규기본조례와 자치입법권의 보장, 지방자치법연구 제4권 제2호, 2004, 71
   면. "일반법의 결단이 명실상부한 것이 되도록 하기 위해서는 일반법뿐만 아니라 개별법
   상의 관련조문들도 바뀌어야 하는 것이다. 또, 관계 법률의 수준에서나 기초자치단체수
   준에서만 바뀌어서는 안되고, 각 행정분야에서 법률, 법규명령, 광역자치단체의 자치법
   규와 기초자치단체의 자치법규가 체계적으로 재조정되어야 한다."

가 처리하는 것으로 되어 있는 사무를 제외한 사무"를 기초자치단체의 사무로 적극적 기준없이 소극적으로 규정할 뿐이어서 특별법령들은 물론 광역자치단체의 자치법규에 의한 제약없는 기초자치단체 자치권의 축소를 막는데 매우 무력하다.

특별법들에서 명확하게 광역자치단체에게 조례제정권을 주는 경우 그 내용의 정당성에 대한 의문이 있더라도 광역과 기초간 법리상의 다툼은 실무상 상대적으로 적지만, 특별법령의 내용이 불명확하거나 흠결이 있는 경우에는 광역과 기초간 각 행정영역에서 조례제정권의 소재를 둘러싸고 상당한 갈등이 지속되어 왔다.

그 동안 중앙부처의 유권해석이나 광역자치단체의 조례입법실무를 보면, 광역우위의 해석관행이 광범위하게 존재해왔다. 개별 특별법들의 흠결을 보충하기 위한 중앙부처의 유권해석들에서 두드러지는 특징은 광역자치단체와 달리 기초자치단체의 입법권을 보호하기 위한 적극적인 기준을 제시하지 않는다는 점이다. 하지만, 이와 같은 과도한 집권적 해석으로 인해 지방자치분권 및 지방행정체제개편에 관한 특별법 제9조 제2항에 나타난 정신, 즉, "지역주민생활과 밀접한 관련이 있는 사무는 원칙적으로 시·군 및 자치구의 사무"로 한다는 보충성원칙이 결과적으로 크게 훼손되었고 그것은 법해석이라기 보다는 거의 입법창설적 역할을 해왔다고 본다. 과거의 정당화되기 어려운 집권적 법해석관행의 철저한 재검토없이 지역공동체의 활성화와 지방자치의 실현은 요원할 것이므로 이에 대한 철저하게 재검토가 이루어져야 할 것이다.

3) 지방자치법학에 있어 법해석론의 가치

현행 특별법들에서 국가와 지방자치단체간, 광역과 기초간 권한의 소재와 관련하여 흠결이 있거나 불명확한 경우 지속되어 왔던 집권적 유권해석의 관행은 헌법 개정이나 일반법 개정이 이루어지면 크게 개선될 것인가?

　지방분권을 강화하는 내용으로 헌법 개정이 이루어지거나 지방자치법과
같은 일반법에서 지방자치를 강화하는 내용으로 개정이 이루어지더라도
많은 개별 특별법들의 개정이 이루어지지 않는다면 일단 입법자들간 가치
판단의 괴리는 더욱 심해질 것이고 법집행자들은 법해석에 상당한 어려움
을 겪을 가능성도 있다. 하지만, 이 상황에서 중앙부처의 유권해석론들과
광역자치단체의 자치법규들은 오직 특별법상의 결정내용에만 집착할 우려
도 존재하는데, 이렇게 되면 헌법 개정이 이루어져도 지방자치의 강화와
풀뿌리 지역공동체의 활성화는 별다른 성과를 내지 못할 가능성도 있다.
그 동안 일반법이 보충성원칙을 반영하는 방향으로 개정되어 왔지만 집권
적 법집행실무가 크게 바뀌지 않은 것은 이러한 우려가 부질없는 걱정이
아닐 수도 있음을 반증한다고 본다. 행정내부의 법주체들간의 법적 행위를
소송대상으로 하는 소송제도가 매우 미비한 현재의 우리나라 실정상 광역
과 기초간 법적 갈등들은 대부분 사법적 통제의 대상도 되지 못할 것이기
때문에 집권적 유권해석의 관행의 합법성이 사례마다 평가를 받을 가능성
도 현재까지와 마찬가지로 별로 크지 않을 것이다.
　그 동안 광역과 기초간 입법권의 소재를 놓고 갈등이 벌어질 때, 중앙부
처의 유권해석은 우리 행정에서 매우 중요한 역할을 담당해왔다. 하지만,
강화된 분권사회의 눈으로 평가했을 때 중앙부처의 유권해석이 과거의 집
권적 법해석관행에 젖어 대응해온 것으로 이해할 수밖에 없는 경우들도 상
당히 존재해 왔다. 이의 개혁을 위해 노력하는 것은 우리 사회가 지방자치
법학에 부여한 소중한 과제이자 기대라 할 것이다.
　이 글에서는 법률의 해석과 집행에 있어 광역자치단체와 기초자치단체
에서 나타난 갈등과 분쟁사례를 대상으로 분권사회에 적합한 법해석을 위
한 기준과 원칙을 발견하려는 시도를 할 것이다.

2. 대상 사례의 내용

여기서 살펴 볼 대상사례는 교통행정의 영역에서 시·군내버스의 재정지원업무에 대한 입법권의 갈등에 관한 것이다. 원주시내버스운송사업의 적자보전을 위한 재정지원업무에 관하여 입법권의 관할을 놓고 강원도와 원주시가 갈등을 보이고 있는 사례이다.[2)]

광역과 기초간 권한갈등을 법적으로 다룬 글들이 적기 때문에 이 분야를 연구하는 연구자들은 여러 어려움을 겪을 수밖에 없다. 다양한 쟁점들을 스스로 조사하여 판단해야 하는 어려움을 겪을 뿐만 아니라 더 어려운 점은 기초자료와 정보의 수집이 어렵다는 점이다. 이 사례의 검토를 위해 필수적인 법규인 「강원도 여객자동차 운수사업 관리 조례」의 전문 확인도 매우 어려웠다.[3)]

강원도 원주시에서는 여객자동차운수사업법 제50조 제2항 및 강원도 여객자동차 운수사업 관리 조례 제12조 제2항에 따라 여객자동차운송사업 중 시내버스운송사업을 경영하는 자에게 수익성 없는 노선의 운행에 따른 손실보전금 등을 지원하고 있었다.

원주시의회에서는 시내버스운송사업자에게 시비를 지원하고 있으므로,

---

2) 필자가 법령해석을 위한 중앙부처의 민간심의위원으로서 접하게 된 것으로서 이 사례에 대한 필자의 개인적 의견을 기초로 보완작성된 것임을 밝혀둔다.

3) 강원도청과 강원도의회의 홈페이지에서 강원도의 조례와 규칙 전문을 찾아 볼 수 없었다. 여기서 인용할 수 있었던 것은 중앙부처의 민간심의위원으로서 종이문서를 통해서였다. 몇 년 전까지 식품의약품안전처 등에서 제정된 고시(법적 성격은 법령보충규칙임)도 그 전문을 찾아 볼 수 없었는데 이제 개선되어 법령확인의 어려움은 사라졌다. 그리고 자치법규들도 이제 법제처가 관리하는 국가법령정보센터(www.law.go.kr)에서 확인할 수는 있다.

하지만, 아직도 지방자치단체와 지방의회에서 법규성을 갖는 조례와 규칙의 전문을 자신의 홈페이지에 게재하지 않는 것은 지방자치단체의 자의적 권력성의 징표로서 법치주의와 주민자치를 훼손하는 중대한 흠이라 할 것이다(일부 조문의 입법개정예고는 이루어지고 있음). 시급히 개선이 요망된다 할 것이다.

'원주시 시내버스운송사업 재정지원 조례'를 강원도조례와 별개로 제정하여야 한다는 입장이어서 같은 이름의 조례를 자문요청서에 첨부해온 상태이었다. 하지만 강원도는 여객자동차운수사업법에서 해당 내용을 시·도 조례로 정하도록 규정하고 있으므로 원주시의 조례로 규율할 수 없다는 입장이었다.

이에, 원주시에서는 여객자동차 운수사업자에게 필요한 자금의 일부를 보조하거나 융자하는 경우 보조 또는 융자의 대상 및 방법과 보조금 또는 융자금의 상환 등에 관하여 필요한 사항을 기초자치단체의 조례에서 정할 수 있는지 여부와 이 경우 조례를 별도로 제정하여야 지원이 가능한지 여부에 대하여 법제처에 질의하였다.

우리 여객자동차운수사업법은 시내버스에 대한 재정지원업무에 관해 광역과 기초간 입법권의 배분에 관해 명시적인 규정을 두고 있지 않고 있다. 하지만, 법제처는 아래에서 소개할 유사사례들에서 여러 차례 유권해석을 통해 시내버스나 군내버스의 적자보전을 위한 시·군의 재정지원업무에 관해 광역자치단체의 조례로 정해야 할 사항이라는 이유로 시·군이 조례를 제정하여 규율할 수는 없다는 의견을 제시해 왔다. 이와 같은 법제처의 유권해석의 핵심적인 논거는 여객자동차운수사업법이 시·군의 재정지원업무에 관한 입법권의 배분을 직접적으로 규정한 것은 아니지만 여객자동차운수사업법이 사업면허권을 광역자치단체에 부여하고 있기 때문에 시·군이 재정지원하는 경우도 도의 조례로 규정해야 한다는 것이었다.(면허권설).

그러나, 이 글에서 필자는 개별 특별 법률에 흠결이 있거나 불명확한 경우 노인과 아동을 포함한 주민의 교통복지를 보장하기 위해 관할구역 시내버스의 적자보전목적으로 시가 재정지원하는 경우 관할구역과 재정부담이라는 두가지 기준(결합설)을 새롭게 제시하고, 유사 문제해결을 위해 광역과 기초간 조례제정권의 새로운 배분기준으로 활용할 것을 제안하면서, 조례입법권이 기초자치단체인 시에 있다고 주장하였다.

3. 추가조례론과 수익적 조례론의 한계와 자치법해석론의 발전필요

1) 광역과 기초간 입법권 갈등해결을 위한 해석론으로서 초과조례론 또는 추가조례론의 적용상 한계

초과조례 또는 추가조례는 법률과 조례의 관계에서 전형적으로 문제되는데,4) 일본에서 지방자치와 지방자치법학의 발전에 있어 이 논리의 전개는 상당한 의의를 가졌듯이,5) 이제 우리나라에서도 중요한 의미를 갖고 있다.6) 하지만, 이 사례의 해결과 관련하여 고려해 볼 수 있는 추가조례에 관한

---

4) 양자를 구별하여 추가조례는 법령이 없거나 법령이 있더라도 동일한 적용대상을 확대한 조례를 말하므로 "대상확대조례"로 부르고, 초과조례는 "법령과 동일한 대상에 대하여 한층 엄격한 규제를 행하는 조례"로서 "규제강화조례"로 부르는 것이 그 의미를 명확히 할 것이라는 견해가 제시되고 있다. 신봉기/조연팔, 자치입법권의 범위와 한계에 관한 일 고찰, 토지공법연구 제58집, 2012, 367면 각주 55 참조.

5) 일본 지방자치법의 발전단계를 3기로 나누는 견해에 따르면, 제1기는 1950년대 초반-1960년대 중반, 제2기는 1960년대 중반에서 1970년대 후반인데(제3기는 1980년대 이후), 제2기에는 고도성장을 반영하여 지방자치단체의 재정력도 힘을 얻기 시작하여 지방자치단체가 독자적으로 지역정책을 전개할 수 있는 여건이 갖추어지기 시작했다. 그래서 국가와 별개로 독자의 조례를 제정하거나 추가조례나 초과조례가 등장하기 시작했다. 환경보호의 영역에서 지방자치단체에 의해 제정된 이 조례들의 내용이 사후적으로 법령의 개정에 의해 추인되기도 했다. 문상덕, 자치입법의 기능 및 위상 재고 — 한·일에 있어서의 자치입법 한계논의를 기초로 —, 행정법연구 제7호, 2001, 77면 각주 9 참조.

6) 우리 판례는 자치권의 합법성판단을 위한 해석론으로 이미 추가조례론 또는 초과조례론을 인정하고 있다. "지방자치단체는 법령에 위반되지 아니하는 범위 내에서 그 사무에 관하여 조례를 제정할 수 있는 것이고, 조례가 규율하는 특정사항에 관하여 그것을 규율하는 국가의 법령이 이미 존재하는 경우에도 조례가 법령과 별도의 목적에 기하여 규율함을 의도하는 것으로서 그 적용에 의하여 법령의 규정이 의도하는 목적과 효과를 전혀 저해하는 바가 없는 때, 또는 양자가 동일한 목적에서 출발한 것이라고 할지라도 국가의 법령이 반드시 그 규정에 의하여 전국에 걸쳐 일률적으로 동일한 내용을 규율하려는 취지가 아니고 각 지방자치단체가 그 지방의 실정에 맞게 별도로 규율하는 것을 용인하는 취지라고 해석되는 때에는 그 조례가 국가의 법령에 위반되는 것은 아니다."(대법원 1997. 4. 25. 선고 96추244 판결)

쟁점은 직접적으로는 문제되지 않을 것이다. 왜냐하면 추가조례의 문제는 법률과 동일한 규율목적이라 하더라도 법률이 규제하고 있지 아니한 대상에 대해 조례로 추가하여 규정할 수 있는가의 문제인데, 여객자동차운수사업법에서는 이미 시·도가 재정지원하는 경우 시·도 조례로 규정할 수 있다고 하여 법률이외에 조례에게 이 사무에 대한 규제권을 인정하고 있기 때문이다.

대상사례에서 쟁점은 여객자동차운수사업법에서 명시적으로 규정하지 않은 부분, 즉, 시·군이 재정지원하는 경우 시·도의 조례로 규정하여야 하는가 아니면 시·군의 조례로 규정하여야 하는가의 문제이다. 만약 이 상황에서 시·군이 재정지원하는 경우에 대해 시·도의 조례가 규정하지 않았다면 추가조례와 유사한 쟁점이 대두되었을 수는 있을 것이다.

2) 광역과 기초간 입법권 갈등해결을 위한 해석론으로서 수익적 조례론의 적용상 한계

우리 지방자치법 제22조는 "지방자치단체는 법령의 범위 안에서 그 사무에 관하여 조례를 제정할 수 있다. 다만, 주민의 권리 제한 또는 의무 부과에 관한 사항이나 벌칙을 정할 때에는 법률의 위임이 있어야 한다."고 규정하고 있다. 우리 판례는 이 조항의 해석에 있어 국민의 권리의무에 대한 침익적 규제조례의 제정시에는 법률의 위임이 있어야 하지만, 수익적 조례의 경우에는 법률의 위임없이 조례를 제정할 수 있는 것으로 이해하고 있다. 즉, 대법원은 '정선군세자녀이상세대양육비등지원에관한조례안' 무효소송에서 "지방자치단체는 그 내용이 주민의 권리의 제한 또는 의무의 부과에 관한 사항이거나 벌칙에 관한 사항이 아닌 한 법률의 위임이 없더라도 그의 사무에 관하여 조례를 제정"할 수 있다고 한다.(대법원 2006. 10. 12. 선고 2006추38 판결 ; 대법원 2009. 10. 15. 선고 2008추32 판결)

수익적 조례론은 지방자치법 제22조 단서의 제약하에 지방자치단체가 법률의 위임없이 제정할 수 있는 조례의 특성을 제시하여 조례입법권의 하나의 전형을 보여준 해석론이라 할 것이지만, 추가조례론과 마찬가지로 이 글의 대상사례에서 나타난 쟁점과 직접적인 관련은 없는 것으로 보여진다. 대상사례에서 쟁점은 여객자동차운수사업법에서 명시적으로 규정하지 않은 부분, 즉, 시·군이 재정지원하는 것을 도조례로 규정했을 때 이 사항에 대해 시·군의 조례로 규정할 수 있는 것인지 하는 문제이기 때문이다.

분권사회로 나아감에 있어 새롭게 나타날 지방자치법의 문제들에 대해서 기존의 법해석론의 유용성이 한계를 맞는 경우가 자주 나타날 것이다. 이러할 때 비교법적 연구가 유용할 수 있으나 때로는 우리에게 특유한 문제가 증폭되어 나타날 수도 있으므로, 우리 자치법규의 입법과 집행실무에 대한 정보와 지식을 토대로 합리적인 입법론이나 해석론을 적극적으로 전개하는 것이 필요하다 할 것이다.

II. 지방자치법과 지방교통법상 권한배분기준들의 불명확성과 불일치

1. 지역공동체의 형성과 발전을 위한 교통복지의 가치

시·군에 있어 교통문제는 오늘날 중소도시와 농어촌이라는 공동체가 직면한 중요한 현안사항이다. 지역공동체에서 이것의 중요성에 대한 심층적 이해와 관심없이 형식적으로 하나의 사례의 법적 해결을 위해 필요한 관계 법령들과 조례의 분석만으로 답을 찾아서는 안된다.

우리나라 중소도시들은 심각한 주정차공간의 부족, 좁은 도로로 인한 차량혼잡, 도로의 부족 등으로 도시의 재생과 활성화에 어려움을 겪고 있다. 뿐만 아니라 원활한 대중교통의 유지는 오늘날 지방소멸의 위험에 직면한 시·군의 입장에서는 인구를 유지하고 관광과 같은 산업을 발전시키기 위해 가장 중요한 과제중의 하나가 되었다.

또, 우리 농어촌지역에서는 외출하고 싶은 의지가 있으나 외출하지 못한 경험이 있는 노인의 과반수 정도가 대중교통수단의 부족과 너무 뜸한 배차 간격을 경험하고 있다 한다.7) 우리 헌법은 제14조에서 거주이전의 자유를 기본권으로 규정하고 있다. 때문에, 노약자나 장애인을 위해 이동의 자유라는 기본권을 보장하기 위한 사회적 인프라를 조성하고 유지하는 것은 국가와 지방자치단체의 포기할 수 있는 책임에 속한다고 보아야 한다. 이러한 입장에서 볼 때, 농어촌에서 교통복지의 보장은 국가와 지방자치단체의 단순한 정책목표를 넘어 반드시 보장되어야 할 기본권의 본질의 보장에 속하는 것이라는 점이 인식되어야 할 것이다.

2. 지방교통과 시·군내버스의 운영을 위한 법률과 조례의 규율내용들

1) 지방자치관계법상 관할배분의 기준들

(1) 지방자치법상 사무배분의 기준들과 개정의 필요성

일반법인 지방자치법과 지방자치분권 및 지방행정체제개편에 관한 특별법의 규정들 중 사무배분의 기준을 제시해줄 수 있는 법조문들은 다음과 같다.

지방자치법 제9조 제1항은 지방자치단체의 사무범위에 관하여 "지방자치단체는 그 관할구역의 자치사무와 법령에 의하여 지방자치단체에 속하

---

7) 이경준/서문진희, 농촌지역 노인들의 이동권증진을 위한 교통복지적 대안연구, 한국자치행정학보 제27권 제1호, 2013, 263-265면 참조.

는 사무를 처리한다"고 하고 있다. 광역자치단체의 사무에 관해서는, 가. 행정처리 결과가 2개 이상의 시·군 및 자치구에 미치는 광역적 사무, 나. 시·도 단위로 동일한 기준에 따라 처리되어야 할 성질의 사무, 다. 지역적 특성을 살리면서 시·도 단위로 통일성을 유지할 필요가 있는 사무, 라. 국가와 시·군 및 자치구 사이의 연락·조정 등의 사무, 마. 시·군 및 자치구가 독자적으로 처리하기에 부적당한 사무, 바. 2개 이상의 시·군 및 자치구가 공동으로 설치하는 것이 적당하다고 인정되는 규모의 시설을 설치하고 관리하는 사무 등의 기준을 제시하고 있다.(지방자치법 제10조 제1항 제1호)

입법자는 대체로 해당 사무의 성질을 살펴 광역성, 동일기준의 필요유무, 연락·조정사무, 공동설치필요가 있는 사무 등의 기준을 고려하여 관할을 판단하도록 하고 있음을 알 수 있다.

기초자치단체의 사무에 관해서는 "제1호에서 시·도가 처리하는 것으로 되어 있는 사무를 제외한 사무. 다만, 인구 50만 이상의 시에 대하여는 도가 처리하는 사무의 일부를 직접 처리하게 할 수 있다."고 규정하고 있다. (지방자치법 제10조 제1항 제2호) 이 규정의 특징은 적극적으로 기초자치단체의 업무기준을 규정하지 않고 소극적으로 기술하여 광역과 기초의 입법권이 충돌시 광역의 제한없는 선점권을 억제하는데 실패한 것으로 보인다. 적극적 기준에 의해 보충성의 원칙이 실질적으로 구현될 수 있도록 입법의 개정이 이루어져야 할 것이다.

지방자치법 제10조 제3항은 "시·도와 시·군 및 자치구는 그 사무를 처리함에 있어서 서로 경합하지 아니하도록 하여야 하며, 그 사무가 서로 경합되는 경우에는 시·군 및 자치구에서 우선적으로 처리한다"고 규정하고 있다. 이 조항도 적극적인 사무배분기준을 제시하는 데는 실패한 것으로 보인다. 왜냐하면, 기초자치단체는 지방자치법 제10조 제1항 제2호에 의하여 "시·도가 처리하는 것으로 되어 있는 사무를 제외한 사무"에 대해서 처리할 수 있는데, 입법자가 의도하지 않았을지 모르지만 이와 같은 적극적·명시적 표현에 의해 개별 법률에서 광역자치단체의 사무로 규정하거나 광역자치단체가 조례나 규칙으로 자신의 사무로 규정하면 그 나머지에 대해서만 기초자치단체의 사무로 규정할 수밖에 없어 오히려 이 규정에 의해 기초자치단체의 사무는 크게 줄어들 수밖에 없기 때문이다.[8][9]

이와 같이 지방자치법 제10조 제1항 제2호는 지방자치분권 및 지방행정체제개편에 관한 특별법 제9조 제2항에 나타난 정신, 즉, "지역주민생활과 밀접한 관련이 있는 사무는 원칙적으로 시·군 및 자치구의 사무"로 한다는 보충성원칙을 결과적으로 크게 훼손할 우려조차 있다고 본다.

(2) 지방자치분권 및 지방행정체제개편에 관한 특별법상 사무배분의 기준들의 제한적 의미

입법자는 지방자치분권 및 지방행정체제개편에 관한 특별법은 지방자치단체의 사무배분을 위하여 매우 중요한 의미를 가질 것으로 기대하여 정권이 바뀔 때마다 여러 차례 확대 개편하여 왔다. 즉, 이 법률은 연혁적으로 2004년 1월 16일 제정된 지방분권특별법이 2008년 5월 30일 지방분권촉진에 관한 특별법으로 전부개정이 이루어지고, 2013년 5월 28일 지방자치분권 및 지방행정체제개편에 관한 특별법으로 내용이 확대되어 새로 제정되었다.

지방자치분권 및 지방행정체제개편에 관한 특별법 제9조는 "사무배분의 원칙"이라는 제목하에 여러 규정을 두고 있는데, 업무배분과 관련하여 가장 중요한 의미를 가진 것은 제9조 제2항에서 보충성원칙을 확고하게 명시

---

8) 동일 취지의 주장은, 선정원, 앞의 글, 73-74면 참조.
9) 김재광, 지방분권개혁과 조례제정권의 범위, 지방자치법연구 제5권 제2호, 2005, 121-122면도 행정실제에 있어서는 광역자치단체가 스스로 조례를 제정하여 어떠한 사무를 처리하면 기초자치단체는 속수무책이 될 수밖에 없다고 하면서 이 점을 감안하여 이 조항은 매우 제한적으로 해석하여야 한다는 견해를 표명했다. 김해룡, 지방자치단체의 조례, 법제연구 제21호, 2001, 86면도 동일한 견해이다.

하고 있다는 점이다. 즉, 제9조 제2항에서 "국가는 제1항에 따라 사무를 배분하는 경우 지역주민생활과 밀접한 관련이 있는 사무는 원칙적으로 시·군 및 자치구의 사무로, 시·군·구가 처리하기 어려운 사무는 특별시·광역시·특별자치시·도 및 특별자치도의 사무로, 시·도가 처리하기 어려운 사무는 국가의 사무로 각각 배분하여야 한다"고 규정하였다. 제9조 제1항은 "주민의 편익증진, 집행의 효과 등을 고려하여" 사무의 중복을 피하여야 한다는 점을 규정하였고, 제3항은 포괄적 배분원칙을 선언하여 사무배분시 "그 사무를 자기의 책임하에 종합적으로 처리할 수 있도록 관련 사무를 포괄적으로 배분하여야 한다"고 규정하고 있다. 제4항에서는 민간의 자율성존중원칙을 규정하여 "사무를 배분하는 때에는 민간부문의 자율성을 존중하여 국가 또는 지방자치단체의 관여를 최소화하여야 하며, 민간의 행정참여기회를 확대하여야 한다"고 규정하였다.

이상과 같은 규정내용과 기대에도 불구하고 이 법률은 실정 법률의 집행 측면에서 볼 때 지방자치단체의 분권과 체제에 관한 기본원칙을 담은 법으로서 기능을 전혀 수행하지 못하고 있다. 이 법 제4조에서 "다른 법률과의 관계"라는 제목하에 "자치분권과 지방행정체제 개편 등에 관하여 이 법에 규정이 있는 경우에는 다른 법률에 우선하여 적용한다"고 규정하여 사무배분에도 다른 법률에 우선하여 적용되는 것처럼 규정하고 있지만, 사무배분에 있어 특별법의 역할을 전혀 하지 못하고 있다.

또, 현실적으로 이 법 제9조의 사무배분의 원칙에 관한 내용은 적어도 이론적으로는 일반기준으로서 개별 전문법률의 흠결이나 불명확성을 보충하는 역할을 수행하도록 적용될 수도 있었으나, 실무상 이 법률의 규정내용은 새로운 입법이나 조직개편시에만 적용되고, 개별 전문법률의 흠결을 보충하거나 불명확한 점을 명확히 하기 위한 해석에서는 사무배분의 기준으로서 무시되어 왔다.

2) 여객자동차운수사업법령과 관련 조례의 규율내용들

여객자동차운수사업법 제50조 제2항는 "시·도는 다음 각 호의 어느 하나에 해당하는 사유가 있으면 여객자동차 운수사업자에게 필요한 자금의 일부를 보조하거나 융자할 수 있다. 이 경우 보조 또는 융자의 대상 및 방법과 보조금 또는 융자금의 상환 등에 관하여 필요한 사항은 해당 시·도의 조례로 정한다."고 규정하고 있다. 하지만, 여객자동차운수사업법은 시·군이 재정지원을 하는 경우에 대해서는 규정하지 않아 광역과 기초의 갈등의 원인이 되고 있다.

강원도는 여객자동차운수사업법 제50조 제2항를 근거로 강원도 여객자동차 운수사업 관리 조례를 제정하였는데, 동 조례 제12조 제2항은 "시장·군수는 관할구역 내 여객자동차운수사업자가 제1항 각 호의 사업을 수행하는 경우에 재정적 지원이 필요하다고 인정되면, 예산의 범위에서 필요한 자금의 일부를 보조할 수 있다. 이 경우 재정지원 관련 세부사항은 해당 시장·군수가 정한다."고 규정하고, 동 조례 제14조 제1항에서는 "제12조에 따른 재정지원을 받으려는 여객자동차운수사업자는 별지서식에 따른 서류를 도지사에게 제출하여야 한다."고 하고 있으며, 동 조례 제16조 제1항에서는 1. 사업의 타당성, 2. 신청자금의 적정성, 3. 지원 가능한 자금의 규모 등을 종합적으로 검토하여 지원여부를 결정하여야 한다고 규정하였고, 동 조례 제18조에서는 보조금을 지원받은 자에게 일정한 사실이 발생한 경우 도지사가 "보조금 지원을 중단하거나 이미 지원된 보조금의 전부나 일부를 회수할 수 있다"고 규정하고 있다.

III. 시·군내버스지원업무에 관한
도와 시·군간 입법권의 배분기준

1. 시·군내버스지원업무에 관한 광역과 지방간
갈등에 대한 법제처의 유권해석내용들과 그의 검토

1) 유사사례들에 대한 법제처의 기존 유권해석들의 내용

다음의 사례들에서는 대부분 여객자동차운수사업법 제50조 제2항의 해석이 문제된다.[10] 이 규정은 "시·도는 다음 각 호의 어느 하나에 해당하는 사유가 있으면 여객자동차 운수사업자에게 필요한 자금의 일부를 보조하거나 융자할 수 있다. 이 경우 보조 또는 융자의 대상 및 방법과 보조금 또는 융자금의 상환 등에 관하여 필요한 사항은 해당 시·도의 조례로 정한다."고 규정하고 있다.

아래 소개할 법제처 유권해석들은 이 조항 2문에서 규정한 "필요한 사항은 해당 시·도의 조례로 정한다."는 표현을 중시하여 시·군만이 재정지원하는 경우에도 시·도의 조례로 규정해야 한다는 의견을 제시했었다. 이하에서는 이유는 동일유사하므로 질의요지와 의견만을 간략히 소개한다.[11]

---

10) ⑤ 법제처 2015. 2. 31. 의견제시 15-0045에서는 택시운송사업의 발전에 관한 법률의 해석적용이 문제되었으나 쟁점의 성격이나 내용은 대동소이하다.

11) 과거의 집권적 태도를 반영한 유권해석의 과잉과 마찬가지로 표준조례의 과잉도 문제된다. 자치법규 실무자는 중앙부처에서 시달하는 표준조례에 따라 자치법규를 제정하는 경우가 많은데, 이것은 자치단체의 입법부족에도 그 원인이 있겠지만 이렇게 제정된 조례는 지역의 사정이나 특색을 고려할 수도 없이 중앙부처의 입장을 대변하는 집권적 내용을 갖게 될 것이다. 그 결과 우리 사회는 자치입법권이 형식적으로만 보장되는 사회가 될 것이다. 동지의 비판은, 이혜영, 자치조례의 범위와 한계, 지방자치법연구 제16권 4호, 2016, 122-123면 참조.

① 법제처 2012. 9. 28. 의견제시 12-0282

【질의요지】

영동군에서는 여객자동차 운수사업법 제50조 제2항 및 충청북도 여객자동차 운수사업 지원 조례에 따라 여객자동차 운수사업자에게 재정지원을 하고 있는데, 도 조례에서 규정하고 있지 않은 사항(면단위 버스정류장사업자 지원, 농어촌버스 요금단일화에 따른 손실지원, 오지마을 순환버스 운영 손실지원 등)에 대하여 군수가 재정 지원을 할 수 있도록 하는 내용으로 군 조례를 제정할 수 있는지?

【의견】

영동군에서 충청북도 여객자동차 운수사업 지원 조례에서 규정하고 있지 않은 사항(면단위 버스정류장사업자 지원, 농어촌버스 요금단일화에 따른 손실지원, 오지마을 순환버스 운영 손실지원 등)에 대하여 여객자동차 운수사업법 제50조 제2항에 따른 재정지원 근거를 마련하는 조례를 제정하는 것은 바람직하지 않은 것으로 보입니다.

② 법제처 2012. 10. 12. 의견제시 12-0330

【질의요지】

여객자동차운수사업법에서 재정지원에 관한 사항을 시·도 조례로 정하도록 하고 있음에도 시·군·구 조례로 재정지원에 관한 사항을 정할 수 있는지 및 시·군·구 조례로 정할 수 있다면 재정지원의 범위에 관한 사항이 상위법령에 위배되는지?

【의견】

여객자동차 운수사업법 제50조 제2항에서는 보조 또는 융자의 대상 및 방법과 보조금 또는 융자금의 상환 등에 관하여 필요한 사항은 '시·도 조례'로 정하도록 하고 있으므로 재정지원에 관한 사항을 김천시 조례로 규율할 수 있다고 보기 어려운 측면이 있으므로 조례 제정에 신중을 기하시기 바랍니다.

③ 법제처 2012. 7. 11. 의견제시 12-0197

【질의요지】

춘천시에서 학생 통학으로 인한 출퇴근 시간대의 교통체증을 해소하기 위하여 낮은 운임으로 학생을 수송하는 통학택시제도를 운영하고, 통학택시에 대하여 재정지원을 하는 내용의 조례를 제정할 수 있는지?

【의견】

「기초지방자치단체인 춘천시에서 여객자동차 운수사업법」 제50조 제2항 또는 강원도 여객자동차 운수사업 관리 조례 제12조제2항을 근거로 통학택시제도를 운영하고, 통학택시 운영으로 인한 택시운송사업자의 결손액을 보전하여주는 내용의 조례를 제정하는 것은 불가능할 것으로 보이며, 아울러 여객자동차 운수사업법령과의 관계를 볼 때, 동 법령과 관계없이 지방자치법 제9조에 따른 춘천시의 자치사무로서 조례로 규율할 수 있다고 보기에도 어려운 측면이 있으므로 조례 제정에 신중을 기하시기 바랍니다.

④ 법제처 2013. 8. 1. 의견제시 13-0228

【질의요지】

농어촌버스가 운행되지 않는 지역의 주민들이 택시를 낮은 운임으로 이용하고, 그 이용에 따른 손실을 보전하기 위하여 택시사업자에게 보조금을 지급하는 조례를 제정할 수 있는지?

【의견】

금산군에서 농어촌버스가 운행되지 않는 마을에 택시를 운행하게 하고,

택시 운행으로 인한 택시운송사업자의 손실을 보전해 주는 내용의 조례를 제정하는 것은 시·도의 사무에 대하여 금산군의 조례로 정하는 것으로 소관사무의 원칙에 위배되고, 아울러 여객자동차 운수사업법령과의 관계를 볼 때, 이러한 업무를 지방자치법상 금산군의 자치사무로 보아 조례로 규율할 수 있다고 하기에도 어려운 측면이 있어 바람직하지 않아 보입니다.

⑤ 법제처 2015. 2. 31. 의견제시 15-0045

【질의요지】

택시운송사업의 발전에 관한 법률에 규정된 택시산업발전 종합계획수립, 택시정책 심의위원회, 택시산업 활성화를 위한 재정지원에 관한 사항을 서산시 택시산업발전 지원 조례로 제정할 수 있는지?

【의견】

서산시 택시산업발전 지원 조례로 택시산업발전 종합계획수립, 택시정책심의위원회의 설치, 택시산업 활성화를 위한 재정지원에 대한 사항은 국토교통부장관 또는 시·도지사의 권한이거나, 시·도의 조례로 정해야 할 사항으로 보이므로, 서산시에서 조례로 정하는 것은 바람직하지 않은 것으로 보입니다.

2) 기존 유권해석의 내용에 대한 검토

위의 유권해석사례들에서 나타난 법제처의 해석의견은 여객자동차운수사업법 제50조 제2항의 규정 내용중 제2문, "이 경우 보조 또는 융자의 대상 및 방법과 보조금 또는 융자금의 상환 등에 관하여 필요한 사항은 해당 시·도의 조례로 정한다."는 법문에 근거를 두고 의견을 제시하고 있다.[12]

---

12) 법률에서 지방자치단체의 조례로 규정하도록 하여 제정된 조례를 위임조례라 한다. 우리 나라에서 "실제 개별법령의 위임에 따라 제정되는 위임조례는 대부분 대통령령 등 하위

하지만, 여객자동차운수사업법 제50조 제2항 제2문은 제1문의 요건이 존재하는 경우에 적용되는 것으로, 제1문에서 "시·도는 다음 각 호의 어느 하나에 해당하는 사유가 있으면 여객자동차 운수사업자에게 필요한 자금의 일부를 보조하거나 융자할 수 있다."는 규정에 관하여 문언을 벗어나 확대해석한 것으로 보인다. 문언 그 자체의 의미는 "시·도는 …… 여객자동차 운수사업자에게 필요한 자금의 일부를 보조하거나 융자할 수 있다."는 문언에서 알 수 있듯이 시·도가 "필요한 자금의 일부를 보조하거나 융자"하는 경우에 제2문이 적용되어 시·도의 조례로 정할 수 있다는 의미이기 때문이다. 이러한 입장에서 볼 때, 시·군이 재정지원하는 경우에 대해서는 여객자동차운수사업법이 명시적으로 규정하고 있지 않다고 보는 것이 문언해석상 타당한 것으로 보인다.

법제처는 광역과 기초간 입법권 갈등에 대해 법률에서 명시적인 지시규정이 없음에도 광역자치단체가 입법권을 갖는 것으로 유권해석을 한 근거에 대해 명확하게 밝히지 않지만 광역자치단체가 여객운송업에 대해 면허권을 갖고 있음을 그 판단의 근거로 갖고 있는 듯하다. 시·군내버스운송사업에 대한 면허권을 도가 가지고 있음을 이유로 시·군내버스에 대한 재정지원사무에 대한 입법권이 광역자치단체에 속한다는 입장을 면허권설이라고 부르기로 한다.[13]

법령과 마찬가지로 법률의 내용을 보충하는 기능을 수행하여 법률의 하위에 놓인 법규로서의 성격을 두드러지게 나타낸다. 즉, 자치권의 내용으로서 자치입법권에 기초하여 제정된 것이라기보다는 국법체계의 일부를 이루면서 국법의 단계구조에 있어 맨 하위에 놓인 법규로서의 성격을 갖는 것이다". 조정찬, 위임조례위주의 조례입법 극복방안, 지방자치법연구 제4권 제2호, 2004, 39면.
사견으로는 이러한 이유로 유권해석을 통해 지방자치단체의 입법권에 관한 다툼을 해결하고자 하는 경우에도 "법률의 구체적이고 범위를 정한 위임에 따라 그 위임한계를 벗어나지 않는 한도 내에서 입법이 이루어질 것"을 지나치게 엄격하게 요구하면서 유권해석의 내용이 집권적이 되는 것이 아닌가 생각한다.
13) 여객자동차운수사업법 제4조 제1항과 동 시행령 제4조 제1항, 그리고 여객자동차운수사업법 제3조 제1항 제3호에 따라 농어촌을 기점이나 종점으로 하는 여객자동차운송사업

여러 차례 반복된 유권해석에서 법제처는 면허권설을 뒷받침할만한 보다 상세하거나 구체적인 이유는 제시하지 않았었다. 필자는 법제처가 기존의 의견을 형성할 때 암묵적으로 다음과 같은 판단을 하고 있었을 수도 있다고 본다. 면허권설이 여객자동차운송사업에 관련된 재정지원절차에 관하여 도의 독점을 유지할 필요를 중시해왔던 것은 시내버스운송사업자와 같은 지역유지에 의한 기초자치단체공무원의 포획과 부패를 방지할 필요가 있다고 판단하지 않았을까 추론해본다.

이 입장에 서서 구체적인 판단논리를 구성해보면, 시내버스운송사업의 적자를 보전하기 위한 재정자원은 시·군에서 나오는 것이지만 도가 기준과 절차를 정하고 도가 심사권을 가짐으로써 도에 속한 모든 시·군들에 공통된 기준과 절차를 적용할 수 있다는 점, 그리고 시·군지역에서 시내버스나 군내버스를 운영하는 사업자는 지역유지일 텐데 그들은 시·군내 공무원들과 더욱 가까운 곳에서 유착하여 재정지원규모를 부풀릴 위험이 있다는 점 등이 도가 심사권을 갖는 다고 보는 이유가 되지 않았을까 생각해 본다.

하지만, 이 논거에 대해서는 기초자치단체도 실정법상 이미 건축허가 등 많은 인허가권을 행사하고 있을 뿐만 아니라 포획과 부패의 위험은 광역자치단체 공무원들에게도 존재한다고 비판할 수 있을 것이다.

2. 시·군내버스지원업무에 관한 광역과 지방간 갈등의 처리에 있어 보충성원칙에 적합한 법해석

1) 특별법상 명시적 규정이 존재하지 않을 때 광역과 기초간 조례제정권의 배분기준

지방자치의 정착과 발전에 있어서 주민, 관할구역과 자치권은 지방자치

은 시·도지사의 면허를 얻어야 한다.

의 3요소로 불리울 정도로 중요한 의미를 갖는다. 관할구역은 자치권이 미치는 장소로서 자치구역의 주민의 복리에 관한 사무를 해당 지방자치단체가 주민참여하에 처리하도록 하는 것이 지방자치라 할 수 있다.

이에 따라, 지방자치법 제9조 제1항은 관할구역에 따라 권한을 배분하도록 규정하고 있는데, 개별 특별법에 명시적 규정이 없을 때에는 일반법인 지방자치법에서 규정한 것과 같이 관할구역내의 주민의 복리에 관한 사무일 때에는 관할구역에 따라 입법권을 배분하는 것이 타당할 것이다.

하지만, 관할구역을 중심으로 기초자치단체와 광역자치단체의 입법권의 범위를 구별하려는 입장에 대해서는 다음의 비판이 가능할 수 있을 것이다. 첫째, 오늘날 행정업무의 복잡성이 증가하고 있고 자본규모가 크거나 관련 주민들이 많아 기초자치단체 단독으로 해당 업무를 장기적이고 안정적으로 처리하는 것이 어려워지고 있다는 점이 고려되어야 한다. 둘째, 교통수단의 발달로 주민들은 이동이 더 쉬워져 주거지역과 일자리 장소가 분리되어 있는 경우도 많으므로 특정 기초자치단체의 관할구역내에서 발생한 일인지 여부가 그렇게 중요한 의미를 갖는다고 보기 어렵다.

이 비판에 대해서는 다음의 재비판이 가능하다고 본다. 관할구역을 중심으로 기초자치단체의 입법권의 범위를 결정하는 것을 지지하는 입장에서 볼 때, 위와 같은 우려는 과도한 것이다. 왜냐하면 기초자치단체가 입법권을 갖는다는 것은 기초자치단체가 독자적으로 결정하고 이행할 수 있다는 것을 의미하는 것일 뿐 그 능력이 부족할 때 광역자치단체나 국가의 지원을 받아 처리하는 것을 금지하는 것은 아니다.

비판적 견해에 따라 기초자치단체 구역내에서만 발생하는 해당 지역주민의 복리사무를 처리함에 있어 광역자치단체 단독으로 처리하거나 광역자치단체의 결정권의 행사와 집행행위에 기초자치단체가 협의기관 또는 지원기관만의 지위를 갖도록 하는 것은 지방자치권의 헌법적 보장의 취지에 반하게 될 가능성이 크다고 보아야 한다.[14)]

기초자치단체가 자신의 관할구역에서 처리해야 할 사무의 처리에 있어
단독으로 대응하는 것이 재정능력의 한계 등으로 적합하지 않을 때, 기초
자치단체의 요청이 있으면 광역자치단체는 기초자치단체의 능력과 필요를
고려하여 개입여부를 판단하여야 한다. 이러한 경우에도 기초자치단체에게
업무처리의 주도권을 인정하면서 기초자치단체가 필요한 범위에서 그리고
필요한 방식으로 개입해야 하는 것이 자치의 취지에 맞는 해석이라 할 것
이다.15) 여기서 입법권의 배분을 위하여 중요한 것은 현실적으로 당해 비
용의 재정부담자가 누구인가, 그리고 비용부담에 걸맞도록 절차주도권이나
절차참여권이 보장되는가 여부라고 할 것이다.

이 배분원칙에 따를 때, 해당 기초자치단체의 자금만이 단독으로 지출될
때에는 해당 기초자치단체가 자신의 조례로 그 요건과 절차를 규정하여 집
행하도록 해야 한다. 광역자치단체가 그 비용 중 일부를 지원할 때에는 광
역자치단체의 지원기준에 관해 사전에 광역자치단체의 조례로 규정하면서
기초자치단체의 지원심사절차에 협의나 참여 등의 방식을 취하여야 할 것
이다.

기초자치단체가 전속적 입법권을 갖는 경우에 관한 위의 입장을 요약해
본다. 개별 법률에서 명시적으로 조례제정권의 배분에 관해 지시하지 않을
때, 주민복리사무에 관해 기초자치단체에게 조례제정권이 존재하는 경우는
다음과 같다.

주로 해당 지역주민의 복리에 직접적으로 영향을 미치는 사무일 것
해당 지역의 관할구역내에서 대상 활동이 이루어질 것
해당 기초자치단체가 단독으로 재정지출을 하거나 단독으로 그 업무를
처리할 수 있는 성질의 사무일 것
시·군 단독의 재정지원업무에 대해서 시·군이 조례제정에 대한 관할권

---

14) Eva Schmidt, Kommunalaufsicht in Hessen, 1990, S.89-90.
15) Eva Schmidt, a.a.O., S.90.

을 갖는다고 보는 입장을 단독관할 + 재정부담 결합설 또는 줄여서 결합설이라고 부르고자 한다. 이 입장은 현지 기관에게 현지수요에 대해 신속한 대응이 가능하도록 하여 현지 지방자치단체의 권위를 보장하고 해당 구역의 실정에 맞는 맞춤형 대응이 가능하도록 할 것이며 재정부담에 따른 책임의식도 강화시킬 수 있을 것이다.

2) 여객자동차운수사업법의 내용으로부터 시·군의 조례제정권이 도출될 수 있는가?

여객자동차운수사업법 제50조 제2항에서는 "시·도는 다음 각 호의 어느 하나에 해당하는 사유가 있으면 여객자동차 운수사업자에게 필요한 자금의 일부를 보조하거나 융자할 수 있다. 이 경우 보조 또는 융자의 대상 및 방법과 보조금 또는 융자금의 상환 등에 관하여 필요한 사항은 해당 시·도의 조례로 정한다."고 규정하고 있는데, 이 규정의 의미가 문제된다.

이 규정은 "시·도는 …… 여객자동차 운수사업자에게 필요한 자금의 일부를 보조하거나 융자할 수 있다."고 규정하고 있으므로 시·도가 직접 자신의 재정에서 보조하거나 융자하는 경우를 예정하여 규정한 것으로 시·군이 자체 예산으로 지원하는 것에 대해서는 규정하고 있지 않은 것으로 해석하는 것이 문리해석상 자연스러운 것으로 보인다.

상위법률인 여객자동차운수사업법에 명시적인 근거가 없음에도 불구하고, 예를 들어 '강원도 여객자동차 운수사업 관리 조례'에서 시장·군수가 관할구역 내 여객자동차운수사업자에 대해 예산의 범위에서 필요한 자금의 일부를 보조할 수 있다고 규정한 것은 자신의 예산사용의 범위를 벗어난 시·군의 지출사항에 대해 규정한 것으로서 여객자동차운수사업법 제50조 제2항을 위반한 것으로 볼 여지가 있다. 더구나, 대상사례에 나타난 '강원도 여객자동차 운수사업 관리 조례'에서 자금지원절차에 대해 제16조 제1항과 제18조에서 규정하면서 시의 자금사용에 대해 도가 지원요건과 회수요건을 심사하도록 규정한 것은 도에 의한 시행정에 대한 과잉개입으로 자치권을 심히 침해하는 것으로 볼 소지가 있다. 이러한 광역자치단체 조례의 방치와 그의 맹목적 준수가 지방자치를 크게 촉진시키려는 현 정부의 정책방향에 맞는 것인지 의구심도 든다.

여객자동차운수사업법 제50조 제2항과 동 법의 다른 규정들 어디에서도 시·군의 보조행위나 융자에 대해서는 명시적으로 규정하고 있지는 않다. 하지만, 여객자동차운수사업법 제50조 제2항 단서에서 시·도가 지원하는 때, "이 경우 보조 또는 융자의 대상 및 방법과 보조금 또는 융자금의 상환 등에 관하여 필요한 사항은 해당 시·도의 조례로 정한다."고 규정한 취지에 따른다면 시·군의 보조행위나 융자에 대해서는 시·도의 조례나 시장 또는 군수의 규칙이 아니라 「시·군의 조례」로 규정해야 한다고 보는 것이 여객자동차운수사업법의 취지에 부합되는 해석이 아닌가 판단된다.

이와 달리 유사사례들에서 법제처의 유권해석은 여객자동차운수사업법에서 여객자동차운수사업에 대한 면허에 대한 심사권을 누가 가지고 있는가를 고려하여 면허심사업무가 도의 관할에 속하는 것을 중시하여 재정지원업무에 대한 입법권도 도가 갖고 있는 것으로 판단해 왔다. 상위 특별 법률에 명시적 규정이 없을 때에는 일반법인 지방자치법을 적용하여 문제를 해결하는 것이 타당하므로, 관할구역에 따라 권한을 배분하도록 규정하고 있는 지방자치법 제9조 제1항과 보충성원칙을 규정한 지방자치분권 및 지방행정체제개편에 관한 특별법 제9조 제2항에 따라 해석해야 한다고 본다.

현실적으로 주민의 복리에 관한 특정 업무에 재정부담을 지는 자치단체는 그 업무에 대해 더 강한 책임의식을 가지고 있을 것이므로 재정부담 여부도 입법권의 귀속기관을 판단함에 있어 중요한 판단기준이 되어야 할 것이다. 이러한 점들을 고려하여 필자는 시·군 시내버스사업자니 택시사업자에 대한 재정지원사항에 대한 입법권은 시·군에 있는 것으로 본다.16)

---

16) 다만, 이러한 견해가 광역시와 자치구 내에서의 교통문제에도 그대로 적용될 수 있을

3. 대상사례에 대한 검토의견

1) 자치사무로서 시내버스에 대한 원주시의 재정지원업무

이 사안은 원주시의 '관할 구역' 안에서만 운행하는 시내버스운송사업에 대한 재정지원여부가 문제되었다. 우리나라의 지방자치단체들의 재정의 열악함은 널리 알려진 사실인데, 그러한 상황에서 원주시가 자체 재정으로부터 "수익성 없는 노선의 운행에 따른 손실보전금 등을 지원"하고 있는 이유를 살펴볼 필요가 있다.

지방자치법 제9조 제2항 제2호에서 '예시'해놓은 '주민의 복리에 관한 사무' 중에는 시내버스운송사업자의 지원사업을 직접적으로 명시하고 있지는 않다. 하지만, 지방자치법 제9조 제2항 제2호 다, 라목에서 생활이 곤궁한 자나 노인의 보호사업이 기초자치단체의 자치사무인 것으로 열거해 놓고 있다. 원주시장이 '수익성 없는 노선의 운행'을 하도록 시내버스운송사업자에게 재정지원을 한 것의 목적은 생활이 곤궁한 자나 노인의 보호사업과 밀접한 관계가 있다는 점을 고려한 것으로 볼 수 있을 것이다.

2) 지방재정법상 원주시 조례제정권의 근거

지방자치법 제141조는 "지방자치단체는 그 자치사무의 수행에 필요한 경비와 위임된 사무에 관하여 필요한 경비를 지출할 의무를 진다"고 규정하고 있고, 지방재정법 제20조는 "지방자치단체의 관할구역 자치사무에 필요한 경비는 그 지방자치단체가 전액을 부담한다"고 규정하고 있어서, 원주시는 관할 구역 안에서만 운행하는 시내버스운송사업에 대해 해당 지역

것으로 보지는 않는다. 도지역과 비교하여 광역시는 지역의 협소성과 광역시내에서 주민의 보다 빈번한 이동성을 고려할 때 교통행정과 관련하여 구체적 사례들을 가지고 검토해야 하겠지만 도와 시군의 관계와는 다른 측면을 지닐 수 있다고 본다.

주민들의 의견을 무시할 수 없고 손실이 발생하는 버스회사의 사정을 무시할 수도 없는 상황에서 해당 사업의 성격을 자치사무로 인식하여 재정지원의 법적 의무를 지고 있는 것으로 해석하였다고 볼 수 있다.

지방자치법 제39조 제1항 제2호, 제8호에 따를 때, "예산의 심의·확정"과 "법령과 조례에 규정된 것을 제외한 예산 외의 의무부담이나 권리의 포기" 사항은 지방의회의 의결사항이다. 때문에 원주시장은 손실보전을 위한 재정지원 예산안에 대해 지방의회의 의결을 얻어야 지출할 수 있게 된다. 원주시가 사업자에게 재정지출을 하기 위해 지방의회의 의결을 거쳐야 한다면 그 기준과 절차에 대해 조례로 규정하도록 하는 것은 완전히 새로운 성격의 업무처리방식도 아니라 할 것이다.

4. 대상사례에 대한 법제처의 새로운 유권해석의 내용

대상사례와 관련하여 법제처는 놀랍게도 과거 오랫동안 유지해왔던 입장인 도가 조례제정권을 갖는다는 입장을 수정하고 원주시가 조례제정권을 갖는다는 입장으로 전환하였다.

대상사례와 관련한 법제처의 새로운 유권해석내용은 다음과 같다.[17]

"지방자치단체는 「지방자치법」 제22조에 따라 "법령의 범위 안"에서 "그 사무에 관하여" 조례를 제정할 수 있는데, 원주시조례안에 따라 원주시장이 시내버스운송사업자에 대하여 수익성 없는 노선의 운행에 따른 손실보전금 등을 지원하는 것은 지역 주민의 교통편익 증진을 위한 사무로서 「지방자치법」 제9조제2항제2호가목에 따른 원주시의 자치사무의 범위에

---

17) 필자는 논문을 완성하여 투고단계에서 법제처가 대상사례와 유사한 사례들에 대해 오랫동안 유지해왔던 기존의 견해를 수정하였음을 확인했다. 즉, 대상사례에서 강원도가 아니라 원주시가 조례제정권을 갖는다고 하는 유권해석을 하였다. 이로 인해 논문의 말미에 이 사실을 밝히고 법제처의 새로운 유권해석을 환영함을 밝혀둔다.

포함될 수 있을 것으로 보입니다.

또한, 여객자동차운수사업법 제50조제2항에서 시·도는 여객자동차 운수사업자가 수익성이 없는 노선의 운행 등을 수행하는 경우에 필요한 자금의 일부를 보조하거나 융자할 수 있고, 이 경우 보조 또는 융자의 대상 및 방법과 보조금 또는 융자금의 상환 등에 관하여 필요한 사항은 해당 시·도의 조례로 정하도록 규정되어 있으나, 해당 규정은 시·도가 여객자동차 운수사업자에게 재정지원을 하는 경우에 있어서 재정지원 대상 및 절차 등을 시·도의 조례로 정하라는 의미이지 시·도만이 여객자동차 운수사업자에 대한 재정 지원을 할 수 있다거나 각 기초자치단체가 그 관할 구역 안에서만 운행하는 시내버스운송사업자에 대하여 그 지방의 실정에 맞게 재정 지원하는 것을 금지하는 취지로 보기는 어렵습니다."[의견18-0011, 2018.2.28., 강원도. 국가법령정보센터(www.law.go.kr)에서 확인가능]

Ⅳ. 강화된 분권사회에 적합한 새로운 법해석론의 필요

법해석은 법학계에서는 전통적으로 익숙한 일이지만 자치분권을 위한 개헌론이 국민과 정치권에서 활발한 현시점에서 변화된 사회적 가치를 반영한 새로운 법해석론이 필요한 상황이다.

법해석론적 접근방법은 다른 사회과학에서 갈등관리론으로 접근하면서 갈등해결을 위해 강조한 공무원들과 주민들의 인식조사나 협상전략들이 놓치고 있었던 자치단체간 분쟁의 해결을 위해 전통적이지만 매우 중요한 방법으로 부각될 수 있을 것으로 본다.

광역자치단체와 기초자치단체의 갈등은 권력관계내에서의 갈등과 분쟁이라는 성격이 매우 강하기 때문에 법치행정의 관점에서 관계법령을 정확히 해석하여 일방의 권력남용을 방지·제거하고 타방의 의무범위와 내용을 정확히 밝히는 것이 막연하게 합의와 협상을 강조하는 것보다 더 근원적이고 확실한 분쟁해결책이 될 수 있다.

하지만, 새로운 법해석론이 성공하기 위해서는 국가의 유권해석을 담당해온 기관들에서 중앙집권적 행정문화에 젖어 오랫동안 온존해왔던 유권해석들에 대해 변화된 가치에 맞게 반성적 입장에서 재검토하고 비판적으로 분석하는 과정이 반드시 필요하다. 습관적으로 이해하고 있던 광역과 기초의 역할을 재정의하고 마을공동체와 같은 지역공동체의 형성을 뒷받침할 법해석에 대해 충분한 관심을 가져야 할 것이다.

제2장 침익적 위임조례와 엄격해석론의 극복

선 정 원

I. 서

1. 위임조례의 증가와 그 원인

지방분권을 강화하려는 헌법개정노력이 지연되면서 지방자치단체의 자치입법권의 신장노력도 연기될 수밖에 없게 되었다.

현 정권에서 지방사무의 지방이양노력이 입법적으로 전개되고 있지만 자치권의 침해를 방지할 효과적인 소송제도가 도입되지 않는 이상 위임조례의 범람은 막기 어려울 것이다.[1] 위임사무와 자치사무의 구별이 어려울 뿐만 아니라 명백히 자치사무로 보이는 경우에도 국가나 상급 자치단체가 법령과 상위 조례에서 위임문언을 두면서 조례로 규정하더라도 지방사무를 이전한 것으로 계산할 것이기 때문이다.

일본에서 지방분권개혁으로 기관위임사무가 폐지되고 우리나라 지방분권개혁의 흐름에서도 기관위임사무의 축소노력이 전개되어 왔다. 하지만, 2,000년 대 이후 우리나라에서 전통적인 자치사무, 단체위임사무와 기관위임사무의 구별의 경계가 매우 희미해지고 있고,[2] 사무의 성질과 상관없이

---

[1] 위임조례는 광역자치단체보다는 기초자치단체에서 더 광범위하게 이용되고 있다. 최환용, 기초지방자치단체의 자치입법실태와 법제발전방안, 지방자치법연구 제24호, 2009, 16-17면.

[2] 우리 판례에서 조례의 위법평가를 할 때 사무의 성질과 그 내용의 실질적 합헌성에 대한 평가없이 형식으로 위임의 존부에 근거하고 있는 것(조성규, 조례와 법률의 관계, 국가법

법령의 위임을 받아 제정되는 조례인 위임조례가 급격히 증가하고 있다는
사실은 그 문제의 심각성에 비해 크게 주목받고 있지는 못하다.

위임조례의 증가는 법이론상으로는 자치사무의 규율방식에도 맞지 않고
기관위임사무의 규율방식에도 맞지 않으며 단체위임사무의 규율방식에 부
합되는 것이라고 볼 수 있을 것이지만 사무의 실질적 성질을 고려할 때 입
법적 혼란의 표현이 아닌가 일응 평가해볼 수 있을 것이다.

우리나라에서 2,000년대 이후 위임조례가 급격히 늘어나고 있는데, 왜
국회와 중앙부처들이 법률과 법규명령 등에서 국민의 권리의무와 관련된
사항에 대해 완결적으로 규정하지 않고 조례로 규정하도록 위임하는가? 사
견으로는 다음의 이유들에 기인한다고 본다.

첫째, 주민의 권리에 관련된 사항은 피해를 입는 주민들의 반발을 초래
할 가능성이 있는데 주민대표로 구성된 지방의회가 조례로 규정하도록 함
으로써 법의 집행과정에서 초래될 주민과의 갈등을 사전에 완화시키고 책
임을 분산시킬 필요가 있다는 것이다. 둘째, 국회나 중앙부처의 획일적 입
법들과 달리 조례는 입법과정에서 다양한 이해관계들을 반영하여 문제해
결에 보다 창의적인 아이디어들을 수용할 수 있을 것이라 기대한다는 것이
다. 셋째, 국회나 중앙부처는 지방자치단체들의 자치입법능력이나 자원의
부족을 고려하고,3) 법령의 집행과정에서 혼란을 방지하며, 중앙정부업무의
지방이양과정에서도 국가 등의 영향력을 유지하기 위해 법령이나 상위조
례에서 일정한 가이드라인을 규정하고 세부내용은 조례에 위임하는 것을

연구 제12집 1호, 2016, 19면)이 사무의 성질의 구별을 어렵게 하는 하나의 원인이 되고
있다.
3) 현재 의원발의 조례의 상당수는 복지행정에 편중된 경향을 보이고 있는데, "복지와 관련
된 조례의 경우 법률에 규정된 목적을 확인하는 수준이며, 조례의 주요내용이 계획수립
이나 위원회 등을 규정하고 있는 내용을 제외하고 나면 대부분이 선언적 규정에 지나지
않거나 권고적 규정"에 그치고 있다. 서보건, 지방자치의 발전을 위한 지방의회 조례의
문제점과 개선방향 - 대구시의회 의안발의 조례를 중심으로 -, 유럽헌법연구 제12호,
2012, 444-446면 참조.

선호한다는 것이다.

위와 같은 이유들로 인해 지방사무의 규율을 위해 규칙보다는 위임조례
에 광범위하게 의존하는 현상을 낳았고 조례의 합법성은 그 규율내용보다
는 형식적으로 위임의 존재여부 및 범위를 둘러싼 상위법령의 해석에 대부
분 치우치게 되었다. 하지만, 어떤 사무에 대해서 법령에서 조례에 규정하
도록 위임한 경우에도 위임문언은 짧고 단편적이기 때문에 어떤 사항에 대
해서 어느 범위까지 조례에서 규정할 수 있는지 자치입법현실에서는 법적
불안이 상당히 광범위하게 존재해 왔다.

이 글은 과태료조례와 관련하여 법제처의 해석의견을 검토하여 자치입
법권의 확대기준을 발견하려는 목적으로 작성되었다.

2. 대상사례

이 글에서는 지방자치단체가 과태료조례를 제정할 수 있는 입법권을 확
대시킨 '의무이행 과태료조례론'을 전개한 '법제처 2009. 6. 15. 회신 해석
09-0135'을 대상으로 하여 논의를 진행할 것이다.4)

이 사례에서는 환경영향평가법 제5조에서 과태료 부과원인과 관련된 사
항을 조례로 위임하면서 과태료에 관한 사항을 조례에 위임하지 않은 경우
조례로 과태료를 정할 수 있는지 여부가 문제되었는데, 법제처는 다음과
같이 판단의 근거와 결론을 제시하였다.

---

4) '의무이행 과태료조례론'이 자치입법해석론으로 등장한 최초의 법제처의견제시사례는
   2008년 '법제처 08-0340회신일자2008-12-02'인 듯하다. 하지만, 이후 법제처의 자치법규
   해석사례들에서 주로 인용되고 있는 것이 '법제처 2009. 6. 15. 회신 해석09-0135'인 것
   을 볼 때, 2009년의 해석의견이 과태료조례의 허용범위를 확대하는 논거를 보다 구체적
   으로 제시하고 있어 의무이행 과태료조례론의 정착에 중요한 역할을 한 것으로 보인다.

"「환경영향평가법」 제5조에 따라 해당 시·도의 조례에 위임된 사항이 그 과태료 부과원인과 관련된 사항만이고 명시적으로 과태료에 대한 사항은 포함되어 있지 않다고 하더라도 조례를 위반한 행위에 대하여 조례로써 1천만원 이하의 과태료를 정할 수 있다고 규정하고 있는 「지방자치법」 제27조의 취지와 주민의 권리 제한 등에 관한 조례에 대한 법률의 위임은 포괄적인 것으로 충분하다는 점, 자치입법인 조례 역시 자기완결성을 갖추기 위하여 과태료와 같은 실효성 확보수단이 필요하다는 점에 비추어 볼 때, 법률에서 별도로 과태료에 관한 사항을 조례에 위임한 경우뿐만 아니라, 법률에서 과태료 부과원인이 되는 의무의 부과를 조례로 위임한 경우에도 그 의무를 위반한 경우의 과태료를 조례로 정할 수 있다고 할 것"이라고 했다.

Ⅱ. 조례에 대한 위임의 포괄성과 엄격해석론의 극복

1. 법의 우위, 법률의 유보와 조례제정권에 관한 일본과 독일의 법적 규제상황

우리 지방자치법의 제도화와 법이론의 형성에 중대한 영향을 미치고 있는 일본과 독일의 자치입법권에 관한 법적 규제들과 관련 논의들을 간략히 살펴보기로 한다.

1) 일본법상 법의 우위, 법률유보와 조례제정권의 관계

1999년 제2차 지방분권개혁 이전 일본의 지방자치제도는 우리나라와 같이 지방사무를 자치사무, 기관위임사무와 단체위임사무로 나누었는데, 이

분류방법은 우리나라의 현행제도의 형성과 법해석에 심대한 영향을 미쳤
다. 일본 지방자치법상 기관위임사무는 국가의 사무이지만 지방자치단체의
장에게 위임된 사무인데 이것은 규칙의 규율대상이 될 수 있지만 조례로
규율해서는 안되었다. 이와 달리 법정수탁사무로 대체되기 전 존재했던 단
체위임사무는 국가의 사무를 지방자치단체에게 위임한 경우인데 이것은
조례의 규율대상이 될 수 있고 이 조례를 위임조례라고 했다.[5]

하지만, 2차 분권개혁 이전부터 지금까지 그대로 존재하고 있는 일본 헌법
과 지방자치법의 규정내용도 현재 우리 법제와 중대한 차이를 가지고 있었
다는 점이 간과되어서는 안된다. 주요 법적 규제내용의 차이를 비교해본다.

첫째, 일본 헌법 제94조는 "지방자치단체는 그 재산을 관리하고 사무를
처리하며 행정을 집행할 권능을 가지며 법률의 범위에서 조례를 제정할 수
있다"고 규정하고 있다. 그런데, 우리 헌법 제117조 제1항은 "지방자치단체
는 주민의 복리에 관한 사무를 처리하고 재산을 관리하며, 법령의 범위안
에서 자치에 관한 규정을 제정할 수 있다"고 규정하고 있다.

둘째, 일본 지방자치법은 "보통지방자치단체는 법령에 위반하지 아니하
는 한에 있어서 …… 조례를 제정할 수 있다"(제14조 제1항)고 하고, 이어
서 "보통지방자치단체는 의무를 과하거나 권리를 제한함에는 법령에 특별
한 규정이 있는 경우를 제외하는 외에 조례에 의하지 않으면 안된다"(제14
조 제2항)고 규정하고 있다.

우리 지방자치법 제22조는 "지방자치단체는 법령의 범위 안에서 그 사무
에 관하여 조례를 제정할 수 있다. 다만, 주민의 권리 제한 또는 의무 부과

---

5) 과거 일본 지방자치법상 단체위임사무와 기관위임사무에 관한 설명은, 최철호, 일본 지
방자치법상의 자치입법권의 해석 및 한계, 지방자치법연구 제7권, 제3호, 2007, 6-7면
참조. 1999년 제2차 지방분권개혁으로 일본은 기관위임사무와 단체위임사무를 폐지하고
법정수탁사무로 대체하였으며 법정수탁사무와 자치사무는 모두 조례의 규율대상이 되었
다. 자치입법권에 관한 일본의 법적 규제내용은 1999년의 개혁으로 우리나라의 현행제
도와 상당히 달라지게 되었다.

에 관한 사항이나 벌칙을 정할 때에는 법률의 위임이 있어야 한다"고 규정하고 있다.

이 규정내용의 차이는 양국의 자치입법의 합법성의 해석에 심대한 영향을 미치고 있다. 일본의 경우는 침익적 조례나 수익적 조례 모두 법률의 우위원칙에만 따르면 되고 위임의 존부를 논할 필요가 없지만, 우리나라에 있어서는 침익적 조례의 경우 법의 우위원칙 뿐만 아니라 법령의 유보가 적용되어 위임의 존부와 그 일탈여부에 따라 침익적 조례의 합법성이 결정되고 있다.

셋째, 일본 지방자치법 제14조 제3항은 "지방자치단체는 법령에 특별한 정함이 있는 경우를 제외하고는 그 조례중에 조례에 위반한 자에 대해서 2년 이하의 징역 또는 금고, 100만엔 이하의 벌금, 구류, 科料 혹은 몰수의 형 또는 5만 엔 이하의 過料를 과하는 규정을 둘 수 있다"고 규정하고 있다. 이에 반하여 우리 지방자치법 제27조 제1항은 "지방자치단체는 조례를 위반한 행위에 대하여 조례로써 1천만원 이하의 과태료를 정할 수 있다"고 규정하고 있다.

이 차이로 인해 일본은 죄형법정주의의 적용에 있어 조례도 일정 범위내에서는 법률과 동등한 위치를 가진다는 해석론이 가능하게 되었으나 우리나라의 경우에 이러한 해석은 가능하지 않다.

위와 같은 한일 양국의 법제도의 차이는 존재하지만, 법률과 법규명령의 규정내용에 흠결이 있거나 불명확한 부분이 있는 것은 피할 수 없고 법령의 위임문언도 매우 간략할 수밖에 없기 때문에, 일본과 우리나라 모두 조례제정권의 존부와 그 범위를 둘러싸고 다수의 해석론상의 쟁점들이 출현하고 있다.

일본에서는 법정수탁사무와 자치사무로 분권개혁이 이루어진 후에도 법률에서 불명확한 부분이나 규정되지 않은 사항을 조례에서 구체화하거나 보충하여 부가할 수 있는지가 법해석론으로서 여전히 논의되고 있다. 이와 관련하여 우리나라에 널리 알려진 추가조례론과 초과조례론이외에 법률에서 규정한 요건을 조례로 구체화하는 것이 허용된다는 구체화조례론, 법률에서 요건으로 규정하지 않은 사항도 조례에서 요건을 보충 부가하여 규정하는 것이 가능하다는 부가조례론 등이 논의되고 있다.[6]

2) 독일법상 법의 우위, 법률유보와 조례제정권의 관계

독일은 국가, 주(Land), 기초지방자치단체(Gemeinde)로 구성되어 있는데, 연방제국가로서 기초지방자치단체(Gemeinde)[7]보다는 주(Land)에 광범위한 자치권이 부여되어 있다. 연방국가인 독일과 달리 일본과 우리나라는 광역자치단체와 기초자치단체의 자치권에 대해 특별한 차이를 두지 않고 동일한 원칙에 따라 규정하고 있다. 때문에 사무마다 편차가 있어 일률적으로 판단하기는 어렵지만 일본과 비교하여 독일 기초지방자치단체(Gemeinde)의 자치권은 더 좁다.[8] 일본의 경우 일본 헌법 제94조("법률의 범위")와 일본 지방자치법 제14조 제2항("조례")에 주목하여 법률에 근거가 없더라도 침익적 조례의 제정이 가능한 것으로 해석하면서 조례를 준법률로 보고 조례제정활동을 입법활동으로 보는 견해들이 많지만, 독일의 경우 조례제정행위는 행정기관의 규범정립행위로서 행정활동으로 보고 있다.[9]

---

6) 岩橋健定, 分權時代の條例制定權 - 現狀と課題, 自治体政策法務(北村喜宣/山口道昭/出石稔/礒崎 初仁 編), 2011, 353면 이하 ; 礒崎 初仁, 自治体政策法務講義, 2012, 224면 이하 ; 장교식, 일본의 지방분권개혁과 조례제정권에 관한 고찰, 토지공법연구 제58집, 2012, 392-395면 참조.

7) 우리나라에서는 독일의 Gemeinde를 지방자치단체로 번역하는 것이 보통이지만 이 번역은 약간의 오해를 불러일으킬 수 있다고 본다. 우리나라의 광역자치단체는 독일에서 주(Land)에 상응하는 것이고, 독일에서 Gemeinde는 주(Land)에 속한 행정기관으로 우리나라의 기초자치단체에 상응하므로 이와 비교해서 제도들을 살펴보는 것이 보다 합리적일 것이라고 생각한다. 때문에 여기서는 Gemeinde를 기초자치단체로 번역하고자 한다.

8) 하지만, 독일의 주는 일본과 우리나라의 광역자치단체보다 더 광범위한 자치권을 갖는다.

9) BVerfGE 65, 283(289) ; Alfons Gern, Deutsches Kommunalrecht, 3.Aufl., 2003, S.177.

독일 기본법 제28조 제2항은 국가, 주와 지방자치단체의 권한에 대해서 규정한 핵심규정인데 다음과 같이 규정하고 있다.

"지방자치단체(Gemeinde)는 관할구역내의 모든 업무를 자기책임에 따라 규제할 권리가 보장되어야 한다. 자치단체연합도 법률의 기준에 따라 법적 임무의 범위내에서 자치행정권을 갖는다. 자치행정의 보장은 재정적 자기책임의 기초도 포괄한다 ; 지방자치단체에 조세징수권이 있는 세원이 이 기초에 속한다".

이 규정에 근거하여 지방자치단체는 법률에 구속되지만 자기 관할구역의 업무를 처리하기 위해 조례(Satzung)을 제정할 권리를 갖는다. 하지만, 법률의 유보와 관련해서는 일본(지방자치법 제14조 제2항)과 다르고 우리나라(지방자치법 제22조 단서)와 유사하다. 즉, 조례로 기본권관련사항을 규정할 때에는 관습법 등의 근거가 없는 한 개별적으로 법률의 위임이 있어야 하고, 법률의 규정이 상세한 경우 조례의 제정은 허용되지 않는다.10)

일본 및 우리나라와 비교하여 독일 지방자치제도의 장점은 지방자치권을 보호하기 위한 강력한 사법적 수단을 보장하고 있다는 점이다. 독일 기본법 제93조 제1항 제4b호는 "연방헌법재판소는 기본법 제28조에 따라 인정된 자치행정권이 법률에 의해 침해되는 경우 지방자치단체나 지방자치단체연합은 헌법소원을 제기할 수 있다. 주법이 침해하는 경우에는 주헌법재판소에 헌법소원을 제기하여야 한다."고 규정하여 자치권의 사법적 보호를 위한 헌법적 근거를 규정하고 있다. 이 규정에 따라 연방법률이나 주법률이 지방자치단체의 조례제정권을 침해하는 경우 지방자치단체는 헌법소원을 제기할 수 있다.11)

---

10) BVerfGE 2, 313 ; BVerfGE 9, 137 ; Alfons Gern, a.a O., S.178-179.
11) 김해룡, 지방자치권의 내용에 관한 법령제정의 한계에 관한 연구 - 독일에서의 논의를 중심으로 -, 토지공법연구 제11집, 2001, 169면 이하 참조 ; Daniela Birkenfeld-Pfeiffer/ Alfons Gern, Kommunalrecht 3.Aufl., 2001, S.319 ; Doles/Plate, Kommunalrecht, 5.Aufl., 1999, S.18.

우리나라에서도 국가나 상급 지방자치단체가 법령유보원칙을 강조하면서 자치권을 침해하는지 감독할 소송제도가 절실히 필요하다. 지방자치단체의 자치입법권이나 자치행정권을 침해하는 것을 막기 위해 지방자치단체에게 헌법소원[12]과 항고소송의 원고적격이 인정되어야 할 것이다.

2. 우리나라의 입법과 판례의 입장

1) 침익적 위임조례의 개념과 그의 이용확대

(1) 침익적 위임조례의 개념과 법적 근거

침익적 위임조례는 주민에게 침익적인 사항, 즉, '주민의 권리 제한 또는 의무 부과에 관한 사항이나 벌칙'(지방자치법 제22조 단서)이지만 법령에서 조례로 세부사항을 규정하도록 위임하고 있는 경우 제정되는 조례를 말한다.[13]

우리 헌법 제117조 제1항은 "지방자치단체는 주민의 복리에 관한 사무를 처리하고 재산을 관리하며, 법령의 범위안에서 자치에 관한 규정을 제정할 수 있다"고 하고 있고, 지방자치법 제22조는 "지방자치단체는 법령의 범위안에서 그 사무에 관하여 조례를 제정할 수 있다. 다만, 주민의 권리 제한

---

12) 김희곤, 자치행정시대에 있어 국가입법권행사의 원칙, 지방자치법연구 제43호, 2014, 682-684면.
13) 지방자치법 제22조 단서에 따라 '주민의 권리 제한 또는 의무 부과에 관한 사항이나 벌칙'에 관한 조례로서 법령의 위임이 있어야 제정되는 조례에 대해 침익적 조례 이외에 부담적 조례 또는 규제적 조례라는 명칭도 쓰이고 있다. 여기서는 우리 행정법상 침익적 처분/수익적 처분이라는 분류방법은 널리 쓰이고 있어 수익적 조례와 대칭적 의미를 갖는 조례명칭으로서 지방자치법 제22조 단서에서 규정한 조례를 침익적 조례라고 부르는 것이 적절하다고 보았다.

또는 의무 부과에 관한 사항이나 벌칙을 정할 때에는 법률의 위임이 있어
야 한다"고 하고 있다. 이 중에서 침익적 위임조례에 관한 직접적 근거규정
은 지방자치법 제22조 단서이다.14)

우리나라에서 위임조례는 기관위임사무인가 단체위임사무인가 그 성격
을 묻지 않고 입법적으로 이용되고 있는데 이것은 일본과는 다른 것이다.
구 일본지방자치법학에서는 기관위임사무와 단체위임사무를 구별하면서
위임조례의 제정은 단체위임사무에 대해서만 허용되던 것으로 인식하였으
나, 우리나라 자치입법실무에서는 사무의 성격은 묻지 않고 상위법령으로
부터 형식적으로 위임이 존재하는지 여부에만 의존하여 위임조례의 가부
를 나누고 있다.

(2) 위임조례의 광범위한 이용에 따른 법적 문제들

지방자치단체는 지방자치법 제22조 본문에 따라 자치사무에 관하여 자
치조례를 제정할 수 있고, 이 때 법령을 위반하지만 않으면 위임을 받지 않
더라도 조례의 제정을 방해받지는 않는다고 이해되고 있다. 하지만, 이러한
법해석은 자치입법실무에서 거의 존중받지 못하고 있다. 주민의 권리의무
에 영향을 미치는 주민의 복리와 관련된 사무에 대해 조례로 규율하려 할
때 자치사무임에도 위임조례방식은 광범위하게 이용되고 있다.15) 여기에
는 몇 가지 원인이 있다.

첫째, 지방자치단체의 자치사무의 구별징표인 '관할구역의 주민복리사
무'16)라는 기준은 지방자치법 제22조 단서에서 규정한 "주민의 권리 제한

---

14) 지방자치법 제22조 단서에 대해서 대법원판례는 합헌이라 한다. 대법원 1995.05.12., 94
    추28.
15) 조정찬, 위임조례 위주의 조례입법 극복방안, 지방자치법연구 제4권 제2호, 2004, 34-36면.
16) 우리 헌법 제117조 제1항에서 지방자치단체의 자치사무의 징표로서 "주민의 복리에 관
    한 사무"라는 기준을 제시하고 지방자치법 제9조 제1항과 동법 제22조 본문에서는 "관

또는 의무 부과에 관한 사항이나 벌칙" 규정과의 관계에서 법해석상 상당한 충돌이 존재하는데 단서규정이 우선 적용되면서 자치사무의 범위가 크게 축소되고 있다. 자치조례의 제정대상인 '관할구역의 주민복리사무'는 조례의 내용이 수익적 조례이건 침익적 조례이건 그 사무의 성격을 묻지 않고 법령의 위임없이 자치조례로 규율가능한 것으로 해석될 수 있지만, 지방자치법 제22조 단서가 적용되는 침익적 조례의 경우에는 위임조례의 방식만 가능한 것으로 해석되어오고 있기 때문이다.[17]

둘째, 자치사무라 하더라도 법령을 준수하여야 하므로 자치조례는 법령에서 주요내용을 규정한 것을 위반하지 않는 범위내에서 개별적 위임이 없더라도 규정할 수 있으나, 현실적으로는 국회나 중앙부처가 법령을 제정하면서 자치사무의 범위가 불분명한 것을 이유로 사무의 성격이나 내용을 구별하지 않고 위임문언을 두는 경우가 많다. 또, 지방자치단체가 법령의 개별적 위임규정의 위헌을 다툴 수 있는 효과적인 소송제도가 정비되어 있지 않아 과잉금지원칙에 의한 통제가 이루어지지 않고 있다는 점도 그 이유가 되고 있다.[18] 때문에 자치입법자는 이러한 경우에도 자치사무에 대한 법령의 위임규정을 준수하는 수밖에 없어 자치권이 공동화될 위험앞에 놓여 있는 것이다.[19]

할구역의 자치사무"라는 기준을 제시하고 있는데 이 기준들에 따르면 자치사무는 지방자치단체 관할구역의 주민복리사무라고 할 수 있을 것이다.

17) 현행 지방자치법상 침익적 조례에 대해 개별적 법률유보가 필요하더라도 법령의 제정자가 네거티브 위임방식을 택함으로써 자치입법권을 현재보다 확대하는 방식도 고려할만 할 것이다. 즉, "법령에서 최소한의 기준을 설정하고, 그 밖의 사항에 관해서는 지방자치단체의 조례로 정할 수 있도록 하는 포괄위임조항을 채택"하도록 할 수 있을 것이다. 최환용, 자치입법의 현황과 과제, 지방자치법연구 제20호, 2008, 92면.

18) 최근 우리나라에서 '학생인권보호조례'의 제정과정에서 자치단체와 중앙부처의 입법권이 충돌하였는데, 자치단체는 조례를 제정하더라도 사후적으로 법령이 제정되면 그 법령의 자치권침해여부를 다툴 소송수단이 없는 실정이다. 최환용, 국가입법과 자치입법의 제도적 갈등문제와 해결방안, 비교법연구 제15권 제3호, 2015, 85면 참조.

19) 위임조례가 만연하면서 "지방자치단체 스스로 기획하고 입안하고 시행착오를 거쳐 자생력을 배양하려고 하기보다, 중앙부처의 입법적 배려와 지원에 막연히 의존하는 등 무사안일의 풍조"가 널리 퍼져 있다는 비판은, 문상덕, 국가와 지방자치단체간 입법권 배분 —

자치입법실무상 사무의 성질이나 내용을 구별하지 않고 위임조례가 광범위하게 이용되면서 구체적으로 위임조례의 제정과정에서 법치행정을 위협하는 심각한 법적 문제들이 나타나고 있다.

첫째, 조례에 위임된 내용은 조례가 제정되어야 시행되는데 지방자치단체들 중에는 위임된 사항을 구체화하는 작업이나 법령의 흠결사항을 보충하는 역할을 소홀히 하여 법률의 시행일까지 위임받은 조례를 제정하지 않거나 개정된 법령을 반영하지 못한 채 과거의 위법한 조례들이 방치되는 경우들도 많이 나타나고 있다.[20]

둘째, 지방자치단체들에게 위임한 법령의 문언은 매우 짧고 간략해서 시행을 위해서는 조례에 의한 구체화와 보충의 필요가 큰데 실무에서는 중앙부처에서 표준조례를 작성하여 지방자치단체들에게 제공하고 있다. 하지만, 너무 많은 법령들에서 지역관련 사무들을 조례에 위임하고 있어 표준조례가 존재하지 않는 경우들도 있을 뿐만 아니라 자치단체마다 규모나 경제상황 등이 다르고 규율대상과 관련된 문제상황도 달라 표준조례가 적합하지 않은 경우도 자주 나타나고 있다.[21]

자치입법권의 해석론과 입법론 -, 지방자치법연구 제36호, 2012, 57면.

20) "현행 지방세조례는 법령에 규정된 내용을 불필요하게 중복입법(redundancy)하거나 집행상 필요한 사항을 입법하지 아니하는 관행이 자리 잡게 되었"다. 임재근, 부과·징수 법규로서 지방자치단체 조례의 역할과 한계, 조세연구 8-1호, 2008, 265면 ; 최환용, 국가입법과 자치입법의 제도적 갈등문제와 해결방안, 84면 ; "조례로 위임된 내용은 조례가 제정되어야만 시행이 가능하기 때문에 법령의 시행일까지 조례가 제정되어야 하는데 지방자치단체의 사정으로 일부 지역에서는 그 날짜를 맞추지 못하는 경우가 많다는 문제점이 있다. 또한 대통령령이나 부령은 법제처 심사등을 거쳐 위임한계 일탈여부 타 법령과의 저촉여부 기타 자구체계 등을 다듬을 기회가 있지만 지방자치단체는 그러한 시스템이 없다". 조정찬, 위임조례 위주의 조례입법 극복방안, 42면.

21) 위임조례에서 상위법령의 문언을 중복해서 반복하는 규정만을 두는 경우 그 조례의 독자적 존재의의는 의문시된다. 자치단체들이 지역실정에 맞는 조례를 제정하려는 의지와 역량을 가져야 할 것이다. 동지의 견해로는, 임재근, 부과·징수 법규로서 지방자치단체 조례의 역할과 한계, 조세연구 8-1호, 2008, 266면. "현행 부과징수조례는 사실상 지방세법이 정하고 사항을 중복적으로 그리고 불완전하게 규정하고 있다. 과세표준과 세율과 관

법해석론의 관점에서 위와 같이 심각한 법치행정의 위험요인을 제거하고 자치권의 공동화위험을 해소하기 위해 지방자치단체들이 위임과 관련하여 일정한 범위에서 지역실정에 맞게 포괄적인 입법재량을 행사할 수 있도록 도울 수 있는 해석론들이 절실히 필요하다. 다만, 이 해석론은 우리 자치입법실무상의 구체적인 사례들을 통해 검증을 거치면서 발전되어야 할 것이다.

2) 침익적 위임조례론의 법논리

침익적 위임조례론은 지방자치법 제22조 단서에 근거를 두고 대법원 판례의 지지를 받고 있으나 조례의 포괄적 위임을 긍정한 헌법재판소의 결정이나 대법원판례들과 관계가 어떻게 설정될 수 있는 것인지 하는 의문이 존재한다.

그 동안 대법원은 침익적 처분과 관련된 행정법령의 해석에 있어서는 법문언에 엄격히 충실하게 해석할 것을 요구하여 왔다. 즉, 대법원은 침익적 처분의 근거법령의 해석에 있어서 처분청은 법령에 엄격히 기속되고 그 처분요건의 존재도 처분청이 입증해야 한다고 하였다.22) 그런데, 이와 같은 침익적 처분의 해석에 적용되는 엄격해석론이 국민의 권리제한 또는 의무부과에 관한 조례에 대한 위임규정의 해석에 있어서도 그대로 적용될 수

련하여 현행 부과징수조례는 지방세법의 규정내용과 다른 것이 없음에도 단지 지방세법에서 이 부분에 대하여 조례로써 규정할 수 있다는 점을 들어 동일한 내용을 중복적으로 규정하고 있다. 이에 반하여 지방세법에서 조례로써 규정이 가능하다는 것 이외에 법에서 정한 과세요건의 구체적인 판단기준, 지방자치단체별로 발생하는 과세대상의 특성을 고려한 입법이 이루어지고 있지 못하다'.

22) "침익적 행정처분의 근거가 되는 행정법규는 엄격하게 해석·적용하여야 하고 행정처분의 상대방에게 불리한 방향으로 지나치게 확장해석하거나 유추해석하여서는 안"된다.(대법원 2008. 2. 28. 2007두13791) "징계처분, 영업정지, 취소처분 등 침익적 행정행위의 적법성에 대하여는 원칙적으로 처분청에게 주장·입증책임"이 있다.(대법원 2000.9.29. 선고 98두12772)

있는가?[23]

대법원은 제주특별자치도 여객자동차 운수사업에 관한 조례안 제37조 제4항에서 "제주특별자치도 이외의 지역에 등록된 자동차대여사업자 및 대여사업용 자동차는 제주특별자치도 안에서 영업을 하여서는 아니 된다."고 규정하는 것이 허용되는지와 관련하여 침익적 위임조례론을 전개하였는데 이 판결은 이후 침익적 위임조례론을 전개한 다수의 대법원판결들[24]에서 많이 인용되는 것으로 비교적 상세한 이유들을 제시하고 있다.

이 사건에서 대법원은 "제주특별자치도에서의 자동차대여사업에 관한 업무는 자치사무로서의 성격을 강하게 띠게 되었다고 할 수 있다"는 점을 인정하면서도, "위 조례안 조항은 제주특별자치도에서 자동차대여영업을 하고자 하는 자에 대하여 사업자 및 자동차를 제주특별자치도에 등록하여야 할 의무를 부과하고 제주특별자치도가 아닌 다른 곳에 등록을 한 사업자 및 자동차는 제주특별자치도에서 영업을 하지 못하도록 함으로써 헌법 제15조가 보장하는 영업장소의 제한을 받지 아니하고 자유롭게 영업할 자유를 제한하는 내용으로서 조례안의 적용을 받는 사람에 대하여 권리제한 또는 의무부과에 관한 사항을 규정하고 있다. 따라서 위 조례안 조항은 법률의 위임이 있어야 비로소 유효하게 된다"고 했다.

또, 대법원은 "지방자치단체는 그 고유사무인 자치사무와 개별법령에 의하여 지방자치단체에 위임된 단체위임사무에 관하여 자치조례를 제정할 수 있지만 그 경우라도 주민의 권리제한 또는 의무부과에 관한 사항이나 벌칙은 법률의 위임이 있어야 하며", "기관위임사무에 관하여 제정되는 이

---

23) 미국에서는 주법률과 지방자치단체의 자치입법사이에 충돌이 발생할 때, 엄격해석론 (strict construction), 합리적 해석론(reasonable construction)과 자유주의적 해석론(liberal construction)이 등장하였다. 이에 관해서는, 박민영, 미국 지방자치법상 Dillon의 원칙과 선점주의의 조화, 지방자치법연구 제32호, 2011, 351면 참조.

24) 대법원 2007. 12. 13. 선고 2006추52 ; 대법원 2009. 5. 28. 선고 2007추134 ; 대법원 2014. 12. 24. 선고 2013추81 ; 대법원 2014. 2. 27. 선고 2012두15005 ; 대법원 2012. 11. 22. 선고 2010두19270 전원합의체 판결.

른바 위임조례는 개별법령에서 일정한 사항을 조례로 정하도록 위임하고 있는 경우에 한하여 제정할 수 있으므로", "주민의 권리제한 또는 의무부과에 관한 사항이나 벌칙에 해당하는 조례를 제정할 경우에는 그 조례의 성질을 묻지 아니하고 법률의 위임이 있어야 하고 그러한 위임 없이 제정된 조례는 효력이 없다"고 했다.(대법원 2007. 12. 13. 선고 2006추52)

대법원이 침익적 위임조례에 대한 해석에 있어 침익적 처분의 근거법령들에 대한 해석과 마찬가지로 엄격해석론을 취하고 있는지는 아직 명확하지 않다. 왜냐하면 포괄적 위임조례론과 추가조례론 등을 전개한 대법원의 다른 판결들을 고려하고, 침익적 조례에 대한 상위법령의 위임규정의 해석에 있어 명시적이고 직접적인 위임문언을 요구하는가 하는 쟁점에 대해 명확한 입장을 밝히지 않았다는 점을 고려할 때 대법원이 위임조례의 위법성 판단에서도 엄격해석론을 따르고 있는지는 명확하지 않기 때문이다.

하지만, 침익적 위임조례의 허용여부에 대한 엄격해석론의 입장, 즉, 상위법령의 위임규정의 해석에 있어 항상 명시적이고 직접적인 위임문언을 요구하는 입장은 과태료조례의 허용여부에 관한 법제처의 소수의견들에서 나타났다. 2008년의 대기환경과태료조례사례에서 법제처의 최종의견으로 채택되지 않았지만 갑설로 주장되었는데 그 논리는 다음과 같았다.

"지방자치법 제22조는 지방자치단체가 법령의 범위 안에서 그 사무에 관한 조례를 제정할 수 있으나, 주민의 권리 제한 또는 의무 부과에 관한 사항이나 벌칙을 정할 때에는 법률의 위임을 받아야 한다고 규정하고 있고, 수도권대기특별법은 제28조의2에서 운행이 제한되는 자동차의 범위 및 지역을 조례로 정할 수 있다고 규정하였을 뿐 운행제한을 위반한 자에 대한 벌칙규정이나 그러한 벌칙규정의 제정을 조례에 위임한 규정을 두지 않고 있으므로, 운행제한을 위반한 자에 대해 조례로 과태료를 부과할 수 없습니다."

또, 2009년의 환경영향평가과태료조례사례에서 법제처의 최종의견으로 채택되지 않았지만 을설로 주장되었는데 그 논리는 다음과 같았다.

"「지방자치법」 제22조는 지방자치단체는 법령의 범위 안에서 그 사무에 관하여 조례를 제정할 수 있고, 다만, 주민의 권리 제한 또는 의무 부과에 관한 사항이나 벌칙을 정할 때에는 법률의 위임이 있어야 한다고 규정하고 있는 바, 환경영향평가법 제5조는 시·도 조례로 환경영향평가를 실시할 수 있게 위임하였으나, 환경영향평가법 제50조제1항 및 환경영향평가법시행령 제43조제1항제13호에 따르면 과태료의 부과·징수권한은 환경부장관의 권한으로, 이를 유역환경청장 또는 지방환경청장에게 위임하고 있으므로, 과태료에 관한 사항을 시·도에 위임한 법률규정이 없어 환경영향평가법 제5조에 따라 제정되는 조례로 과태료를 정할 수 없습니다."

침익적 위임조례에 대한 엄격해석론은 상위법령에서 주민에게 침익적 의무를 부과하는 조례에 대한 위임규정의 해석에 있어 명시적이고 직접적인 위임문언을 요구한다. 또, 상위법령으로부터 원인행위인 의무부과에 대한 위임이 있을 때 그 위임의 효력은 원인행위인 해당 의무행위에만 미친다고 본다. 과태료를 제외한 다른 침익적 위임조례의 허용여부에 관한 해석의견에서 법제처는 원칙적으로 엄격해석론의 입장을 지지해온 듯하다.[25]

3) 조례에 대한 위임의 포괄성과 위임조항의 해석에 있어 엄격성의 완화

(1) 조례에 대한 위임의 포괄성

우리 헌법 제117조 제1항에서 자치사무의 징표로 "주민의 복리에 관한 사무"라는 기준을 제시할 뿐인데 주민의 권리를 제한하는 침익적 사무에 대해 엄격하게 위임을 요구하는 것으로 해석하는 것이 헌법에 적합한가? 위임법령에 규정된 간략한 위임문구로 인해 조례제정권의 범위가 매우 불

---

25) "'고액·상습체납자 명단 공개'는 주민의 권리를 제한하는 사항으로서 법률에 직접 규정하거나 그 위임근거를 두어야 할 것인바, 법률의 위임 없이 이러한 사항을 규정한 「경기도 도로점용료 등 부과·징수 조례 전부개정조례안」 제10조는 「지방자치법」 제22조 단서에 위배되어 위법하다 할 것입니다."[의견13-0075, 2013. 3. 19., 경기도]

분명한 상황에서 구체적 위임원칙을 엄격하게 관철시키려 하면 지방자치단체는 그 규모나 경제사회상황들이 매우 달라 문제 다양성에 적절하게 대응할 수 없게 되고 지방자치는 크게 위축되게 될 수밖에 없을 것이다. 또, 지방자치단체장이나 지방의회는 민주적 정당성도 갖고 있다.

이러한 점들을 고려하여 헌법재판소는 침익적 위임조례인 부천시담배자동판매기설치금지조례 제4조에서 "자판기는 부천시 전지역에 설치할 수 없다. 다만, 성인이 출입하는 업소 안에서는 제외한다"고 규정하는 것이 허용되는지가 문제된 사건에서 유명한 조례의 포괄적 위임론을 전개했는데 그 사건의 내용과 결정내용은 다음과 같다.

그 당시 담배사업법시행규칙은 제11조 제1항의 별표 2 "제조담배소매인의 지정기준" 중 자동판매기란에서 "1. 자동판매기는 이를 일반소매인 또는 구내소매인으로 보아 소매인 지정기준을 적용한다. (단서 생략) 2. 청소년의 보호를 위하여 지방자치단체가 조례로 정하는 장소에는 자동판매기의 설치를 제한할 수 있다."고 규정하고 있었는데, 이 사건 조례들은 위 규정들에 따라 제정된 것이라고 하면서 다음과 같은 이유를 제시했다.

"조례의 제정권자인 지방의회는 선거를 통해서 그 지역적인 민주적 정당성을 지니고 있는 주민의 대표기관이고, 헌법이 지방자치단체에 대해 포괄적인 자치권을 보장하고 있는 취지로 볼 때 조례제정권에 대한 지나친 제약은 바람직하지 않으므로 조례에 대한 법률의 위임은 법규명령에 대한 법률의 위임과 같이 반드시 구체적으로 범위를 정하여 할 필요가 없으며 포괄적인 것으로 족하다고 할 것이다."(헌재 1995. 4. 20. 92헌마264,279(병합))

이 결정에서 문제된 사례는 침익적 위임조례에 관한 것으로 구체적 위임은 필요없고 포괄적위임으로 족하다고 했는데, 국가, 지방자치단체와 법원은 자치입법재량과 관련하여 그 포괄성의 기준과 한계를 구체화할 책임을 지게 되었다.

대법원도 조례에 대한 위임의 포괄성원칙을 긍정하였다. 즉, 법률이 주민

의 권리의무에 관한 사항에 관하여 구체적으로 아무런 범위도 정하지 아니
한 채 조례로 정하도록 포괄적으로 위임하였다고 하더라도, 행정관청의 명
령과는 달라, 조례도 주민의 대표기관인 지방의회의 의결로 제정되는 지방
자치단체의 자주법인 만큼 지방자치단체가 법령에 위반되지 않는 범위 내
에서 주민의 권리의무에 관한 사항을 조례로 제정할 수 있다고 한다.(대법
원 1991.8.27.선고 90누6613 ; 대법원 1995.6.30. 선고 93추83 ; 대법원 2006.
9. 8. 선고 2004두947 판결 ; 대법원 2014. 12. 24. 선고 2013추81 판결).

(2) 위임조항의 해석에 있어 엄격성의 완화와 그 한계
- 대법원의 추가조례론

대법원은 침익적 위임조례론을 전개하면서도 추가조례론을 제시하여 포
괄적 위임조례론의 취지에 부합하는 해석론을 다음과 같이 전개하고 있다.

"지방자치단체의 조례는 그것이 자치조례에 해당하는 것이라도 법령에 위반되
지 않는 범위 안에서만 제정할 수 있어서 법령에 위반되는 조례는 그 효력이
없지만(지방자치법 제22조 및 위 구 지방자치법 제15조), 조례가 규율하는 특
정사항에 관하여 그것을 규율하는 국가의 법령이 이미 존재하는 경우에도 조례
가 법령과 별도의 목적에 기하여 규율함을 의도하는 것으로서 그 적용에 의하
여 법령의 규정이 의도하는 목적과 효과를 전혀 저해하는 바가 없는 때, 또는
양자가 동일한 목적에서 출발한 것이라고 할지라도 국가의 법령이 반드시 그
규정에 의하여 전국에 걸쳐 일률적으로 동일한 내용을 규율하려는 취지가 아니
고 각 지방자치단체가 그 지방의 실정에 맞게 별도로 규율하는 것을 용인하는
취지라고 해석되는 때에는 그 조례가 국가의 법령에 위반되는 것은 아니라고
보아야 할 것이다".(대법원 1997. 4. 25. 선고 96추244 ; 대법원 2006. 10. 12.
선고 2006추38)

Ⅲ. 의무이행 과태료조례론

1. 과태료조례의 개념과 성격

1) 과태료조례의 개념과 법적 근거

과태료는 생활사회의 질서유지와 공익의 보호를 위하여 국민에게 부과한 의무를 위반하는 행위에 대하여 과하는 금전적 제재인데, 과태료조례는 과태료에 관해 규정한 조례이다. 과태료는 금전적 제재로서 침익적 처분에 속하기 때문에 과태료조례는 침익적 조례에 속한다.

과태료에 관한 일반법은 질서위반행위규제법인데 행정청이 국민의 의무이행의 확보를 위해 부과하는 과태료에만 적용되고, 민법, 상법이나 민사소송법과 같은 사법상·소송법상 의무를 위반하여 과태료를 부과하는 행위, 그리고 법무사법이나 변호사법의 징계사유에 해당하여 과태료를 부과하는 경우에는 질서위반행위규제법이 적용되지 않는다.(질서위반행위규제법 제2조 제1호)

조례에 근거를 두고 부과되는 과태료에 대해서는 질서위반행위규제법이 적용된다. 때문에, "과태료는 행정상의 질서에 장애를 야기할 우려가 있는 의무위반에 대한 '행정질서벌'로서 '과태료의 부과원인이 되는 의무'라 함은 민·형사상의 책임이 아닌 개별법에 규정된 '행정적 의무'를 의미한다 할 것이므로 과태료 부과에 관한 조례를 제정할 수 있기 위해서는 「지방자치법」 제22조 단서에 따라 개별 법령에서 조례로 이러한 과태료의 부과원인이 되는 행정적 의무를 위임한다는 명시적인 규정이 있어야" 한다.[26]

과태료는 금전적 제재라는 점에서 과징금, 이행강제금 등과 유사한 성격

---

26) 전라북도 진주시 - 무단으로 전주시(장)의 명칭을 사용하는 자에 대한 제재 관련(「지방자치법」 제27조 관련) [의견13-0021, 2013.1.31, 전라북도] .

을 갖지만, 생활사회에서 기초생활질서의 유지를 위하여 부과된 의무의 이행확보수단으로서 질서위반행위규제법이 적용된다는 점에서 독점규제 및 공정거래에 관한 법률에 따른 과징금이나 건축법에 따른 이행강제금과는 근거법률이나 부과목적 등에 의하여 구별된다.

2) 우리나라 지방자치제도에 있어 과태료와 과태료조례의 양면적 성격

지방자치단체는 일정한 관할구역내에서 공권력을 행사하는 행정주체로서 국가와 마찬가지로 침해행정과 급부행정의 임무를 수행하고 있다. 상위법령의 위반행위에 대해서 지방자치단체의 장은 여러 침익적 처분이나 행정벌에 관한 권한들을 갖는데 상위법령에서 위임이 있으면 조례에서 과태료를 규정할 수도 있다. 이는 위임조례에 속한다.

또, 국가와 달리 자치법규인 조례위반행위에 대한 의무이행확보수단으로서 지방자치법은 제27조 제1항에서는 "지방자치단체는 조례를 위반한 행위에 대하여 조례로써 1천만원 이하의 과태료를 정할 수 있다"고 하여,[27] 상위법령의 위임없이 조례에서 독자적으로 과태료를 규정할 수 있도록 하고 있다. 또, 지방자치법 제139조 제2항에서는 "사기나 그 밖의 부정한 방법으로 사용료·수수료 또는 분담금의 징수를 면한 자에 대하여는 그 징수를 면한 금액의 5배 이내의 과태료를, 공공시설을 부정사용한 자에 대하여는 50만원 이하의 과태료를 부과하는 규정을 조례로 정할 수 있다"고 한다.

이와 같이 침익적 조례임에도 위임조례 이외에 조례를 위반한 행위에 대해 지방자치단체가 위임없이 과태료를 규정할 수 있도록 한 이유는 우리나라에서 다른 행정벌이나 과징금 또는 이행강제금 그리고 범칙금 등 다른

---

27) 조례로 1천만원 이하의 과태료만을 부과할 수 있는 것에 대해 학계에서 찬반의견이 매우 첨예하게 대립중인 형벌은 허용하지 않더라도 자치입법의 실효성확보를 위해 행정강제를 조례로 규정할 수 있도록 하자는 의견도 주장되었다. 신봉기, 자치입법권의 범위와 실효성 확보방안, 지방자치법연구 제2호, 2001, 97면.

금전적 제재수단과는 달리 과태료는 위임사무의 이행확보수단이면서 자치사무에 관한 자치법규의 고유한 집행수단으로서 양면적 성격을 인정받고 있기 때문이다.

2. 의무이행 과태료조례의 개념과 적용사례들

국민에게 침익적 성격의 조례를 제정할 때에는 상위법령으로부터 위임이 필요한데 자치입법의 민주성을 고려하여 헌법재판소는 "조례에 대한 법률의 위임은 법규명령에 대한 법률의 위임과 같이 반드시 구체적으로 범위를 정하여 할 필요가 없으며 포괄적인 것으로 족하다고 할 것이다."고 했다.(헌재 1995. 4. 20. 92헌마264,279(병합))

그런데, 위임조례에서 과태료를 규정할 때 어떤 기준에 따라 그 위임의 구체성의 정도를 완화할 수 있을까? 법제처는 "'과태료에 대한 별도의 법률 위임'이 없다고 할지라도 법률에서 '과태료 부과원인이 되는 의무'의 부과를 '조례로 위임'한 경우에 과태료 부과에 관한 사항을 조례로 정할 수 있다고 할 것"이라고 하여 자치입법실무에서 위임조례로서 과태료를 규정하는 경우와 관련하여 위임의 구체성의 정도를 완화하는 독자적 해석론을 정착시켜왔다.

필자는 상위법령의 위임을 받아 조례에서 과태료를 규정할 수 있는 경우 중 '과태료 부과원인이 되는 의무'의 부과를 '조례로 위임'한 경우에 직접적인 위임이 없더라도 과태료 부과에 관한 사항을 규정한 조례를 편의상 '의무이행 과태료조례'로 부르고자 한다.

의무이행 과태료조례론은 위임조례에서 과태료규정의 허용성과 관련하여 자치입법실무상 현실적으로 대법원의 판결이나 헌법재판소의 결정과 비슷하게 확립된 판례의 역할을 하여 자치입법권의 신장에 상당한 기여를 해왔고 앞으로도 그리할 것이다.

의무이행 과태료조례론은 대상사례 이외에 다른 해석사례들에서도 적용되어 왔다.28)29)30)31)32)33)

---

28) 환경부 - 「수도권 대기환경개선에 관한 특별법」 제28조의2 등(운행 제한이 가능한 특정경유자동차의 범위 등) 관련 안건번호08-0340회신일자2008-12-02

"설사 수도권대기특별법 제28조의2에 따른 운행제한조치를 기관위임사무로 보아 법문을 엄격히 해석한다 할지라도, 「지방자치법」 제27조에 따라 조례위반 행위자에게 과태료를 부과할 수 있으려면 우선 조례에 의한 의무부과가 전제되어야 할 것이고, 조례로 의무를 부과하기 위해서는 「지방자치법」 제22조에 따라 법률의 위임이 필요한바, ① 법률에서 과태료 부과원인이 되는 의무를 부과하면서 처벌조항만을 조례에 위임하였거나 ② 법률에서 의무부과를 조례로 위임한 경우에 한하여 과태료를 조례로 정할 수 있다고 할 것" 이라고 했다.

29) 부산시 - 법률에서 일정한 의무 부과를 조례로 정할 수 있도록 위임한 경우에 과태료에 대한 별도의 법률 위임이 없더라도 조례로 과태료를 부과할 수 있는지(「부산광역시 환경영향평가 조례」관련) [의견15-0031, 2015.2.24., 부산광역시]]

"조례의 실효성 확보를 위해 앞에서 검토한 바와 같이 「지방자치법」 제27조 등에 따라 조례를 위반한 행위에 대하여 조례로써 1천만원 이하의 과태료를 정할 수 있으므로, 부산시조례안 제5조제1항제1호에서 제2조제1항을 위반하여 환경영향평가를 거치지 아니하고 공사를 한 자에게 과태료를 부과한다고 규정하는 것이 가능할 것으로 보입니다."

30) 부산광역시 연제구 - 「부산광역시 연제구 주차장 특별회계 설치 조례」의 과태료 부과 규정을 삭제해야 하는지(「지방자치법」 제27조 등 관련)[의견15-0253, 2015.9.25., 부산광역시]]

"과태료 부과원인이 되는 의무의 부과 규정도 없는 것으로 보이므로 연제구조례 제11조의 과태료 부과규정은 상위 법률의 위임 근거가 없고, '과태료 부과원인이 되는 의무의 부과에 대해서는 조례에 위임이 있는 경우'에도 해당하지 않는 것"이라고 했다.

31) 전라북도 전주시 - 무단으로 전주시(장)의 명칭을 사용하는 자에 대한 제재 관련(「지방자치법」 제27조 관련) [의견13-0021, 2013.1.31, 전라북도]

"'전주시' 혹은 '전주시장'이라는 명칭을 무단으로 사용하는 자에 대한 행정적 의무 부과 규정을 둔 법령은 없는 것으로 보이고, 이와 관련하여 명시적으로 조례로 위임하도록 한 법령 또한 없는 것으로 보이므로, 위임의 근거가 되는 모법이 없어 과태료 부과에 관한 조례를 제정할 수 없다 할 것입니다."

32) 서울특별시 강북구 - 종량제봉투 판매인의 영업상 의무불이행에 대한 과태료를 부과하는 내용을 조례에 규정할 수 있는지 여부? [의견16-0051, 2016.3.28., 서울특별시]]

"원칙적으로 법률의 위임이 없는 경우에는 「지방자치법」 제27조만을 근거로 조례로 과태료를 부과하는 규정을 둘 수는 없습니다. 다만, 법률의 위임과 관련하여 '과태료에 대한 별도의 법률 위임'이 없다고 할지라도 법률에서 '과태료 부과원인이 되는 의무'의 부과를 '조례로 위임'한 경우에 과태료 부과에 관한 사항을 조례로 정할 수 있다고 할 것"

3. 대상사례에서 제시된 법제처의 의견과 그의 분석

법제처가 제시한 대상사례에 대한 의견 즉, "'과태료에 대한 별도의 법률 위임'이 없다고 할지라도 법률에서 '과태료 부과원인이 되는 의무'의 부과를 '조례로 위임'한 경우에 과태료 부과에 관한 사항을 조례로 정할 수 있다고 할 것"이라는 견해는 모든 침익적 사항은 언제나 상위법령에 근거가 있어야 조례로 제정할 수 있다는 견해와는 다른 것이었다.

이러한 해석의 근거는 헌법재판소의 포괄적 위임론을 따른 것이고, 지방자치단체의 자율성과 자기책임의 완결적 이행을 위해서 과태료와 같은 실효성 확보수단이 필요하다는 점도 고려한 것이었다. 또, 지방자치법 제27조에서 조례를 위반한 행위에 대하여 조례로써 1천만원 이하의 과태료를 정할 수 있다고 규정하고 있다는 점도 고려하였다.

그 동안 우리 학계와 법원은 침익적 위임조례론을 지나치게 경직되게 해석하고 운용하여 어떤 예외도 제시하지 못하였던 것을 고려할 때, 법제처의 이 견해는 확실하게 새로운 것이라 할 것이다. 하지만, 이 해석의견이 다른 침익적 처분이나 금전적 제재에도 적용된다고 볼 수는 없을 것이다.

의무이행 과태료조례론을 통해 법제처는 위임과 관련하여 조례제정권자

이라고 했다.

33) 서울특별시의회 - 「지방자치법」 제42조에 따라 지방의회나 그 위원회에 출석·답변 요구를 받은 지방자치단체의 장이나 관계 공무원이 정당한 사유 없이 출석하지 아니하거나 답변을 거부한 경우에 500만원 이하의 과태료를 부과하도록 하는 내용을 「서울특별시의회 기본 조례」에 규정할 수 있는지(「지방자치법」 제42조 등 관련) [의견17-0202, 2017.8.10., 서울특별시])

"「지방자치법」 제42조제3항에서는 지방의회나 그 위원회에 출석하여 답변할 수 있는 '관계 공무원의 범위'를 조례로 정하도록 규정하고 있을 뿐 과태료 부과에 관한 사항을 조례로 위임하는 규정이 없고 과태료 부과의 원인이 되는 의무 부과에 관한 사항을 조례로 위임하고 있지도 않으므로, 지방의회나 그 위원회에 출석·답변 요구를 받은 지방자치단체의 장이나 관계 공무원이 정당한 사유 없이 출석하지 아니하거나 답변을 거부한 경우에 과태료를 부과하도록 서울시의회조례에 규정하는 것은 「지방자치법」 제22조 단서에 위배"된다고 했다.

의 자율권을 확대하면서도 지방자치법에서 지방자치단체가 독자적 입법권을 갖도록 규정한 과태료조례에 한정하고 과태료부과의 전제가 되는 의무에 대해서는 상위법령에 위임이 있을 것을 요구하여 자치입법권의 제약없는 확대를 막고자 하는 태도도 보여주었다. 해석론을 통한 자치입법권의 확대시도를 일단이나마 보여주었다는 점에서 의미있는 시도였다고 평가할 수 있을 것이지만, 장래 보다 적극적이고 진취적인 해석론이 전개되기를 기대한다.

4. 의무이행 과태료조례론의 한계와 발전의 과제

1) 의무이행 과태료조례론의 적용한계

법률이 주민에게 일정한 의무를 부과하는 것에 대해 조례에 위임하더라도 법규명령에서 그 의무의 불이행시 부과할 과태료에 대해 상세하게 규정하고 있다면 조례에서 별도로 과태료기준을 규정할 수는 없다. 법제처 의견제시사례에도 이러한 의견이 제시되고 있다. 즉, 폐기물관리법에서 종량제봉투의 사용의무에 관해 조례에서 규정하도록 위임하고 있다 하더라도 폐기물관리법시행령에서 과태료부과기준을 상세하게 규정하고 있는 경우 그 위임조례에서 종량제봉투사용을 강제하기 위해 새롭게 과태료에 관한 규정을 둘 수는 없다.[34]

---

34) 종량제봉투 판매인의 영업상 의무불이행에 대한 과태료를 부과하는 내용을 조례에 규정할 수 있는지 여부? [의견16-0051, 2016.3.28., 서울특별시]. "「폐기물관리법」제68조제2항에서 다음 각 호의 어느 하나에 해당하는 자에게는 300만원 이하의 과태료를 부과한다고 하면서, 같은 항 제12호에서 제14조제7항에 따라 대행계약을 체결하지 아니하고 종량제 봉투 등을 판매한 자를 규정하고 있고, 같은 법 시행령 제38조의4 별표 8 제2호 개별기준 중 위반행위란 마목에서 대행계약을 체결하지 않고 종량제 봉투를 판매한 경우 1차 위반시 100만원, 2차위반시 200만원, 3차 위반시 300만원의 과태료를 부과한다

2) 자치사무의 이행확보를 위한 과태료조례의 제정권 보장

과태료조례와 관련하여 또 다른 쟁점은 자치사무와 위임사무의 구별이 실무상 매우 혼돈속에 있기 때문에 지방자치단체가 자치사무로 이해하고 있는 사무에 대해 상위법령의 위임이 없는 상태에서 과태료조례를 규정할 수 있는가 하는 점이다. 이 쟁점이 '의무이행 과태료조례'론이 적용되는 상황과 다른 점은 과태료 부과원인이 되는 의무의 부과가 자치사무로 주장되고 있기 때문에 상위법령에서 위임도 없다는 점이다.

우리 지방자치법 제27조 제1항과 제139조 제2항에서는 자치조례에 과태료를 정할 수 있도록 하고 있다. 하지만, 자치입법실무상 자치사무와 위임사무의 구별이 명확하지 않기 때문에 이러한 쟁점이 등장하고 중앙부처, 광역자치단체와 기초자치단체 사이에서 자주 분쟁의 대상이 되고 있는 것이다.

생각컨데 국회나 중앙부처의 입법자가 위임규정을 도입했는가에만 의존하여 지방자치단체의 조례제정권의 유무를 판단하는 것은 자치권을 형해화하여 헌법이 보장하는 자치권을 침해하는 것이 되므로 허용될 수 없는 해석이라 할 것이다. 특정 자치단체구역내에서 완결되는 사무로서 해당 지역주민의 생활에 직접 관련되는 사무이고 관리업무도 해당 지방자치단체가 독자적으로 수행하는 경우에는, 그리고 국가적으로나 광역적으로 통일적 기준을 통해 규율해야 할 정당화근거가 없는 때에는, 자치사무의 성격을 갖는 것으로 보아야 할 것이다. 이 때 자치사무와 관련해서는 과태료조례를 제정할 권한을 갖는다고 보아야 할 것이다.

고만 하고 있을 뿐, 「서울특별시 강북구 폐기물관리조례」제26조제1항제1호 및 제4호 위반시 과태료를 부과할 수 있도록 「폐기물관리법」과 같은 법 시행령에서 조례로 위임하고 있는 규정이 없음을 볼 때, 강북구 조례안에서 규정하고자 하는 "판매인에 대한 과태료" 부과규정은 주민에게 벌칙을 정하는 사항으로 「지방자치법」제22조 단서에서 규정하고 있는 법률유보의 원칙에 반하는 것으로 보여집니다. 따라서, 「지방자치법」제27조만을 근거로 종량제 봉투 판매인에게 과태료를 부과하는 내용을 신설하려는 강북구 조례안은 적절하지 않은 것으로 보입니다."

Ⅳ. 결어

우리나라 자치입법실무상 위임조례가 점점 더 남용되면서 자치사무, 기관위임사무와 단체위임사무의 구별이 점점 그 유용성을 잃고 있고 자치입법권도 크게 위협받고 있다.

헌법재판소는 위임과 자치입법권의 관계에 관련된 법적 불안을 해소하고자 구체적인 상황에서 위임의 존부, 방식과 한계를 지도할 법해석원칙으로 포괄적 위임의 원칙으로 제시했다. 이 원칙에 의해 조례제정권을 가진 지방의회의 민주성을 고려한 법해석이 가능하게 되었지만, 법령의 위임문언의 합법성에 대해 적용해 왔던 구체적 위임의 원칙을 조례입법에 있어 어떤 기준에 따라 수정할 것인지 그리고 지방의회의 입법재량의 한계는 어디까지인지가 매우 불명확한 상황이었다.

법제처는 과태료부과에 관해 상위 법령의 위임근거가 있는 경우는 물론, 과태료부과에 관한 명시적이고 직접적 위임규정이 없는 경우에도 '과태료부과원인이 되는 의무의 부과에 대해서는 조례에 위임이 있는 경우' 해당 법률의 의무부과 위임규정에 따라 제정되는 조례로 과태료를 정하는 것이 허용되는 것으로 보았다. 이 글에서는 이것을 '의무이행 과태료조례'로 불렀는데, 이 논리는 헌법재판소의 포괄적 위임조례론을 구체화한 내용을 갖는 것으로 자치입법권의 신장에 기여할 것으로 평가했다.

제3장 수익적 조례에 관한 위법 심사와 합리적 해석론의 전개

선 정 원

Ⅰ. 서

1. 수익적 조례에 대한 적용법리의 명확화

우리 지방자치법상 위임사무와 자치사무의 구별이 명확하지 않고 위임조례도 여전히 많다. 이러한 상황에서 수익적 조례는 침익적 조례와 달리 엄격한 법률유보로부터 벗어나 자치입법권의 신장을 위해 중대한 기여를 하고 있다. 최근 우리 사회에서 정치사회적으로 주목을 받은 조례들, 즉, 학생인권조례, 저출산대책지원조례, 무상급식지원조례 등은 모두 수익적 조례들이었다. 이러한 조례들 이외에 감면조례, 보조금조례, 다양한 사회복지조례 그리고 개인정보보호조례 등 다른 수익적 조례들의 제정움직임에서도 지방자치단체들과 주민들의 적극적인 자치입법의지가 확인되고 있다.

이와 같이 우리나라에서 활발하게 전개되고 있는 수익적 조례제정운동은 우리 지방자치단체들에게 요구되어 오던 상위법령에 대한 자주적 법해석권의 발현으로서 주목할 만하다고 하겠다.[1]

---

[1] 지방자치단체의 해석권이란 지방자치단체가 사무를 집행함에 있어 헌법과 합헌적인 법령에는 구속되지만 그 법령은 법치행정과 지방자치의 취지에 맞게 해석되고 운용되어야 하며 그에 관한 1차적 해석권은 집행담당자인 당해 지방자치단체 자신에게 있다는 것을 말한다. 문상덕, 지방자치단체의 자주적 법해석권 - 한일비교를 중심으로 -, 행정법연구 제5호, 1999.11, 157면. 조성규, 행정법령의 해석과 지방자치권, 행정법연구 제32호,

하지만, 다른 한편으로는 우리나라 지방자치단체장이나 지방의회가 주도하는 수익적 조례에 대하여 지방재정능력의 취약성을 무시한 무책임한 선심정치나 선심행정의 발로라는 비판도 제기되어 왔다. 특히, 정치권의 좌우 대립속에 등장했던 학생인권조례, 무상급식지원조례 및 저출산대책지원조례와 같은 사회복지조례, 감면조례 그리고 보조금조례 등은 제정여부를 놓고 사회적으로도 심각한 갈등을 일으킨 경우도 많았다.

문제가 된 수익적 조례들에 대한 법령의 근거 또는 기준이 불명확하거나 상위법령의 규율밀도가 낮은 상태에서 지방자치단체가 상당한 입법재량을 행사함으로써 그 갈등이 증폭된 측면도 있었다.

지방자치법분야에서 수익적 조례에 관한 법해석론은 학계는 물론 재판 실무에서도 아직 확실하게 정립되지 않았다고 할 수 있는데,2) 지방행정실무에서 혼란을 완화시키고 법치행정을 정착시키기 위해서는 수익적 조례의 입법재량에 적용되는 법리의 내용과 한계 등을 명확하게 할 필요가 있다 할 것이다.

2018년 대법원은 수익적 조례의 일종인 보조금조례를 위임조례로 보면서도 침익적 조례에 대해서 요구하던 엄격한 법률유보와 엄격해석론으로부터 벗어나 법률유보의 요구를 완화하는 판결을 하였다.3) 이 글은 보조금조례에 관한 이 대상판결을 중심으로 우리 지방자치법의 영역에서 적용되는 수익적 조례론을 구체화하고 명확하게 하는데 기여하고자 작성되었다.

2012.4, 10면 이하.

2) 조성규, 법치행정의 원리와 조례제정권의 관계 – 조례에 대한 법률유보의 문제를 중심으로 –, 공법연구 제33집 제3호, 2005, 394면은, "주민의 권리제한이나 의무부과(고권적 침해유보)와 직접 관련되지 않은 경우의 조례제정 가능성에 대해서는 지방자치의 헌법적 보장의 관점에서 보다 구체적인 검토가 필요한 것이 아닌가 생각된다"고 하고 있다.

3) 대법원 2018. 8. 30. 선고 2017두56193 판결.

2. 대상판결(홍성군 보조금관리조례 판결)의 경과와 개요

홍성군수는 기능성 양념압축 건조두부 상품화사업을 위해 생활개선홍성군연합회영농조합법인에 2016. 1. 19.자로 지급한 보조금 1,750,040,320원에 대해 지원받은 사업의 실패를 이유로 보조금의 반환하도록 환수처분을 내렸다. 이에 대에 영농조합법인은 환수처분의 취소소송을 제기했다.

대전지방법원은 2017년 1월 18일 판결을 통해 이 사건 환수처분은 횡성군 보조금관리조례에 근거한 것으로 적법하다고 판결했다.[4] 지방법원에서는 횡성군보조금관리조례가 위임한계를 벗어나 무효인가 하는 점은 쟁점으로 등장하지 않았다.

원고가 항소를 제기한 대전고등법원에서는 횡성군수의 보조금환수처분의 직접적 근거규정인 횡성군 보조금관리조례 제20조가 상위법령인 구 지방재정법 시행령 제29조 제5항, "법 제17조 제1항의 규정에 의한 지방자치단체의 보조금 또는 그 밖의 공금의 지출에 대한 교부신청, 교부결정 및 사용 등에 관하여 필요한 사항은 당해 지방자치단체의 조례로 정한다."라는 규정의 유보범위를 벗어나 무효라고 판결하였다.[5] 대전고등법원은 보조금환수처분을 정한 조례규정은 침익적 조례규정이므로 상위법령으로부터 개별적인 명시적 위임이 없다면 무효라는 침익적 위임조례론의 논리를 사용하였다.

대전고등법원의 판결에 대해 홍성군수는 상고를 하였는데, 이 사건에서 대법원은 다음과 같은 논리로 횡성군 보조금관리조례 제20조는 위임한계 내에 있어 적법유효하다고 판시하면서 대전고등법원으로 파기환송하였다.

"보조금 교부는 수익적 행정행위로서 교부대상의 선정과 취소, 기준과 범위 등에 관하여 교부기관에 상당히 폭넓은 재량이 부여되어 있다. 또한

---

4) 대전지방법원 2017. 1. 18. 선고 2016구합101340 판결.
5) 대전고등법원 2017. 7. 13. 선고 2017누10607 판결.

보조금 지출을 건전하고 효율적으로 운용하기 위해서는, 보조금 교부기관
이 보조금 지급목적에 맞게 보조사업이 진행되는지 또는 보조사업의 성공
가능성이 있는지에 관하여 사후적으로 감독하여 경우에 따라 교부결정을
취소하고 보조금을 반환받을 필요도 있다. 그리고 법령의 위임에 따라 교
부기관이 보조금의 교부 및 사후 감독 등에 관한 업무를 수행할 수 있는
이상, 그 교부결정을 취소하고 보조금을 반환받는 업무도 교부기관의 업무
에 포함된다고 볼 수 있다.".(대법원 2018. 8. 30. 선고 2017두56193 판결)

II. 수익적 조례의 의의와 유형

1. 수익적 조례의 의의

수익적 조례는 주민의 권리를 확대하고 의무를 감면하는 조례를 말하고,
침익적 조례는 "주민의 권리 제한 또는 의무 부과에 관한 사항이나 벌칙"
을 정하는 조례(지방자치법 제22조 단서)를 말한다.

2. 수익적 조례의 유형

1) 수익적 위임조례와 수익적 자치조례

수익적 위임조례는 보조금조례나 지방세감면조례와 같이 수익적인 사무
이지만 상위법령에서 그 대상에 관해 규정하면서 일정한 사항을 조례로 제
정하도록 위임한 경우 위임사무에 대해 제정된다. 수익적 자치조례는 지방
자치단체가 상위법령으로부터 위임없이 자치사무에 대해 제정하는 수익적
조례를 말하는데, 지방자치법 제136조와 제137조에서 지방자치단체가 사용

료와 수수료를 자치사무로서 규정할 수 있게 한 것을 근거로 규정한 사용료감면조례나 수수료감면조례 등이 여기에 해당된다.

헌법에서 국회입법원칙을 선언하고 있는 경우, 예를 들어, 조세법률주의(헌법 제59조)나 행정조직법정주의(헌법 제96조) 또는 국민의 기본권보호의 필요나 전국적 통일성을 보호할 필요 등을 고려하여 법령의 입법자는 지방자치단체가 처리하여야 할 수익적 사무임에도 법령에서 상세한 내용을 규정하고 일정한 사항을 조례로 규정하도록 함으로써 수익적 위임조례를 이용하도록 하고 있다.

판례도 위임사무와 자치사무의 구별은 물론 위임조례와 자치조례의 개념을 알고 있다. 즉, 대법원은 "지방자치단체는 그 고유사무인 자치사무와 개별법령에 의하여 지방자치단체에 위임된 단체위임사무에 관하여 자치조례를 제정"할 수 있다고 하면서, "기관위임사무에 관하여 제정되는 이른바 위임조례는 개별법령에서 일정한 사항을 조례로 정하도록 위임하고 있는 경우에 한하여 제정"할 수 있다고 하여 위임조례와 자치조례를 구별하고 있다.[6]

2) 금전적 조례와 비금전적 조례

금전적 조례는 주민들에게 금전의 지급이나 금전지급의무의 감면과 같은 수익적 조치를 내용으로 규정한 조례이다. 비금전적 조례는 주민들에게 수익적 효과를 미치지만 금전의 지급이나 금전지급의무의 감면 등을 내용으로 하지 않은 조례이다. 우리나라에서 널리 이용되고 있는 수익적인 비금전적 조례들로는 학생인권조례나 개인정보보호조례 등이 여기에 속한다.

3) 금전적 조례의 유형

금전적 조례로서 우리나라에서 널리 이용되고 있는 수익적 조례들로는

---

6) 대법원 2000. 11. 24. 선고 2000추29 판결 ; 대법원 2007. 12. 13. 선고 2006추52 판결.

감면조례, 보조금조례, 사회복지조례(예, 저출산대책지원조례, 무상급식지원조례) 등이다.

(1) 감면조례

금전지급의무를 감면시키는 감면조례로는 지방세감면조례, 부담금감면조례, 사용료·수수료 감면조례 등이 있다.

(2) 보조금조례

지방자치단체가 일정한 사업자에게 해당 사업이나 활동의 촉진목적으로 금전의 지급을 내용으로 하는 조례를 말한다. 보조금조례는 지방재정법 등의 위임을 받아 제정되는 금전적 조례이자 수익적 위임조례이다.

(3) 사회복지조례

저출산대책지원조례나 무상급식지원조례와 같이 사회복지목적으로 금전이나 현물 등을 지급하는 것을 내용으로 하는 조례를 말한다.

Ⅲ. 수익적 조례론의 개념과 등장배경

1. 수익적 조례론의 개념

수익적 조례론이란 수익적 조례에 대해 적용되는 법도그마틱 또는 법해석론이다. 우리 실정법과 판례에 나타난 수익적 조례론에 따를 때, 주민의 권리를 확대하고 의무를 감면하는 사무에 관해서는 법률의 구체적 위임이 없더라도 조례를 제정할 수 있다.

우리 법과 판례는 침익적 조례와 수익적 조례를 나누어 조례의 제정가능성과 제정방법을 다르게 취급하고 있다. 지방자치법 제22조 단서에서는 "주민의 권리 제한 또는 의무 부과에 관한 사항이나 벌칙을 정할 때에는 법률의 위임이 있어야 한다."고 일반적 유보규정을 도입하고 있어 지방자치단체가 침익적 조례를 제정하기 위해서는 법률의 위임이 있어야 한다. 하지만, 지방자치법이나 다른 법률에서 수익적 조례의 제정시 법률의 유보를 요구하는 일반적 유보규정을 두고 있지는 않다.

법률의 유보문제와 달리 우리 헌법 제117조 제1항은 지방자치단체가 "법령의 범위 안에서 자치에 관한 규정을 제정할 수 있다"고만 하여 침익적 조례와 수익적 조례를 구별하지 않고 법의 우위원칙이 적용됨을 명확히 하고 있다.

한편, 우리 판례는 엄격하게 법령으로부터 개별적 위임을 요구하는 침익적 조례와 달리 수익적 조례와 관련하여 지방자치단체의 자치권을 매우 넓게 인정하고 있다. 대법원은 '정선군세자녀이상세대양육비등지원에관한조례안'의 무효소송에서 "지방자치단체는 그 내용이 주민의 권리의 제한 또는 의무의 부과에 관한 사항이거나 벌칙에 관한 사항이 아닌 한 법률의 위임이 없더라도 그의 사무에 관하여 조례를 제정"할 수 있다고 반복하여 판시하여 침익적 조례와 수익적 조례에 대해 법률의 유보가 달리 적용됨을 명확히 했다.[7]

하지만, 수익적 조례도 엄밀히 분석하면 수익적 자치조례와 수익적 위임조례로 구별할 수 있는데, 두 조례사이에 어떤 차이가 있는지, 수익적 위임조례의 경우 침익적 위임조례에 인정되는 자치입법권의 한계와 어떤 차이가 있는지, 그리고 수익적 위임조례에 있어 확장된 입법재량의 한계가 어디까지인지는 기존 판례나 학설들에 의해 구체화되거나 명확하게 설명되어지지 않았다.

---

7) 대법원 2006. 10. 12. 선고 2006추38 판결 ; 대법원 2009. 10. 15. 선고 2008추32 판결.

2. 법치행정의 관점에서 본 수익적 조례론의 등장배경

1) 우리 법에 있어 침해행정과 급부행정의 구별에 따른 법률의 규율밀도의 차이

수익적 조례론과 침익적 조례론의 차이를 가져온 직접적인 근거조문은 지방자치법 제22조 단서, 즉, "주민의 권리 제한 또는 의무 부과에 관한 사항이나 벌칙을 정할 때에는 법률의 위임이 있어야 한다."는 문장이라 할 수 있지만, 법률유보원칙이 침해행정과 급부행정에 적용되는 과정에서 보여주는 실질적인 차이도 양 조례론의 차이를 가져온 또 다른 중요한 원인이라고 볼 수 있을 것이다.

오늘날 우리나라에서 행정작용의 법률유보와 관련하여 통설과 판례는 본질성설을 따르고 있다.[8] 이에 따르면 급부행정의 영역에서도 본질적이고 중요한 사항은 법률에서 사전에 근거가 마련되어 있어야 하는데 기본권관련사항이 중요한 사항의 예로 제시되고 있으나 침해행정의 경우보다 급부행정에서 법률유보의 강도는 더 낮게 요구되고 있다.[9] 또, 입법사항들 중에는 헌법에서 조세법률주의나 행정조직법정주의처럼 국회입법원칙을 선언한 경우도 있어 중요도에도 정도의 차이가 있어서 어떤 사항은 국회가보다 세밀하게 법률로 규정해야 할 사항도 존재한다.

법률유보에 관한 본질성설에 따를 때 급부행정의 영역에서도 본질적인 사항에 관한 법률의 규율은 포기될 수 없기 때문에 법률에 규정되어 있어야 할 사항들이 존재한다. 이에 관하여 우리 헌법재판소는 조세감면에 관한 다음의 결정에서 매우 중요한 기준을 제시하고 있다.

"조세의 감면에 관한 규정은 조세의 부과·징수의 요건이나 절차와 직접

---

8) 헌재 1999.5.27., 98헌바70 ; 대법원 2007.10.12., 2006두14476.
9) 김철용, 행정법 제8판, 2019, 110면. 홍정선, 행정법론(상), 2010 제18판, 58-59면. 박균성, 행정법론(상) 제16판, 2017, 28면.

관련되는 것은 아니지만, 조세란 공공경비를 국민에게 강제적으로 배분하는 것으로서 납세의무자 상호간에는 조세의 전가관계가 있으므로 특정인이나 특정계층에 대하여 정당한 이유없이 조세감면의 우대조치를 하는 것은 특정한 납세자군이 조세의 부담을 다른 납세자군의 부담으로 떠맡기는 것에 다름 아니므로 조세감면의 근거 역시 법률로 정하여야만 하는 것이 국민주권주의나 법치주의의 원리에 부응하는 것이다."10)

"조세감면의 우대조치는 조세평등주의에 반하고 국가나 지방자치단체의 재원의 포기이기도 하여 가급적 억제되어야 하고 그 범위를 확대하는 것은 결코 바람직하지 못하므로 특히 정책목표달성에 필요한 경우에 그 면제혜택을 받는 자의 요건을 엄격히 하여 극히 한정된 범위 내에서 예외적으로 허용되어야 한다."11)

그럼에도 불구하고 판례는 법률유보이론의 적용에 있어 침해행정과 급부행정의 영역을 구별하여 유보의 정도를 달리 요구하고 있다. 엄격하게 법치행정의 원칙을 적용하는 침해행정과 달리 급부행정의 영역에서는 상위법으로부터 자유로운 재량영역을 하위법제정자에게 넓게 인정하고 있다.

예를 들어, 대표적인 침익적 처분의 일종인 조세처분을 규정하는 조세법에는 조세법률주의가 적용되어 조세처분의 요건을 법률에 엄격하게 규정하여야 하고 이를 위반한 법률이나 조례는 위법하다. 하지만 조세감면처분에 대해서는 법률유보의 요건이 완화되어 적용되고 있다.

"조세법률주의를 규정한 헌법 제38조, 제59조의 취지에 의하면 국민에게 새로운 납세의무나 종전보다 가중된 납세의무를 부과하는 규정은 그 시행 이후에 부과요건이 충족되는 경우만을 적용대상으로 삼을 수 있음이 원칙이므로, 법률에서 특별히 예외규정을 두지 아니하였음에도 하위 법령인 조례에서 새로운 납세의무를 부과하는 요건에 관한 규정을 신설하면서 그 시

---

10) 헌재 1996. 6. 26. 93헌바2, 조세감면규제법 제74조 제1항 제1호 위헌소원.
11) 헌재 1996. 6. 26. 93헌바2, 조세감면규제법 제74조 제1항 제1호 위헌소원.

행시기 이전에 이미 종결한 과세요건사실에 소급하여 이를 적용하도록 하는 것은 허용될 수 없다."[12]

하지만, 대법원은 "조세의무를 감경하는 세법조항에 대하여는 조세공평의 원칙에 어긋나지 않는 한 소급효가 허용됨이 명백하고, 과세단위가 시간적으로 정해지는 조세에 있어서 과세표준기간인 과세년도 진행 중에 세율인상 등 납세의무를 가중하는 세법의 제정이 있는 경우에는 이미 충족되지 아니한 과세요건을 대상으로 하는, 강학상 이른바 부진정소급효의 경우이므로 그 과세년도 개시시에 소급적용이 허용"된다고 한다.[13]

대상판결에 관련된 법령과 조례들의 관계를 살펴보면, 구 지방재정법(2014. 5. 28. 법률 제12687호로 개정되기 전의 것) 제17조 제1항 및 구 지방재정법 시행령(2014. 11. 28. 대통령령 제25781호로 개정되기 전의 것) 제29조 제5항에서 대강과 개요를 정하고 2013년 홍성군 보조금관리조례 제20조는 이 법령들로부터 위임을 받아 제정되었다.

대상사례에서는 보조금교부라는 급부행정과 수익적 처분에 관한 업무를 처리함에 있어 급부행정에도 법률유보의 원칙이 적용되어 법령에서 본질적인 사항에 관한 대강과 개요를 규정하고 상세한 것은 조례에 위임하여 조례제정권자는 상당한 입법재량을 가지고 법령에서 맡겨진 임무의 수행을 위해 필요한 것들을 추가로 규정하였다. 지방세감면조례의 경우도 지방세법 등을 통해 법률의 위임을 받아 조례로 감면범위가 정해지고 있다. 이와 같이 제정된 조례들이 수익적 위임조례인 것이다.

위와 같이 우리나라의 급부행정의 영역에서도 법치행정의 원칙이 통설인 본질성설에 따라 이해되고 있지만, 급부행정에서는 상대방에게 수익적 효과를 미치므로 법률의 규율밀도를 완화하거나 소급적용을 인정하는 방식으로 법률의 유보와 법의 우위를 엄격하게 적용하는 침해행정과 다르게

---

12) 대법원 2011. 9. 2. 선고 2008두17363 전원합의체 판결 [지역개발세부과처분취소].
13) 대법원 1983. 4. 26. 선고 81누423 판결 [법인세부과처분취소].

법치행정의 원칙을 적용해왔다. 이 점이 침익적 조례와 다른 수익적 조례론의 등장에 중대한 영향을 미쳤다고 할 수 있을 것이다.

2) 침익적 처분과 수익적 처분에 대한 해석론의 차이

우리 판례는 특별한 규정이 없는 한 침익적 행정행위는 기속행위로 보면서 "침익적 행정행위의 근거가 되는 행정법규는 엄격하게 해석·적용하여야" 한다고 하고 있다.[14]

하지만, "특정인에게 권리나 이익을 부여하는 이른바 수익적 행정처분은 법령에 특별한 규정이 없는 한 재량행위"라고 하면서,[15] "수익적, 재량적 행정처분에 있어서는 그 처분에 관한 근거법령에 특별한 규정이 없더라도 일반적으로 조건이나 부담 등의 부관을 붙일 수 있는 것"이라고 한다.[16] 그리고 "수익적 행정처분으로서 법령에 행정처분의 요건에 관하여 일의적으로 규정되어 있지 아니한 이상 행정청의 재량행위에 속한다 할 것이고, 이러한 승인을 받으려는 주택건설사업계획이 관계 법령이 정하는 제한에 배치되는 경우는 물론이고 그러한 제한사유가 없는 경우에도 공익상 필요가 있으면 처분권자는 그 승인신청에 대하여 불허가 결정을 할 수 있다"고 하여 처분청은 공익상 필요가 있으면 법령에 명시되지 않은 다른 사유로 처분을 할 수 있다고 한다.[17]

대법원은 대상판결의 이유에서 "보조금 교부는 수익적 행정행위로서 교부대상의 선정과 취소, 기준과 범위 등에 관하여 교부기관에 상당히 폭넓은 재량이 부여되어 있다."는 점을 강조하면서 수익적 위임조례에 있어 위임한계에 관한 위법심사론을 전개하였다. 대상판결에 나타난 대법원의 논

---

14) 대법원 2013. 12. 12. 선고 2011두3388.
15) 대법원 2014. 5. 16. 선고 2014두274 판결.
16) 대법원 1992. 2. 14. 선고 91다36062 판결.
17) 대법원 2005. 4. 15. 선고 2004두10883 판결.

리에서도 드러나듯이 그 동안 판례가 침익적 처분과 수익적 처분에 대해서 정립해온 해석론의 차이가 침익적 조례론과 다른 수익적 조례론의 형성에 중대한 영향을 미쳤다고 할 수 있을 것이다.

IV. 수익적 조례론의 구체화와 명확화

1. 조례에의 위임한계에 관한 헌법재판소의 위헌심사원칙

지방자치법에 근거를 두고 제정되는 자치조례는 법률의 우위원칙을 준수하는 한 개별법령으로부터 위임이 없더라도 제정될 수 있지만, 법령의 제정자는 침익적 조례인 경우는 물론 수익적인 조례의 경우도 위임조례형식을 이용하게 할 수도 있다.

위임조례에 대한 위헌심사와 관련하여 헌법재판소는 다음과 같이 유명한 포괄적 위임의 원칙을 해석론으로 제시하였다. 즉, 헌법재판소는 "조례의 제정권자인 지방의회는 선거를 통해서 그 지역적인 민주적 정당성을 지니고 있는 주민의 대표기관이고, 헌법이 지방자치단체에 대해 포괄적인 자치권을 보장하고 있는 취지로 볼 때 조례제정권에 대한 지나친 제약은 바람직하지 않으므로 조례에 대한 법률의 위임은 법규명령에 대한 법률의 위임과 같이 반드시 구체적으로 범위를 정하여 할 필요가 없으며 포괄적인 것으로 족하다고 할 것이다."고 했다.18)

이하에서는 우리나라 위임조례의 위법심사를 위한 법원의 해석론을 엄격해석론과 합리적 해석론으로 분류하여 설명해갈 것이다. 수익적 위임조례의 경우 대상판결에서 대법원은 합리적 해석론을 전개하여 헌법재판소의 포괄적 위임론의 취지를 따르고 있는 것을 확인할 것이다. 하지만, 법원

---

18) 헌재 1995. 4. 20. 92헌마264,279(병합).

은 침익적 위임조례에 있어서는 여전히 엄격해석론을 따르고 있는 것으로
보인다.

2. 침익적 위임조례에 대한 위법심사와 엄격해석론

침익적 조례는 '주민의 권리 제한 또는 의무 부과에 관한 사항이나 벌
칙'(지방자치법 제22조 단서)을 정한 조례를 말한다.

자치사무에 대해 침익적 자치조례를 제정하는 경우, 예를 들어 지방자치
법 제27조 제1항에 따라 과태료조례를 제정하거나[19], 지방자치법 제136조
에 근거를 두고 사용료조례를 제정하거나, 또는 지방자치법 제137조에 따
라 수수료징수조례를 제정하는 경우 상위법령으로부터 위임을 받을 필요
는 없다.

하지만, 지방자치법을 제외한 다른 법령들을 근거로 하여 침익적 조례를
제정할 때, 즉, 침익적 위임조례와 관련하여 대법원은 "주민의 권리제한 또
는 의무부과에 관한 사항이나 벌칙에 해당하는 조례를 제정할 경우에는 그
조례의 성질을 묻지 아니하고 법률의 위임이 있어야 하고 그러한 위임 없
이 제정된 조례는 효력이 없다"고 하고 있다.[20] 또, 대법원은 "제주특별자
치도가 아닌 다른 곳에 등록을 한 사업자 및 자동차는 제주특별자치도에서
영업을 하지 못하도록 함으로써 헌법 제15조가 보장하는 영업장소의 제한
을 받지 아니하고 자유롭게 영업할 자유를 제한하는 내용으로서 조례안의

---

19) 예를 들어, 지방자치법 제27조 제1항은 조례위반에 대한 과태료에 관하여, "지방자치단
체는 조례를 위반한 행위에 대하여 조례로써 1천만원 이하의 과태료를 정할 수 있다."고
규정하고 있다. 이 조문에 근거를 둔 자치조례로서 과태료조례는 침익적 조례이지만 상
위법령으로부터 개별적 위임을 요하지 않는다.
20) 대법원 2007. 12. 13. 선고 2006추52. 대법원 2007. 12. 13. 선고 2006추52 ; 대법원
2009. 5. 28. 선고 2007추134 ; 대법원 2014. 12. 24. 선고 2013추81 ; 대법원 2014.
2. 27. 선고 2012두15005 ; 대법원 2012. 11. 22. 선고 2010두19270 전원합의체 판결.

적용을 받는 사람에 대하여 권리제한 또는 의무부과에 관한 사항을 규정하고 있다. 따라서 위 조례안 조항은 법률의 위임이 있어야 비로소 유효하게 된다"고도 했다.[21] 위와 같은 대법원의 판결로부터 알 수 있듯이 대법원은 침익적 조례에의 위임에 있어서는 그 위임을 완화하는 기준이나 문언을 제시한 바 없이 개별적 위임을 요구하고 있다.[22]

하지만, 법제처는 지방자치법을 제외한 다른 법률에서 " '과태료에 대한 별도의 법률 위임'이 없다고 할지라도 법률에서 '과태료 부과원인이 되는 의무'의 부과를 '조례로 위임'한 경우에 과태료 부과에 관한 사항을 조례로 정할 수 있다고 할 것"이라고 하여,[23] 위임조례로서 과태료를 규정하는 경우 위임의 구체성의 정도를 완화하는 독자적 해석론을 제시하고 있다.[24] 이 해석론을 통해 법제처는 대상판결에서 대법원이 전개한 합리적 해석론, 위임받은 업무의 실효적 수행을 위해 필수적인 업무는 위임의 한계내에 있

---

21) 대법원 2007. 12. 13. 선고 2006추52 판결.
22) 다만, 대법원판례중에는 침익적 조례에 대한 상위법령의 위임문언이 포괄적인 경우라 하더라도 자주법으로서 조례의 특성을 고려하여 넓게 조례제정권을 인정한 예는 있다. "법률이 주민의 권리의무에 관한 사항에 관하여 구체적으로 아무런 범위도 정하지 아니한 채 조례로 정하도록 포괄적으로 위임하였다고 하더라도, 행정관청의 명령과는 달라, 조례도 주민의 대표기관인 지방의회의 의결로 제정되는 지방자치단체의 자주법인 만큼, 지방자치단체가 법령에 위반되지 않는 범위 내에서 주민의 권리의무에 관한 사항을 조례로 제정할 수 있는 것이다."(대법원 1991. 8. 27. 선고 90누6613 판결) 하지만, 이 판례가 침익적 위임조례의 제정시 개별적 위임을 요구하고 그것에 엄격한 구속을 요구하는 엄격해석론을 수정한 것으로 이해하기는 어려울 것이다. 이 조례는 서울특별시 공유수면점용료등징수조례에 관한 것이었는데 공유수면관리법과 동 시행령의 입법자와 대법원은 지방자치법 제136조에서 사용료징수조례를 자치조례로 규정하고 있는 것(1991년 판례에서도 점용료를 사용료라고 표현하고 있는 것을 볼 때 점용료는 사용료의 성격을 갖는 것이다)에서 일정 정도 영향을 받지 않았을까 생각한다.
23) 법제처 2009. 6. 15. 회신 해석09-0135.
24) 이에 관한 소개 및 분석은, 선정원, 침익적 위임조례에 있어 위임의 포괄성과 그 한계 - 과태료조례를 중심으로 -, 지방자치법연구 제60호, 2018.12, 3-27면 참조. 이 글에서는 이러한 조례를 '의무이행 과태료조례'로 불렀다. 이 사례를 제외하고 침익적 조례에 있어 위임의 정도를 완화한 다른 사례는 찾지 못했다.

다는 것과 비슷한 논거를 제시했었다.[25] 즉, 상위법령에서 과태료부과원인
이 되는 의무를 이행하도록 위임한 경우 그 의무이행을 확보하기 위해 과
태료를 정한 조례는 위임문언에서 과태료가 직접 명시되지 않았더라도 위
법하지 않다는 것이었다.

이상으로부터 침익적 위임조례의 허용여부의 심사에 있어 법제처의 '의
무이행 과태료조례'의 예외가 있지만, 법원과 행정실무는 ① 원칙적으로
개별적 위임문언을 요구하고 ② 위임문언에 엄격히 구속될 것을 요구하는
'엄격해석론'을 취하고 있는 것으로 보여진다.[26]

우리 법원이 향후 침익적 위임조례의 경우 상위법령의 개별적 위임에의
엄격한 구속을 요구하는 엄격해석론을 완화해갈 것인지는 지켜보아야 할
것이다.[27]

3. 수익적 자치조례에 대한 위법심사의 방법

수익적 자치조례는 지방자치단체가 상위법령으로부터 위임없이 자치사

---

25) 대법원은 대상판결에서 "법령의 위임에 따라 교부기관이 보조금의 교부 및 사후 감독
   등에 관한 업무를 수행할 수 있는 이상, 그 교부결정을 취소하고 보조금을 반환받는 업
   무도 교부기관의 업무에 포함된다고 볼 수 있다"고 했다. 대법원 2018. 8. 30. 선고 2017
   두56193 판결.

26) 대법원은 침익적 처분의 위법심사에서도 엄격해석론을 견지하고 있다. 즉, "침익적 행정
   처분의 근거가 되는 행정법규는 엄격하게 해석·적용하여야 하고 행정처분의 상대방에게
   불리한 방향으로 지나치게 확장해석하거나 유추해석하여서는 안되며"라고 한다. 대법원
   2008. 2. 28. 선고 2007두13791,13807 판결.

27) 침익적 위임조례에 대해 상위법령으로부터 엄격한 위임을 요구하는 우리 법제와 판례의
   태도에 대한 비판은, 문상덕, 조례와 법률유보 재론 - 지방자치법 제22조 단서를 중심
   으로 -, 행정법연구 제19호, 2007.12, 14면 참조. 문상덕 교수는 "권리를 제한하고 의무
   를 부과할 수 있는 법규로서의 실질을, 항상 별개의 법주체인 국가로부터의 법률적 위임
   이라는 단초에 의해서만 비로소 형성가능하도록 하는 것은, '자치' 입법권으로서의 본질
   을 왜곡시키고 그 헌법적 보장정신을 훼손하는 결과로 이어질 수밖에 없다"고 비판한다.

무에 관해 제정하는 수익적 조례를 말한다.

지방자치법 제22조는 "지방자치단체는 법령의 범위 안에서 그 사무에 관하여 조례를 제정할 수 있다."고 규정하고 있고, 동법 제9조 제1항은 "지방자치단체는 관할 구역의 자치사무와 법령에 따라 지방자치단체에 속하는 사무를 처리한다."고 하고 있으므로 이 규정들에 따라 지방자치단체는 수익적 자치사무에 대해 자치조례를 제정할 수 있다.

또, 지방자치법 제136조와 제137조에서 지방자치단체가 사용료와 수수료를 자치사무로서 규정할 수 있게 하고 있으므로 사용료징수조례나 수수료징수조례를 자치조례로서 규정할 수 있는데, 이 조례중에 사용료의 감면이나 수수료의 감면을 내용으로 하는 규정을 도입할 수도 있다.

조례를 제정하는 지방자치단체들은 수익적 위임조례사항인지 아니면 수익적 자치조례사항인지에 따라 입법재량이 크게 달라진다. 수익적 위임조례에 있어서는 위임규정을 둔 상위법령의 문언을 살펴 그것을 위반하지 않고 위임된 범위내에서 조례를 제정해야 한다. 법률의 우위원칙을 준수해야 할 뿐만 아니라 법률유보의 한계를 넘어서는 안된다. 이와 달리 수익적 자치조례를 제정할 때에는 개별적 법령유보의 제한을 받지 않고 법령을 위반하지 않는 범위내에서 자치조례를 제정할 수 있으므로 지방자치단체의 자치입법권이 넓게 인정되고 위임의 한계에 관한 문제는 제기되지 않는다.

우리 판례가 위임조례와 자치조례의 구별을 알고 있듯이,[28] 법제처도 자치법규에 관한 의견제시사례에서 수익적 자치조례와 그의 넓은 입법재량을 인정하고 있다.

예를 들어, 부안군이 부안군과 자매결연이 체결되어 있는 다른 지방자치단체의 주민에 대하여 부안군의 시설 방문 시 부안군민의 감면율을 적용하는 내용을 조례에 규정할 수 있는지 문의한 사안에서 법제처는 다음과 같이 의견제시하고 있다.

---

28) 대법원 2000. 11. 24. 선고 2000추29 판결 ; 대법원 2007. 12. 13. 선고 2006추52 판결.

"부안군의 시설 방문 시 부안군민의 감면율을 적용하는 것은 부안군 시설의 관람료 또는 사용료의 감면과 관련한 것으로", 위와 같은 사무는 부안군의 자치사무로 볼 수 있을 것입니다.

또한, "부안군 조례안에서 규정하고자 하는 내용은 부안군 시설의 감면율 적용에 관한 것으로, 이는 주민의 권리 제한 또는 의무 부과에 관한 사항이 아니기 때문에 법률의 위임이 없더라도 조례에 규정할 수 있다고 할 것입니다. 따라서, 부안군과 자매결연이 체결되어 있는 다른 지방자치단체의 주민에 대하여 부안군의 시설 방문 시 부안군민의 감면율을 적용하는 것은 부안군의 자치사무에 해당하여 조례에 규정하는 것이 가능할 것으로 보입니다."[29)]

4. 대상판결의 분석 — 수익적 위임조례에 대한 위법심사와 합리적 해석론

1) 관련 실정법령과 조례의 내용

2013년 홍성군 보조금관리조례 제20조는 구 지방재정법(2014. 5. 28. 법률 제12687호로 개정되기 전의 것) 제17조 제1항 및 구 지방재정법 시행령(2014. 11. 28. 대통령령 제25781호로 개정되기 전의 것) 제29조 제5항을 모법으로 하여 그의 위임을 받아 제정되었다.

구 지방재정법 제17조 제1항은 단서 및 각 호에서 지방자치단체의 소관에 속하는 사무와 관련하여 보조금 또는 그 밖의 공금 지출을 할 수 있도록 하는 예외 규정을 두고 있었는데, 특히, 동법 제17조 제1항 제4호는 "보조금을 지출하지 아니하면 사업을 수행할 수 없는 경우로서 지방자치단체가 권

---

29) [의견16-0186, 2016. 8. 24., 전라북도 부안군].

장하는 사업을 위하여 필요하다고 인정되는 경우"라고 규정하고 있었다.

구 지방재정법시행령 제29조 제5항은 "법 제17조 제1항의 규정에 의한 지방자치단체의 보조금 또는 그 밖의 공금의 지출에 대한 교부신청, 교부결정 및 사용 등에 관하여 필요한 사항은 당해 지방자치단체의 조례로 정한다."라고 규정하였다.

홍성군수는 군비를 재원으로 하는 보조금의 교부대상, 교부방법 및 사용 등에 관하여 필요한 사항을 규정하기 위하여 홍성군 보조금관리조례(시행 2013. 12. 12. 충청남도홍성군조례 제2090호)를 제정하였다. 이 조례 제20조에서는 구 지방재정법시행령 제29조 제5항의 위임을 받아 "군수는 보조금을 교부받은 자가 다음 각 호의 어느 하나에 해당한다고 인정될 때는 보조금의 교부를 중지하거나 이미 교부한 보조금의 전부 또는 일부의 반환을 명할 수 있다."라고 하면서 제1호에서 "보조사업의 성공 가능성이 없을 때", 제2호에서 "사업의 전부 또는 일부를 정지하였을 때"를 들고 있었다.

2) 대전고등법원의 판결내용

원심인 대전고등법원은 이 사건 조례 제20조의 효력유무를 평가하기 위해 법률유보원칙의 위배 여부를 다음과 같이 판단하였다.

첫째, 대전고등법원은 아래 내용과 같이 이 조례 제20조에서 규정한 보조금환수처분은 침익적 처분으로서 침익적 조례에 대하여 확립된 법해석론에 따라 판단하였음을 명확히 했다.

"지방자치법 제22조, 행정규제기본법 제4조 제3항에 의하면 지방자치단체가 조례를 제정함에 있어 그 내용이 주민의 권리제한 또는 의무부과에 관한 사항이나 벌칙인 경우에는 법률의 위임이 있어야 하므로, 법률의 위임 없이 주민의 권리제한 또는 의무부과에 관한 사항을 정한 조례는 효력이 없다(대법원 2012. 11. 22. 선고 2010두19270 전원합의체 판결 등 참조)."

둘째, 대전고등법원은 침익적 위임조례에 대해 대법원이 제시한 법해석론에 따라 횡성군 보조금관리조례 제20조가 규정한 보조금환수처분은 구 지방재정법시행령 제29조 제5항의 위임의 한계를 벗어나 제정된 것으로 아래 설명과 같이 무효라고 판단했다.

"구 지방재정법 및 같은 법 시행령은 보조금의 교부신청, 교부결정 및 사용 등에 관한 사항만을 조례에 위임하고 있을 뿐, 보조금 반환에 관한 사항까지 조례에 위임하고 있지 아니하다. 그럼에도 불구하고 이 사건 조례 제20조는 그 위임의 범위를 벗어나 일정한 사유에 해당하는 경우 보조금의 반환을 명할 수 있음을 창설적으로 규정하고 있는바, 이는 상위법령에서 위임하지 않은 사항을 제정한 것이어서 무효이다. 따라서 무효인 이 사건 조례 제20조에 근거한 피고 홍성군수의 이 사건 환수처분은 위법하다 할 것이다."

이상의 설명에서 알 수 있듯이 원심인 대전고등법원은 횡성군 보조금관리조례 제20조에서 규정한 보조금환수처분은 침익적 처분으로서 침익적 조례규정이므로 상위법령으로부터 개별적이고 명시적인 위임이 있어야 제정가능하다고 하였는데, 이는 대법원이 고수해왔던 침익적 위임조례의 위임문언에 관한 엄격해석론을 충실히 따른 것이었다. 그런데 놀랍게도 대법원은 이 판결을 파기환송하였다.

3) 대법원판결내용의 검토

(1) 대법원판결의 내용

대법원은 홍성군 보조금관리조례 제20조가 구 지방재정법시행령 제29조 제5항의 위임의 한계를 벗어난 것인지 여부를 판단하기 위하여 침익적 위임조례론을 전개한 자신의 판결들을 인용하지 않고 다른 접근방법을 취하였다.

첫째, 대법원은 대상판결에서 다음의 판결들을 인용하면서,[30] 아래와 같은 법논리를 전개하였다.

"특정 사안과 관련하여 법령에서 조례에 위임을 한 경우 조례가 위임의 한계를 준수하고 있는지 여부를 판단할 때는 당해 법령 규정의 입법 목적과 규정 내용, 규정의 체계, 다른 규정과의 관계 등을 종합적으로 살펴야 하고, 수권 규정에서 사용하고 있는 용어의 의미를 넘어 그 범위를 확장하거나 축소하여 위임 내용을 구체화하는 단계를 벗어나 새로운 입법을 하였는지 여부 등도 아울러 고려하여야 한다."

그런데 2009두17797판결은 조례에 관한 판결이 아니라 구 기반시설부담금에 관한 법률 시행령 제5조가 상위 법률을 위반한 것인지가 문제되어 내려진 판결이었다. 2014두37122 판결에서는 조례가 위임의 한계를 벗어난 것인지가 문제되었다.

여기서 주목해야 할 문언은 "조례가 위임의 한계를 준수하고 있는지 여부를 판단할 때는 당해 법령 규정의 입법 목적과 규정 내용, 규정의 체계, 다른 규정과의 관계 등을 종합적으로 살펴야" 한다는 것이다.

둘째, 대법원은 수익적 행정행위에 대한 위법심사에서 이용되는 해석방법론을 대상 조례의 위법판단에서도 활용하였다.

"보조금 교부는 수익적 행정행위로서 교부대상의 선정과 취소, 기준과 범위 등에 관하여 교부기관에 상당히 폭넓은 재량이 부여되어 있다. 또한 보조금 지출을 건전하고 효율적으로 운용하기 위해서는, 보조금 교부기관이 보조금 지급목적에 맞게 보조사업이 진행되는지 또는 보조사업의 성공 가능성이 있는지에 관하여 사후적으로 감독하여 경우에 따라 교부결정을 취소하고 보조금을 반환받을 필요도 있다. 그리고 법령의 위임에 따라 교부기관이 보조금의 교부 및 사후 감독 등에 관한 업무를 수행할 수 있는 이상, 그 교부결정을 취소하고 보조금을 반환받는 업무도 교부기관의 업무

---

30) 대법원 2010. 4. 29. 선고 2009두17797 판결 ; 대법원 2017. 4. 7. 선고 2014두37122 판결.

에 포함된다고 볼 수 있다."

셋째, 대법원은 구 지방재정법 시행령 제29조 제5항에서 '보조금에 대한 교부신청, 교부결정 및 사용 등에 관하여 필요한 사항'을 조례에 위임하고 있는데, 이 위임문언에 '보조금 반환'과 관련한 사항이 여기에 포함되는 것으로 본다고 하여 이 문언의 통상적인 의미에 따른 위임의 한계를 벗어난 것으로 단정할 수 없다고 했다. 이러한 결론을 위해, 대법원은 보조금 지출을 건전하고 효율적으로 운용하기 위하여 보조금의 반환조치가 필요하다는 점을 고려했고, 국고보조금을 규율한 '보조금 관리에 관한 법률' 제1조는 '교부신청, 교부결정 및 사용 등'에 관한 기본적인 사항을 규정한다고 하고 있는데, 이 법률 제5장에서는 '보조금의 반환 및 제재'를 규정하고 있다는 점도 고려했다.

  (2) 대법원관결의 검토
    – 수익적 위임조례의 위법심사에 있어 합리적 해석론의 전개

대법원은 원심인 대전고등법원의 판결이유를 받아들이지 않고 다른 법논리를 전개했다. 몇 가지로 요약해보고 검토하기로 한다.

첫째, 원심은 홍성군 보조금관리조례 제20조에 대한 위법심사에 있어 침익적 위임조례에 대하여 확립된 법해석론을 원용하였으나 대법원은 그것을 받아들이지 않았다.[31] 대법원은 "보조금 교부는 수익적 행정행위로서

---

31) 임성훈, 지방보조금 환수에 관한 법률의 위임 여부, 대법원판례해설 제118호, 2019, 17면 이하에서는 대상사건을 검토하는 과정에서 고려되었던 두 견해를 소개하고 있다. 원심의 입장에 서는 입장을 위임범위 일탈설로 소개하고 대상판결에서의 대법원의 입장을 위임범위 포함설로 나누었다. 위임범위 일탈설은 보조금반환처분은 침익적 처분으로서 구 지방재정법 시행령 제29조 제5항에서 '보조금에 대한 교부신청, 교부결정 및 사용 등에 관하여 필요한 사항'의 문언속에 보조금반환은 포함되지 않으므로 위임범위를 벗어났다는 견해이다. 위임범위 포함설은 구 지방재정법 제17조의2 제5항 소정의 "보조금 지출을 건진하고 효율적으로 운용하기 위하여 필요한 사항"과 연관지어 생각하고, 국고보조금

교부대상의 선정과 취소, 기준과 범위 등에 관하여 교부기관에 상당히 폭넓은 재량이 부여되어 있다."고 하면서 개별적이고 명시적인 위임을 요구하지 않음으로써, 이 사안을 수익적 조례의 문제로 보고 있음을 시사하였다.

개별행위로서 환수처분 자체가 침익적 처분이라는 점은 명백하지만, 대법원은 이 환수처분은 보조금의 교부처분에 부수되고 필수적인 사후감독업무의 일종이므로 별개로 그 법적 성질을 따져 위임의 한계를 논할 수는 없다고 본 것이라고 할 수 있다. 즉, 상식적이고 합리적인 판단에 따를 때, 보조금의 교부처분이라는 수익적 처분에 부수적인 처분이라는 것이다.[32] 보조금 지출을 건전하고 효율적으로 운용하기 위하여 보조금의 반환조치는 반드시 필요하다는 점도 대법원은 강조하고 있다.

이것은 예를 들어, 공동주택건축허가처분을 하면서 일정 토지의 기부채납의 부담을 부과하였을 때와 유사한 상황이라 할 수 있다. 이 때 공동주택건축허가처분은 수익적 처분으로서 재량행위라 할 수 있고 부수적인 기부채납의 부담 자체는 침익적 처분이지만 행정청은 공동주택건축허가처분으로 누리는 수익의 범위내에 있는 한 기부채납의 부담 정도를 달리할 수 있으므로 기부채납의 부담은 재량행위라고 볼 수 있을 것이다.

둘째, 대상판결에서 대법원은 보조금의 환수처분을 규정한 횡성군 보조금관리조례 제20조의 위법심사를 하면서, "법령의 위임에 따라 교부기관이

을 규율한 '보조금 관리에 관한 법률' 제1조는 '교부신청, 교부결정 및 사용 등'에 관한 기본적인 사항을 규정한다고 하고 있는데, 이 법률 제5장에서는 '보조금의 반환 및 제재'를 규정하고 있다는 점을 고려할 때 보조금의 반환조치가 위임범위에 포함되는 것으로 보아야 한다는 입장이었다.

32) "보조금 반환의 근거가 되는 교부결정의 취소는 교부결정에 관한 사항으로써, 교부결정에 관한 위임이 있으면 교부결정 취소에 관한 위임도 인정될 수 있다"고 보아야 한다. 임성훈, 위의 논문, 19면. 행정법학의 일반해석론에 따를 때에도 수익적 처분은 상대방에게 귀책사유가 있는 경우 신뢰보호원칙의 보호를 받을 수 없으므로 철회를 위한 별도의 법적 근거가 없더라도 직권으로 철회될 수 있으므로 이 견해는 타당하다고 본다. 대상사건에서는 사업자가 보조금 지급목적에 맞게 보조사업을 진행하지 않은 경우이었다.

보조금의 교부 및 사후 감독 등에 관한 업무를 수행할 수 있는 이상, 그 교부결정을 취소하고 보조금을 반환받는 업무도 교부기관의 업무에 포함된다고 볼 수 있다."고 해석했다.

위와 같은 판단을 지지하기 위하여 대법원은 "조례가 위임의 한계를 준수하고 있는지 여부를 판단할 때는 당해 법령 규정의 입법 목적과 규정 내용, 규정의 체계, 다른 규정과의 관계 등을 종합적으로 살펴야" 한다고 했다. 대법원은 이 기준을 제시하면서 조례에의 위임문언의 해석과 관련하여 동일한 표현을 사용한 것으로 인용한 참조판례는 대법원 2017. 4. 7. 선고 2014두37122 판결이었는데, 이 판결은 조례제정권자에게 상위법법령에서 상당한 입법재량을 주고 있는 경우에 관한 것이다. 즉, "가축사육 제한구역 지정으로 인한 지역주민의 재산권 제약 등을 고려하여 법률에서 지정기준의 대강과 한계를 설정하되, 구체적인 세부기준은 각 지방자치단체의 실정 등에 맞게 전문적·기술적 판단과 정책적 고려에 따라 합리적으로 정하도록 한" 경우에 관한 것이었다.[33]

셋째, 보조금에 관한 입법기술상으로도 이러한 해석은 합리적이라고 보았다. 즉, 대법원은 국고보조금을 규율한 '보조금 관리에 관한 법률' 제1조는 '교부신청, 교부결정 및 사용 등'에 관한 기본적인 사항을 규정한다고 하고 있는데, 이 법률 제5장에서는 '보조금의 반환 및 제재'를 규정하고 있다는 점도 그 논거로서 지적하고 있다.

사견으로는 이상과 같이 대법원이 대상판결을 통해 제시한 법논리는 수익적 조례에 관한 위법심사의 해석론의 정립을 위해 중요한 의미를 가진다고 본다. 이하에서는 침익적 조례에 대한 엄격해석론에 대비하여 수익적 조례와 관련하여 대법원이 정립한 법해석론을 '합리적 해석론'으로 부르고 그 법논리의 내용을 요약하고 구체화해보고자 한다.[34]

---

33) 대법원 2017. 4. 7. 선고 2014두37122 판결.
34) 대법원 자신은 합리적 해석론이라는 용어는 사용하지 않는다. 미국 지방자치법학에서 주

수익적 위임조례가 상위법령의 위임한계를 벗어났는가를 판단함에 있어서는 직접적인 위임이 없더라도 "당해 법령 규정의 입법 목적과 규정 내용, 규정의 체계, 다른 규정과의 관계 등을 종합적으로 살펴" 자치입법권자에게 입법재량이 부여되어 있는지, 그리고 어느 범위까지인지 살펴야 한다.35)

특히, 법령에서 조례에 위임하는 주된 업무의 성격이 수익적일 때에는, 그 업무와 관련된 부수적이고 필수적인 업무가 침익적이고 명시적인 위임 문언이 없더라도, 주된 업무와 부수적 업무를 전체로 보아 수익적 업무로 보고 수익적 위임조례론을 적용해 위임여부를 판단해야 한다. 이 때, 이 침익적 처분은 주된 수익적 처분을 통해 추구하는 행정목적의 실효적 이행을 위해 꼭 필요한 것이어야 하고 부수적 처분에 의한 침익의 정도가 주된 처분에 의한 수익의 범위내에 있어야 한다.

이러한 해석은 헌법재판소가 자치입법권자에게 인정한 '포괄적' 입법재량, 그리고 특별한 규정이 없는 한 수익적 처분을 원칙적으로 재량행위로 파악하는 우리 판례의 입장 등과 그 흐름을 같이 하는 것이다. 또, 수익적 처분에 부가된 부담의 해석론에서 우리 판례가 취하는 입장36)과 그 맥락을

의 선점과 관련하여 엄격해석론, 합리적 해석론, 자유주의적 해석론으로 학설과 판례가 나뉘어 논의가 진행되고 있는 것에서 시사점을 얻었다.

미국에서는 주법률과 지방자치단체의 자치입법사이에 충돌이 발생할 때, 엄격해석론(strict construction), 합리적 해석론(reasonable construction)과 자유주의적 해석론(liberal construction)이 등장하였다. 이에 관해서는, 송시강, 미국의 지방자치제도 개관, 행정법연구 제19호, 2017.12, 73-74면 참조 및 박민영, 미국 지방자치법상 Dillon의 원칙과 선점주의의 조화, 지방자치법연구 제32호, 2011, 351면 참조.

하지만, 이 글에서 사용한 합리적 해석론의 의미는 우리 대법원이 보조금조례에 관한 대상판례에서 전개한 해석론을 지칭하는 것으로 미국 지방자치법학에서 사용하는 개념과 동일하지는 않다. 자치입법재량을 조금 더 확장하는 방향으로 상위법을 해석한다는 공통점은 갖는다고 할 수 있을 것이다.

35) 수익적 처분 및 재량행위에 대한 위법심사에 있어서도 법원은 처분청의 재량권의 일탈과 남용여부만을 심사하며 처분청은 공익상 필요하다면 법령에 명시되지 않은 사유로도 자신의 처분을 정당화할 수 있다고 한다. 대법원 2007. 5. 10. 선고 2005두13315.

36) 판례는 기부채납의 부담에 대해서는 재량행위임을 전제로 부당결부금지원칙과 비례원칙

같이 하는 것이다.

수익적 위임 조례의 위법심사에 관한 '합리적 해석론'에 따를 때 수익적 위임조례에 있어 법률유보요청은 상당히 완화된다고 할 수 있을 것이다.

5. 수익적 위임조례의 위법심사에 있어 초과조례론·추가조례론의 적용가능성

초과조례 또는 내용초과조례는 법령과 조례가 규율대상은 동일하지만 조례에서 법령이 정한 기준보다 초과하여 정한 조례를 말한다. 수익적 초과조례는 법령보다 조례에서 주민의 권익을 보다 강하게 보장하는 조례를 말한다.

한편, 추가조례 또는 대상추가조례는 법령과 조례가 규율목적은 동일하지만 적용대상을 추가하여 규정한 조례를 말한다. 수익적 추가조례는 법령과 동일한 목적을 규정하면서도 규율대상을 추가하여 주민의 권리를 확대하거나 부담을 감경하는 내용을 담은 조례이다.

대법원은 아래와 같이 초과조례론 또는 추가조례론을 전개하여 자치입법재량을 확대하려 했다. "지방자치단체는 법령에 위반되지 아니하는 범위 내에서 그 사무에 관하여 조례를 제정할 수 있는 것이고, 조례가 규율하는 특정사항에 관하여 그것을 규율하는 국가의 법령이 이미 존재하는 경우에도 조례가 법령과 별도의 목적에 기하여 규율함을 의도하는 것으로서 그 적용에 의하여 법령의 규정이 의도하는 목적과 효과를 전혀 저해하는 바가 없는 때, 또는 양자가 동일한 목적에서 출발한 것이라고 할지라도 국가의 법령이 반드시 그 규정에 의하여 전국 또는 광역지방자치단체 관할구역 단

이 적용된다고 하고 있다. 대법원 1997. 3. 11. 선고 96다49650. 대법원 2009.2.12. 선고 2005다65500.

위로 일률적으로 동일한 내용을 규율하려는 취지가 아니고 각 지방자치단체가 그 지방의 실정에 맞게 별도로 규율하는 것을 용인하는 취지라고 해석되는 때에는 그 조례가 국가의 법령에 위반되는 것은 아니라 할 것입니다."37)

추가조례론과 초과조례론은 이상에서 보았듯이 우리 판례도 수용한 해석론이지만, 이 해석론이 탄생했던 일본에서 이 논의는 환경보호 등의 영역에서 법률의 우위의 엄격한 구속으로부터 벗어나기 위하여 전개되었었다.38) 대상판결에서 문제된 위임조례에 있어 조례가 위임의 한계를 벗어났는가의 문제는 법률의 우위원칙의 적용문제가 아니라 법률의 유보원칙의 적용에 관한 문제이기 때문에 추과조례론과 초과조례론을 대상판결의 이해를 위해 원용하는 것은 부적절한 것으로 보여진다.39)

V. 결어

헌법재판소가 조례에 대한 위임의 한계를 심사하면서 포괄적 위임의 원칙을 선언했으나 자치입법권의 신장은 매우 더디게 진행되었다. 마침내 2018년 대상판결을 통해 대법원은 수익적 위임조례에 있어 법령으로부터 직접적이고 명시적인 위임문언이 없는 경우에도 다른 규정들을 종합적으로 살펴 위임범위내에 포함되는 것으로 해석할 수 있다는 판결을 내림으로써 엄격한 위임문언에의 구속이라는 족쇄를 완화하였다.

---

37) 대법원 1997. 4. 25. 선고 96추244 판결.
38) 조정환, 자치입법권 특히 조례제정권과 법률우위와의 관계문제, 공법연구 제29집 제1호, 2000, 384면 이하 참조.
39) 다만, 위임문언에의 조례의 구속이라는 측면에서는 상위법령에의 구속이라는 점에서 '유보'의 문제이외에 '우위'의 문제로서 파악할 수 있는 측면이 있을 것이지만 그러한 접근의 유용성은 한계가 있을 것이다.

그 동안 수익적 자치조례는 침익적 조례와 달리 엄격한 법률유보로부터 벗어나 자치입법권의 신장을 위해 중대한 기여를 하고 있었지만, 수익적 위임조례에 관한 법해석론은 학계는 물론 재판실무에서도 아직 확실하게 정립되지 않았었다.

대법원은 대상판결에서 수익적 위임조례의 위법을 심사하면서 상위법령의 위임한계를 벗어났는가를 판단함에 있어서는 직접적인 위임이 없더라도 "당해 법령 규정의 입법 목적과 규정 내용, 규정의 체계, 다른 규정과의 관계 등을 종합적으로 살펴" 위임의 한계를 벗어났는지를 판단해야 한다고 했다.

또, 대법원은 원심이 원용한 침익적 조례론을 배척하고 수익적 행정행위에 관한 법이론을 판결이유에서 거론했는데, 이것의 의미는 법령에서 조례에 위임하는 주된 업무의 성격이 수익적일 때에는 그 업무와 관련된 부수적이고 필수적인 업무가 침익적이고 명시적인 위임문언이 없더라도, 주된 업무와 부수적 업무를 전체로 보아 수익적 업무로 보고 수익적 위임조례론을 적용해 위임여부를 평가해야 한다고 본 것으로 생각할 수 있을 것이다.

필자는 이것을 침익적 위임조례에 대한 '엄격해석론'과 대비하여 '합리적 해석론'이라고 불렀다.

제4장 사회보장법제에 있어 조례의 역할과 한계

조 성 규

I. 서 론

'복지국가'로 대변되는 현대사회에서 사회보장 내지 사회복지[1]를 위한 제도의 중요성이 점증하고 있음은 이론의 여지가 없으며, 그에 따라 개인의 사회보장수급권의 확대 및 이를 위한 법적 근거의 문제가 중요한 법적 과제가 되고 있다. 사회보장제도는 복지국가원리를 통한 그 규범적 의미에도 불구하고, 국가적·사회적 환경에 따른 정책적 결정에 의존하는 점에서 단순히 정책적 구상이 중요한 것이 아니라 사회보장을 실현할 구체적 제도화가 중요한바, 이에 있어서는 필연적으로 그 법적 근거로서 법제화의 문제가 수반되기 때문이다. 즉 사회보장법제에 있어 법제화의 문제는 추상적 사회복지정책을 구체화하고 이를 개인에 대하여 실현하는 수단인 점에서 매우 중요한 의미를 가진다.

근래만 하더라도 영유아무상보육 문제, 노령연금 문제 등이 법적·사회적으로 첨예한 쟁점이 되었었고, 이와 관련하여 복지재정 등의 문제로 중앙

---

[1] 사회보장과 사회복지의 구분과 관련하여, 헌법의 문언은 양자를 구별하고 있으나(헌법 제34조 제2항), 양자는 명백히 구분되는 것은 아니며 사회보장의 개념에 사회복지가 포함된다고 보고 있으며(양건, 헌법강의 I, 법문사, 2007, 631면), 실정법제상으로도 사회보장기본법은 "사회보장"을 "출산, 양육, 실업, 노령, 장애, 질병, 빈곤 및 사망 등의 사회적 위험으로부터 모든 국민을 보호하고 국민 삶의 질을 향상시키는 데 필요한 소득·서비스를 보장하는 사회보험, 공공부조, 사회서비스를 말한다"(법 제3조 제1호)고 하여, 사회복지를 포함하는 넓은 개념으로 보고 있으나, 여기서는 양자의 구별에 특별한 의미는 두지 않는다.

정부와 지방자치단체간의 갈등이 빈번하게 등장하고 있다. 이는 주로 국가에 의한 복지정책의 일방적 시행 및 이에 대한 지방자치단체의 반발의 구조로 나타나는바, 그러한 갈등이 복지국가의 관점에서는 물론 지방자치의 관점에서도 당연히 바람직한 모습은 아닌 것으로, 그 이면에는 복지사무의 성격 및 주체, 비용부담 등에 대한 규범적 문제들이 존재하고, 이러한 문제들은 바로 사회보장의 법제도화, 즉 규범화에서부터 비롯된 것이라 할 것이다.

따라서 국가와 지방자치단체 간의 사후적 갈등과 분쟁에 대한 적절한 해결의 노력도 중요하지만, 그 이전에 갈등과 분쟁을 사전에 예방할 수 있는 적절한 법제도화의 마련이 보다 근본적인 문제라 할 것인바, 그러한 점에서 사회보장제도의 구체적 법제화의 문제는 더욱 중요한 의미를 가진다. 문제는 사회보장을 구체화하는 입법형식으로서, 사회보장법제의 구체화를 위한 적절한 입법형식의 판단은 규범적으로는 물론 행정현실상으로도 용이하지 않다.

전통적으로 복지사무는 지방자치의 본질적 영역이며, 지방자치단체의 고유한 사무영역으로 이해되어 왔는바, 그러한 점에서 사회보장복지법제의 구체화에 있어서는 조례의 중요성이 나타난다. 반면 오늘날 사회국가원리 내지 복지국가원리 하에서는 복지사무의 실현에 대한 국가의 적극적이고 적절한 개입 또한 국가의 당연한 책무라 할 수 있는바, 이러한 요청은 국가법령에 의한 사회복지의 구체화의 필요성으로 연결된다. 결국 현대 사회의 사회보장제도에 있어서는 국가와 지방자치단체의 권한 및 책임의 중첩성이 존재하는바, 그러한 중첩성은 사회보장법제에서의 규범적 문제의 출발이기도 하다. 그럼에도 불구하고 사회보장 역시 행정의 일 영역인 점에서 사회보장의 구체적 법제화에 있어서는 기본적으로 지방자치법제에 대한 고려가 중요하며, 이는 사회보장법과 조례와의 규범적 관련성으로 나타난다. 사회복지는 기본적으로 국가정책과 결부됨에도 복지수요는 지역에 존

재하는 점에서 각 지역의 집행이 본질적인 요소이다. 특히 복지행정의 대
상은 매우 유동적이고 신축적이어서 복지행정은 일의적 제도화보다는 복
지수요의 사회적·문화적·경제적 기초에 따라 신축적 대응이 필요하며 오
히려 적절하다. 이러한 복지사무의 특성은 사회보장법제는 국가법령보다는
조례와 보다 긴밀한 관련성을 갖는 근거가 된다.

따라서 이하에서는 사회보장법제에 있어 조례의 가능성 및 한계를 사회
보장법제 및 지방자치법제와의 종합적 고려를 통하여 규범원리적으로 고
찰하고, 이를 바탕으로 사회보장법제와 조례의 바람직한 관계를 도출해 보
고자 한다.

Ⅱ. 사회보장수급권과 법령의 역할

사회보장법제에 있어 입법의 형식이 중요한 규범적 문제가 되고 있는 것
은 사회보장의 구체적 실현을 위해서는 입법이 불가피하다는 점에서 기인
한다. 현대 사회국가 내지 복지국가[2]에 있어 사회보장수급권은 헌법상 기
본권으로 일반적으로 보장되어 있다는데 대해 이론은 없다고 보인다.[3] 헌
법은 사회보장수급권 또는 사회보장권을 명문으로 규정하고 있지는 않지
만, 헌법상 포괄적 사회권으로서 보장되어 있는 인간다운 생활을 할 권리
(헌법 제34조)는 개별적 사회권으로서 사회보장수급권의 근거가 되는 것으

---

2) 사회국가와 복지국가의 개념의 구별에 관하여는, 주로 영미에서 발전하여 온 복지국가원
　리와 독일 등 대륙에서 형성된 사회국가원리는 엄밀하게는 역사적 전개과정이나 구현방
　법 등에 있어서 구별이 가능하지만, 두 원리는 그 지향하는 이념·목표·내용 등이 유사하
　다는 점에서 양자를 동일한 개념 범주에 포함시켜도 무방하다는 것이 헌법의 일반적 입
　장인 것으로 보인다(권영성, 헌법학원론, 법문사, 2007, 142면 ; 양건, 앞의 책, 169면
　이하 등).
3) 권영성, 앞의 책, 2007, 645면 ; 양건, 앞의 책, 627면 ; 전광석, 한국헌법론, 법문사,
　2006, 353면 등.

로 본다. 그 결과 인간다운 생활을 할 권리가 헌법상 기본권으로 보장되면
서 사회보장의 급여는 더 이상 국가정책의 반사적 이익이 아니라, 개인의
국가에 대한 권리의 실현으로 이해되어야 함은 당연하다.4)

다만 사회보장수급권이 기본권에 해당한다고 하더라도, 헌법상의 기본권
규정으로부터 직접 사회보장에 관한 권리의 구체적 내용과 한계가 도출되
는지는 별개의 문제로서, 실제적으로는 국가입법권에 의한 구체화를 통하
여 개인은 직접적이고 구체적인 청구권을 가진다.5) 즉 기본권으로서 사회
보장수급권은 추상적 권리로서 그 자체로 적극적인 청구권이 허용되지는
않는 제한적 권리6)로서의 본질을 가진다. 헌법재판소 역시 사회보장수급권
은 원칙적으로 법률에 의한 구체화를 필요로 하는 것으로 보며, 법률에 의
한 사회보장수급권의 구체화에 있어서는 입법자에게 광범위한 입법재량이
부여된다는 것이 일반적 입장이다.7)

---

4) 전광석, 앞의 책, 353면.

5) "헌법상의 사회보장권은 그에 관한 수급요건, 수급자의 범위, 수급액 등 구체적인 사항이
   법률에 규정됨으로써 비로소 구체적인 법적 권리로 형성되는 것이다."(헌법재판소
   2000.6.1. 선고 98헌마216 전원재판부).

6) 물론 인간다운 생활을 할 권리 역시 부분적으로는 방어적 의미에서의 구체적 권리성을
   가지는바, 상황에 따라서는 이에 근거하여 '최소한의 물질적인 생활'을 직접 요구할 수
   있는 것으로 보며, 입법이 없거나 지나치게 불충분한 경우에는 이에 대하여 헌법재판을
   통하여 위헌확인을 청구할 수 있다는 의미에서는 구체적 권리성을 가진다(양건, 앞의 책,
   627면) ; "인간다운 생활을 할 권리로부터는 인간의 존엄에 상응하는 생활에 필요한 "최
   소한의 물질적인 생활"의 유지에 필요한 급부를 요구할 수 있는 구체적인 권리가 상황에
   따라서는 직접 도출될 수 있다고 할 수는 있어도, 동 기본권이 직접 그 이상의 급부를
   내용으로 하는 구체적인 권리를 발생케 한다고는 볼 수 없다고 할 것이다."(헌법재판소
   1995.07.21. 선고 93헌가14).

7) "…이른바 사회보장권에 관한 입법을 할 경우에는 국가의 재정부담능력, 전체적인 사회
   보장수준과 국민감정 등 사회정책적인 고려, 제도의 장기적인 지속을 전제로 하는 데서
   오는 제도의 비탄력성과 같은 사회보장제도의 특성 등 여러 가지 요소를 감안하여야 하
   기 때문에 입법자에게 광범위한 입법재량이 부여되지 않을 수 없고, 따라서 헌법상의
   사회보장권은 그에 관한 수급요건, 수급자의 범위, 수급액 등 구체적인 사항이 법률에
   규정됨으로써 비로소 구체적인 법적 권리로 형성된다고 보아야 할 것이다."(헌법재판소
   1995.7.21. 선고 93헌가14) ; 헌법재판소 2000.6.1. 선고 98헌마216 등.

헌법 제34조 제2항이 규정하고 있는 국가의 사회보장·사회복지 증진의
무 역시 법적 의무인 것은 분명하지만, 이 역시 '인간다운 생활을 할 권리'
의 실현을 위한 수단적인 성격을 갖는 것이며, 이로부터 직접 구체적인 사
회보장·사회복지의 내용이 도출되는 것은 아니다.8) 결국 국가나 지방자치
단체 모두 독립된 행정주체로서 기본권보장의 의무를 지고 있는 것은 분명
하지만, 추상적 기본권으로서의 성격상 사회보장수급권은 국가의 사회·경
제적 상황 등에 따른 정책적 결정에의 의존성이 클 수밖에 없으며, 이는 달
리 얘기하면 정책적 결정을 제도화하는 입법에의 의존성으로 나타난다.

따라서 사회보장의 실현에 있어서는 헌법상의 규정에도 불구하고 법령
에 의한 구체화가 불가피하다고 할 때, 문제는 사회보장을 구체화하는 입
법의 형식의 관한 것으로, 이는 사회보장행정에 관한 국가와 지방자치단체
간의 입법기능의 배분의 문제이다. 특히 민주적 정당성에 근거한 자율적인
지역법으로서 조례의 본질 및 기능을 고려할 때, 지역적 사무에 대해서는
조례제정가능성이 최대한 보장될 수 있도록 하는 것이 필요한바, 그러한
점에서 궁극적으로는 사회보장행정 내지 복지사무의 법적 성격에 대한 이
해가 중요하다. 그렇게 본다면 사회보장행정도 행정의 일부인 점에서 사회
보장에 관한 사무 및 기능의 배분에 있어서는 사회복지법제상의 원리 뿐
아니라 지방자치법제상의 원리에 대한 고려가 본질적으로 중요하다.

---

8) "장애인의 복지를 향상해야 할 국가의 의무가 다른 다양한 국가과제에 대하여 최우선적
인 배려를 요청할 수 없을 뿐 아니라, 나아가 헌법의 규범으로부터는 '장애인을 위한 저
상버스의 도입'과 같은 구체적인 국가의 행위의무를 도출할 수 없는 것이다. 국가에게
헌법 제34조에 의하여 장애인의 복지를 위하여 노력을 해야 할 의무가 있다는 것은, 장
애인도 인간다운 생활을 누릴 수 있는 정의로운 사회질서를 형성해야 할 국가의 일반적인
의무를 뜻하는 것이지, 장애인을 위하여 저상버스를 도입해야 한다는 구체적 내용의 의무
가 헌법으로부터 나오는 것은 아니다."(헌법재판소 2002.12.18. 선고 2002헌마52) ; 헌법
재판소 1995.7.21. 선고 93헌가14.

Ⅲ. 사회보장법제와 조례의 규범적 접점

1. 사회보장사무의 법적 성격

1) 지역적 사무로서 원칙적 자치사무

일반적으로 지방자치는 국가로부터 독립된 행정주체로서 지방자치단체가 일정한 지역적 사무를 주민의 의사에 의하여 자주적으로 처리하는 제도를 말하며, 조례란 지방자치단체가 법령의 범위 안에서 그 권한에 속하는 사무에 관하여 지방의회의 의결로써 제정하는 법을 말한다. 규범체계상으로 자율적 입법으로서 조례는 민주적 정당성에 근거한 자주법으로서 지역법이라는 규범적 특성을 가지며,9) 따라서 형식적 의미의 법률은 아니지만 실질적 의미의 법률에 해당한다.10)

주지하다시피 현대의 실질적 법치주의 하에서 행정권은 입법권에 종속될 수밖에 없다는 점에서 지방자치의 실질적 보장은 자치입법권의 보장 정도에 크게 의존하며, 국가와 지방자치단체 사이의 입법기능의 배분문제는 지방분권의 수준을 파악하는데 매우 중요한 기준이 될 수밖에 없는바,11) 조례는 지방자치단체의 자치입법으로서 지방자치의 본질적 요소이다. 다만 조례제정권은 지방자치단체의 자기책임적 사무수행을 위한 수단이라는 점에서 조례는 본질적으로 지방자치단체의 사무를 대상으로 하는바,12) 따라

---

9) 조성규, 조례의 제정과정에 대한 법적 검토, 지방자치법연구 제7권 제1호(2007.3.), 75-76면.

10) 홍정선, 신지방자치법, 박영사, 2009. 293면.

11) 조성규, 법치행정의 원리와 조례제정권의 관계, 공법연구 제33집 제3호(2005.5.), 371면

12) 따라서 조례로 규율할 수 있는 대상은 자치사무와 법령에 의해 지방자치단체에 속하는 사무, 즉 단체위임사무에 한정되며, 기관위임사무는 원칙적으로 조례제정의 대상이 아닌바, 자치입법이 필요한 경우에는 조례가 아닌 규칙의 형식으로 규율하여야 한다. 다만 개별법령이 기관위임사무에 대해서도 조례로 규율하도록 수권하는 경우에는, 위임의 범위 내에서 조례로 규율할 수 있음은 당연하나, 이는 엄밀한 의미에서 자치입법이라고

서 지방자치단체는 '지역적 사무'에 대해서는 사무 및 입법에 관한 고유한
권한이 인정되며, 이는 지방자치의 헌법적 보장을 통해 규범적으로 보장되
는 내용이다.[13]

문제는 '지역적 사무'의 개념인바, 이는 불확정개념으로서 이에 대한 명
확한 규범적 개념은 없으나, 독일 연방헌법재판소에 의하면, 적어도 "지역공
동체에 뿌리를 두고 있거나 지역공동체와 특유한 관련을 가지는 사무"는 지
역적 사무로서 지방자치단체가 우선적 관할권을 가진다고 할 것이고, 그러
한 판단에 있어 지방자치단체의 이행능력은 중요한 것이 아닌바, "지방자치
단체 내에서 주민의 공동생활 및 공동주거와 관련됨으로써 지방자치단체
주민에게 직접 그 자체로서 공동적인 사무"를 의미한다고 보고 있다.[14]

그러한 관점에서 본다면, 복지사무는 지역의 특유하고 구체적 상황에 따
른 적절한 복지혜택의 실현을 통하여 궁극적으로 국민 개개인의 삶의 질의
향상을 목적으로 하는 것으로, 기본적으로 주민의 구체적 생활관계와 밀접
한 관련을 가지는 동시에, 최적의 복지실현을 위해서는 당해 지역을 관장
하는 근거리 행정주체에 의해 수행되는 것이 가장 바람직한바, 당해 지역
및 주민과 직접적인 관련성을 가지는 지역적 사무의 전형이라 할 것으로,
지방자치와 본질적 관련성을 가진다.[15]

복지사무와 지방자치의 관련성은 실정법상으로도 확인되는 것으로, 지방
자치의 규범적 근거인 헌법 제117조 제1항은 지방자치단체는 '주민의 복리
에 관한 사무'를 처리하도록 하고 있는바, 불확정개념이긴 하지만 '주민의
복리'의 의미는 헌법 제34조가 규정하고 있는 사회보장이나 사회복지를 포

할 수 없다.

13) 조성규, 국가와 지방자치단체간 입법, 사무권한 및 재원의 배분, 공법연구 제36집 제2호
    (2007.12.), 50면.

14) BVerfGE 79, 127 (150).

15) 조성규, 복지사무와 지방자치단체의 역할, 지방자치법연구 제13권 제3호(2013. 9.), 5-6
    면.

괄하는 넓은 개념으로서 주민의 삶의 질을 향상시키는 것을 의미한다고 할
것이다. 최소한의 인간다운 생활보장 및 그 이상의 적극적 복지의 실현, 그
리고 지역특성에 따른 균질하면서도 다양한 생활여건의 유지 및 향상이 국
가와 지방자치단체의 존립이유이자 과제이므로, 지방자치는 궁극적으로 지
역유지 발전 및 이를 통한 주민의 실질적 권익보장으로 이해될 수 있다.16)

헌법을 구체화하는 지방자치법 역시 지방자치단체의 사무범위와 관련하
여, 주민복지에 관한 사업, 사회복지시설의 설치·운영 및 관리, 생활이 곤
궁한 자의 보호 및 지원 등을 포함하는 '주민의 복지증진에 관한 사무'를
지방자치단체의 사무로 예시적으로 규정하고 있으며(법 제9조 제2항 제2
호), 지방자치법제 이외의 사회보장 관련 각 개별법들도 마찬가지인바, 대
부분의 법제는 복지사무의 주체 또는 실시기관을 지방자치단체 또는 자치
단체장으로 규정하여, 복지사무와 지방자치의 관련성을 명시적으로 규정하
고 있다(국민기초생활보장법 제19조, 장애인복지법 제32조 이하 등).17)

결론적으로 복지사무에 대한 지역관련성 및 지방자치단체의 관할권은
법이론적으로는 물론 실정법제를 통해서도 인정되고 있다고 할 것으로, 따
라서 복지사무가 본질상 지역적 사무에 해당한다고 할 때, 지방자치의 헌
법적 보장으로부터 복지사무는 원칙적으로 지방자치단체의 자치사무라고
할 것이다. 이러한 복지사무의 성격은 사회보장법제의 구체화에 있어 조례
와의 중요한 규범적 접점이 된다.

2) 사회보장사무의 국가사무화의 가능성

지방자치는 헌법적 보장에도 불구하고 이는 제도적 보장의 성격을 가지
는 점에서 법률유보 하에서 존재한다. 따라서 복지사무에 대한 지방자치단

---

16) 최승원, 사회복지법의 기초, 사회복지법제연구 제1권 제1호(2010.10.), 265면.
17) 조성규, 앞의 글, 6면.

체의 우선적 권한의 근거인 전권한성의 원칙 역시 법률유보 하에서 보장되는 결과, 복지사무에 대한 국가적 관련성 및 국가수행의 필요성이 존재하는 경우 보충성원칙의 고려 하에서 법률에 의해 복지사무를 국가사무로 하는 것이 금지되는 것이 아님은 당연하다.

우리나라 헌법이 복지국가 또는 사회국가의 원리를 헌법의 기본원리로 하고 있고, 헌법의 기본원리 역시 개별 규정과 마찬가지로 직접적인 규범적 효력을 가진다는 점에 대해서는 특별한 이론은 없는 것으로 보이는 바,[18] 이를 통해 국가는 사회보장의 실현에 대한 법적 책임과 의무를 부담한다. 그 결과 사회보장사무는 국가와의 관계에서도 직접적 관련성을 가지는바, 결국 지방자치단체와 중첩적으로 관련된다.

지방자치법제의 구체화에 있어 규범적 출발점은 국가와 지방자치단체의 관계의 설정인바, 국가와 지방자치단체간의 기능배분에 있어 어려움은 국가와 지방자치단체의 중첩성으로부터 비롯된다. 즉 지방자치단체의 구역은 지방자치단체의 관할구역인 동시에 국가의 일부이며, 지방자치단체의 주민은 주민인 동시에 국민의 지위를 가진다. 특히 복지사무의 경우는 복지국가원리, 사회보장수급권 등의 규범적 요소를 통하여 국가와의 관련성이 보다 중대되는 점에서 국가와 지방자치단체간의 기능배분을 더욱 어렵게 한다.[19]

다만 헌법상의 복지국가원리는 복지사무에 대한 국가관련성의 근거인 것은 분명하지만, 그 자체로는 국가적 이념과 중간목표를 제시하고 있을 뿐 이를 실현하기 위한 구체적인 제도에 대해서는 아무런 헌법적인 윤곽을 명시하고 있지 않은 결과, 그 법적 성격은 국가의 목표를 규정한 국가목표

---

18) 헌법의 기본원리는 헌법의 이념적 기초가 되는 것으로 헌법을 총체적으로 지배하는 지도원리를 말하는 것으로, 법원리도 법의 일부인 것과 마찬가지로 개별적 법규정만이 아니라 헌법원리도 헌법의 일부이다(양건, 앞의 책, 97면). 그 결과 헌법의 기본원리는 규범적으로 헌법을 비롯한 모든 법령의 해석기준이 되며, 입법권의 범위와 한계, 국가정책결정의 방향성을 제시하는 동시에, 헌법개정의 한계라는 규범적 의미를 갖는다(권영성, 앞의 책, 128-129면).

19) 조성규, 앞의 글, 10면.

규정이며, 복지국가의 구체적 실현은 사회상황 및 변화를 수반하는 입법적 권한에 의존할 수밖에 없다.[20] 복지사무에 대한 국가관련성의 또 다른 근거인 사회보장수급권 역시 법령에 의한 구체화가 필요함은 전술한 바와 같은바, 이러한 추상성으로부터 복지국가원리나 사회보장수급권은 복지사무에 대한 국가적 책임의 근거가 되기는 하지만, 그 자체로 바로 국가의 우선적 사무권한의 근거가 되는 것은 아니다.

결국 복지사무의 법적 성격을 여하히 이해할 것인지를 포함하여 복지국가의 구체적 실현방법은 원칙적으로 입법자에게 위임되어 있고 이에는 광범위한 입법형성의 자유가 인정된다. 다만 지방자치의 헌법적 보장과 관련하여, 복지사무를 국가사무로 하는데 있어서는 입법자에게 무제한의 자유가 허용되는 것은 아니며, 국가사무화를 정당화할 수 있는 공익상의 요청이 헌법상의 보충성원칙을 능가할 수 있어야 한다는 규범적 한계가 존재함은 물론이다.

그럼에도 불구하고 그간의 사회보장행정의 현실은 특별한 규범적 원리나 기준보다는 중앙정부의 일방적인 논리에 의하여 이루어짐으로써 규범적 문제는 물론, 복지행정의 비효율성의 원인으로 지적되어 왔다. 특히 상당수의 복지사무는 복지환경에 대한 고려의 산물이라기 보다는 정치적 환경변화에 따라 정치권력의 지지 기반 확보를 위한 대외적 선전수단으로 이용되거나 선심성 공약의 산물로서 나타나는 경우가 많았던바, 지역의 특수성이 무시된 채 복지기능이 일방적이고 획일적으로 배분됨으로써 행정기능의 중복현상, 누수현상 등 비효율성의 원인이 되거나, 지방의 의사와는 무관하게 지방자치단체의 책임으로 전가되는 문제점 등이 노정되어 왔다.[21] 따라서 국가와 지방간의 복지사무에 대한 기능배분은 규범원리적으로 접근하는 것이 필요하며, 사회복지법제의 규범형식에 대한 문제 역시

---

20) 전광석, 앞의 책, 170면.
21) 조성규, 앞의 글, 12면.

이를 바탕으로 하는 것이 당연하다.

3) 실정법제의 분석과 평가

사회보장에 관한 실정법제 역시 사무의 명확한 구분보다는 복지사무에 있어 국가와 지방자치단체 간의 권한 및 책임의 중첩성을 기본적 구조로 하고 있다. 복지사무에 관한 기본법이라고 할 수 있는 사회보장기본법은 제5조에서 선언적 규정이기는 하지만 사회보장에 관한 국가와 지방자치단체의 책임을 중첩적으로 규정하고 있으며,22) 그 외에도 사회서비스 보장 및 소득보장에 관한 국가와 지방자치단체의 책무(법 제23조, 제24조), 사회보장제도의 신설·변경 시의 상호협력의무(법 제26조 제1항), 국가와 지방자치단체의 비용부담 의무(법 제28조 제3항, 제4항), 사회보장 전달체계 구축에 관한 국가와 지방자치단체의 의무(법 제29조 제1항), 사회보장급여의 관리체계 구축·운영에 관한 국가와 지방자치단체의 의무(법 제30조 제1항) 등의 규정을 통하여 국가와 지방자치단체의 권한과 책임을 중첩적으로 규정하고 있다.

사회보장에 관한 다른 개별법 역시 크게 다르지 아니한바, 사회보장 관련 실정법은 대부분 제도외형상으로는 국가와 지방자치단체의 공동책임을 규정하고 있으며, 그 결과 실정법제상 복지사무의 법적 성격은 명확하지 않다. 다만 실정법제상의 사회보장제도의 구조 및 실질적 내용을 고려하면 이는 대부분 국가 중심의 국가주도적 복지사무의 구조를 규정하고 있고,

---

22) 사회보장기본법 제5조(국가와 지방자치단체의 책임) ① 국가와 지방자치단체는 모든 국민의 인간다운 생활을 유지·증진하는 책임을 가진다.

② 국가와 지방자치단체는 사회보장에 관한 책임과 역할을 합리적으로 분담하여야 한다.

③ 국가와 지방자치단체는 국가 발전수준에 부응하고 사회환경의 변화에 선제적으로 대응하며 지속가능한 사회보장제도를 확립하고 매년 이에 필요한 재원을 조달하여야 한다.

따라서 실질적으로는 국가사무의 성격에 유사하다고 보이는 경우가 많다.

실례로 우리나라 사회보장행정의 기본적 틀을 제도화하고 있는 사회보장기본법은 '사회보장'에는 사회보험, 공공부조, 사회서비스가 모두 포함된다는 전제하에서(법 제3조 제1호 참조), 사회보장 증진을 위한 주요 추진과제 및 방법, 재원, 사회보장전달체계 등을 포함하는 사회보장에 관한 기본계획을 보건복지부장관이 수립하도록 하고(법 제16조), 보건복지부장관이 수립한 기본계획은 다른 법령에 따라 수립되는 사회보장에 관한 계획에 우선하며 그 계획의 기본이 되도록 하고 있는바(법 제17조), 국가계획의 우선적 지위를 인정하고 있다. 동시에 보건복지부장관 및 관계 중앙행정기관의 장은 기본계획에 따라 사회보장과 관련된 소관 주요 시책의 시행계획을 매년 수립·시행하도록 하고 있는바(법 제18조), 복지사무는 기본적으로 정책적 결정에 의존하는 성격을 고려할 때, 중앙정부 중심의 일방적·하향적 사회복지행정을 기본적 구조로 하고 있다.

반면 사회보장의 실시기관으로서 지방자치단체장에 대해서는 사회보장에 관한 지역계획을 수립·시행할 권한을 부여하고 있는바(법 제19조), 제도 외형상으로는 지역계획을 통하여 사회보장행정에 참여하고 있다. 그러나 실질적으로 보면, 지역계획은 국가의 기본계획과 연계되어야 하는 실체적 제한을 받고 있고, 절차적으로도 계획의 수립시 소관 중앙행정기관의 장에 대한 제출을 거쳐 보건복지부장관에게 제출하여야 하며(동법 시행령 제7조 제1항, 제2항), 기본계획의 수립 또는 변경이 있는 경우에 지역계획에 관련 내용을 반영하여야 할 의무가 있는 점(동조 제3항) 등에서, 실제적으로는 국가계획에 구속되어 있다. 나아가 관계 중앙행정기관의 장은 지역계획에 대하여 지방자치단체의 장에게 그 조정을 권고할 수 있는 동시에 그 추진 실적을 평가하고, 그 결과를 보건복지부장관에게 제출하도록 함으로써(동조 제4항, 제5항) 실질적인 조정과 통제를 하고 있는바, 실정법제상으로 사회보장사무에 대한 실질적인 자치권의 보장은 없다고 할 것이다. 결국 지방자치법은 기본적으로 주민의 복지에 관한 사무를 지방자치단체의 사무로 예시하고 있음에도(법 제9조 제2항 제2호), 그러나 실제 복지사무수행의 근거가 되는 사회보장 관련 개별법들은 중앙정부 중심의 일방적, 하향적 사회보장행정을 제도화하고 있는 점에서 규범체계적인 모순·갈등의 원인이 된다.

이러한 사무 성격의 모호성은 당연히 사회복지영역에서의 입법권의 배분에 있어서도 모호성과 규범적 갈등을 가져온다. 따라서 현행 법제상 국가입법권과 자치입법권의 중첩적 개입이 가능함에도 불구하고 사회보장법제에 있어 규범형식의 선택이 필요하다면 결국 복지사무의 가장 효율적인 수행을 위한 입법형식이 도모되어야 할 것이며, 이에 있어서는 사회보장사무의 현실적 특성에 대한 고려가 필요하다.

4) 판례의 입장

자치입법권의 문제를 사무의 성격과 결부시키는 것은 실무의 입장도 마찬가지이며,[23] 따라서 실정법제상 사회보장사무의 성격에 대한 판례의 입장은 매우 중요한 의미를 가질 수밖에 없다. 이와 관련하여 대법원은 국가법령상 특별한 규정을 두고 있지 않은 임의적 복지사무에 대해서는 특별한 법리적 고려 없이 지방자치법 제9조 제2항 제2호를 근거로 일반적으로 자치사무라고 보고 있는데 반해,[24] 국민기초생활보장법상 지방자치단체장의 급여의 실시 등 법령상 의무사무의 법적 성격에 대한 직접적인 판례의 입장은 나타나 있지 않은 것으로 보인다.

다만 – 복지사무에 특유한 것은 아니지만 – 판례의 일반적 경향은 자치사무와 기관위임사무의 구별을 관련법규의 문언에 의존하고 있음을 고

---

23) 대법원 1992.7.28. 선고 92추31 판결
24) 대법원 2008.6.12. 선고 2007추42 판결 ; 대법원 200.0.12. 선고 2006추38 ; 대법원 1997. 4. 25. 선고 96추244 판결 등.

려할 때,25) 현행 법제가 사회보장의 실시기관을 지방자치단체의 장으로 하면서도 보건복지부장관은 지방자치단체장에 대하여 급여기준등의 결정(동법 제4조), 최저생계비 등의 결정(동법 제6조), 급여의 위탁실시(동법 제19조 제2항) 등을 할 수 있으며, 반면 지방자치단체장은 중앙정부에 의해 결정된 급여를 실시하거나 변경·중지하는 조치를 할 수 있을 뿐인 동시에, 급여의 실시에 관해 행한 각 조사결과를 보건복지부장관에게 보고할 의무를 가지는 등의 상·하의 법률관계를 내용으로 하고 있음에 비추어 볼 때, 지방자치단체장의 급여실시 사무는 판례에 의하면 기관위임사무로 판단될 것으로 보인다.

특히 복지사무에 관한 것은 아니지만, 대법원은 골재채취법이 골재채취업의 등록관청 및 골재채취허가사무의 관장기관을 시장·군수·구청장으로 규정하고 있음에도 불구하고, 법의 목적은 물론 개별규정에서 (당시) 건설교통부장관은 골재의 수급안정을 위하여 골재수급계획의 수립 및 기타 필요한 조치를 할 수 있도록 하고 있음을 근거로 골재채취업등록 및 골재채취허가 사무는 전국적으로 통일성이 요구되는 국가사무로서 지방자치단체의 장에게 위임된 기관위임사무로 보고 있는바,26) 그러한 판례입장에 비추

---

25) "부랑인선도시설 및 정신질환자요양시설의 지도·감독사무에 관한 법규의 규정 형식과 취지가 보건사회부장관 또는 보건복지부장관이 위 각 시설에 대한 지도·감독권한을 시장·군수·구청장에게 위임 또는 재위임하고 있는 것으로 보이는 점, 위 각 시설에 대한 지도·감독사무가 성질상 전국적으로 통일적인 처리가 요구되는 것인 점, 위 각 시설에 대한 대부분의 시설운영비 등의 보조금을 국가가 부담하고 있는 점, 장관이 정기적인 보고를 받는 방법으로 최종적인 책임을 지고 있는 것으로 보이는 점 등을 종합하여 볼 때, 부랑인선도시설 및 정신질환자요양시설에 대한 지방자치단체장의 지도·감독사무는 보건복지부장관 등으로부터 기관위임된 국가사무로 보아야 한다."(대법원 2006.7.28. 선고 2004다759 판결) ; 대법원 2000. 5. 30. 선고 99추85 판결 등.

26) "골재채취법은 …규정하여 골재채취업등록 및 골재채취허가사무를 시장·군수·구청장의 사무로 하고 있는바, 법 제1조에 의하면…규정하고, 법 제4조 내지 제7조, 제9조, 제10조, 제21조 제1항, 제22조의 각 규정을 종합하면, 건설교통부장관은 …골재수급기본계획을 매 5년마다 수립·시행하는 한편,… 건설교통부장관은 … 골재의 수급안정을 위하여 필요한 조치를 할 수 있도록 하고 있으므로, 골재채취업등록 및 골재채취허가사무는 전국적

어 본다면 현행법제상 복지사무의 대부분은 기관위임사무로 판단될 수밖에 없을 것으로 보인다.[27]

2. 사회보장행정의 효율적 수행

사회보장법과 조례와의 관련성은 사무의 성격에 따른 법원리적 요청 외에, 복지사무의 효율적 수행을 위해서는 근거리 지역에서의 직접적 수행이 바람직하다는 사회보장사무의 현실적 특성에서도 비롯된다.

사회보장법제는 그 특성상 시대와 지역, 그밖의 사회·경제적 상황에 따른 유동성을 지닌다. 사회복지의 지역성과 역사성으로 인해 지역과 시대에 따라 복지의 개념 및 내용은 상이할 수밖에 없는바, 지역의 실정과 상황에 맞는 복지의 법제화 및 집행이 필요하며, 이는 지방자치의 존립의의와 맥락을 같이 하는 것이다. 지역사회는 규범적 의미를 넘어, 사회현실적으로 개인이 태어나고 성장하는 곳으로 교육, 취업, 결혼 등 생활의 전반이 이루어지는 물리적 장소이며, 인간관계가 형성되는 곳이기도 하다.[28] 이는 사회보장은 출생, 성장, 교육, 취업 등 개인의 다양한 영역을 내용으로 하는 점에서 사회보장사무가 지역사회와 불가피한 관련을 가질 수밖에 없는 이유가 된다.[29]

으로 통일적 처리가 요구되는 중앙행정기관인 건설교통부장관의 고유업무인 국가사무로서 지방자치단체의 장에게 위임된 기관위임사무에 해당한다고 할 것이다."(대법원 2004. 6. 11. 선고 2004추34 판결).

27) 조성규, 앞의 글, 21면.

28) 이호용, 지역사회복지를 위한 사회복지조례의 역할과 과제 - 경기도 지역의 사회복지조례 입법 현황과 평가 -, 법학논총(단국대) 제36권 제1호, 172면.

29) 물론 지방자치와 사회복지와의 관련성을 부정적으로 보는 입장도 많으며, 그 주류적 내용은 지방재정의 불건전성 및 지방재정의 격차는 지역사회복지의 수준을 후퇴시키는 원인이 되며, 특히 경제적으로 낙후된 지역일수록 경제개발을 최우선정책으로 함에 따라 개발과 성장의 논리가 복지와 분배의 논리를 압도하게 되는 문제 등으로 나타난다. 현실

그러한 맥락에서 볼 때, 복지사무의 유형마다 차이가 있기는 하지만, 복지사무의 효율적 수행을 위하여 일반적으로 고려되어야 할 첫 번째 요소는 근접적 복지행정이다. 복지대상자들의 유형 및 복지수요의 내용이 다양한 점에서 적절한 복지의 제공과 전달을 위해서는 수혜자들의 접근용이성이 중요한 관건이 될 수밖에 없기 때문에 복지행정의 근접적 수행이 우선적으로 중요하다. 둘째, 적절한 복지의 제공을 위해서는 복지수혜자의 지역적 특성이나 사회경제적 상황에 대한 고려를 통해 최적의 삶을 위한 급여나 서비스의 제공이 필요하다는 점에서 지역특성의 고려가 중요하다. 마지막으로 최적의 복지행정은 복지수혜자의 욕구에 부합하는 것이어야 하는 점에서 사회복지의 정책결정과 집행에는 수혜자를 비롯한 주민의 참여가 본질적으로 중요하며, 이를 통해 궁극적으로 행정의 책임성의 제고 및 복지행정의 효율성 제고에 기여할 수 있다. 이러한 복지사무의 특성에 가장 부합하는 입법형식은 지역법이자 자주법으로서 조례라는 것을 부인할 수는 없다.

물론 사회보장법제에 있어 조례제정권의 확대에 대해서는 지방자치단체의 이행능력이나 책임성의 관점에서 부정적인 입장도 있을 수 있다. 그러나 지방자치의 민주적 가치 및 제도적 기능을 고려할 때, 지방자치단체의 이행능력이나 책임성은 사무 및 입법권의 배분기준이 아니라, 사무권한을 전제로 효율적 사무수행을 위해 충족되어야 하고 배려되어야 하는 요건이며, 오히려 지방자치단체의 이행능력의 신장 및 책임성의 제고는 헌법상 요구되는 지방자치단체의 보호의무로부터 비롯되는 국가의 규범적 책임이기도 하다.[30]

적으로 타당한 지적일 수 있으나, 이는 지방자치의 병리적 현실에서 비롯된 것일뿐, 본래적이고 이상적인 지방자치 하에서 사회복지의 문제점이 될 수 없다. 오히려 현재의 그러한 병리적 현실은 지역사회복지의 적절한 실현에 대한 국가의 지원의무의 근거로서 주장되어야 하는 것이 타당할 것이다.

30) 조성규, 앞의 글, 25면.

결국 사회복지의 법제화에 있어서는 지역의 특유한 상황과 구체적 복지수요의 반영 및 그 집행이 가장 절적하게 이루어질 수 있는 입법형식이 필요하다. 지역사회복지는 사회복지 급여 및 서비스의 제공에 있어 공급자 중심이 아니라 수요자 중심의 접근을 가능하게 함으로써, 일방적이고 획일적인 복지의 제공이 아니라 지역적 특성에 따라 상이하게 나타나는 복지수요에 적절한 대처를 가능하게 함으로써 최적의 효율적인 복지행정을 가능하게 한다. 지역사회복지의 필요성은 이를 법제화의 관점에서 접근하면 결국 지역의 자치입법에 의한 복지행정의 구체화의 필요성을 의미하는 것이다.

IV. 사회보장법제에 있어 조례제정의 가능성 및 한계

1. 사회보장사무에 대한 조례제정의 가능성

1) 사회보장의 유형과 조례의 제정가능성

복지국가원리 하에서 사회보장은 워낙 포괄적인 사무영역을 대상으로 하는 점에서 사회보장법제에 있어 조례제정의 가능성 역시 일의적으로 얘기할 수 없으며, 사회보장의 유형에 따라 구별되어야 할 것이다. 실정법제 역시 사회보장의 개념을 포괄적으로 이해하는바, 사회보장기본법은 "사회보장"을 "출산, 양육, 실업, 노령, 장애, 질병, 빈곤 및 사망 등의 사회적 위험으로부터 모든 국민을 보호하고 국민 삶의 질을 향상시키는 데 필요한 소득·서비스를 보장하는 사회보험, 공공부조, 사회서비스"를 모두 포함하는 것으로 보고 있다(법 제3조 제1호).

자치입법과의 관련성을 고려할 때, 지방자치법 제9조 제2항 제2호는 주민의 복지사무를 지방자치단체의 사무로 규정하고 있으나, 여기서의 복지

사무란 사회보험 분야를 제외한 공공부조와 사회복지서비스 분야를 지칭
하는 것으로 보아야 할 것이다. 사회보험은 그 성격상 전국적 단위의 사업
이기 때문에 중앙정부가 관장하여야 하는 반면, 공공부조법상의 서비스나
사회복지서비스는 지역사회에 존재하는 개인과 그 가족을 대상으로 하기
때문이다.[31] 사회보장기본법 역시 그러한 관점에서, 사회보험은 국가의 책
임으로 시행하고, 공공부조와 사회서비스는 국가와 지방자치단체의 책임으
로 시행하는 것을 원칙으로 하도록 하고 있다(법 제25조 제5항).

　따라서 사회보장법제와 관련하여 조례의 제정가능성은 일단 사회보험을
제외한 공공부조와 사회서비스 영역과 관련하여 논의될 수 있을 것이다. 물
론 공공부조와 사회서비스의 영역에 대해서도 개별법의 근거를 통하여 국
가사무화하는 것도 가능하며, 그러한 경우에는 조례제정권이 제한될 수 있
음은 당연이다. 반면 사회보험 등 국가사무영역에 대해서도 법령의 위임이
있으면 조례, 소위 위임조례의 제정이 가능하지만 사회보험 등의 영역은 사
무의 성격상 조례에 의한 규율은 오히려 합목적적이지 않다고 보인다.

2) 조례의 유형 － 자치조례와 위임조례

　공공부조와 사회서비스의 영역 등 지방자치단체의 사무영역에 대해서는
원칙적으로 조례의 제정이 허용된다. 따라서 법령을 통하여 국가사무로 되
지 않는 한, 공공부조와 사회서비스의 시행은 지방자치단체의 자치사무로
서 조례에 의한 규율이 가능하며, 국가사무인 경우에도 현행 법제상 단체
위임사무에 대해서는 자치조례가 허용된다.

　문제는 － 후술하는 － 조례제정권의 한계와 관련하여, 우리나라 지방자
치법 제22조 단서는 소위 침해유보원칙을 채택하고 있는 결과, 조례로 주
민의 권리 제한 또는 의무 부과에 관한 사항이나 벌칙을 정할 때에는 법률

---

31) 윤찬영, 사회복지조례의 제정운동의 필요성과 전망, 자치행정연구 제2호, 1997, 110면.

의 위임을 필요로 한다. 이에 대해서는 학설상 합헌설과 위헌설의 논쟁이 있으나, 판례는 지방자치법 제22조 단서를 합헌으로 보는 대신,[32] 조례의 자주입법성을 고려하여 조례에 대한 법률의 위임은 일반적 국가입법에 대한 위임과 달리 포괄적 위임으로도 족하다는 입장인바,[33] 포괄적 위임의 법리를 통해 어느 정도 자치입법성에 대한 확보는 가능하다.

그럼에도 불구하고 적어도 형식적으로 법률에 의한 수권이 필요하다는 점에서 사회보장조례의 실질적 의의와 기능을 확대를 위해서는 조례에 대한 위임근거라는 관점에서 사회보장법제의 정비의 필요성이 존재한다. 물론 통상적으로 사회보장조례는 수익적 조례의 성격을 가지게 될 것으로, 지방자치법상의 법률유보원칙의 적용을 받지 않는 것이 일반적일 것이지만, 경우에 따라서는 의무와 벌칙이 수반되는 경우도 있을 수 있는바, 그러한 경우에는 법률의 수권이 필요한 경우가 있을 수 있다.

판례 역시 일반적으로 사회보장조례는 지방자치의 본질에 부합하는 것으로 자치조례의 대상으로 보는 입장이다.[34]

이에 비하여 국가사무로서 지방자치단체의 장에게 위임되어 있는, 소위 기관위임사무에 대해서는 원칙적으로 조례의 제정이 허용되지 않으며, 개별법령의 수권이 있는 경우에만 조례, 즉 위임조례에 의한 규율이 가능하

---

32) 헌법재판소 1995. 4. 20. 선고 92헌마264·279(병합) ; 대법원 1995. 5. 12. 선고 94추28 판결.

33) 대법원 1991. 8. 27. 선고 90누6613 판결 ; 대법원 1997. 4. 25. 선고 96추251 판결 ; 헌법재판소 1995. 4. 20. 선고 92헌마264, 279 결정.

34) "지방자치단체가 그 재정권에 의하여 확보한 재화는 구성원인 주민의 희생으로 이룩된 것이므로 이를 가장 효율적으로 사용함으로써 건전한 재정의 운영을 하여야 하는 것이나, 주민의 복리에 관한 사무를 처리하는 권한과 의무를 가지는 지방자치단체의 기관인 지방의회가 미리 지방자치단체장의 의견을 들은 후 당해 지방자치단체의 재정능력범위 내에서 생활보호법과는 별도로 생활곤궁자를 보호하는 내용의 조례를 제정·시행하는 것은 지방자치제도의 본질에 부합하는 것으로서 이로 인하여 당해 지방자치단체 재정의 건전한 운영에 지장을 초래하는 것이 아닌 한 이를 탓할 수는 없다."(대법원 1997.4.25. 선고 96추244 판결).

다. 이러한 위임조례는 당연히 자치입법권과는 무관한 것으로, 구체적 위임
에 관한 위임입법의 한계원리가 그대로 적용된다.

3) 소 결

지방자치법제의 규범적 원리상으로는 물론, 복지사무의 지역성 및 현장
성을 고려할 때, 사회보장법제의 구체화를 위한 입법형식과 관련하여서는
조례제정권을 확대하는 것이 필요하다. 다만 그 구체적 입법형식에 있어서
는, 복지사무는 본질적으로 지역적 사무의 성격을 가지는 점에서 사무의
성격을 자치사무로 이해하고 자치조례의 대상으로 하는 것이 지방자치의
본질에 부합하는 것으로 보이며, 임의적 복지사무의 경우에는 그러한 이해
에 특별한 문제가 없다. 문제는 사회보장법제상 이미 법률에 의해 규정된
복지사무에 대한 조례제정에 관한 것으로, 이에 있어서는 우선적으로 사무
의 성격에 대한 파악이 필요하며, 그에 따라 자치조례의 허용성 여부가 판
단되어야 할 것이다. 다만 궁극적 방향성으로는, 현행 법제하에서도 사무의
성격을 여하히 이해하는가와는 별개로, 복지사무의 효율적 수행을 위해서
는 복지사무의 지역적 특성을 반영할 수 있도록 가능한 한 – 자치조례이
든 위임조례이든 – 조례에 의한 규율을 확대하는 것이 바람직하다.

지방자치의 본질적 의미가 주민근거리행정 또는 지역밀착행정으로서 지
역의 특유한 현실의 반영 및 참여를 내용으로 한다는 점에서, 지역적 사무
로서 복지행정의 근거 역시 자치입법에 근거하는 것이 바람직함은 당연하
다. 추상화되고 형식논리에 입각한 국가법체계에 대하여, 수범자인 구성원
들이 현실적으로 자신들의 공동생활을 영위해나가는 기준으로서의 규범을
정립하는 것, 즉 자신들의 행위규범이 바로 진정한 '살아있는 법(lebendes
Recht)'이라는 에를리히(Ehrlich)의 명제는 조례의 본질과 관련해서 중요한
단초를 제공해 준다.[35] 그러한 의미에서 조례는 진정한 '살아있는 법'으로

서, 그러한 관점의 정립은 현재 우리나라의 복지행정의 현실에 있어 지양점인 동시에 지향점이 된다고 할 것이다.

　결론적으로 지역법이면서 자주법인 조례는 복지사무의 지역성 및 현장성에 부합하는 입법형식인 동시에 사무배분에 관한 지방자치법제상의 원리에 부합하는 것인 점에서 사회보장법의 구체화를 위한 가장 적절한 입법형식이라 할 것이다. 물론 그러한 의미는 사회보장법제에 있어 사회복지조례의 규범적 의미와 그 적용의 우선성을 의미하는 것이며, 그것이 직접 국가적 관여의 금지를 의미하는 것은 아니다. 오히려 복지의 실현은 국가와 지방자치단체의 공동의 중첩적 책임영역인 점에서 법률과 조례의 협력적 관계를 통한 복지의 실현을 법제화하는 것이 중요하며, 그러한 점에서 사회복지조례의 우선적 필요성의 문제와는 별개로 그 적절한 입법방향성에 대한 논의가 중요하다.

2. 조례 제정의 한계

1) 법치행정원리와 조례

　조례제정의 대상이라도 하더라도 조례제정권은 무제한으로 인정되는 것으로 아니며, 조례의 본질상 그 자체로 법치행정원리상의 제한이 존재한다. 지방자치의 헌법적 보장의 의미가 법치주의로부터의 자유를 의미하지 않음은 당연하며, 조례제정권이 헌법적으로 보장된 자기책임성의 결과 도출되는 것이라고 하더라도, 자기책임성의 보장이 법률과 법에 대한 기속으로부터 면제를 의미할 수는 없다. 고권의 주체로서 지방자치단체는 이미 헌법상의 법치주의에 의하여 법률과 법에 기속되고 있기 때문이다.

---

35) 조성규, 조례의 제정과정에 대한 법적 검토. 지방자치법연구 제7권 제1호(2007.3.), 90면.

즉 일반적인 행정의 법률구속성으로부터 행정주체로서 지방자치단체의
모든 행위는 법률과 법에 구속되며, 이는 적법성의 통제가 불가결함을 의
미하는 것이다. 따라서 자기책임성을 보장하기 위한 제도적 수단으로서의
본질을 가지는 자치입법권을 포함한 지방자치단체의 고권 역시 무제한의
자유를 누리는 것이 아니라, 법치주의의 원칙에 의한 구속과 제한은 당연
히 존재하게 된다.36)

2) 조례와 법률우위의 원칙

조례제정권은 헌법상 보장된 지방자치권의 일환으로서 보장되는 것임은
분명하지만, 이는 시원적인 것이 아니며 전래적인 것으로 보아야 하는 동
시에 국가법질서 체계의 통일성에 대한 요청의 결과, 조례에 대해서도 법
률우위의 원칙은 당연히 적용된다. 따라서 법률에 위반하는 조례는 위법한
것으로서 무효라고 할 것이다.

다만 행정실제에 있어 조례가 법령에 위반하는지의 여부가 명확한 것은
아닌 동시에, 조례로 규율하려는 사항이 이미 법령에 의하여 규율되고 있
는 경우, 조례제정의 가능성과 관련하여 법률선점이론이 문제된다. 이와 관
련하여 오늘날에는 조례의 자주적 입법성의 결과, 엄격한 법률선점이론을
탈피하여 조례제정권을 확대하는 경향이 일반적인바, '국가적 최소기준
(national minimum)이론'이 적용된다. 이에 따르면, 조례의 법령에의 위반
여부는 형식적으로 판단될 것이 아니라, 당해 법령의 취지가 전국적으로
획일적 규율을 의도하는 것이 아니라 각 지방의 실정에 맞게 별도로 규율
하는 것을 용인하는 취지로 해석될 때에는 조례에 의한 별도의 규율이 허
용된다고 보고 있다.37)

---

36) 조성규, 법치행정의 원리와 조례제정권의 관계, 공법연구 제33집 제3호(2005.5.), 375면.
37) 대법원 1997. 4. 25. 선고, 96추244판결 ; 대법원 2000. 11. 24. 선고 2000추29 판결.

물론 '국가적 최소기준이론'이 모든 영역에 획일적으로 적용될 수 있는 것은 아닌바, 그 일반적 수용 여부는 논외로 하더라도 적어도 복지사무의 지역성 및 현장성을 고려할 때, 복지수준을 국가입법으로써 획일적으로 규정하는 것은 법원리적으로는 물론 합목적성의 측면에서도 타당한 것은 아니라고 할 것이다. 그러한 점에서 복지사무의 영역에 있어 법령의 기준은 통상 국가적 최소기준으로 이해하는 것이 타당할 것이다. 특히 국가적 최소기준이론은 주로 규제적 규율에 관하여 조례에 의한 자율적 규제의 필요성과 조례에 의한 과도한 규제를 방지할 필요성과의 조화를 위한 이론임을 고려할 때, 급부적 규율을 본질적 내용으로 하는 복지조례에 대하여는 동 이론의 엄격한 적용보다는 조례의 자율성을 보다 넓게 인정하는 방향으로의 완화된 적용이 필요하고 바람직하다.

따라서 이미 국가법령에 의해 규율되고 있는 복지영역이더라도 각 지역의 특수성에 따른 초과조례의 허용성도 일반적으로 인정될 수 있을 것이다. 대법원도 그러한 입장으로 보이는바, 생활보호법의 적용대상을 조례에 의해 자활보호대상자에게도 확대한 것과 관련하여, 국가적 최소기준의 전제 하에서 복지사무의 지역사무적 특성에 대한 고려에 근거하여 적법한 조례라고 보고 있다.[38]

이와 유사한 맥락에서, 지방재정법 제17조 제1항[39]은 '법률에 규정이 있

---

38) "…비록 생활보호법이 자활보호대상자에게는 생계비를 지원하지 아니하도록 규정하고 있다고 할지라도 그 규정에 의한 자활보호대상자에게는 전국에 걸쳐 일률적으로 동일한 내용의 보호만을 실시하여야 한다는 취지로는 보이지 아니하고, 각 지방자치단체가 그 지방의 실정에 맞게 별도의 생활보호를 실시하는 것을 용인하는 취지라고 보아야 할 것이라는 이유로, 당해 조례안의 내용이 생활보호법의 규정과 모순·저촉되는 것이라고 할 수 없다."(대법원 1997.04.25. 선고 96추244 판결).

39) 지방재정법 제17조(기부·보조 또는 출연의 제한) ① 지방자치단체는 개인 또는 단체에 대한 기부·보조·출연, 그 밖의 공금 지출을 할 수 없다. 다만, 지방자치단체의 소관에 속하는 사무와 관련하여 다음 각 호의 어느 하나에 해당하는 경우와 공공기관에 지출하는 경우에는 그러하지 아니하다.

1. 법률에 규정이 있는 경우

는 경우' 등에만 개인 또는 단체에 대하여 기부·보조·출연, 그 밖의 공금 지출을 할 수 있도록 규정하고 있는바, 조례에 의해 현금의 급여를 내용으로 하는 복지사무를 시행하는 경우 지방재정법에 위반되는지의 여부가 문제된다. 이와 관련하여 대법원은 지방자치단체의 자주입법권의 본질 및 복지사무의 특성을 고려하여 적법한 조례라고 보고 있는바,[40] 지방재정법의 문언적 의미를 넘어 지방자치의 취지 및 목적에 대한 고려를 통한 대법원의 목적론적 해석은 타당한 방향이라 할 것이다.

결론적으로 조례가 법령에 위반될 수 없다는 법률우위의 원칙은 조례에 대한 최소한의 규범적 한계로서 당연히 요구되나, 다만 법령에의 저촉 여부는 결국 헌법에 의한 지방자치의 보장의 취지와 내용, 국가법질서의 통일성, 지방의회의 입법능력, 조례의 침익성 여부 및 실효성 등을 종합적으로 평가하여 구체적 사안에 따라 결정되어야 할 것이다. 이와 관련하여 복지조례의 경우에 사무의 특성상 법령에의 위반 여부가 완화되는 것이 필요하며, 특히 국가법령이 흠결된 경우에 대해서는 조례제정의 가능성을 넓게 허용하는

---

2. 국고 보조 재원(財源)에 의한 것으로서 국가가 지정한 경우
3. 용도를 지정한 기부금의 경우
4. 보조금을 지출하지 아니하면 사업을 수행할 수 없는 경우로서 지방자치단체가 권장하는 사업을 위하여 필요하다고 인정되는 경우

40) "지방자치단체는 주민의 사회보장, 사회복지의 증진에 노력할 의무(헌법 제34조 제2항, 제117조) 및 그 사무를 처리함에 있어서 주민의 편의 및 복리증진을 위하여 노력하여야 할 의무(지방자치법 제8조 제1항)를 지는 것이고, 지방자치단체는 법령의 범위 안에서 그 사무에 관한 조례를 제정할 수 있으며(지방자치법 제15조), 지방자치법 제9조 제2항 제2호 (다)목은 "생활곤궁자의 보호 및 지원"을 지방자치단체의 사무의 하나로 예시하고 있는바, 이와 같은 법령의 규정을 종합하여 보면, 이 사건 조례안 제3조, 제5조 내지 제8조의 규정에 의하여 결정된 보호대상자에 대한 생계비의 보조는 지방자치법 제9조 제2항 제2호 (다)목 소정의 "생활곤궁자의 보호 및 지원"에 해당하여 지방자치단체의 사무에 속하는 것임이 분명하고, 따라서 이 사건 조례안의 규정에 의하여 결정된 보호대상자에 대한 생계비의 보조는 지방자치단체가 개인 또는 공공기관이 아닌 단체에 기부·보조 또는 기타 공금의 지출을 할 수 있는 경우를 규정한 지방재정법 제14조 제1항 제1호 소정의 "법률의 규정이 있는 경우"에 해당하는 것으로 보아야 할 것이다."(대법원 1997.04.25. 선고 96추244 판결).

것이 바람직한바, 대법원 역시 정보공개조례와 관련하여 국가입법의 미비가 조례제정의 한계가 되는 것은 아니라고 명시적으로 밝히고 있다.[41]

3) 조례와 법률유보의 원칙[42]

조례에 대한 법률우위원칙의 적용에 대해서는 이견이 없는 것과 달리, 조례에 대한 법률유보원칙의 적용에 대해서는 논란이 크다. 조례는 민주적 정당성에 근거한 자주법으로서 규범본질상 법률에 준하는 성질을 가지기 때문이다. 이와 관련하여 자치입법권의 규범적 근거인 헌법 제117조 제1항은 지방자치단체는 '법령의 범위 안에서' 자치에 관한 규정을 제정할 수 있도록 규정하고 있는데 비해, 이를 구체화한 지방자치법 제22조 단서는 "주민의 권리제한 또는 의무부과에 관한 사항이나 벌칙을 정할 때에는 법률의 위임이 있어야 한다"고 규정하여 명시적으로 침해유보론을 채택하고 있다.

이에 관해서는 학설상 합헌론과 위헌론의 대립이 있으나, 우리나라 헌법재판소[43]와 대법원[44]은 합헌설을 취하고 있는바, - 그 타당성은 별론으로 -

---

41) "정보공개조례안은 국가위임사무가 아닌 자치사무 등에 관한 정보만을 공개대상으로 하고 있다고 풀이되는 이상 반드시 전국적으로 통일된 기준에 따르게 할 것이 아니라 지방자치단체가 각 지역의 특성을 고려하여 자기 고유사무와 관련된 행정정보의 공개사무에 관하여 독자적으로 규율할 수 있다고 보여지므로 구태여 국가의 입법미비를 들어 이러한 지방자치단체의 자주적인 조례제정권의 행사를 가로막을 수는 없다고 하여야 할 것이다."(대법원 1992.06.23. 선고 92추17 판결).

42) 이에 관한 상세한 내용은, 이 책에 함께 실려 있는 "법치행정의 원리와 조례제정권의 관계" 참조

43) 헌법재판소 1995. 4. 20. 선고 92헌마264·279(병합) 전원재판부결정.

44) "지방자치법 제15조는 원칙적으로 헌법 제117조 제1항의 규정과 같이 지방자치단체의 자치입법권을 보장하면서, 그 단서에서 국민의 권리제한·의무부과에 관한 사항을 규정하는 조례의 중대성에 비추어 입법정책적 고려에서 법률의 위임을 요구한다고 규정하고 있는바, 이는 기본권 제한에 대하여 법률유보원칙을 선언한 헌법 제37조 제2항의 취지에 부합하므로 조례제정에 있어서 위와 같은 경우에 법률의 위임근거를 요구하는 것이 위헌성이 있다고 할 수 없다."(대법원 1995. 5. 12. 선고 94추28 판결).

현행 법제상 법률유보의 원칙은 자치입법에 대한 실정법상의 규범적 한계로서 기능한다. 다만 법률유보원칙의 적용과 관련하여 판례는 조례가 가지는 민주적 정당성의 결과, 일반 행정입법과 달리 조례에 대한 법률의 위임은 포괄적이어도 무방하다고 보고 있다.45)

다만 사회보장행정은 기본적으로 적극적 급부행정을 내용으로 하는 점에서 침해유보를 본질로 하는 지방자치법상의 법률유보원칙의 적용 여지는 거의 없을 것으로 보인다. 물론 수혜적 복지의 이면으로 특별한 의무의 부과나 벌칙 등이 문제되는 경우에는 법률유보의 원칙이 적용될 수도 있을 것이다.

V. 사회보장법제에 있어 조례의 방향성 및 현행 법제의 평가

1. 조례 제정의 방향성

1) 복지관련 조례제정권의 확대

행정으로서 지방자치의 본질적 의미는 주민근거리행정 또는 지역밀착행정이라는 데에 있다. 지역의 특유한 현실의 반영 및 참여를 내용으로 한다는 점에서 조례는 일상생활 가운데서 지역주민들의 규범적 욕구를 제도화하는 것으로, 구성원들이 현실적으로 자신들의 공동생활을 영위해나가는 기준으로서의 규범, 즉 '살아있는 법'으로서 기능한다.

---

45) "법률이 주민의 권리의무에 관한 사항에 관하여 구체적으로 아무런 범위도 정하지 아니한 채 조례로 정하도록 포괄적으로 위임하였다고 하더라도, 행정관청의 명령과는 달리, 조례도 주민의 대표기관인 지방의회의 의결로 제정되는 지방자치단체의 자주법인 만큼, 지방자치단체가 법령에 위반되지 않는 범위 내에서 주민의 권리의무에 관한 사항을 조례로 제정할 수 있는 것이다."(대법원 1991. 8. 27. 선고 90누6613 판결) ; 대법원 1997. 4. 25. 선고 96추251 판결 ; 헌법재판소 1995. 4. 20. 선고 92헌마264, 279 결정 등.

따라서 복지사무의 지역성, 현장성 등을 고려할 때, 복지수요의 입법화에 가장 적절한 입법형태는 조례라고 할 것이다. 특히 조례는 법률을 보완하고 보충하는 한편, 법률과 사회적 현실간의 괴리를 조정하는 기능을 한다는 점에서 사회복지법제에 있어 조례의 중요성은 더욱 크다. 복지의 국가정책적 성격은 법률에 의한 구체화에 있어서도 그 한계가 있을 수밖에 없는바, 지역의 복지수요와 관련하여 법률에 의한 규율의 공백 및 흠결은 조례에 의하여 보충되고 보완된다. 동시에 법률은 국가입법체계인 점에서 구체적인 지역의 현실과 괴리되는 경우가 발생하는바, 지역의 자치입법으로서 조례는 법질서와 사회현실 간의 괴리를 조정하는 기능을 수행함으로써 국가 복지법제의 집행에 탄력성을 가져오게 하며, 이를 통해 궁극적으로 실효적인 복지행정을 가능하게 한다.

조례는 자치입법으로서 지역법이라는 측면에서 규범적 의의를 갖는 것과 더불어, 법률의 제정을 선도하는 기능을 수행한다는 점에서도 사회보장법제에 있어 중요한 의미를 가진다. 즉 복지의 정책적 특성으로부터 비롯되는 전국적 시행에 대한 부담을 특정 지역에의 시범적 운영을 통하여 완화시킬 수 있는바, 지역적 복지수요의 수렴을 통한 조례의 제정이 타 지역으로 확산되면서 전국적 단위의 입법으로 연결될 수 있다. 대법원에서까지 다투어진 청주시 정보공개조례안이 결국 정보공개법의 제정으로 이어진 것이 대표적인 예인바,[46] 지방자치의 본질이 각 지역의 특유한 상황에 따른 경쟁적 발전을 통하여 전국적인 생활의 균질화를 도모하는데 있음을 고려할 때, 복지조례의 중요성은 당연히 클 수밖에 없다.

2) 법률과 조례의 협력관계 강화

복지사무의 특성을 고려할 때, 사회보장법제에 있어 사회보장행정을 구

---

46) 대법원 1992.6.23. 선고 92추17 판결.

체화하는 규율은 가능한 한 근거리행정 및 수범자 밀착형의 입법형식에 의하는 것이 바람직하며, 따라서 조례에 의한 규율을 확대하는 것이 필요하다. 다만 복지사무는 지역적 사무의 성격을 가지면서도 복지국가원리 등을 통하여 국가사무의 성격을 중첩적으로 가지는 동시에, 복지사무의 규범적 출발점인 복지국가원리나 사회보장수급권은 기본적으로 국가의 정책적 결정에 의존하는 경향이 강하다는 점에서 조례에 의한 일방적 규율은 복지행정의 실효성의 관점에서 문제가 있을 수 있다.

결국 이러한 중첩성의 결과, 사회보장법제를 구체화하는 입법형식에 있어서도 단순히 지방자치법제에 대한 고려 외에 사회보장법제와의 조화가 중요한바, 따라서 전자가 요구하는 지방자치의 자율성 외에 후자가 요구하는 사회보장에 대한 국가적 책임과의 조화가 필요하다. 그러한 관점에서 볼 때, 사회보장법제의 구체화에 있어서는 법률과 조례의 협력 관계를 강화하는 것이 필요하고 중요하다. 실정법제상으로도 사회보장에 대한 국가와 지방자치단체의 공동책임 규정, 국가와 지방자치단체간 비용분담 규정, 복지사무에 대한 국가 부담금의 성격을 보조금으로 하고 있는 등의 규정은 이미 국가주도적, 즉 복지사무에 대한 법률의 주도권을 전제로 하고 있는 것이라 할 것이기 때문이다.

따라서 사회복지법제의 구체화에 있어서는 법률에 의한 기본적 규정과 조례에의 위임이라는 입법구조를 통해서 법률과 조례의 협력관계를 구축하는 것이 바람직할 것이다. 법률의 수권에 의한 위임조례[47]는 복지사무에 있어 국가적 관련성과 지역적 관련성을 조화시키는 기능을 하는 것은 물

---

[47] 여기서의 위임조례란, 조례에 대한 법률유보의 원칙과는 별개로, 국가법령의 위임에 의해서 국가법령을 보충하기 위해 제정된 조례를 말하는바, 형식적인 수권 여부에 의해 파악된 개념이다. 위임조례와 자치조례의 구별은 이미 일반적으로 수용된 입장이나, 다만 판례상의 위임조례의 개념은 소위 기관위임사무에 대하여 법령의 위임에 의하여 제정되는 조례를 말하는 것으로, 위임 여부 외에 사무의 성격까지 고려된 것인바, 일반적으로 논의되는 위임조례의 개념과는 다소 구별된다.

론, 수권을 통해 실질적 법률로서의 지위를 확고히 할 수 있다는 점에서 그 기능상의 장점을 가진다. 동시에 지방자치법 제22조 단서가 요구하는 법률 유보와 관련하여 유보의 필요성 여부에 대한 규범상의 모호성을 해소하는 현실적 의미도 가진다.

다만 위임조례에의 수권은 그 목적이 복지사무의 특성상 법률과 조례의 협력관계를 위한 것인 점에서, 지역의 자율권을 최대한 보장하는 방향으로 이루어져야 할 것으로, 따라서 법률의 수권이 조례를 법률의 하위규범화하거나 조례에 대한 통제적 목적의 수권으로 나타나서는 곤란하다. 지방자치법원리상 국가와 지방자치단체는 독립된 행정주체로서 대등·협력관계로 설정되어야 함은 물론, 사회보장법원리상으로도 사회보장에 대한 국가의 직접적 책임이 국가주도적인 복지사무, 즉 복지사무의 수행에 있어 국가의 우월성을 정당화하는 것이 아닌바, 국가의 책임은 지방자치단체에 대한 복지사무의 수행을 보완하는 보충적인 것으로 이해하는 것이 바람직하기 때문이다.

3) 조례제정의 실효성 확보 – 실질적 자치의 보장

입법은 실효적인 집행, 즉 규범적 실효성을 전제로 하는바, 실효성이 담보되지 않는 사회보장조례는 규범적 허구이다. 급부행정으로서의 본질상 사회보장조례의 실효성은 재정적 부담능력에 의존할 수밖에 없으며, 그 결과 사회보장법제에 있어 조례제정권이 확대되더라도 현재의 지방재정 상황으로는 조례의 실효적 집행을 통한 복지의 확대를 기대하는 것은 사실상 불가능하다. 따라서 사회보장조례의 확대에 있어서는 재정의 문제를 포함하여 그에 상응하는 실질적 자치에 대한 고려가 함께 병행되어야 한다.

할 일이 주어지지 않는 자치란 무의미한 것이라는 점에서 사무권한의 보장은 지방자치의 본질적 요소이다. 한편 지방자치행정의 근거이자 기준이 되는 입법에 대한 자율성의 보장 없이는 실질적인 '자치'는 보장될 수 없다. 동시에 재정적 능력이 담보되지 않은 사무권한의 배분은 결국 행정의 포기로 귀결될 것이며, 재정적 능력이 담보되는 경우에도 재정에 대한 자율적 권한이 담보되지 않는다면 이는 결국 재정적 종속을 통해 지방자치의 본질은 잠식될 수밖에 없다. 결국 지방자치에 있어 사무권한, 자치입법권 및 자주재정권은 상호 독립된 의미를 가지는 것이 아니라, 실질적 지방자치를 지탱하는 3輪으로서 상호 본질적 관련성을 가지는 것으로, 지방자치의 본질상 불가결한 권한의 묶음에 해당한다.48)

그럼에도 현행 실정법제는 복지사무와 관련하여 지방자치단체에 대해서는 책임을 중심으로 규율하고 있을 뿐, 국가와 지방간의 복지사무의 배분에 있어 권한 및 재정에 대한 실질적이고 충분한 보장이 고려되어 있지 않은 점에서 사회보장의 창조적인 발전을 기대하기는 어렵다. 그러한 상태에서 조례제정권만의 확대가 어떠한 결과를 가져올지는 뻔하다.

따라서 조례 제정의 실효성을 담보할 수 있는 법제도적 장치에 대한 마련이 동시에 고려되어야 할 것이다. 여기서 이에 관한 상세한 논의를 하는 것은 어려우나, 기본적으로 복지사무에 대한 지방자치단체의 책임에 상응하여 복지조례를 임의조례가 아닌 의무조례로 규정하는 한편, 그 이면으로 복지재정의 분담 구조, 복지조례에 대한 인센티브 등을 제도화하는 것으로 통하여 사회보장조례에 의한 실질적인 복지의 확대를 도모하는 것이 필요할 것이다. 그러한 국가적 노력은 단순히 국가의 정책적 고려의 문제가 아니며, 복지국가원리를 통하여 복지의 실현 및 확대에 대해 국가 자체에게 부여된 책임이자 의무라고 할 것이다.

---

48) 조성규, 국가와 지방자치단체간 입법, 사무권한 및 재원의 배분, 공법연구 제36집 제2호 (2007.12.), 43면.

2. 현행 사회보장법제의 평가

1) 현행 법제상 조례 제정의 가능성

복지사무를 자치사무로 이해하는 경우, 사회보장법제에 있어 조례제정의 가능성과 관련하여 특별한 규범적 문제가 없다. 다만 실정법제상 복지사무의 성격이 모호한 동시에, 지방자치법 제22조 단서상의 법률유보의 문제 등 법원리적으로는 물론, - 앞서 방향성으로 제시한 - 법률과 조례의 협력관계라는 관점에서는 개별법령상 조례에의 수권 여부는 중요한 규범적 의미를 갖는다. 그럼에도 불구하고 현행 사회보장 관련 실정법제상 복지사무와 관련하여 조례에의 수권을 규정하고 있는 개별법은 거의 없는 것으로 보이며, 그 이면에는 국가중심의 사회보장법체계, 국가주도적인 사회보장행정이라는 인식이 자리잡고 있는 것으로 보인다.

가령 「사회보장급여의 이용·제공 및 수급권자 발굴에 관한 법률」 제40조 제6항은 '시·도사회보장위원회의 조직·운영에 필요한 사항은 보건복지부령으로 정하는 바에 따라 해당 시·도의 조례로 정한다'고 규정하고 있다. 그러나 이는 내용적으로 복지사무에 대한 조례에 대한 위임은 아닌바, 사회보장위원회 자체가 시·도에 두는 조직으로서 조례에 의한 규율은 조직체계상 당연한 결과일 뿐이다. 오히려 시·도에 두는 조직임에도 보건복지부령에 의해 규제하는 것은 조례의 자치입법성에 비추어 타당성이 의문이 있다. 시·군·구에 두는 지역사회보장협의체와 관련하여서도 동법은 동일한 태도이다(동법 제41조 제8항 참조).

결국 복지사무에 대해서는 국가법령에 의한 직접적 규율이 실정법제의 일반적인 입장으로 보이는바, 시장·군수·구청장이 수립하는 지역사회복지계획과 관련하여 보건복지부장관이나 시·도지사의 조정권고권을 인정하는 한편(동법 제35조 제8항), 지역복지계획의 수립에 관한 구체적 사항은 조례가 아닌 대통령령에 위임하고 있다(동조 제9항). 동법은 사회복지서비스의 실시 및 사회보장의 기본틀을 형성하는 사회보장정보의 관장을 국가중심으로 하고 있으며, 사회복지사업법 역시 사회복지시설의 설치·운영, 재가복지 서비스의 실시 등에 있어서도 국가입법 중심의 국가주도적 사무수행은 마찬가지인바(동법 제3장, 제3장의2 참조), 조례에 의한 규율의 가능성은 실정법제상으로는 인정되지 않고 있다.

물론 국가법령이 규율하지 않는 영역이나, 그 이상의 정도에 대한 사회복지서비스의 실시를 조례에 의하여 시행하는 것은 금지되지 않으나, 실제적으로 지방자치단체가 국가법령 이상의 사회복지서비스를 실시한다는 것은 현재 지방자치단체의 재정자립도 등 지방재정의 현황을 고려할 때, 현실적으로 불가능하다고 보이는바, 조례에 의한 사회복지사업의 구체화는 국가법령은 기계적 집행 이외에는 현실적으로 불가능하다.

장애인복지법 역시 국가중심의 사무수행구조를 취하고 있는바, 복지사무와 관련하여 조례에 대한 위임근거는 찾아보기 어려우며, 지방장애인복지위원회의 조직·운영 등 조직에 관해서는 조례의 위임근거를 두고 있을 뿐이다(법 제13조 참조).

국민기초생활보장법도 대동소이한 구조로서, 실체적 복지사무인 동법상의 급여의 실시와 관련하여 조례에 대한 위임의 근거는 찾아볼 수 없으며, 단지 생활보장위원회와 관련하여 시·도 또는 시·군·구의 조례로 정하는 바에 따라 다른 위원회가 생활보장위원회의 기능을 대신할 수 있도록 하고 있을 뿐으로(법 제20조 제1항), 그나마 시·도 및 시·군·구 생활보장위원회의 기능과 각 생활보장위원회의 구성·운영 등에 필요한 사항은 대통령령으로 정하도록 하고 있다(동조 제6항).

오히려 '지방자치단체의 조례에 따라 이 법에 따른 급여 범위 및 수준을 초과하여 급여를 실시하는 경우 그 초과 보장비용은 해당 지방자치단체가 부담한다'고 규정하여(법 제43조 제5항), 법률과 조례의 협력보다는 복지조례에 대한 재정적 부담만을 규정하고 있을 뿐이다.

결론적으로 거의 모든 사회보장관련 법률은 지방자치단체의 복지실현에 대한 의무와 책임을 규정하고 있음에도 그에 상응하는 자치입법권의 보장을 규정하고 있는 경우는 없으며, 기껏해야 위원회 관련하여 조례에 의한 규율을 허용하고 있을 뿐으로,49) 복지사무와 관련하여 지방자치의 보장이라는 관점에서는 매우 미흡하다.

2) 현행 실정법제의 평가

「국토의 계획 및 이용에 관한 법률」이나 건축법 등 개발행정법제에 있어서는 지역의 특유한 실정에 대한 고려의 필요성에서 따라 각 개별법에서 조례에 대한 수권근거를 두고 있는 것이 일반적인 입법의 모습이다. 그에 비하여 사회보장법제의 경우 조례에 대한 위임근거를 거의 발견할 수 없는 바, 국가법령에 의한 직접적 규율을 원칙적인 모습으로 하고 있다.

물론 건축법 등 개발행정법제는 주로 규제법제인데 비하여, 사회보장법제는 수익적·급부적 성격을 가지며, 사회보장의 정책적 성격상 상당수의 규정이 구체적 행위규범보다는 선언적 규정인 점에서 양자를 동일하게 비교할 수 없는 것은 당연하다. 그러나 복지사무는 국가에 의한 획일적 규율보다는 지역의 특수성에 대한 고려가 필요한 전형적 영역이라는 점을 고려하면, 복지행정의 효율적 수행이라는 관점에서도 복지조례에 대한 규범적 근거의 마련 및 확대가 필요하다.

실제적으로 복지관련 조례의 실태를 보면, 사회보장기본법 및 대부분의 사회복지관련 법제는 국가와 지방자치단체의 사회복지에 대한 책임을 중첩적으로 규정하고 있지만, 그와 관련하여 제정된 조례는 거의 없으며, 사

---

49) 현행 사회복지법제상 조례에의 위임상황에 대한 구체적인 내용은, 이호용, 앞의 글, 184면 이하 참조.

회복지시설 또는 사회복지관련 기금에 관한 조례가 일부 제정되어 있는 것으로 조사되나, 그 역시 표준조례에 근거한 천편일률적인 형식적인 조례가 대부분이며, 그마저 시설물 설치·운영의 근거 등에 관련된 조례를 제정하고 있을 뿐으로 실질적으로 지역사회복지를 실천하고자 하는 의도를 갖는 조례는 거의 없다고 평가되고 있다.[50]

접근관점에 따라서는 우리나라 법제상 침익적 조례가 아닌 한 법령의 수권이 필연적으로 요구되는 것은 아니며, 동시에 ― 국가적 최소기준(national minimum)이론과 같이 ― 국가법령을 복지의 최저기준으로 이해하는 한 조례의 제정가능성이 열려있는 점에서 법령의 수권문제가 큰 의미를 갖지 않는 것으로 볼 수도 있을 것이다. 그러나 국가와 지방자치단체의 중첩적 사회보장책임을 고려할 때, 법률과 조례의 협력적 법제가 필요하다는 점에서는 물론, 복지사무의 경우 재정적 부담이 수반되는 동시에 지역적 상황에 따라 복지수요가 상이하다는 점에서 국가 전체의 획일적 기준을 강요하는 것이 타당한지도 의문이다.

더욱이 법률유보원칙과의 관계에서도 수권의 필요성 여부는 명백한 것은 아닌바, 영유아보육법은 국가 및 지방자치단체에 대하여 국공립어린이집을 설치·운영할 의무를 부과하고 있다(법 제12조). 그럼에도 불구하고 어린이집의 설치·운영과 관련하여 조례에 의한 규율가능성은 허용하고 있지 않은바, 어린이집의 운영 등은 주민의 권리·의무와의 관련성이 충분히 예상되는 것으로, 현행 지방자치법상의 법률유보원칙에 의하여 조례 제정의 허용성에 의문이 있을 수 있다. 이러한 문제점은 노인복지, 장애인복지, 여성복지 등 사회서비스의 영역에서 일반적인 문제로 나타날 수 있을 것이다.

대법원에 의해서 적법한 조례로서 평가되긴 하였으나, 1996년 광주시 동

---

50) 윤찬영, 지역복지의 규범으로서 조례의 가능성과 한계, 비판사회정책 4 (1998.8.), 63면 ; 윤찬영, 사회복지조례의 제정운동의 필요성과 전망, 자치행정연구 제2호, 115면 ; 이호용, 앞의 글, 177-178면 등 참조.

구 의회가 제정한 '저소득주민 생계보호지원조례'가 사회보장조례로서의 규범적 의의에도 불구하고 복지행정의 책임을 지고 있는 지방자치단체장에 의해 재의요구되고, 조례무효확인소송의 대상이 되었다는 사실은, 그 규범적 평가의 문제를 넘어 재정부담 등을 이유로 복지조례 그 자체로서 지방자치단체는 부정적으로 접근하고 있는 역설적 현실을 반증하고 있다고 할 것이다.

Ⅵ. 결론

사회보장법제의 특성상 법령에 의한 구체화가 불가피하다고 할 때, 최적의 효율적인 복지실현을 위해 가장 바람직한 입법형식을 선택하여야 하는 것은 당연하다. 복지사무는 법원리적으로 지역적 사무인 동시에, 현실적으로도 그 지역성과 현장성으로 인해 최적의 복지의 실현을 위해서는 지역특수성에 대한 고려가 불가피한바, 지방자치와 필연적으로 연결된다.

한편 현대 사회의 실질적 법치주의의 원칙상 행정은 입법에 구속될 수밖에 없다는 점에서 입법권의 자율성은 행정의 자율성에 본질적 요소이다. 이러한 행정과 입법과의 관계로부터 복지사무와 지방자치의 관련성은 당연히 사회보장법제와 조례와의 관련성으로 나타난다.

따라서 사회보장법제의 구체화에 있어 조례제정권의 충실한 보장 및 확대가 필요하다. 특히 현행 사회보장법제가 복지사무에 관한 조례 제정에 대해 매우 소극적임을 고려할 때, 지방자치단체의 적극적이고 능동적인 조례 제정 노력이 필요한바, 이를 통해 지방의 특유한 상황에 부합하는 최적의 복지행정이 효율적으로 달성될 수 있으며, 궁극적으로 국가 전체의 복지수준의 향상을 통하여 복지국가의 실현을 가능하게 할 수 있다.

조례는 기본적으로 지방자치단체의 자치입법으로서의 규범적 중요성을 갖지만, 자치입법으로서의 의미 외에 사회보장법제로서도 탁월한 의미와 기능을 갖는바, 무엇보다도 조례는 법률의 부재, 입법의 지연, 사회적 현실과 규범의 괴리를 제거하는 조정기능에 있어 법률보다 신축적이고 탄력성 있는 현실적합성을 가진다. 이는 복지사무의 다양성, 정책적 성격, 지역성, 막대한 재정부담 등 사회보장행정의 특성을 고려할 때, 법률 자체의 입법 부담의 경감은 물론, 법률에 의한 획일적인 복지정책의 시행에 대한 제도적 부담을 완화시킬 수 있는 규범형식으로서 사회보장법제에 있어서 의미와 기능 역시 매우 크다.

다만 복지사무의 경우 지역적 사무로서 지방자치와의 관련성이 우선적으로 요구되지만 국가 역시 복지국가원리 등을 통하여 복지사무와 관련성을 가지는 점에서, 사회보장법제에 있어 조례제정권의 문제는 조례의 전속적·배타적 규율이라는 관점이 아닌, 법률과의 적절한 입법기능의 분담이라는 관점에서 제도화되는 것이 필요하고 바람직하다. 동시에 사회복지조례의 확대라는 이면에는 당연히 지방자치단체의 자치입법 역량의 제고 및 책임성의 확대에 대한 규범적 요청이 존재하는 것은 당연하다.

현대의 분권화사회에서는 지방자치의 실시 그 자체만이 아닌, 이상적이고 올바른 지방자치의 실시가 필요한바, 지방자치의 본질적 의미는 주민복리의 실현에 있다. 지방자치단체의 주민은 각 지역의 특유한 생활환경 하에서 다양한 복지수요를 필요로 한다. 그렇다면 사회보장수급권이 적재적소에서 최적의 상태로 실현되기 위한 입법형식으로서 국가법령과 조례, 어느 것에 본질적인 기능이 주어지는 것이 타당한지에 대한 반문으로 결론에 갈음하고자 한다. 지방자치의 실시가 본격화되고 지방의 자치역량의 확대도 어느 정도 이루어진 오늘날, 과거의 지방자치제에 대한 불신이 사회보장법체계에 대한 왜곡으로 이어져서는 곤란하다.

제5장 공익활동지원 조례의 제정과 주민자치강화

Ⅰ. 서 론

지방분권과 지방자치가 강조됨에 따라 중앙의 사무가 지방자치단체로 대폭 이양되고 있다. 그러나, 지방자치단체가 수행해야 할 과제가 점점 세분화되고 다양화되는 현실에서 지방이 직접 급부를 제공하는 종래의 방식은 지방행정의 효율성을 저해하고 있다. 또 지방자치단체는 이러한 위기를 극복하고 각 지방의 발전을 도모할 창의적인 방안을 모색해야 하지만, 정책을 설계하는데 있어서 전문성과 인력의 한계를 가지고 있다. 지역사회의 경제발전과 주민복지 등의 공적 과제는 지방자치단체의 힘만으로는 수행할 수 없다. 지역사회 전체의 적극적인 참여가 필요하다. 다시 말해 지방자치단체, 비영리민간단체 및 주민들의 공동참여와 협력관계 형성이 요구되고 있다.

최근 서울시, 부산시, 대구시, 광주시, 대전시 등의 광역지방자치단체는 '시민공익활동의 지원조례' 등을 제정하여 비영리민간단체를 지원하고 있다. 비영리민간단체는 지방자치단체가 전문성의 부족이나 다양한 수요에 대응할 수 없는 한계 등의 이유로 제공하지 못하는 공공서비스를 상당부분 담당하고 있다. 예컨대, 장애인이나 노인에 대한 복지서비스나, 다문화가정과 미혼모 등에 대한 돌봄서비스 등이 그것이다. 지방자치단체는 지역사회에서 요구하는 서비스나 수요에 적절하게 대응하기 위해 비영리민간단체가 더욱 다양화·전문화·활성화 되어야 할 필요성을 절감하고 있으며, 지방자치단체와 비영리민간단체의 협치에 대한 중요성이 증대하고 있기 때문에, 비영리민간단체를 지원할 법적 근거를 마련하고 있는 것이다. 그러나 법제처는 여전히 "비영리민간단체를 지원하는 내용의 조례를 제정하는 것은 민간이 자발적으로 설립·운영하려는 비영리민간단체 본연의 성질 및 목적에 비추어 바람직하지 않다"라고 유권해석하고 있다.1) 즉, 정부의 판단은 지방자치 현장에 있는 공익활동 담당 공무원들과 비영리민간단체의 현실에 전혀 부합하지 않고 있음을 보여주고 있다.

지역 비영리민간단체의 공익활동 활성화를 위한 지방자치단체의 지원확대는 단순히 자원봉사단체를 장려하는 차원의 것이 아니라 지방분권화시대에 각 지방자치단체의 고유한 자원과 특성에 적합한 정책의 형성·발전과 주민자치강화를 위한 첫 걸음이라고 할 수 있다. 이와 같은 흐름은 일본에서도 찾아볼 수 있다. 지난 2000년 지방분권개혁 후 일본의 각 지방자치단체는 지방자치단체의 발전과 공적 과제수행을 위하여 공익활동기본조례를 제정하였다. 지역 비영리민간단체지원을 위한 지방자치단체 차원의 법적 근거를 마련한 것이다. 법적 근거에 따라 재정적 지원뿐만 아니라 행정과 지역 비영리민간단체 사이에 활발한 인적 교류, 정보교류를 정례화 하였고, NPO센터를 건립하는 등의 각종 행정지원을 하고 있다. 일본의 지방분권개혁이 본격화되는 과정에서 공익활동에 대한 지원이 확대되는 과정은 우리에게 시사점을 제공하고 있다.

본 논문에서는 일본 지방자치단체의 정책 중심의 조례제정과 비영리민간단체에 대한 지방자치단체의 공익활동지원을 통한 지방자치단체와 비영리민간단체간 협력체계를 소개하고, 그 시사점을 토대로 우리 지방자치단체의 공익활동지원의 법적 문제점과 그 개선방안을 마련하고자 하였다.

---

1) 위와 같은 견해는, 지난 2015년 5월 경북 구미시가 법제처에 "구미시 비영리 민간단체 지원에 관한 조례(안)을 제정할 수 있는지" 여부를 질의하였는데, 이에 대한 법제처의 의견회신을 통해 확인할 수 있다(의견15-0111, 2015.05.04.).

II. 지방자치단체의 공익활동지원에 대한 한·일법제 비교

1. 지방자치단체의 공익활동지원의 개념

1) 지방자치단체의 공익활동지원의 의의

공익활동은 일반적으로 정부가 추구하는 가치를 말하지만, 공익활동지원을 설명할 때의 공익활동은 비영리민간단체[2]가 공익의 개념을 현실화하고자 하는 활동이라고 정의하고 있다. 즉, 비영리민간단체는 "이윤추구를 목적으로 하지 않고 이윤을 구성원들에게 분배하지 않으며 공공의 목적을 추구하는 자발적이고 자치적인 민간조직을 말한다."[3]

그러나 이러한 개념적 이해가 아무리 명확하다고 하더라도 공익론자와 권리론자의 관점에서 다양하게 재해석될 수 있어 때때로 여러 갈등을 유발하기도 한다.[4] 이러한 현상들은 "사회문제를 바라보는 관점들은 실제로 공익적인지, 사익적인지 분별하기 어려운 경우가 더 많다"는 점에서 그 복잡성에 대한 인식이 가능하다. 다만, 이 글에서는 공익활동의 개념에 대한 연구를 심화하기 보다는 현재 이루어지고 있는 공익활동에 대한 지원 실태와 개선과제에 집중하고자 한다.

지방자치단체의 공익활동지원은 대부분 비영리민간단체가 정부의 공익

---

2) 비영리민간단체라는 용어에 대한 논란도 있다. 다만, 이 글은 비영리민간단체에 대한 용어정의를 목적으로 하고 있는 것이 아니기 때문에 본문에서 용어상 혼돈을 피하기 위해 우리 비영리민간단체 지원법 제2조상 '비영리민간단체'로만 명시하기로 한다.

3) 지난 2010년 우리 정부는 비영리민간단체 지원백서를 마련하였다. 각 부처의 민간단체 지원의 현황과 추이를 검토하고, 중앙정부 각 부처의 사업별 지원기준과 지원요령을 종합적으로 검토하는 과정에서 비영리민간단체를 위와 같이 정의하였다. 이에 관하여는, 조홍식 외, 정부의 비영리민간단체 지원 백서, 한국NPO공동회의, 2010, 41면 이하 참고.

4) 이와 같은 주장에 관하여는, 장수찬 외, 지방정부의 공익활동 지원시스템에 대한 비교연구 - 대전광역시를 중심으로 -, 대전발전연구원, 2015, 24면 참고.

지원사업에 공모하여 사업비를 지원받는 형식으로 나타난다. 따라서 이 글에서의 공익활동지원이란, 지방자치단체가 비영리민간단체지원법 제2조 비영리민간단체들의 활동을 재정적·비재정적 방법을 동원하여 지원하는 것이라고 정의하고자 한다.[5][6]

2) 지방자치단체의 공익활동지원의 원인과 배경

공익활동에 대한 정의에 따르면, 지방자치단체가 공익활동을 지원하는 것은 시민이 자율성과 자발성에 근거하여 설립·운영하는 공익활동단체 본연의 성질 및 목적에 비추어 바람직하지 않을 수 있다. 그러나 산업화, 도시화된 사회에서 시민들의 생활배려[7] 즉, 지역사회복지나 지역의 문제를 해결하고 지역사회의 삶의 질을 높이기 위한 문제를 비영리민간단체가 대응하였던 것을 고려하면 지방자치단체가 공익활동 주체들에게 보다 적극

---

5) 비영리민간단체지원법 제4조 제1항에서는 이 법이 정한 지원을 받고자 하는 비영리민간단체는 그의 주된 공익활동을 주관하는 중앙행정기관의 장이나 시·도지사에게 등록을 신청하여야 하며, 제6조에서는 행정자치부장관 또는 시·도지사는 제4조제1항에 따라 등록된 비영리민간단체에 대하여 다른 법률에 의하여 보조금을 교부하는 사업외의 사업으로서 공익활동을 추진하기 위한 사업에 대하여 소요경비를 지원할 수 있다고 규정하고 있다.

6) 그러나 비영리민간단체가 지방자치단체로부터 어떠한 형태로든 지원을 받는 것은 긍정적인 것만은 아니라고 할 수 있다. 비영리민간단체가 지방자치단체의 지원을 받아 정부사업을 진행할 경우 비영리민간단체 본연의 기능을 상실하거나 본래 목적을 추구하지 못할 우려가 있기 때문이다. 지방보조금 법제 개선방안에 관한 연구에서는 "지방자치단체가 보조금 지급 등의 사유로 시민단체에 과도하게 개입하는 것은 아닌지 검토해 볼 필요가 있다"고 지적하고 있다 ; 김지영, 지방보조금 법제 개선방안에 관한 연구, 한국법제연구원, 2013, 84면 이하 참고.

7) 정부가 개인의 자유와 재산을 침해하는 것이 아니라 곤경에 처하여 생존이 위태로운 인간의 생존배려를 위해 국가의 적극적 급부가 필요한 경우를 중심문제로서 인식하고 그에 대응하고자 한 이론이 이른바 생존배려(Daseinsvorsorge) 또는 생활배려 법이론이다. 이에 관하여는, 선정원, 마을공동체의 활성화를 통한 주거환경의 개선 : 생존배려이론의 재조명, 행정법연구 제12권, 2004, 312면 참고.

적으로 급부할 필요가 있음을 시사하고 있다.[8] 이에 다음과 같은 이론적 토대 하에서 공익활동에 대한 지방자치단체의 지원은 그 필요성과 정당성을 갖출 수 있다.

첫째, 지방자치와 지방분권에 대한 관심은 지역사회에서 비영리민간단체의 역할을 강조하게 되는 원인이 될 수 있다. 정책적 영역에서는 지방경제의 모든 영역, 즉 시민의 일상생활 전반에서 지역적 특성이 발현될 수 있도록 하는 지도개념을 의미한다. 때문에 비영리민간단체의 역할은 지방자치와 풀뿌리 민주주의를 정착하는 데에 기여할 수 있다. 다만, 시민사회가 자발적으로 만들어 낸 힘으로 사회문제를 해결하고자 하는 비영리민간단체의 존재 의의가 지켜질 수 있어야 한다. 즉, 정부와 비영리민간단체가 목적의식을 공유하면서 대등한 관계에서 협력적인 활동을 할 수 있어야 한다.[9] 따라서 풀뿌리 민주주의 담론의 수용과 공익활동 주체에 대한 정책적 배려는 "정부로부터 일정한 거리를 유지하면서 정부로부터 간섭을 받지 않는다 (Arm's Length Principle : 팔길이 원칙)"는 원칙으로부터 시작된다면 그에 대한 지원의 당위성을 찾을 수 있다.[10]

둘째, 지방자치단체의 비영리민간단체에 대한 공익활동지원의 이유는 중앙 또는 지방자치단체가 지역사회의 수요나 문제에 대응하지 못한 것에서 찾을 수 있다. 영(Young)은 정부실패이론을 통해 정부가 지역사회의 문제해결에 실패하거나 수요에 대응하지 못하여 비영리민간단체가 성장하게 되는 이유를 설명한다.[11] 예를 들어, 정부는 중위투표자에 초점을 맞추어

---

8) 역사적으로 생존배려이론은 20세기 후반 국방이나 질서유지와 같은 소극적 보장국가에서 국민이 일상생활을 영위하는데 필수적인 주택, 전기, 수도, 가스, 물, 도로, 교육시설, 병원 등 기타 공공시설의 설치와 관련하여 국가의 역할을 확대·강화하는 데에 큰 영향력을 행사하였다. 오늘날 생존배려이론은 이제 더 이상 사회기반시설 확충만으로는 불가능하고, 사회 구성원 모두가 인간다운 생활, 사회생활과 상호 연관된 공존 등 생태학적 관계망을 형성하는 데에 관여해야 함을 시사하고 있다고 생각한다.

9) 임승빈, 정부와 NGO, 대영문화사, 2009, 264-266면 참고.

10) 전병태, 팔길이 원칙, 문화 민주주의, 창조적 산업, 정치와 예술, 2002, 90면 참고.

서비스를 공급하기 때문에 일부 시민들의 수요나 문제는 해결되지 않는다. 정부에 의해 해결되지 않은 지역사회의 문제나 수요에 대응하기 위해 비영리민간단체가 발생·성장하게 된다고 이론은 설명한다. 즉, 비영리민간단체는 정부가 해결하지 못한 공공의 문제나 대중의 수요에 대응하기 위해 활동하기 때문에 정부는 공공문제의 해결이나 집단의 수요에 대한 대응 등 공익을 위해 활동하는 비영리민간단체를 지원하는 것에 정당성을 가질 수 있다. 이와 같은 맥락에서 사회적 자본과 시민사회에 대한 논의를 통해서도 지방자치단체의 비영리민간단체의 공익활동에 대한 지원의 근거를 설명할 수 있다. 퍼트남(Putnam)은 시민들이 지역사회의 공동체활동이나 조직화된 또는 조직화되지 않은 시민조직에 참여·교류함으로써 지역주민 간 신뢰의 구축, 상호호혜적 규범의 형성, 정보의 교환 등이 발생한다고 설명한다.[12] 지역주민 간에 형성된 신뢰와 규범 그리고 정보의 교류는 지역경제의 발전이나 지역사회의 문제를 해결하는데 윤활유와 같은 역할을 한다고 이탈리아의 사례를 들어 증명한다. 다시 말하면, 지역주민들이 비영리민간단체에 참여함으로써 지역사회 내 신뢰의 구축, 규범의 형성, 그리고 정보의 교류 등을 통해 지역발전 또는 지역사회의 문제해결에 기여한다는 것이다. 즉, 사회적 자본이론에 따르면 비영리민간단체의 설립과 활동은 지역사회의 문제해결이나 지역발전에 기여하는 등 공익을 증진시키는데 기여하기 때문에 비영리민간단체에 대한 지방자치단체의 공익활동지원은 타당성을 갖는다.[13]

셋째, 1986년 울리히 벡(Ulrich Beck)이 주장한 위험사회이론 역시 의미

---

11) Young, Dennis R., Government Failure Theory. In J. S. Ott & L. A. Dicke. (Eds.), The Nature of Nonprofit Sector 2nd ed. Boulder, CO: Westview Press (1989) at 151-153.

12) 송경재, 한국의 사회적 자본과 시민참여, 국가전략 제13권 4호, 2007, 102면 참고.

13) 이러한 인식은 일본에서도 공유되고 있다. 이에 관하여는, 21世紀における社會基盤整備ビジョン並びに情報發信に關する特別委員會,   望ましい社會基盤整備に向けて, 土木學會, 1999年 參照.

있는 시사점을 제공하고 있다. 위험사회이론에 따르면, 현대사회는 위험과 안전에 대한 관심이 높아짐에 따라 근대 산업화의 부수효과라 할 수 있는 구조화된 위험에 대응하고, 안전의 분배 차원에서 아직 나타나지 않은 위험을 사전에 예방하는 것이 필요하다.[14] 예를 들면, 체르노빌 원전 폭발, 9·11테러, 지구온난화, 급격한 기후변화 등은 인류 모두에게 잠재된 위험에 대한 경각심을 높이고 있다. 또한, 금융위기와 경제공황, 인구과잉과 자원부족, 범죄와 성폭력 급증, 성차별과 인종차별, 에너지 부족, 새로운 질병들(코로나 19 등)에 대한 공포, 환경오염과 생태계 파괴 등은 그 부분적인 예로 들 수 있다.[15] 동일본 대지진 사례에서는 지역사회의 비영리조직이나 주민자치조직 등이 지방자치단체와 협력하여 지진 피해를 입은 주민들을 구조하고 응급서비스를 제공하는 데에 참여하였다.[16] 즉, 비영리민간단체들에 의한 시민구호 활동이나 돌봄서비스의 제공 등에서 중요성과 역할이 증대된 것을 볼 수 있다.[17]

2. 국내법상 지방자치단체의 공익활동지원의 근거

우리 실정법상 공익활동지원에 관한 근거 법률은 크게 시민사회의 활성화와 포괄적 지원을 뒷받침하기 위한 법률과 보조금 지원의 근거 법률로 나누어 살펴볼 수 있다. 우선, 시민사회의 활성화와 포괄적 지원을 뒷받침

---

14) 이동건, 위험사회에서의 형법의 임무, 고려대학교 석사학위논문, 2006, 26면 참고.
15) 노진철, 불확실성 시대의 위험사회학, 한울, 2010, 22면 참고.
16) Haddad, Mary A., A State-in-Society Approach to the Nonprofit Sector: Welfare Services in Japan, *Voluntas*, 22 (2012) at 26-47.
17) 일례로, 일본은 1995년 한신대지진 당시 2만 5천여명이 구조되었는데, 그 중 1만 7천여명이 민간 자원조직에 의해 구조되었다고 한다. 이처럼 관공서가 대처를 못해 피해가 커질 수 있었던 반면에 풀뿌리 주민조직에 의한 시민구호 활동이 어느 때보다 큰 역할을 수행하였다. 1998년 일본은 이 사건을 계기로 비영리사회단체(NPO) 지원법을 제정하였다.

하기 위한 법률에는 비영리민간단체지원법과 특수목적 비영리조직 설립에 관한 특별법 및 개별법으로 나뉜다.

지난 2000년 1월 비영리민간단체지원법은 비영리민간단체의 자발적인 활동을 보장하고, 건전한 민간단체로의 성장을 지원함으로써 비영리민간단체의 공익활동 증진과 민주사회 발전에 기여하는 것을 목적으로 제정되었다. 이 법은 그 제정의 의의에서 밝히고 있는 바와 같이 비영리민간단체 지원의 기본방향과 국가와 지방자치단체의 의무, 비영리민간단체의 범위와 등록 요건, 지원방법 등을 명문으로 확인할 수 있게 되었다는 측면에서 의의가 있다. 그러나 사실상 지방자치단체가 공익활동을 지원하는 방식은 재정지원 즉, 보조금을 지급하거나(동법 제6조), 보조금성 경비를 지원하는 방식(동법 제10조 및 제11조)에 의존하고 있다. 이러한 이유에서 공익활동 지원에 관한 법적 논의는 이하에서 살펴보고자 하는 보조금 지원의 근거에 관한 법률들을 통해서만 구체화할 수 있게 되었다.

특수목적 비영리민간단체 설립에 관한 특별법[18] 및 개별법[19]에는 다양한 분야의 시민조직을 육성하기 위한 법률들이 속한다. 특히, 특수목적 비영리민간단체 설립에 관한 특별법들은 대부분 정부주도형 비영리민간단체들의 설립·지원을 위한 것으로 새마을운동조직과 바르게살기운동조직 등을 들 수 있다. 이들 단체들을 지원하는 법률들은 우리 시민사회의 성장에 따라 제정되고 있는 공익활동지원에 관한 법정책들과 제도설계의 관점 자체를 달리하고 있어 여러 비판의 대상이 되고 있다.[20]

---

18) 대한적십자사조직법, 대한민국재향군인회법, 스카우트활동 육성에 관한 법률, 대한민국 재향경우회법, 새마을운동조직육성법, 한국자유총연맹 육성에 관한 법률, 바르게살기운동조직 육성법, 한국4에이치활동지원법, 대한노인회지원에 관한 법률 등이 있다.

19) 국가유공자 등 단체설립에 관한 법률, 국민체육진흥법, 문화예술진흥법, 소비자기본법, 양성평등기본법, 국제개발협력기본법 등이 있다.

20) 이에 관한 비판적 시각들은 다수의 논문들에서 확인 가능하다. 이에 관하여는, 장수찬 외, 앞의 보고서(각주 4번), 41-46면 참고. 필자는 지방자치단체와 시민사회의 협력관계 형성의 발전과정론적 맥락에서 이러한 모든 비판을 수용할 수는 없지만, 공익활동지원은

보조금 지원의 근거 법률에는 보조금 관리에 관한 법률과 지방재정법이 있다. 다만, 비영리민간단체지원법 제6조에서 비영리민간단체에 재정지원을 할 수 있는 주체를 행정안전부장관 및 시·도지사로 한정하고 있는데, 보조금의 지급 주체가 시·도지사인 경우에는 보조금에 관한 사항은 지방재정법에 의해서만 규율된다. 지방재정법 제17조 제1항에서는 지방자치단체는 개인 또는 법인·단체에 대한 기부·보조·출연, 그 밖의 공금 지출을 할수 없으나, 지방자치단체의 소관에 속하는 사무와 관련하여 예외적으로 법률에 규정이 있는 경우(제1호) 및 보조금을 지출하지 아니하면 사업을 수행할 수 없는 경우로서 지방자치단체가 권장하는 사업을 위하여 필요하다고 인정되는 경우(제4호) 등에 한정하여 가능하다고 규정하고 있다. 제4호에 따른 지출은 해당 사업에의 지출근거가 조례에 직접 규정되어 있는 경우로 한정하고 있다.21)

<표 1> 주요 지방자치단체 보조금지원 관련 조례

구분	조례명	조례 제정	비고
서울시	서울특별시 지방보조금 관리 조례	1988년 5월 제정	현행
	서울특별시 사회단체보조금 지원 조례	2006년 5월 제정	폐지(2015년 5월)
부산시	부산광역시 지방보조금 관리 조례	1988년 5월 제정	현행
	부산광역시 사회단체보조금 지원 조례	2004년 2월 제정	폐지(2015년 1월)
대구시	대구광역시 지방보조금 관리 조례	1988년 5월 제정	현행
	대구광역시 사회단체보조금 지원 조례	2006년 5월 제정	폐지(2014년12월)

조직을 설립·지원하는 데에 목적이 있는 것이 아니라 시민사회가 활성화될 수 있도록 공익활동을 하는 주체들의 활동(사업)을 지원하는 데에 목적이 있기 때문에 우리 시민사회의 성숙에 부합한 법률의 통합·개정은 반드시 필요하다고 생각한다.

21) 우리 판례는, 지방자치단체가 권장하는 사업인지의 여부는 보조금 지출 대상인 단체의 성격, 실제 보조금이 지출될 사업의 내용, 해당 사업이 지방 재정에 미치는 영향, 해당 사업에 대해 지방자치단체 주민이 갖는 일반적 인식 등 객관적 요소를 종합적으로 고려하여 판단하여야 한다고 하며(대법원 2013. 5. 23 선고 2012추176 판결), 지방자치단체가 해당 사업을 수행하지 않으면 민간의 부담이 커서 사실상 사업이 어렵게 되는 경우 등이 속한다고 보고 있다(대법원 2009. 12. 24 선고 2008추87 판결).

광주시	광주광역시 지방보조금 관리 조례	1988년 5월 제정	현행
	광주광역시 사회단체보조금 지원 조례	2004년 5월 제정	폐지(2015년 1월)
대전시	대전광역시 지방보조금 관리 조례	1988년 5월 제정	현행
	대전광역시 사회단체보조금 지원 조례	2008년 8월 제정	폐지(2014년12월)
울산시	울산광역시 보조금 관리 조례	1997년 7월 제정	현행
	울산광역시 사회단체보조금 지원 조례	2004년 4월 제정	폐지(2014년12월)
인천시	인천광역시 재정운영 조례	2016년11월 제정	현행
	인천광역시 지방보조금 관리 조례	2001년 6월 제정	폐지(2016년11월)
	인천광역시 보조금 관리 조례	1988년 5월 제정	폐지(2001년 6월)
	인천광역시 사회단체보조금 지원 조례	2004년 5월 제정	폐지(2015년 4월)

자료 : 김정욱·진성만, 인천시 공익활동 지원방안 연구, 인천발전연구원, 2017.

각 지방자치단체들은 재정운영조례 또는 보조금 관리조례 등을 통해 지방재정법 제17조 및 제32조의2부터 제32조의10에 따라 지방자치단체의 예산을 재원으로 하는 지방보조금의 예산편성 기준, 지방보조금심의위원회 구성·운영, 지방보조금 교부신청 및 교부결정 등에 필요한 사항을 규정하고 있다(<표 1> 참조).[22] 지방재정법 제17조 제1항 단서 '해당 사업에의 지출근거가 조례에 직접 규정되어 있는 경우'에 따른 기부·보조 근거조례 목록을 두고 있다. 예를 들어, 인천시의 경우 인천광역시 재정운영 조례 제32조 [별표 2]에서 보조금 지원의 근거조례 목록을 열거하고 있는데, 2017년 현재 총 82개의 조례에 의한 사업을 기부·보조가 가능한 사업으로 명시하고 있다.

지난 2013년 서울시를 시작으로 각 지방자치단체들은 공익활동지원에 관한 조례를 제정하고 있다(<표 2> 참조). 이 조례는 시민들의 공익활동을 촉진하고 공익활동을 하는 주체들을 체계적으로 지원하기 위한 것이다. 본 조례를 통해 지역의 공익활동 주체들을 지원하기 위한 지원조직[23]의 설립

---

22) 동 조례들은 모두 2008년과 2015년 두 차례의 지방재정법 전부개정을 거쳐 지방보조금 예산의 편성 및 집행·관리 강화, 지방보조금심의위원회 구성 등 지방보조금의 관리 체계를 개선·보완하고 지방재정의 건전성 및 투명성을 강화하는 방향으로 설계·제정된 것이다. 중요한 것은 본래 '지방자치단체 예산편성 운영기준(행자부 훈령)'으로 규정해 오던 것이 법제화되어 조례로 구체화되었다는 점이다.

23) 전국적으로 공익활동을 지원하기 위한 조직의 명칭은 통일되어 있지 않다. 실무적으로는

근거를 마련해 놓고 있다. 다만, 본 조례에 근거하더라도 공익활동을 지원하기 위한 공익활동 보조금 지원에 관하여는 지방재정법 제17조 및 위 <표 1>의 각 지방자치단체의 보조금 관리조례상의 규정에 따른다.

<표 2> 특·광역시 공익활동 활성화 관련 조례의 현황 및 주요내용

구 분	관련 조례	제정시기	주요 조례 내용
서울시	서울특별시 시민공익활동의 촉진에 관한 조례	2013. 5.	- 시장은 시민의 공익활동 활성화를 위해 노력하고, 관련 시책을 적극 추진하여야 함 - 서울특별시 시민공익활동촉진위원회 및 서울시 NPO지원센터 설치 및 사업계획 수립·시행 - 교육훈련 및 인재육성, 네트워크 및 민관협력체계 구축, 시민사회단체 정보자료 집적·제공, 위탁운영사항 등 규정
부산시	부산광역시 시민운동 지원 조례	2015.11.	- 시민운동 활성화를 위한 시의 책무 - 지원계획의 수립·시행, 센터의 설치·운영 및 위탁에 관한 사항을 규정 - 관련 기관·단체 등과 협력체계 구축에 사항과 시민운동을 통하여 지역사회 발전에 현저히 기여한 개인 또는 기관·단체 등에 대한 포상 규정
대구시	대구광역시 시민공익활동 지원 등에 관한 조례	2015.7.	- 시민의 공익활동 활성화를 위해 노력하고, 관련 시책을 적극 추진하여야 함을 시장의 책무 - 시민공익활동 활성화와 시민사회발전 정책을 자문하기 위해 대구광역시 시민공익활동지원위원회 설치 - 대구광역시 시민공익활동지원센터 설치에 관한 사항
광주시	광주광역시 엔지오(NGO) 지원센터 설치 및 운영 조례	2015.5.	- 광주광역시 엔지오(NGO)지원센터의 설치·운영 및 기능 - 위탁운영, 지원체계, 관리감독 등에 대해 규정
대전시	대전광역시 NGO지원센터 설치 및 운영 조례	2014.12.	- 대전광역시 NGO지원센터 설치 및 운영, 기능 - 등록 전 비영리민간단체의 사전지원 및 운영위원회 설치, 위탁운영에 관한 사항 - 대전 NGO지원센터 내의 시설에 대한 사용료 징수기준, 사용료 감면 및 반환 규정

자료 : 김정욱·진성만, 인천시 공익활동 지원방안 연구, 인천발전연구원, 2017.

'공익활동지원 중간지원조직'으로 표현하고 있다. 이에 이하에서는 공익활동 '지원조직'으로 인용하기로 한다.

3. 일본법상 지방자치단체의 공익활동지원

1) 논의의 전제

(1) 정책형성과정의 변화

지난 2000년 이후 일본사회는 본격적인 지방분권형 사회로 변모하였고,[24] 중앙정부와 지방자치단체가 협력관계에 놓이게 되었다. 이에 따라 일본 지방자치단체의 정책형성 및 조례제정의 권한은 우리의 그것과는 다른 모습을 확인할 수 있다. 2009년 문상덕 교수는 주로 일본의 논의들을 중심으로 지방자치단체의 정책법무에 대한 연구를 진행하였다. 그는 "행정이 행정목적을 달성하기 위한 다양한 정책의 주체로서 행정법현상을 주도하고 있다"는 기본인식과 "현실적으로 많은 실정 법리에서 법과 정책의 관련성이 확인되고 있다"는 법 현실에 주목하였다. 즉, 일본 지방자치단체의 정책 중심의 법무를 비교·분석하여 우리의 전통적 행정법학의 성격과 한계를 구체화하였고, 이를 우리 지방자치단체 현실에 투영시키기 위한 내용을 다루었다.[25] 지방자치단체를 중심으로 한 정책형성의 중요성과 필요성은 최근 지방분권 논의와 더불어 지방자치단체의 자율성을 보다 폭넓게 인정하려고 하는 사회적 분위기가 확산됨에 따라 우리 법현실에서도 다시금 주목받고 있다.

고령화 사회 돌입이 본격화되면서 사회복지에 대한 지방자치단체와 시민사회의 책임이 더욱 늘어나고 있다. 예를 들어, 일본에서는 복지 분야의

---

24) 이에 관하여는, 礒崎初仁, 地方分權改革の成果と課題 － 義務付け·枠付け改革を中心に －, 自治研究84卷9号, 2013年 參照。

25) 이에 관한 선구적 연구를 수행하였던 정책법무의 실제와 그 적용에 관하여는, 문상덕, 정책 중시의 행정법학과 지방자치행정의 정책법무에 관한 연구 － 우리나라와 일본의 행정법학방법 논의와 자치법무 실태 분석을 기초로, 서울대 박사학위논문, 2000, 137면 이하 참고.

지방분권 과정에서 민간사회복지조직의 확장을 이끌었고 공동모금운동, 사회복지법인 등과 함께 별도의 복지제도를 형성하게 되었다.26) 그러나 이 과정에서 지방재정의 악화가 여전히 문제되고 있다. 시민들의 정책참여 요구도 점차 증대되고 있는데, 최근에는 각종 스마트 미디어의 발전에 따라 다양한 시민의 요구를 매우 신속하게 전달하는 등 다양한 주체들이 지방자치단체의 행정과정에 참여할 수 있는 체계가 되었다. 이처럼 일본의 행정환경은 기존의 행정환경과는 완전히 다른 매우 급진적인 변화를 경험하였다. 시민들이 진정한 풍요로움을 실감할 수 있는 지역사회를 실현하기 위해서는 지방자치단체가 이런 변화를 정확하게 파악하고 정책을 전개할 수 있어야 한다. 그러기 위해서는 각 지방자치단체들이 사회의 변화에 대해서 무엇이 어떻게 바뀌는지 상황을 명확히 파악하고 있는 것이 매우 중요하다고 할 수 있다. 지방자치단체가 현재 처한 상황만을 파악하는 것이 아니라 문제 상호간 인과관계를 파악하고 정책을 발안·결정·실시할 수 있어야 한다. 결국 최근의 행정환경에서 일본 지방자치단체들의 도전은 정책이 지역의 사회적·경제적 상황에 민감하게 반응하도록 정책을 형성·결정·집행·평가하여 재구축 하는 데 있다. 이처럼 오늘날의 일본의 행정환경은 점차적으로 지방자치단체를 통한 정책의 형성·결정·집행·평가의 중요성을 인식하게 되었다고 할 수 있다. 변화무쌍한 행정환경에서는 지방자치단체가 신속하게 정책적 대응을 할 수 있어야만하기 때문이다.

이에 일본에서 정책결정은 지방자치단체가 정책대안을 탐색하고, 그 결과를 예측·분석하는 과정을 통해 완성된다.27) 정책대안을 개발하고 분석·채택하는 과정은 매우 다양한 정책 주체를 통해 이루어지는데, 시민사회의 상반된 이익이나 각 개인 또는 집단들의 이익과 행동의지에 따라 영향을 받는다(<표 3> 참조). 중요한 것은 이 모든 과정을 조율하고 하나의 정책의

---

26) 이에 관하여는, 大森弥, 地域福祉と自治体行政, ぎょうせい, 2005年, 2-5頁 參照。
27) 彩の國さいたま人づくり廣域連合, 政策形成の手引, 2015年, 2頁以下 參照。

제를 형성하는 주체가 지방자치단체라는 사실이다. 종래의 행정영역에서 일본의 지방자치단체들은 정책집행자 역할만 수행해 왔으나 오늘날에는 지방분권 개혁의 움직임과 함께 정책주체로서 자리매김하고 있다. 즉, 현재 일본의 지방자치단체들은 정책의 설계 전(全)과정을 자율적으로 운영하고 있다고 볼 수 있다. 중앙정부가 지방자치단체에 정책을 전달하는 과정 역시 과거에는 업무의 과정만을 지시하는 형식이었다면, 현재는 정책의 내용을 전달하고 지방자치단체의 정책형성 흐름에 따라 정책의 역할과 범위를 지방자치단체가 자유롭게 정할 수 있도록 하는 방향으로 바뀌었다. 이러한 이유에서 정책형성은 더 이상 중앙정부의 고유 권한이 아니라고 할 수 있다. 즉, 지방자치단체의 목표와 현 상태와의 차이를 해결하기 위한 지역적이고, 세밀한 정책형성은 오직 지방자치단체를 통해서만 가능하다.

<표 3> 지방자치단체의 정책형성모형

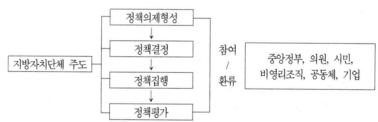

자료 : 연구진 작성

다만, 지방자치단체의 정책 형성·결정·집행·평가의 과정은 명확한 법적 근거를 통해 신뢰성, 지속가능성 등을 담보할 수 있어야 한다.[28] 2000년 지방분권의 추진을 도모하기 위한 관계 법률의 정비 등에 관한 법률(地方分權の推進を図るための關係法律の整備等に關する法律, 이하, '지방분권

---

28) 거버넌스의 발전은 시민들의 실현 불가능한 요구에도 합법적인 방법으로 책임을 다하는 접근방법을 탐색하는 데에 있다. 이에 관하여는, Offe. Claus, The theory of the capitalist state and the problem of policy formation, Lexington Books (1975) at 125-144.

일괄법'으로 인용)의 시행 이후 일본은 중앙정부와 지방자치단체가 협력관계가 되었고, 지방자치단체에 의해 정책이 추진되는 시대가 도래 하였다.[29] "지방자치단체마다 시민의 요구도 다르고, 각각의 지역이 가지고 있는 특성도 다르기 때문에 국가 전체의 획일적인 기준을 정하여 정책을 추진하는 것이 아니고, 그 지역의 사정에 맞추어 정책을 전개해 나아갈 필요가 있게 된 것이다."[30] 결국 각 지방자치단체의 특성에 부합하는 정책이 실현되기 위해서는 지역사회의 주체로 활동하고 있는 시민사회와 공감대를 형성하고, 사업의 추진과정을 공유·협력할 수 있어야 한다. 그 과정에서 일본의 비영리조직들은 지방자치단체의 정책형성과 조례제정의 과정에 매우 중요한 기능을 담당하고 있다. 예컨대, 일본의 비영리조직은 1990년대 '잃어버린 10년' 동안 복지, 환경, 마을조성, 교육, 일자리, 안전(방재 등) 등 지역사회의 여러 문제를 대응하는 데에 주요 행위자로 참여하게 되었다.

(2) 조례제정 권한의 확대

위 내용을 종합하여 보면, 지방분권형 사회에서는 지방자치단체, 비영리민간단체 및 주민들의 공동참여와 협력관계가 형성·강화된다. 중앙정부와 협력관계에 놓인 지방자치단체는 자신들을 중심으로 한 정책의 형성·결정·집행·평가의 중요성을 인식하게 되었다. 또 시민들은 지방적 특색을 살리는 지방자치단체의 정책에 더욱 많은 관심을 보이고, 지역의 현안들을 정책집행의 영역으로 이행시키고자 하는 시민사회의 참여도 증가할 것이다. 또 일본의 경우, 공익활동이 활성화되어 감에 따라 지역의 비영리민간단체들은 지역 현안에 대한 전문성을 바탕으로 지방자치단체의 조례 제정 과정에 매우 중요한 행위자로 참여하고 있다.

---

29) 일본의 지방분권일괄법에 관하여는, 한귀현, 일본의 지방분권화와 관련법제, 법제, 2003, 50면 이하 참고.
30) 이에 관하여는, 이응철, 일본 지역사회의 노력, 한국법제연구원, 2013, 53면 참고.

이하에서는 일본에서 공익활동지원 조례의 제정이 가능하게 된 또다른 예로서 지난 2000년 지방분권일괄법의 시행에 따라 개별법들의 개정사항을 발굴하는 과정에서 주장된 지방자치단체 조례제정 권한의 확대에 관한 논의들을 살펴볼 것이다.31) 이러한 일련의 과정들은 지방자치단체 중심의 정책형성에 관한 더 많은 토론을 야기하고 있을 뿐만 아니라 점차 설득력 있는 하나의 관점을 도출해 나아가고 있다. 즉, 하나의 관점은 지역의 자율성 확보 및 향상을 위해 조례제정의 자율성을 보다 폭넓게 인정해야 한다는 다음과 같은 견해로 향하고 있다.

첫째, 지역의 자율성 확보 및 향상을 위한 개혁을 추진해 왔다. 지역의 자율성 확보 및 향상을 위한 개혁은 상위 법률의 개정 및 정비와 관련된 조례를 제정하려는 움직임을 통해 구체화되었다. 즉, 상위 법률에 의한 결정의 완화를 목적으로 조례를 제정하는 것이다.32) 더 구체적으로 말하자면, 일본 헌법 제94조33)에서 명시하고 있는 '법률의 범위 내'에 관한 확대해석의 문제로서 대표적인 사례는 지방분권일괄법의 시행 이후 개별법 산하 규칙들을 이관하는 문제였다.

특히, 환경보호, 건설, 식품안전 등에 관한 법률들의 세부 규정을 이관하는 과정이 문제되었는데, 각 도도부현에서 조례를 통해 새롭게 세부 규정을 마련해 나아가는 과정은 오히려 행정규칙으로 이관해야 할 사항과 조례로 규정할 수 있는 사항들을 구분하는 논의를 심화시키게 되었다.34) 이처럼 지역의 자율성 확보 및 향상을 위한 상위 법률의 개정 및 정비와 관련된 조례의 제정은 일본에서도 극히 한정된 범위 내에서 이루어지고 있

---

31) 이하의 내용은, 北村喜宣, 法律實施條例の法律牴触性判斷基準・試論, 自治總研通卷 453号, 2016年 參照。

32) 阿部泰隆, 政策法學講座, 第一法規, 2003年, 290頁 參照。

33) **일본 헌법 제94조** 지방공공단체는 그 재산을 관리하고 사무를 처리하며 행정을 집행하는 권한을 가지며 법률의 범위 내에서 조례를 제정할 수 있다.

34) 이에 관한 환경보호 분야 법제의 논의들은, 筑紫圭一, 義務付け・枠付けの見直しに伴う條例の制定と規則委任の可否, 自治總研通卷431号, 2014年, 23頁以下 參照。

다.35) 다만, 과거 중앙정부 산하의 행정기관들을 통해 일률적으로 배포되던 사항들이 정책의 주체가 된 지방자치단체들을 통해 이루어지고 있다는 점에서 주목해 볼 필요성이 있다. 또 이른바 '분임 조례36)'가 지방분권을 확대·강화하기 위한 조치로서 개별법상 규정에 의해 제정된 조례의 자율성을 창출하는 방식이 마련되고 있다는 점에서 매우 중요한 변화라고 할 수 있다.37)

<그림 1> 일본에서의 조례입법의 결정요인

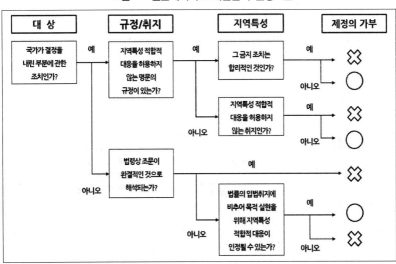

자료 : 北村喜宣, 法律實施條例の法律牴触性判斷基準·試論, 自治總研通卷453号, 2016年, 101頁以下 參照.

---

35) 일본 역시 이에 관한 판례는 아직 충분하지는 않다고 한다. 이에 관하여는, 東京市政調査會(編), 分權改革の新展開に向けて, 日本評論社, 2002年, 35頁 參照.

36) 키타무라 요시노부(北村喜宣)는 위임조례(委任條例)를 분임조례(分任條例)라고 칭하여 그 명칭에서부터 법률유보의 색깔을 배제시키고 있다 ; 北村喜宣, 分任條例の法理論, 自治硏究89卷 7 号, 2013年, 17頁以下 參照.

37) 北村喜宣, 枠付け見直しの動きと條例による決定, 都市問題104卷 5 号, 2016年, 52頁以下 參照.

둘째, 개별법 규정의 내용을 추가·수정하는 조례를 제정하려는 움직임이 포착되었다(<그림 1> 참조). 개별법 규정의 내용을 추가·수정하는 조례의 제정은 지방자치단체가 일본 헌법 제94조 및 지방자치법 제2조 제12항 및 제13항38)을 근거로 독자 입법을 추진하는 것이다. 즉, 위의 법적 근거를 바탕으로 상위 법률 규정에 지역의 특성을 반영하고자 법규정상의 내용을 추가·수정하는 조례를 제정하고 있는 것이다.

이러한 방식으로 제정된 조례들의 법적 근거인 개별법들에는 동 조례를 인정하는 명문의 규정이 없다. 여기에 속하는 조례들은 ⅰ) 조례로 규정된 내용이 법률과 융합하여 법률의 일부로서 작용하거나, ⅱ) 법률과 융합되지 않고 병행적으로 작용하게 된다. 이러한 조례들은 지방자치단체가 개별법에 지역의 특성을 반영하고자 한 것이라고 볼 수 있다. 나아가 일본 헌법 제92조의 '지방자치의 정신'을 구체화해 나아가는 일련의 과정이라고 할 수 있을 것이다.39)

2) 일본 지방자치단체의 공익활동지원의 법적 근거와 체계

일본은 1998년 특정비영리활동촉진법이 시행된 이후, 2015년을 기준으로 현재 5만개 이상(NPO법인 50,169개, 인증NPO법인 847개)의 비영리조직이 활동하고 있다. 일본 비영리조직의 양적 성장은 지방자치단체의 정책형성이나 조례제정 등의 과정에 참여하는 방식으로 지방자치나 지방분권에 기

---

38) **일본 지방자치법 제2조** 지방공공단체는 법인으로 한다. (생략)
  제12항 지방공공단체에 관한 법령의 규정은 지방자치의 근본취지에 근거하고 정부와 지방공공단체와의 적절한 역할분담을 바탕으로 이를 해석 및 운용하여야 한다.
  제13항 이 법령에 의해 지방공공단체가 처리하게 되어 있는 사무가 자치사무인 경우, 국가는 지방공공단체가 지역의 특성에 응하여 당해 사무를 처리할 수 있도록 특히 배려하여야 한다.
39) **일본 헌법 제92조** 지방 공공 단체의 조직 및 운영에 관한 사항은 지방 자치의 본래 취지에 근거하여 법률로 이를 정한다.

여하고 있다.40)

1896년에 제정된 일본의 민법은 법인을 제34조 공익법인과 제35조 영리법인으로 구분하여 규정하였다. 사회복지법인, 종교법인, 학교법인 등 민법 제34조에 의한 공익법인은 설립 조건이 엄격하기 때문에 규모가 작은 비영리조직들은 사실상 법인격을 갖기 어려웠다. 일본은 100년 후인 지난 1998년 특정비영리활동촉진법(特定非營利活動促進法)을 제정하여 비로소 비영리조직을 명문화하였다. 이 법은 1995년 한신 대지진 당시 자원봉사자나 비영리조직의 활약을 계기로 입법의 필요성과 법제도 정비에 대한 움직임이 가속되었고, 1998년 3월에 가결되어 동년 12월부터 시행되었다.41) 이후 2001년 중간법인법, 2006년 신 공익법인제도 등 관련 '개혁3법'을 제정하여 공익법인제도에 대한 개혁이 진행되었다.42)

특정비영리활동촉진법은 비영리조직이 법인격을 취득할 수 있도록 등록요건을 완화하고 있으며, 공익활동을 촉진하는 것을 목적으로 하고 있다.43) 한편, 비영리조직이 법인격을 취득함으로써 단체 스스로 계약의 주체가 되어 재산을 소유할 수 있는 사회적 지위를 인정받을 수 있게 되었다(제10조). 즉, 일본의 특정비영리활동촉진법 제10조는 비영리조직에 대해 법인으로 인증 받도록 하고 있어 우리와 비교해 볼 때 상당히 강화된 등록기준을 제시하고 있다고 볼 수 있다.44) 또 비영리조직에 대한 세제 혜택을 제공하

40) 비영리조직의 활성화 측면에서 이 시기를 '충실한 10년'이라고 표현하기도 한다. 이에 관하여는, 임승빈, 앞의 책(각주 9번), 382면 참고.
41) 公益財団法人 福岡縣市町村振興協會, ＮＰＯと自治体, 2011年, 4頁 參照。
42) 김문길, 일본 특정비영리활동법인(NPO법인) 육성정책과 시사점, 보건복지포럼 제179호, 2011, 93-94면 참고.
43) **일본 특정비영리활동촉진법 제1조** 이 법률은 특정비영리활동을 실시하는 단체에 대한 법인격 부여, 운영조직 및 사업 활동이 적정하고 공익 증진에 이바지하는 특정비영리활동법인의 인정과 관련되는 제도의 설치 등에 의해, 자원봉사활동을 비롯한 시민의 자유로운 사회공헌활동으로서의 특정비영리활동의 건전한 발전을 촉진함으로써 공익 증진에 기여하는 것을 목적으로 한다.
44) 선정원, 자치단체와 지역시민단체(NPO)의 협력관계형성을 위한 제도적 과제, 지방자치

고 있다(제70-71조).

그러나 우리나라와 같이 일본도 특정비영리활동촉진법상에서 비영리조직을 지원하기 위한 사업이나 조직의 설립근거를 두고 있지 않다. 이로 인해 일본에서는 2000년대 초반부터 각 지방자치단체를 중심으로 '시민공익활동 촉진에 관한 조례'를 제정해 왔다. 일본의 시민공익활동 촉진에 관한 조례는 시민공익활동의 의의, 시민공익활동과 행정의 협동원칙, 시민공익활동 촉진에 관한 시책 등을 규정하고 있다.[45]

시민공익활동 촉진에 관한 조례에서는 비영리조직에 대한 직접적인 지원을 규정하지 않았다. 여기에 해당하는 조례들은 시민활동, 사회공헌활동 등의 표현을 활용하여 조직보다는 활동 자체에 주목하고 당해 사업을 지원하는 데에 목적이 있었다.[46] 즉, 새로운 공공의 담당자인 비영리조직이 지역사회의 변화와 다양화하는 지역의 과제에 자발적인 대응을 해 나갈 수 있도록 공론의 장을 마련하는 등 제도적 역량을 구축하는 데에 초점이 있었다. 하지만 조직에 대한 지원규정을 두고 있지 않아 비영리조직의 대부분은 자금 부족으로 인해 활동 기반이 취약하며, 기부금 소득이 극히 적어 실질적으로 단체를 운영하기 어려운 상황에 처해 있는 곳이 많았다.

그런 가운데 2011년 지방세법 등의 개정에 따라 각 지방자치단체가 독자적으로 조례에서 비영리조직을 지정하여 그 비영리조직이 주민세의 기부금 공제 대상이 되도록 하는 이른바, '비영리조직의 조례개별지정제도', '비영리조직에 대한 기부금 조례' 등 각 지방자치단체별 비영리조직 지정 절차 등에 관한 조례를 제정·마련하였다. 이 제도들은 비영리조직이 공익활동을 지속해 나갈 수 있도록 재정적 여건을 보장할 뿐만 아니라 시민들이

법연구 제3권 제2호, 2003, 337면 참고.

45) 豊中市, 市民公益活動のポイント, 2013年 參照。; 이에 관하여, 한국법제연구원의 사회적 자본의 법제화 관련 세미나 자료에서는 오사카부 스이타시(吹田市) 사례가 소개되어 있다. 이에 관하여는, 이웅철, 앞의 보고서(각주 30번), 255-271면 참고.

46) 公益財団法人 福岡縣市町村振興協會, ＮＰＯと自治体, 2011年, 3頁 參照。

소규모 비영리조직에 기부금을 납부할 수 있도록 하는 기부환경을 마련하고 있다.[47] 즉, 비영리조직의 재정 기반 강화를 전제로 비영리조직 지정의 기준과 절차를 새롭게 마련하기 시작한 것이다. 이처럼 일본은 1998년 특정비영리활동촉진법을 제정한 이후 비영리조직에 대한 지원이 체계화되기 시작하였다고 볼 수 있는데, 본격적으로 지방자치단체가 비영리조직을 지원하기 시작한 것은 비교적 최근인 2011년 비영리조직의 조례개별지정제도의 시행이라고 할 수 있다.

한편, 같은 시기인 2011년부터 일본의 각 지방자치단체들은 시민공익활동센터 설립에 관한 조례를 제정하였다. 그러나 일본의 시민공익활동센터는 시민공익활동센터 설립에 관한 조례를 통해 설립이 된 것이 아니다. 일본에서 지원조직 설립방식의 공익활동지원이 시작된 것은 지난 1993년 도쿄, 홋카이도, 후쿠오카 등에 'NPO지원센터'가 설립되면서 이미 활성화되었다. 1996년 'NPO지원센터 전국연합회'를 통해 '일본 NPO센터'가 설립되어 전국적으로 NPO를 지원하고, 네트워킹할 수 있게 되었다.[48] 그럼에도 불구하고 시민공익활동센터 설립에 관한 조례의 제정은 일반시민과 비영리조직이 자발적·자율적으로 공익활동에 참여할 수 있도록 시민공익활동센터 운영의 기본방향과 원칙을 명문화하였다는 점과 비영리조직들을 위한 공간지원사업의 대상, 요건, 사용료 등을 명문화하였다는 점에서 중요한 의미를 갖는다.[49]

---

47) 石狩市, ＮＰＯ法人の 條例個別指定制度 について, 2014年 參照。
48) 지원조직의 체계는 지역 시민사회의 공론 과정을 통해 차차 강화되어가는 과정을 거쳤다. 예를 들어, NPO지원센터는 정보센터사업, 인재육성사업, NPO지원사업 등 시민사회, 시민활동, 시민사업 등 폭넓은 공익활동지원을 목표로 사업을 확대해 가는 한편, 이후 논의를 통해 노동조합, 협동조합 등도 자연스럽게 NPO의 일원이 될 수 있도록 섹터 간 연합, 연계에 관한 논의가 이루어졌다. 이에 관하여는, 임승빈, 앞의 책(각주 9번), 384-385면 참고.
49) 이에 관하여는, 이응철, 앞의 보고서(각주 30번), 282-288면 참고.

Ⅲ. 지방자치단체의 공익활동 지원강화를 위한 과제

1. 지방자치단체의 공익활동지원에 대한 현행법상 개선방안

1) 공익활동에 대한 지방자치단체 지원강화의 근거

공익활동에 대한 지방자치단체 지원이 어떻게 도출되고 형성되는지, 또 이러한 활동들이 우리 지역사회에서 어떻게 구체화되어야 하는지 등 지방자치단체의 공익활동에 대한 지원의 법적 근거를 규명하여야 할 것이다. 헌법국가에서 시민에 대한 모든 지원수단은 최고규범인 헌법을 통해 그 근거가 도출되어야 한다.

공익활동에 대한 지방자치단체 지원강화의 직접적인 근거는 헌법 제117-118조를 들 수 있다. 지방자치단체의 자치권은 지방자치단체가 그 존립의 목적을 실현하기 위하여 가지는 일정한 범위의 권능을 말하는 것으로, 수직적 권력분립과 민주주의 실현을 위하여 우리 헌법상 보장된 권리이다. 특히, 조례제정권은 지역사회의 특수한 문제나 필요한 공공서비스에 대하여 지방자치단체 스스로 정책을 형성하고 집행하기 위한 권한으로 실질적인 의미에서의 지방분권을 실현하기 위한 전제조건이라고 할 것이다.50) 현재 지역 비영리민간단체들의 공익활동은 시민들의 기본권 증진과 민주주의를 공고히 하는 데에 매우 중요한 역할과 기능을 담당하고 있기 때문에

---

50) 다만, "두 개의 조문(제117조, 제118조)을 제외하고는 기타의 간접적 규정을 통하여 일부 제한적으로 구현되고 있어 분권화에 대한 효과적인 근거가 미흡하다"는 주장이 힘을 얻고 있다. 이러한 이유에서 향후 분권 헌법 개정을 통해 지방분권화의 구체적인 헌법원리가 명시될 것으로 예상된다. 이에 관하여는, 전훈, 보충성원칙과 실험법 : 지방분권을 위한 2003년 프랑스 개정헌법과 그 시사점, 한국프랑스학논집 제50집, 2005, 557-576면 참고.

공익활동에 대한 지방자치단체의 지원강화의 근거로 헌법 제117, 118조를 들 수 있는 것이다.[51]

한편, 최근 지방자치의 본질과 조례제정권에 관한 연구에서는 '제도적 보장론의 현대화'라고 하면서 "기본권의 최대한 보장이 목적이고 지방자치제도는 그 수단으로서 유기적 관계에 있어야 한다"고 강조하고 있다.[52] 이러한 맥락 하에서 우리 헌법상 인간의 존엄과 가치(제10조), 건강하고 쾌적한 환경에서 생활할 권리(제35조 제1항), 인간다운 생활을 할 권리(제34조 제1항) 등은 공익활동지원에 관한 지방자치단체임무 강화의 간접적 근거라고 할 수 있다. 지방자치단체가 공익활동을 지원하여 시민의 일상생활 전반에서 지역적 특성이 발현될 수 있도록 하는 가장 중대한 사유는 위와 같은 기본권들을 보장하기 위함이다. 우선, 헌법 제10조에서는 모든 국민은 인간으로서의 존엄과 가치를 가진다고 명시하고 있다. 이에 헌법재판소는 우리 헌법질서가 예정하는 인간상에 대하여 다음과 같이 판단한 바 있다.[53] "자신이 스스로 선택한 인생관·사회관을 바탕으로 사회공동체 안에서 각자의 생활을 자신의 책임 아래 스스로 결정하고 형성하는 성숙한 민주국민인바, 이는 사회와 고립된 주관적 개인이나 공동체의 단순한 구성분자가 아니라, 공동체에 관련되고 공동체에 구속되어 있기는 하지만 그로 인하여 자신의 고유가치를 훼손당하지 아니하고 개인과 공동체의 상호연관 속에서 균형을 잡고 있는 인격체라 할 것이다." 다음으로 모든 국민은 건강하고 쾌적한 환경에서 생활할 권리를 가지며, 국가와 국민은 환경보전을 위하여 노력하여야 한다(제35조 제1항). 동 조항에서의 환경의 개념은

---

51) 장수찬 외, 앞의 보고서(각주 4번), 26면 참고.
52) 최근 기본권과의 상호관계 속에서 지방자치의 기능을 파악하고자 하는 연구들이 이루어지고 있는 추세이다. 이에 관하여는, 김명식, 지방자치의 본질과 자치입법권에 관한 재고찰, 공법학연구 제16권 제4호, 2015, 74-77면 참고.
53) 헌재 1998.05.28. 선고 96헌가5 결정, 헌재 2000.04.27 선고 98헌가16 결정, 헌재 2003.10.30 선고 2002헌마518 결정 등 참고.

자연환경뿐만 아니라 사회환경을 포함하고 있는 것이다. 즉, 교육·문화·교통·범죄 등을 포함하는 광의의 개념이기 때문에 건강한 지역경제와 시민사회의 건설도 동 조항에서의 환경의 개념에 포함된다고 보아야 한다.54) 마지막으로 모든 국민은 인간다운 생활을 할 권리를 가진다(제34조 제1항). 지역사회의 불안정은 지역경제의 불황 즉, 노동력 저하, 경제활동의 손실 등 인간다운 생활의 침해로 귀결되는 것이 필연적이다. 때문에 동 조항은 자치권에 대한 국가의 보호의무를 정하고 있는 동시에 일정한 범위 내의 자치권 보장을 포괄하고 있는 것이라고 할 수 있다.

2) 현행법상 지방자치단체의 공익활동지원의 개선방안

첫째, 우리 지방자치단체들이 공익활동을 지원하는 방식은 직접적인 보조금 지원방식과 보조금성 경비의 지급방식으로 이루어지고 있다.55) 이러한 지급방식 하에서는 보조금 관리에 관한 법률과 지방재정법상 보조금 지출이 가능한 내용에 국한된 지급을 할 수밖에 없다.56) 게다가 비영리민간단체지원법 제6조에서는 "다른 법률에 의하여 보조금을 교부하는 사업외의 사업으로서 공익활동을 추진하기 위한 사업에 대하여 소요경비를 지원할

---

54) '환경의 개념'에 대해서는, 박균성·함태성, 환경법 제3판, 박영사, 2008, 24면 이하 참고.
55) 이로 인하여, 실제로 각급 지방자치단체의 사회단체보조금 지원 제도를 살펴보면, 매우 유사한 형태의 사업만 이루어지고 있음을 알 수 있다 ; 이용식, 인천광역시 사회단체보조금지원 운영개선 방안, 인천발전연구원, 2012, 26면 참고.
56) 공익활동사업지원 관련 지방자치단체의 조례에서 말하고 있는 보조금은 보조금 관리에 관한 법률 제16조가 정하고 있는 국비지원사업(국가가 지방자치단체에 보조하는 사업)과 재방재정법 제23조가 정하고 있는 지방(시도)보조사업을 포괄하는 개념이라고 할 수 있다. 위 지원사업은 ⅰ) 보조금을 중앙관청, 지방자치단체 중 어디에 신청 하는가, ⅱ) 지방자치단체의 예산확보의무 및 예산편성의 권한이 지방자치단체장에게 있는가 등에 관하여 문제되고 있다. 이에 관하여는, 법제처, 자치법규 의견제시 사례집, 2016, 390면 참고 ; 하지만 이 글은 비영리민간단체가 보조금을 수령하여 보조사업을 실제로 운영함에 있어서 발생하는 문제와 그 해결방안을 제시하는 데에 초점이 있으므로 위의 논의를 구체화하지 않고, 추후 별도의 연구를 통해 보완하기로 한다.

수 있다"고 규정하고 있다. 이로 인해 비영리민간단체지원법을 중심으로
살펴 본 시민사회 활성화 정책 방안 연구에서는 "비영리민간단체지원법상
보조금 지급 대상이 사업비로 한정되어 있어, 지방자치단체의 공익활동 지
원 현장에서 많은 불만이 제기되고 있다"[57)]고 하면서 "사업비 외에 인건비
를 비롯한 운영비로 확대되어야 한다"고 주장한 바 있다.[58)] 결국 비영리민
간단체지원법상 비영리민간단체 지원은 새마을운동조직육성법이나 바르게
살기운동조직육성법 등에 의해 설립된 조직들뿐만 아니라 기타 보조금 관
리에 관한 법률 및 지방재정법에 의해 시행되는 사업이나 민간위탁사업과
비교하더라도 정책적 지원영역이 극히 좁은 수준에 머물러 있게 되는 것이
다.[59)] 물론, 여기에는 비영리민간단체 지원의 필요성과 비영리민간단체의
독립성 보장이라는 상반된 관점이 존재하며, 당초 비영리민간단체지원법의
입법자 역시 그 제정이유에서 밝히고 있는 것처럼 건전한 시민사회의 형성
이라는 측면에서 각각의 이해 관계자들을 통해 개념적 합의를 이끌어내고
자 하였을 것이다.[60)]

---

57) 실제로, 필자는 2017년 9월-10월 특·광역시 공익활동 지원조직들을 방문 조사해 보았다.
그 결과, 지역의 시민사회 활성화에 기여하는 바가 큰 운영비, 인건비 지원이 꼭 필요한
사업이 산재해 있지만 실질적으로 집행할 수가 없는 현실에 공통적으로 큰 불만을 제기
하고 있었다.

58) 박영선, 비영리민간단체지원법을 중심으로 살펴 본 시민사회 활성화 정책 방안 연구,
NGO연구 제10권 제1호, 2015, 155면 참고.

59) 선정원 교수의 파트너십 법치주의론에 따르면, "파트너십 법치주의하에서 국가와 지방
자치단체가 이행해야 하는 책임의 내용은 전통적인 행정법학이나 행정학에서 예정하고
있던 것과는 다른 특징을 보여준다…"고 하면서 "새로운 행정기관을 처음 설치할 때와
비슷하게 NPO들도 우선적으로 모여서 업무를 협의할 수 있는 물적 설비와 활동재원,
그리고 필요한 지식과 같은 인프라의 건설을 위한 행정책임이 중요한 의미를 갖게 된다"
고 지적하고 있다. 즉, 비영리민간단체이 실질적 능력을 갖도록 하기 위한 지원이 필요하
다는 것이다. 이에 관하여는, 선정원, 새마을운동과 주민자치방식의 지역발전, 지방자치
법연구 제6권 제2호, 2006, 127-128면 참고.

60) 재정만 확보되면 공익활동 주체들이 제대로 정착되는 것인가. 아닐 것이다. 사회적경제
영역의 광역단위 제3 섹터 역할 수행 분석에 관한 연구에 따르면, 지원조직들의 역할
수행은 조례, 모조직의 특성, 단체장의 관심에 따라 달라진다고 하고 있다. 이에 관하여

둘째, 비영리민간단체지원법은 전체 조문 13개조에 비영리민간단체의 등록, 지원, 벌칙 등 일반적으로 법령이 가지고 있는 지원법령적, 규제법령적 성격을 모두 가지고 있어 이 모든 사항을 감당하지 못하고 있다. 이러한 이유에서 비영리민간단체지원법을 비영리민간단체 관련 법정책의 기본방향과 원칙수립 위주로 구성된 개괄적·선언적 성격의 일종의 비영리민간단체 발전 기본법으로 개편하자는 주장도 제기되고 있다.61) 더 나아가 최근 비영리민간단체지원법 이외에도 시민사회 활성화를 촉진하기 위한 다양한 법률들이 제정되었다.62) 특히, 사회적 경제 분야의 사회적 기업 육성법이나 협동조합 기본법 등은 각종 경영 지원이나 세제 지원에 관한 사항들을 마련·강화해 나아가고 있어 비영리민간단체지원법상의 사업비 지원과 긴장관계를 유발한다는 인식이 힘을 얻고 있다.

최근 지방자치단체들은 공익활동 활성화 조례를 제정하고 있다. 이는 위와 같은 법적 문제들이 방치되고 있는 상태에서 지방적 지식에 의한 해결방안이 모색되고 있는 것으로 이해하여야 한다. 또 특·광역시 공익활동 지원 조직들을 방문조사한 결과, 본 조례들은 길게는 4년에서 짧게는 1년여의 짧은 시행 기간 동안 지역의 시민사회 활성화와 비영리민간단체 지원에 탁월

는, 김태영, 사회적경제 영역의 광역단위 중간지원조직 역할 수행 분석: 근거이론 연구방법의 적용, 정부학연구 제22권 제2호, 2016, 121면 참고.

61) 박영선 교수는 시민사회 조직 지원법제 전반을 중심으로 정부의 민간공익활동 지원제도에 관한 연구도 진행하였다. 그는 "최근 시민사회의 공익활동을 활성화하고자 하는 목적의 조례가 잇따라 제정되고 있으나 공익활동 현장에서는 정부의 민간공익활동 지원이 제대로 이루어지지 않고 있다는 문제의식이 여전하다"고 지적하면서 "공정성·형평성에 근거한 법제의 개편('(가칭)시민사회발전기본법'의 제정 등)이 이루어져야 한다"고 주장하였다. 이에 관하여는, 박영선, 정부의 민간공익활동 지원 제도 연구 – 시민사회 조직 지원법을 중심으로, 시민사회와 NGO 제13권 제2호, 2015, 31-32면 참고.

62) 자원봉사활동기본법이나 여성발전기본법 외에도 평생교육법 등이 제정되어 각각의 영역에서 시민들의 시민사회 참여 및 공익활동을 제고하고, 이에 관련한 다양한 조직들에 대한 지원을 위해 경비보조나 기금 조성 등의 지원 제도를 마련해 놓고 있다 ; 박영선, 앞의 논문(각주 58번), 162면 참고.

한 역량을 발휘하고 괄목할 만한 성과를 거두고 있는 것으로 평가되었다.[63]

요컨대, 각 지방자치단체는 동 조례를 통해 시민사회의 활성화 및 공익활동의 증진을 위한 체계적인 지원 원칙과 절차들을 수립하고 있다. 그와 더불어 공익활동의 지원 및 활성화를 촉진하기 위한 지원조직의 설립·운영·기능 등에 대한 근거를 마련하고 있다. 공익활동 지원조직에서는 공익활동을 위한 교육훈련 및 인재육성, 공익활동을 위한 네트워크 및 민관협력체계 구축, 시민사회단체 정보자료 집적·제공, 공익활동 및 비영리민간단체의 활성화를 위한 장소와 시설·설비 등의 제공, 공익활동을 도모하기 위한 교육·훈련 등 역량개발, 공익활동에 관한 상담·컨설팅의 제공, 비영리민간단체 간 네트워크 및 민·관 협력체계 구축, 공익활동에 관한 조사·연구와 정보의 제공 등 지역의 공익활동 및 비영리민간단체들을 지원하기 위한 각종 지원사업 운영의 자율성 및 지원제도의 체계화를 도모하고 있다. 그러나 본 조례제정 및 지원조직의 설립을 통해서도 보조금의 운영비, 인건비 활용문제는 여전히 해결되지 아니하고, 지역 공익활동 주체들의 현안으로 남겨져 있다.

2. 지방자치단체의 공익활동에 대한 지원강화를 위한 향후 입법 과제

1) 공익활동에 대한 지방자치단체 지원의 직접적 근거에 대한 개선 필요

앞서 현행법상 공익활동지원 관련 법적 문제점은 다음과 같이 요약해 볼 수 있을 것이다. 첫째, 공익활동을 목적으로 하는 비영리민간단체들의 설립

---

63) 공익활동 활성화 조례를 통해 설립된 서울, 부산, 대구, 광주, 대전의 공익활지원센터의 순기능에 관하여는, 김정욱·진성만, 인천시 공익활동 지원방안 연구, 인천발전연구원, 2017 참고.

및 지원에 관한 조항들이 각 개별법들에 흩어져 있어 일목요연하게 체계화되지 못하고 있다. 이로 인해 통합적인 보조금 관리가 어렵고, 사후평가도 개별법들에 의해 이루어지다보니 재정운영의 효율성 및 일관성이 없다. 둘째, 각 지방자치단체들은 재정운영조례 또는 보조금 관리조례 등을 통해 지방재정법 제17조 제1항 단서에 따른 기부·보조 근거조례를 마련하고 있는데, 이러한 방식은 오히려 재정적 여건이 취약한 단체들을 보조금 지원 대상에서 제외시키고, 자유로운 사업 운영을 어렵게 하고 있다.

이러한 사유로 최근 지방자치단체들은 지역의 시민사회의 활성화와 공익활동지원을 목적으로 하는 조례를 제정하여 비영리민간단체와 시민의 공익활동을 지원하고 있음을 확인할 수 있었다. 이른바, 공익활동 활성화 조례들은 지역공익활동의 기본방향과 원칙을 설정하고 있으며, 공익활동지원을 위한 공익활동 지원조직의 설립근거를 마련하는 데에 중점을 두고 있다. 하지만, 동 조례들에 의해 보조금을 지원하는 방식 역시 사업비 지원의 테두리에서 벗어날 수 없어 사업 운영의 자율성 확보 등 동 조례의 제정 당시 지역의 비영리민간단체들이 기대하였던 효과는 사실상 나타나지 않고 있다. 즉, 상위 법률이 정하고 있는 테두리 안에서 조례로 정한 규율들은 지역 시민사회의 요구들을 합리적인 수준에서 조율하는 데에 실패하고 있는 것이라고 할 수 있다.

공익활동지원을 위한 조례들의 자율성 확보에 관한 사항들은 상위 법률의 개정을 통해서만 해결될 수 있는가. 개별법상의 내용을 추가·수정하는 조례의 입법이 가능할 수 있는가. 여러 지방자치단체의 공익활동 지원업무 담당자들과 공익활동 지원조직의 운영자들이 고민할 수밖에 없는 문제일 것이다. 여전히 공익활동지원의 법적 지속성, 안정성을 도모하기 위한 법적 근거의 마련과 보완에 관하여 우리의 법정책은 다소 유보적인 입장을 취하고 있기 때문이다. 이러한 이유에서 앞서 언급하였던 일본 지방자치단체의 비영리민간단체 지원에 관한 논의들은 의미 있는 시사점을 제공하고 있다.[64] 특히, 일본의 정책법무에서 다루고 있는 지방자치단체의 정책형성에 관한 이론과 경험들은 공익활동 활성화 조례와 공익활동지원의 자율성 확대에 관한 법적 문제들에 합리적인 대안이 될 수 있다.[65] 일본의 지방자치단체의 공익활동지원에 대한 법제적 논의에 따르면, 일본은 우리보다 조례수권의 범위가 넓다. 이를 기준으로 국내 법적 근거를 고찰하게 되면, 우리헌법 제117조 제1항과 지방자치법 제22조 '법령의 범위 안'과 '법률의 위임'에 관한 해석 논의가 불가피하다.[66] 다만, 이 글에서 조례제정권 확대에 관한 모든 논의를 다룰 수는 없을 것이다. 따라서 "지방자치단체는 지역의 사회적·경제적 상황에 민감하게 반응하도록 정책을 형성·결정·집행·평가하여 재구축 할 수 있어야 한다"는 주장을 전제로 이를 위해 필요한 조례제정권 확대의 논거만을 제시하기로 한다.

우리 헌법 제117조 제1항에 따르면, "지방자치단체는 주민의 복리에 관한 사무를 처리하고 재산을 관리하며, 법령의 범위 안에서 자치에 관한 규

---

64) 다만, 일본의 조례제정권 확대에 관한 논의는 우리의 현행 법체계와 정책현실에 완전히 부합하지 않을 수 있다. 그간 일본은 지정학적으로 우리와 매우 근접해 있어 법현실과 법체계 면에서 가장 유사한 국가로 여겨져 왔다. 그러나 지방분권과 자치제도 분야의 법정책은 역사적 현실이나 법체계 면에서 다소 다른 양상을 보이고 있음에 유의하여야 한다. 따라서 이하의 논의들은 법형식적인 측면보다는 각 이론의 실질적 측면 즉, 법정책의 성립과정과 목적, 세부내용 등을 열거함으로써 시사점을 얻고자 하였다.

65) 일본의 정책법무(또는 자치체 정책법무론)의 가장 중대한 임무는, "재판이론은 사후적으로 생겨나는 것이 아니라 그러한 판결 이전에 제도적·학문적 틀이 제시되어 생겨나는 것이므로 이러한 해석의 기초자료가 될 수 있으면서 주민 복지를 향상시키는 법정책을 실현할 수 있도록 정교한 법해석론을 현장행정으로부터 제시하는 것이다." 이에 관하여는, 礒崎初仁, 自治体政策法務講義, 第一法規, 2012年, 32頁以下 參照.

66) 주로 일본의 1차 분권 개혁논의를 통해 우리 법학 분야에도 소개되고 있는 조례제정권의 강화논의들은 다음의 두 가지 범주에서 논의되고 있다. 첫째, 국가의 포괄적인 지휘·감독 권한이나 이에 근거하여 하달되던 행정은 구속력이 없어지고 지방자치단체 스스로 지역의 실정에 알맞게 법률을 해석·운용할 수 있다(법률 해석권의 지방이양). 둘째, 법률위임의 구체성에 관한 논의를 떠나 법률에 위반하지 아니하는 이상 유효한 조례의 제정이 가능하다(조례제정권의 지위 강화). 이에 관하여는, 礒崎初仁, 地方分權改革の成果と課題 - 義務付け・枠付け改革を中心に -, 自治研究84卷9号, 2013年 參照.

정을 제정할 수 있다"라고 규정하여 지방자치단체의 자치권 중 하나로 조례제정권을 명시하고 있다. 또 지방자치법 제22조는 "지방자치단체는 법령의 범위 안에서 그 사무에 관하여 조례를 제정할 수 있으나, 주민의 권리제한 또는 의무 부과에 관한 사항이나 벌칙을 정할 때에는 법률의 위임이 있어야 한다"고 규정하고 있다. 이로 인해 '법령의 범위 안'과 '법률의 위임'에 관한 해석론은 많은 논란의 대상이 되어 왔다. 이에 관하여, 판례는 "조례의 제정권자인 지방의회는 선거를 통해서 그 지역적인 민주적 정당성을 지니고 있는 주민의 대표기관이고 헌법이 지방자치단체에 포괄적인 자치권을 보장하고 있는 취지로 볼 때, 조례에 대한 법률의 위임은 법규명령에 대한 법률의 위임과 같이 반드시 구체적으로 범위를 정하여 할 필요가 없으며 포괄적인 것으로 족하다"고 판시 하고 있다.[67] 한편, 최근 지방분권형 헌법개정 논의에서는 '법률의 범위 안에서', '법령에 저촉되지 아니하는 범위 안에서' 등 보다 적극적인 방법으로 조례제정권의 입법론적 확대방안이 주장되고 있다. 이와 같이 근본적인 헌법 개정을 통하여 "법률의 범위 안에서" 조례를 제정할 수 있도록 하여 각 지방자치단체의 특성과 수요에 따라 공익활동지원에 관한 구체적인 사항들을 조례로 규정하는 것이 바람직할 것이다.

2) 공익활동 기본조례의 제정

앞서 우리 지방자치단체의 공익활동지원의 법적 근거와 체계에서 이른바 '공익활동 활성화 조례'의 제정을 통해 공익활동지원에 관한 법정책적 원칙과 방식들이 통합되고 있음을 살펴볼 수 있었다. 그러나 우리 지방자치단체들의 공익활동 활성화 조례들은 조례의 명칭과 관계없이 모두 공익활동의 지원을 전담하는 지원조직의 설립만을 규정하고 있다. 때문에 조례

---

67) 이에 관하여는, 헌재 1995.4.20. 선고 92헌마264,279 결정 참고.

를 제정한 이후에도 공익활동지원에 관한 일반원칙이 부재하다. 또 지원의
주체, 성격에 따라 지방자치단체에서 직접관리하기도 하고, 지원조직를 통
해 관리되기도 하는 등 공익활동지원의 일원적·통합적 관리가 이루어지지
못하고 있다. 즉, 공익활동 활성화 조례의 입법취지가 발현되지 못하고 있
는 것이다.

따라서 공익활동 활성화 조례는 공익활동을 포괄적으로 지원할 수 있도
록 기본조례 성격으로 개편·제정되어야 한다. 한국법제연구원의 자치기본
조례의 현황과 입법체계에 관한 연구에 따르면, 우리나라 자치기본조례는
① 기본법에 위임을 받아 제정이 된 조례와, ② 자치단체가 중점적으로 추
진 중인 정책방향을 제시하고 있는 조례로 나뉜다.[68] 공익활동 기본조례는
이중 후자의 성격을 갖는다. 다만, 현재 이른바 '시민사회발전기본법'의 제
정이 새 정부 100대 국정과제에 선정되어 본격적으로 논의되고 있다.[69] 따
라서 향후 시민사회발전기본법의 제정으로 공익활동 지원조직가 명문의
규정으로 법제화된 이후에는 기본법의 위임에 따라 제정된 기본조례 형식
을 취하여야 할 것이다.[70]

공익활동 기본조례를 제정하는 의의는 ① 공익활동 정책의 방향제시와
그 추진, ② 공익활동 지원제도의 체계화와 종합화, ③ 공익활동 정책의 계
속성·일관성 확보, ④ 공익활동 지원제도의 통제·감독의 기능, ⑤ 공익활
동 정책매세지의 발신기능 등이라고 할 수 있다.[71] 한편, 기본조례 형식을

---

68) 최환용·정명운, 자치기본조례의 현황과 입법체계 개선방안, 한국법제연구원, 2014, 60면
   이하 참고.
69) 강원일보, 새 정부 국정계획 맞춘 시민사회 역할 모색, 2017.08.23., 21면 기사참고.
70) 현재 정부와 시민사회 현장에서 공론화되고 있는 시민사회발전기본법(안)에는 정의, 기
   본원칙, 국가·지방자치단체 등의 책무, 다른 법률과의 관계 등 총칙 규정 외에 시민사회
   발전 정책의 수립 및 추진체계, 시민사회발전기금 조성, 비영리단체의 법인격 취득, 국가
   및 지방자치단체의 재정 지원 근거규정, 비영리단체 활동가 역량강화, 지원제도, 지역
   NPO센터의 정착을 위한 종합적 지원제도 등의 개별규정들의 포함여부가 논의되고 있
   다. 이에 관하여는, 시민사회활성화법제개선위원회, 시민사회 활성화를 위한 법제 개선
   의 방향과 과제, 시민사회 활성화 집담회, 2016, 27-51면 참고.

통해 공익활동지원에 대한 포괄적·추상적인 범위, 방향성 제시, 훈시적 규정, 선언적 권리의무 등을 표현하여 사회적경제 영역 전반에 걸쳐 이루어지는 공익활동을 시책에 따라 별도로 지원하는 것이 아닌 관련 정책의 지침·방향, 사업의 기준·절차·조직을 통합적으로 규율할 수 있을 것이다. 이처럼 공익활동을 포괄적으로 지원하는 기본조례를 제정할 수 있는 근거는 다음과 같다.

첫째, 일본의 지방분권 과정에서 나타난 지역의 자율성 확보 및 향상이 주는 교훈을 통해 시사점을 얻을 수 있다. 이에 따르면, 지방분권의 강화는 상위 법률에 의한 조치를 조례를 통해 완화시킬 수 있도록 할 것이다(<그림 1> 참조).72) 이를 통해 여러 개별법에 의해 중앙부처만 달리하여 지원되고 있는 비슷한 사업 분야는 빠르게 지방자치단체로 흡수될 것이다. 따라서 지방자치단체들은 조례를 통해 상위 법률들을 통합하고 일목요연하게 정리하는 작업을 수행하게 될 것이며, 시민들은 이러한 자치법규들을 더욱 신뢰하게 될 것이다. 앞서 살펴본 일본 지방자치단체의 정책형성에 관한 논의에서는 이를 "지방자치단체 기본조례에 의한 법해석" 과정으로 이해하고 있었다. 특히, 일본 지방자치법 제2조 제13항 "이 법령에 의해 지방공공단체가 처리하게 되어 있는 사무가 자치사무인 경우, 국가는 지방공공단체가 지역의 특성에 응하여 당해 사무를 처리할 수 있도록 특히 배려하여야 한다"는 규정은 우리 지방분권 관련 법률들에 시사하는 바가 매우 크다고 할 수 있다.

---

71) 이에 관하여는, 박영도, 기본법의 입법모델연구, 한국법제연구원, 2006, 24-34면 참고.
72) 본래 우리 행정법학에서는 "법률유보의 원칙이 기본권보장에 기여하는 기능적인 측면을 강조하는 입장에서는 조례제정에 있어서 법률유보의 원칙을 인정하며 따라서 지방자치법 제15조 단서의 규정은 이를 확인하는 규정으로 파악한다." 그러나 한국법제연구원의 입법이론연구에 따르면, "지방자치제도의 활성화, 내실있는 지방자치제도, 지방민에 의한 지방사무의 효율적인 처리라는 점 등을 강조한다면, 위헌론의 입장도 의미있어 보인다"고 하였다. 이에 관하여는, 박영도, 입법이론연구(6) - 자치입법의 이론과 실제, 한국법제연구원, 1998, 80면 참고.

둘째, 위와 같은 일본의 경험들이 우리 법 현실에도 무리 없이 적용될 것이라는 점이다. 우리 행정법학에서도 "자치법규는 시민의 직접투표를 통해 구성된 지방의회와 지방자치단체에 의해 정립되는 법규범이기 때문에 일반적인 행정입법과는 구분 된다"고 보아왔다.73) 따라서 향후 지방분권의 강화는 조례를 상위 법률의 구속으로부터 벗어나게 할 것이며, 지방자치단체는 상위 법률에 의한 위임을 보다 포괄적으로 해석하게 할 것이다.74) 나아가 이러한 포괄적인 위임근거 해석을 기초로 상위법에 의한 결정을 지양하고 통합하는 조례제정도 추진해 갈 수 있을 것이다.75)76)

셋째, 일본의 경험을 살펴볼 때, 공익활동을 지원하기 위해 지원조직를 설립하는 과정은 결코 지방자치단체의 조례 제정만으로 이루어질 수 없음을 알 수 있다. 우선 공익활동의 활성화와 시민사회의 형성에 관한 지역적 공감대를 마련하고, 이에 따른 사업을 구체화하기 위한 과정으로서 공익활

---

73) 헌재 1995.4.20. 선고 92헌마264,279 결정 참고.
74) 이처럼 그 위임의 취지에 따라 해석한다면, 법령상「지방자치단체는 ○○하여야 한다」, 또는「도지사·시장·군수가 ○○를 시행한다」는 규정형식 모두 사무의 성질상 전국적 통일이 필요치 않고 당해 지방자치단체에만 직접이해관계에 따라 보조할 수 있는 여지가 크게 확장되게 된다.
75) 최근 법제처도 본격적인 지방분권시대를 준비하기 위하여 20개 대통령령상 자치권 확대를 추진하겠다고 밝혔다. 개정안의 주요 내용은 ① 조례로 정할 수 있는 내용을 신설·확대·합리화하는 "자치입법권 강화"와 ② 지방자치단체의 권한을 신설·확대·합리화하는 "자치행정권 강화"이다. 이에 관하여는, 법제처 보도자료, "지방분권시대, 법령상 자치권 확대 통해 앞당긴다", 2017.11.09 참고.
76) 완전히 부합하는 예라고 할 수는 없지만 <표 1> 주요 지방자치단체 보조금지원 관련 조례에 따르면, 인천시의 재정운영조례는 다른 특·광역시와 달리 개별법 및 조례에 근거한 26개 특별회계, 14개 기금운영 관련 사항(보조금지원, 특별회계·기금 설치 제한, 자체 정보화시스템 예산에 대한 일몰제 도입, 총사업비, 공모·민자사업, 사용료 등)을 통합해 하나의 조례로 묶어 놓고 있다. 중앙의 각 부처별로 이루어지는 보조금성 지출 사업을 지방자치단체가 개별적으로 관리하는 것은 행정의 효율성, 전문성, 신속성 측면에서 모두 바람직하지 않을 수 있다. 따라서 지방분권시대 하에서 새로운 접근방법으로 상위법에 의한 조치를 완화하고 통합하는 조례의 제정이 고려된다는 점도 일면의 설득력을 지니고 있다고 생각한다.

동지원을 위한 지원조직 설립 논의가 이루어질 수 있도록 법과 제도를 설계해야 한다.

위 내용을 종합하여 보면, 우리 지방자치단체의 공익활동지원에 관한 조례체계의 개편에 다음과 같은 시사점을 전달해 주고 있다. 첫째, 공익활동 활성화 조례는 기본조례 형식으로 개편되어야 한다. 즉, 지방의 시민사회 형성과 시민들이 공익활동에 참여할 수 있도록 하는 사회적 의의와 역할에 주안점을 두고, 공익활동의 정의, 원칙, 방향 등 기본적인 시책들을 구체화하는 형식으로 개편되어야 한다. 둘째, 공익활동지원을 위한 지원조직의 설립과 운영에 관한 사항은 별도의 조례를 두어 지원조직의 명칭, 사업의 방향, 지원사업의 범위와 사용료 등 수익사업의 구체적인 내용을 규정하여 규정된 사업 내에서의 사업비 운영의 자율성을 부여할 수 있어야 한다.

3) 포괄적 보조금 지급에 관한 조례의 제정

본래 우리 지방재정법상 자치사무는 해당 지방자치단체에 이해관계가 있는 사무이며,[77] 사무 처리의 경비는 당해 지방자치단체가 전액 부담하는 것이 원칙이다(지방재정법 제17조). 그러나 자치사무 보조의 근거가 법령에 없더라도 중앙과 상급지방자치단체는 지방자치단체의 자치사무를 보조할 수 있다. 이러한 사무에 대한 보조를 장려보조금이라고 한다. 자치사무에 대한 상급기관의 감독은 원칙적으로 배제되며 합법성 감독이나 사후감독에 그쳐야 한다.[78] 중앙정부와 지방자치단체 사이에서 이미 '팔길이 원칙'

---

77) 자치사무란 지방자치법 제9조제1항에서 '그 관할구역의 자치사무'라고 규정하고 있다. 나아가 지방자치법 제9조 제1항 전단, 제2항, 제94조에 따르면, 자치사무란 지방자치단체가 자기의 책임과 자율적 재정부담 하에 주민의 공공복리를 위하여 업무를 수행하고 지방자치단체의 존립목적을 위하여 처리하는 사무를 말한다. 이를 헌법상 의미로 유추해 보면, 주로 주민의 공공복리에 관한 것으로서 당해 구역 내에 한정된 사무를 의미한다고 할 것이다 ; 대법원 1992.7.28 선고 92추31 판결, 대법원 2009.12.24. 선고 2009추121 판결 등 참고.

이 적용되고 있는 것이다.

앞서 현재 공익활동을 목적으로 하는 비영리민간단체들의 설립 및 지원에 관한 조항들이 각 개별법들에 흩어져 있고, 통합적인 보조금 관리도 어렵다는 점을 지적하였다. 또 통합관리가 안되어 사후평가도 개별법들에 의존하고 있다 보니 재정운영의 효율성 및 일관성이 떨어지고 있다. 특히, 우리 비영리민간단체지원법 제6조 제2항에서의 '~소요경비의 범위는 사업비를 원칙으로 한다'라는 기준만으로 비영리민간단체에 대한 보조금 지급은 민간경상사업보조나 행사사업보조의 성격으로만 전달해야 하는 것인지 등은 고민해 볼 문제이다.79) 그리고 지방재정법 제17조 제1항 단서에 따른 기부·보조 근거조례 마련 의무로 인해 보조금 지원 대상에서 제외되고 있는 재정적 여건이 취약한 비영리민간단체들에 대한 지원이 가능하도록 개선할 필요가 있다. 이를 위해서 전체 비영리민간단체를 대상으로 포괄적 보조금 지급에 관한 규정을 제정하거나 별도의 조례를 마련하여 완전한 자치사무로 지원하는 방안이 있을 수 있다.80) 포괄적 보조금 지급에 관한 조

---

78) 법제처, 지방자치관계법 해설, 2004, 68-70면 및 한국지방행정연구원, 사무구분체계 개선방안에 관한 연구, 2006, 9면 참고.

79) 일부 학설상의 통일된 개념이 없다고 하지만, 단체위임사무로 확정짓는 근거는 법령에 의하여 지방자치단체에 위임되고 있으며, 위임 받은 지방자치단체는 그 지방자치단체의 이름으로 사무를 수행하게 된다. 따라서 단체위임사무는 형식적으로는 지방자치단체의 사무이나 실질적으로 국가사무의 성격을 가진다. 왜냐하면 국가가 위임한 사무 처리에 대하여 최종적인 책임을 지고, 또한 이에 대한 지휘·감독권도 함께 갖기 때문이다(김성수, 개별행정법: 협조적 법치주의와 행정법원리, 법문사, 2001, 372면 참고). 이처럼 아직까지는 개념적으로 명백히 통일된 개념을 갖지 못한 단체위임사무의 법적 근거를 인정하고 있기는 하다. 하지만, 최근 ① 지방자치단체가 수행하는 사무라는 점, ② 지방의회에 의한 관리·감독 등 자치사무와 동일하게 운영된다는 점 등을 들어 자치사무로 보아야한다는 견해가 지배적인 상황이다(기관위임사무의 존재성과도 혼란을 초래). 이처럼 단체위임사무의 폐지론이 점차 힘을 얻고 있는 추세라는 점을 통해서도 접근 가능한 문제이다.

80) 이러한 방식에 관한 논의는 공익활동 관련 법률개편 방향을 논의하는 과정에서도 발견된다. 비영리민간단체의 공익성 및 신뢰성 확보를 위한 공익법인제도에 관한 연구에 따르면, "비영리민간단체의 설립 및 활동의 자유를 최대한 보장하고, 공익활동을 수행하는

례는 지정보조금제도의 입법적 취지 측면에서도 그 타당성이 인정될 수 있다.[81] 지정보조금제도는 지방재정법 및 동법 시행령에서 이력관리, 성과평가 및 관리, 처분이 제한되는 중요 재산의 범위 등을 정하고, 지방자치단체가 조례를 통해 보조금심의위원회 구성·운영, 보조금 예산편성, 교부절차 등을 자유롭게 정할 수 있어야 하기 때문이다.

3. 지방자치단체와 비영리민간단체의 협력강화를 위한 제도의 설계

'분권헌법' 개정 논의에서 지방자치단체 중심의 정책형성과 조례의 제정권한 확대에 관한 논의는 구조적·절차적 구심점이라고 할 것이다. 향후 분권 헌법의 등장과 분권 법치주의의 실현이라는 측면과 지방자치단체의 정책 운영의 자율성 확대의 측면에서 새로운 접근방식으로 다양한 조례의 제정이 시도될 것으로 예상된다. 앞서 살펴본 일본의 경험에 따르면, 일본에서 조례제정의 범위를 확대해가는 일련의 과정은 결국 '지방자치의 정신'에 대한 강조로부터 파생되는 것이었다.

비영리민간단체는 사회의 문제를 해결하거나 주요 쟁점들에 대한 대안을 모색하는, 즉 공익과 관련한 활동을 위해 시민들이 자발적으로 설립하고 자율성에 근거하여 운영하는 조직이다. 중앙정부와 지방자치단체는 비

비영리민간단체들의 공익성과 신뢰성을 확보하기 위해 새로운 형태의 공익법인을 통합·구축할 필요가 있다"고 주장하면서 "공익법인의 설립·운영에 관한 법률에서 인정하는 공익목적사업의 종류를 제한적으로 열거하지 말고, 비영리법인 전체가 대상이 될 수 있도록 해야 한다"고 주장하고 있다. 이에 관하여는, 이순태, 민간단체의 공익성 및 신뢰성 확보를 위한 공익법인제도에 관한 연구, 한국법제연구원, 2013, 130면 이하 참고.

81) 본래 지정보조금제도는 지방자치단체가 민간 등이 자율적으로 수행하는 사업에 대해 개인 또는 단체 등에 지원하거나, 시·도가 정책상 또는 재정사정상 특히 필요하다고 인정할 때 시·군·구에 지원하는 재정상의 원조를 하는 제도를 말한다 ; 행정안전부, 지방보조금 관리기준, 2017 참고.

영리민간단체의 활동이 공익의 증진에 직·간접적으로 기여하고 있다고 보기 때문에 법률을 제정하여 행·재정적 지원을 하고 있다. 구체적으로는 정부에서 대응하지 못하는 지역사회의 공공문제를 해결하거나, 지역사회의 주요쟁점을 다루는 데에 전문지식을 제공하거나, 지역주민들의 의견을 대변하는 등 지방자치단체의 정책형성 및 집행과정에 기여하고 있다. 또한, 특정 비영리민간단체는 주민자치나 지방자치관련 교육과정을 제공하여 지방자치의 정착에 일조하고 있다. 또 일반시민들을 비영리민간단체의 운영이나 활동에 참여시켜 타인과의 협동이나 민주적인 절차에 따른 의사결과정과정을 간접적으로 체험할 수 있도록 하고 있다. 이를 통해 지역사회 내에서의 민주화나 주민자치 등의 강화에 기여하고 있다. 이러한 측면에서 '지방자치의 정신'에 대한 강조는 지방자치단체가 지역의 비영리민간단체를 통해 지역주민들이 지방행정이나 정책과정에 참여할 수 있도록 돕고, 주민자치와 지방자치에 대한 역량을 개발하는 등 지역 시민사회운동을 확산시킬 수 있도록 건전한 비영리민간단체를 육성하며, 제도권 안에서 활동할 수 있도록 지원하는 것을 말한다고 할 것이다.

따라서 지방자치단체들이 지방분권을 추구하는 과정은 시민사회, 특히 비영리민간단체와의 협력으로부터 시작되어야 하며 비영리민간단체의 공익활동에 대한 지원이 한 방법이 될 수 있다. 궁극적으로 지방분권화는 대의민주주의의 한계를 여실히 드러내고 있는 과거의 행정부와는 다른 모습으로 발전하여야 한다. 즉, 시민사회와의 연대·협력의 관점에서 공존방법에 관한 집합적 관심과 현대적인 도전을 필요로 한다고 하겠다.

Ⅳ. 요약 및 결론

분권 법치주의 시대를 준비하기 위해서는 지방자치단체가 지역에 적합한 정책을 설계할 수 있는 역량을 갖추어야 한다. 그러나 지방자치단체는 정책 설계에 있어서 전문성과 인력의 한계를 가지고 있다. 지방자치단체의 행정 현실은 지방자치단체와 중앙행정부처의 지방특별행정기관들과 그리고 교육기관이나 경찰서, 소방서 등이 분리되어 있어 지방자치단체가 종합적인 정책설계와 집행을 하기 어려운 구조를 가지고 있다. 또한 지방자치단체장들이 선거기간을 주기로 바뀌거나 공무원들의 인사이동주기가 매우 짧고 여러 부서를 순환하기 때문에 공공서비스와 정책의 계속성을 유지하기가 어렵다. 이에 비하여 비영리민간단체는 자신이 추구하는 공익 실현에 대한 동기부여가 잘 되어있고 계속성을 유지하기 때문에 정책의 계속성, 복지 등의 공공서비스의 계속성을 담보하는데 중요한 기여를 할 수 있다. 또, 현장에서 계속 공익활동을 하고 있기 때문에 주민들과 기업간의 문제 상황 등을 잘 알고 있다는 점도 장점이다. 비영리민간단체들은 지역사회에서 기업과 주민들, 행정과 주민들의 이익갈등의 심화를 막는 완충자로서, 사회적 약자보호나 환경과 같은 공공재의 보호자로서, 그리고 행정실패나 시장실패를 보완하는 자로서 기능할 수 있다.[82]

지역사회의 경제발전과 주민복지 등의 공적 과제는 지방자치단체의 힘만으로는 수행할 수 없다. 지역사회 전체의 적극적인 참여가 필요하다. 다시 말해 지방자치가 온전하게 실현되기 위해서는 지방자치단체, 비영리민간단체 및 주민들의 협력관계 형성이 필연적으로 요구되며, 지방자치단체의 공익활동지원은 그 첫 걸음이 된다고 할 것이다. 최근 서울시, 부산시, 대구시, 광주시, 대전시 등의 광역지자체가 '시민공익활동의 지원조례' 등을 제정하여 비영리민간단체를 지원하고 있는 상황은 이러한 현실을 여실히 보여주고 있다.

지역 비영리민간단체의 공익활동 활성화를 위한 지방자치단체의 지원확대는 단순히 자원봉사단체를 장려하는 차원의 것이 아니라 지방분권화시

---

82) 선정원, 앞의 논문(각주44번), 335면 참조.

대에 각 지방자치단체의 고유한 자원과 특성에 적합한 정책의 형성·발전과 주민자치강화를 위한 필수적인 수순이다. 본 연구는 이와 같은 관점에서 우리의 법제도 현실과 일본의 사례를 비교분석하여 자치법규의 자율성의 강화의 방법을 모색하고자 하였다. 우리 지방자치단체의 공익활동지원의 강화 방안을 조례체계의 개편을 통해 마련하고자 하였는데, 더욱 적극적이고 구체적인 입법개선방안은 향후 연구과제로 남겨둔다.

제6장 조례에 의한 지방의원 유급보좌인력 도입의 허용성

조 성 규

I. 서론

법치행정의 원리상 행정은 입법에 의해 구속된다. 따라서 행정의 규범적 근거로서 입법의 민주적 정당성 및 실체적 내용의 정당성 및 합리성의 확보는 행정의 성패에 있어 매우 중요한 요소이다. 이는 지방자치행정에 있어서도 마찬가지이며, 특히 지방자치의 경우 자치행정의 본질상 입법의 자율성의 확보에 대한 요청은 당연한 것으로, 이는 법제도적으로 자치입법권, 특히 조례제정권의 보장을 통하여 나타난다.

그러한 이유에서 종래 지방자치입법과 관련하여서는 입법의 자율성에 대한 논의가 매우 중요하게 다루어졌으나, 현대의 복잡다양하고 전문화된 행정영역에 있어서는 입법의 자율성 못지않게 입법의 전문성에 대한 요청이 클 수밖에 없다. 그럼에도 지방의회를 입법역량의 측면에서 볼 때, 자치입법 역량 및 입법의 전문성이 여러 가지 이유에서 국가에 비해 부족하며, 그 결과 자치입법 역량의 부족은 자치입법의 부실화로, 자치입법의 부실화는 자치행정의 비효율성으로 이어지면서 궁극적으로 지방자치를 저해하는 원인이 되고 있다.

현대의 다원화되고 전문화된 행정구조에서 지방의회의 전문성의 결여는 동시에 집행기관에 대한 견제와 통제의 기능에 있어서도 지방의회의 기능부전으로 이어지고 있는바, 지방자치단체의 책임성의 측면에서도 심각한 문제를 야기하고 있다.

  이러한 상황에서 지방의회의 역할 및 기능의 활성화를 위해 조례를 통해 지방의원에 대해 유급보좌인력을 두는 방안이 여러 지방자치단체에 의해 시도되고 있으나, 그 현실적 필요성 및 방향적 타당성에도 불구하고 그에 대한 규범적 허용성에 대한 논란이 끊이지 않고 있으며, 특히 후술하듯이 대법원 판례는 조례에 의한 지방의원 유급보좌인력의 도입은 법령에 위반되는 것으로 허용되지 않는다는 입장을 견지하고 있다.

  본고는 이러한 문제상황 하에서 조례에 의한 지방의원 유급보좌인력의 도입 문제를 법이론적으로 고찰하는 한편, 판례의 입장에 대한 비판적 검토를 통해 조례를 통한 지방의원 유급보좌인력의 도입에 대한 규범적 허용성을 논증해 보고자 한다.

II. 지방의원 유급보좌인력의 법제도적 의의 및 필요성

1. 지방의회의 입법기관성

  지방의회는 본질적으로 자치입법기관으로서의 지위를 갖는바, 지방의회의 자치입법 역량은 지방자치의 성패에 직결된다. 특히 현대 국가의 특성상 행정의 다양화 및 전문화에 부응하기 위해서는 지방의회의 구성원인 지방의원의 전문성의 확보가 불가피하나, 문제는 그러한 전문성의 확보를 단순히 지방의원 개인의 책무로 떠넘길 수는 없다는 점이다.

  현대 국가에서 입법의 전문성 확보를 위한 보좌기관의 활용은 국회의 경우에도 예외가 아닌바, 지방자치에 있어 조례는 자치입법으로서 적어도 해당 지방자치단체 내에서는 실질적으로 법률에 유사한 기능을 하며, 입법과

정도 외형상으로는 국회와 유사하게 이루어진다.

지방자치에 있어 자치입법, 특히 조례의 중요성은 나날이 증가하고 있으며, 이는 지방자치단체별 자치법규의 보유 현황을 보더라도 분명하다. 지방자치가 본격적으로 시행된 1995년 이후 10년이 경과한 2004년 말 기준 지방자치단체의 자치법규는 총 59,347건이었던 것이, 2017년말에는 98,884건으로 비약적으로 증가하였다. 그 중 지방의회의 조례만 보면, 2004년 말 기준으로 광역자치단체 조례가 3,445건, 기초자치단체 조례가 35,644건으로 총 39,000건이었던데 비해, 2010년 말 기준 조례 보유건수는 광역자치단체 5,020건, 기초자치단체 48,222건으로 총 53,242건에 이르고 있다고 한다.[1] 이는 다시 2017년 12월 기준 조례는 광역자치단체가 7,630건, 기초자치단체가 67,180건으로 총 74,810건으로 증가하였다.[2]

물론 조례 수의 외형상 성장만으로 단정하기는 어려우나 적어도 지방자치의 활성화에 따른 자치입법의 증가 추세는 지방자치단체의 자치입법 역량의 강화가 불가피하다는 반증임은 분명하다.

자치입법 역량 강화의 필요성은 특히 조례에 대한 사법적 통제 상황에서도 드러나는바, 조례안에 대한 대법원 제소 결과를 보면, 1995년부터 2016년까지 대법원 제소 건수는 총 161건으로 그 중 무효 85건(52%), 유효 43건(27%), 기타 33건(21%)이다.[3] 물론 제소 건수 및 그 결과에 대해서도 획일적으로 평가할 수는 없으나, 적어도 조례에 대한 사법적 통제가 조례의 위

---

1) 문병효, 지방의회의 자치입법제도 운영현황 및 문제점, 강원법학 제38권(2013.2.), 389면.
2) 행정안전부 자치법규정보시스템(http://www.elis.go.kr/)
3) 자료 출처: 행정안전부 홈페이지(http://www.mois.go.kr/)

< 연도별 제소 결과('95~'16년) >

제소결과	계	'95~'05년	'06년	'07년	'08년	'09년	'10년	'11년	'12년	'13년	'14년	'15년	'16년
계	161	77	3	8	5	22	6	9	8	10	10	1	2
무효	85	59	2	7	3	2		5	6	1			
유효	43	7	1	1		20	3	2	1	6	2		
기타*	33	11			2		3	2	1	3	8	1	2

* 취하, 각하, 계류 ※ 제소자별 : 주무장관 11, 시·도지사 64, 시 군 구청장 86

법성에 대한 통제를 본질로 하는 점에서 제소된 과반수의 조례가 법령위반으로 무효가 되었다는 것은 자치입법 역량의 제고 필요성의 중요한 논거가 된다고 할 것이다.

한편 우리나라 자치입법의 경향 중의 하나로 지방의회의 발의에 의한 조례안 보다 단체장 발의의 조례안이 보다 많다는 것이 들어지고 있는데, 이는 입법기관을 본질로 하는 지방의회의 의의와 기능에 비추어 볼 때 바람직하다고 보기는 어려우며, 여기에는 여러 이유가 있을 수 있으나 지방의회에 대한 입법보좌기능이 제 역할을 하지 못하는 데에도 그 원인이 있다.4)

따라서 지방의회의 입법기관으로서의 성격을 고려한다면, 입법기능의 보좌를 위한 유급보좌인력의 설치는 자치입법권 보장의 당연한 방향성이라 할 것이다. 다만 지방의원에 대한 유급보좌인력제의 도입 문제는 지방의회의 입법기관적 성격 및 지방의회의 입법기능의 본질을 어떻게 이해할 것인지와 직결되는 것으로, 지방자치단체를 단지 자치행정단체, 즉 행정주체로만 이해할 것인지, 아니면 나아가 통치단체로서의 성격까지 인정할 것인지에 따라 달라질 것이다. 여기서는 이에 대한 상세한 논의는 생략하나, 적어도 현대의 분권화된 국가구조 하에서 지방자치는 국가와 지방자치단체 간의 수직적 권력분립을 수행하는 점 등을 고려하면 지방자치권은 국가로부터 단순히 행정권의 전래만이 아닌 - 그렇다고 국가와 완전히 동일한 것은 아니지만 - 통치권의 전래로 이해하는 것이 현대적 지방자치의 원리에 부합한다고 보인다. 그렇게 본다면 지방의회의 입법기능을 제고하기 위한 유급보좌인력의 필요성은 더욱 당위적이며, 이는 국가의 입법기관으로서 국회의원의 입법보좌기능과 비교한다면 더욱 그러하다.

---

4) 문병효, 앞의 글, 409면.

2. 지방의회의 통제기관성

지방의회와 지방자치단체장 간의 소위 기관대립형 구조를 취하고 있는 현행 지방자치법제상 지방의회는 집행기관인 지방자치단체의 장에 대한 통제기관으로서의 기능을 수행한다. 지방자치에 있어 지방자치단체의 책임성의 문제는 끊이지 않는 현실적 문제이며, 여기에는 특히 지방자치단체장에 의한 선심성 행정, 방만한 재정 운영 등이 늘 지적되고 있는바, 집행기관에 대한 견제와 감시의 역할을 수행하는 통제기관으로서 지방의회의 역할이 강조될 수밖에 없다. 특히 현대 복지국가화의 경향에 따라 집행기관의 권한과 책임이 늘어나면서 막강한 권한을 가지게 된 단체장에 대한 충실한 견제와 통제는 지방자치의 성패와도 직결된다고 할 수 있다.

문제는 복잡다양한 현대의 전문적·기술적 행정 구조 하에서 지방의회가 집행기관에 대한 통제기능을 제대로 수행하기 위해서는 지방의원 개인의 능력에 의존할 수는 없으며, 전문성을 갖춘 보좌인력의 필요성이 당연히 존재한다. 그럼에도 불구하고 2012년 말 기준으로 지방의회 의원의 의정활동을 보좌하기 위한 의회 사무직원의 수는 광역의회의 경우 의원 1인당 평균 1.9명, 기초의회의 경우 의원 1인당 1.4명에 그치고 있어 매우 열악한 상황이다. 그나마 의회사무기구 소속 공무원의 대부분이 회의 준비 및 운영, 홍보, 비서, 기타 의회 관련 단순행정업무를 지원(일반직·기능직 약 88.3%)하는 수준에 머물고 있으며, 정책적인 보좌를 위한 전문인력(계약·별정직 약 11.7%)은 그리 많지 않은 것이 현실이다.[5]

따라서 견제와 균형의 원리에 충실한 지방의회의 통제기능을 기대하기 위해서는 지방의회의 의정활동에 대해 전문적인 지원을 할 수 있는 유급보좌인력의 필요성이 크다.

---

5) 박순종/박노수, 지방의회 의원 보좌관제도의 차등적 도입에 관한 연구, 도시행정학보 제 27집 제3호(2014.9.), 68면.

3. 지방의원 입법역량의 현실적 한계

종래 「지방자치법」은 지방의회 의원을 무보수 명예직으로 규정하였으나, 현실적 상황의 변화에 따라 2003.7. 「지방자치법」 개정을 통해 명예직에서 유급직으로 전환되었다. 무보수 명예직의 전환에서 이미 추론되듯이 오늘날의 지방자치는 단순히 주민의 참여라는 상징적 가치가 아닌, 전문가에 의한 입법 및 행정의 운용이 필요한 - 국가에 비견되는 - 통치단체의 운영이다. 그러한 점에서 지방의원 역시 입법 및 행정에 대한 상당한 전문성을 가져야 한다. 그럼에도 불구하고 지방자치의 역사가 일천한 우리나라의 현실은 아직 지방의원의 전문성보다는 지역의 유지나 토호세력이 지방의원으로 진출하는 경우가 허다하며, 그 결과 지방의원의 입법역량 및 집행기관의 견제와 통제를 위한 전문성은 매우 부족한 것이 사실이다.

지방의회의 전문성 확보를 위한 보좌인력의 필요성은 단지 우리나라의 현실에서만 비롯되는 것은 아니며, 이미 지방의회의 전문성은 보좌 기구 및 인력의 전문성과 직접적인 관련을 가진다는 것이 일반적 이해이다.6)

특히 현대 복지국가에서 전문화되고 광범위해지는 관료조직인 집행부를 견제하고 감시하기 위해서는 지방의회의 전문성이 더욱 강조될 수밖에 없다. 그럼에도 지방의원의 개인적 역량만으로 지방의회의 현대적 기능과 역할을 수행하기에는 한계가 있을 수밖에 없으며, 이러한 지방의회의 한계는 결국 지방의회의 기능부전으로 귀결된다. 따라서 지방의회가 단순히 주민대표기구로서 소극적 통제기능을 넘어, 현대적 기능에 부응하는 적극적이고 전문적인 정책의회로서 기능과 역할을 제대로 수행하기 위해서는 지방의회의 구성원인 지방의원의 실제 활동을 지원하기 위한 전문적인 보좌기관의 제도화가 불가피하게 요청된다.7)

---

6) 박순종/박노수, 위의 글, 69면
7) 김동련, 지방의회 입법보좌관제도의 도입 필요성과 법적 문제, 토지공법연구 제60집 (2013.2.), 317면

4. 전문위원제 등 현행 법제의 한계

현행 지방자치법제상 의회의 사무를 처리하기 위하여 광역지방자치단체는 의회사무처, 기초지방자치단체는 사무국이나 사무과를 둘 수 있고(지방자치법 제90조), 이들 기관은 일반적인 의정지원기관이다. 그러나 의회사무처 중 일반업무지원의 성격을 가진 부서를 제외하면 의원들의 의정활동을 실질적으로 지원하고 보좌하는 직접적인 역할을 하는 기구는 입법담당관, 입법정책담당관 정도에 불과하여[8] 지방의회의 현대적 기능에 부합하는 보좌기능을 하기에는 부족한 것이 현실이다.

한편 「지방자치법」은 지방의회의 의정활동 지원을 위해 전문위원제를 도입하고 있다(동법 제59조). 이는 국회가 각 상위위원회별로 입법활동을 지원하는 전문위원을 「국회법」이 규정하고 있는 것에 상응하는 것으로 보이는바, 전문위원은 지방의회에서 조례, 청원 및 예산 등 각종 의안에 대한 전문적 검토를 통해 집행부에 대한 견제와 감시를 하고, 의원들의 입법 및 정책개발 능력을 지원하는 역할을 한다. 이러한 전문위원제도는 지방의원에 대한 유급보좌관제의 도입에 대한 반대논거가 되기도 하는데, 이에 의하면 전문위원제의 활용을 통해 해결하면 충분한데도 불구하고 법적 근거도 없으면서 동시에 예산상의 상당한 부담이 될 수밖에 없는 유급보좌관제의 도입은 문제가 있다고 본다.

전문위원제의 활용은 유급보좌관제 도입의 가장 큰 걸림돌인 위법성의 문제를 피할 수 있는 대안인 것은 분명하나, 그러나 현행 전문위원제도는 「지방자치법」 및 「지방자치단체의 행정기구와 정원기준 등에 관한 규정」에 의해 제한을 받고 있는 결과, 현실적으로 전문위원의 확대를 통해 지방의회의 자치입법 역량의 확대 및 집행기관에 대한 충실한 견제기능을 담보하기는 어렵다. 동시에 현행 법제상 지방의회 전문위원은 일반직 공무원으

---

8) 김동련, 위의 글, 321면

로 구성되는 점에서 의회 및 의정활동에 대한 전문적 지식과 능력을 기대
하기 곤란하다는 점,[9] 전문위원의 임면권을 지방자치단체의 장이 갖는다는
점[10] 등에서 지방의회의 현대적 기능에 부합하기에는 한계가 있다.

Ⅲ. 지방의원 유급보좌인력의 도입 논의 현황

1. 지방자치단체의 유급보좌인력 도입 시도 상황

지방의원에 대한 유급보좌인력의 도입 문제는 앞서 살펴본 제도적·현실
적 필요성으로부터 지방자치가 본격적으로 시작되는 1996년부터 지속적으
로 제기되어 왔으며, 그때마다 도입의 필요성에 대한 논란은 물론 도입의
위법성에 대한 논의가 끊이지 않고 제기되어 왔다. 그 결과 서울을 비롯하
여 경기, 부산, 인천 등 광역지방자치단체를 중심으로 조례를 통해 유급보
좌관제 도입을 시도하였으나, 재의요구 및 대법원 제소 과정 등을 거쳐 결
국 조례에 의한 유급보좌인력의 도입은 위법한 것으로 무효화되었고, 그
이후로도 대법원은 계속 조례에 의한 유급보좌인력 도입 시도에 대해 위법

---

9) 류춘호, 지방의회 전문위원제도와 정책보좌관제 도입에 관한 연구, 한국지방정부학회
   2017년도 하계학술대회 발표논문(2017.6.), 5면.
10) 지방의회 사무처 및 전문위원의 인사권을 지방자치단체의 장이 갖도록 한 지방자치법
    규정에 대하여 지방의회의 인사권을 침해하는 규정임을 이유로 제기된 헌법소원에서 헌
    법재판소는 "지방자치단체의 장에게 지방의회 사무직원의 임용권을 부여하고 있는 심판
    대상조항은 지방자치법 제101조, 제105조 등에서 규정하고 있는 지방자치단체의 장의
    일반적 권한의 구체화로서 우리 지방자치의 현황과 실상에 근거하여 지방의회 사무직원
    의 인력수급 및 운영 방법을 최대한 효율적으로 규율하고 있다고 할 것이다. 심판대상조
    항에 따른 지방의회 의장의 추천권이 적극적이고 실질적으로 발휘된다면 지방의회 사무
    직원의 임용권이 지방자치단체의 장에게 있다고 하더라도 그것이 곧바로 지방의회와 집
    행기관 사이의 상호견제와 균형의 원리를 침해할 우려로 확대된다거나 또는 지방자치제
    도의 본질적 내용을 침해한다고 볼 수는 없다"(헌법재판소 2014. 1. 28, 2012헌바216
    결정)고 판시하였다.

하다는 입장을 견지하고 있다.

그럼에도 불구하고 다수의 지방자치단체들은 여전히 지방의원에 대한 유급보좌인력의 도입 필요성을 주장하며, 시간선택임기제공무원, 인턴제 등 다양한 편법을 동원하며 현재까지 도입 시도 노력을 하고 있다. 지방의원 유급보좌관제의 도입에 가장 적극적이고 대표적인 곳은 서울특별시의회와 경기도의회로서, 서울시특별시의회는 의정서포터즈 및 의정조사원이란 이름으로 실질적인 보좌관 역할을 하게하고 있고, 경기도의회는 인턴보좌관의 형태로 제한적인 의원보좌인력을 운용하고 있다.

그러나 이러한 편법운용은 고용의 한시성, 불안정성으로 인해 실질적이고 전문적인 지원 및 보좌활동이 되지 못하는 동시에, 법체계 및 제도상의 혼란의 원인이 되고 있는바, 정도(正道)에 따른 법제도적 해결의 필요성이 매우 큰 것이 현재의 실정이다.

2. 도입 논의의 양상

지방의원에 대한 유급보좌관제의 도입에 대해서는 다양한 찬반의 논의가 있으나, 기본적으로는 규범적 차원의 문제로서, 법적 근거 없이 조례에 의한 도입은 위법하다는 논거와 더불어 현실적 차원의 문제로서 유급보좌관제 도입을 통한 재정적 부담의 문제를 반대의 논거로 제시한다.

이에 대해 대법원은 이미 1996년에 서울시의 의원 개인별 유급 보좌관 도입 조례에 대해, 이는 지방의회 제도의 중대한 변경을 초래하는 것이므로 「지방자치법」에 근거를 두어야 한다고 판결한 바 있다.[11] 이는 법적 근거 없는 보좌관제 도입은 위법이라는 의미로서, 유급보좌관제도의 도입에 있어 법률유보의 원칙을 적용한 것인바, 조례제정권의 내용과 한계 및 자

---

11) 대법원 1996.12.10.선고, 96추121 판결.

치조직권의 관점에서 볼 때, 타당한 결론인지 의문이다. 이에 대해서는 뒤에서 상세하게 살펴본다.

후자의 재정 문제는 유급보좌관제 도입에 대해 주민이나 시민단체들에 의한 현실적 반대의 주된 논거가 되고 있다. 실제 유급보좌관제의 도입에 따른 위법성 문제를 해결하고자 2011.11.24. 최재성 의원을 대표발의자로 하여 지방의회의원에게 유급보좌인력을 두도록 하는 내용으로 발의된 「지방자치법」개정안에 대한 검토보고서에 따르면, 지방의회에 유급보좌인력을 두는 경우 당시 기준으로 추가적인 재정부담은 총 3,731인(광역의회 843인, 기초의회 2,888인)에 대해 연간 약 1,345억 원의 지방재정이 필요하다고 지적하며, 재정부분에 대한 검토 필요성을 제기하고 있다고 한다.12)

지방재정의 열악성이 우리나라 지방자치의 중대한 제약이 되고 있음은 주지의 사실로서, 유급보좌관제 도입을 통한 재정적 부담은 도입 논의에 있어 중대한 해결과제임은 분명하다. 그러한 점에서 유급보좌인력의 도입에 따른 지방재정의 현실 및 재정적 책임성에 대한 문제의 지적은 분명 타당하나, 문제는 지방재정의 문제가 유급보좌인력의 도입 철폐와 직결되는 것은 아니라는 점이다. 오히려 유급보좌인력의 도입을 통해 지방의회의 견제와 감시 기능이 충실히 수행된다면 그간의 방만한 재정운용에 대한 통제를 통하여 재정적 책임성의 확보가 보다 용이할 수 있다. 유급보좌인력의 도입으로 인한 재정적 책임성의 문제는 유급보좌인력의 운용 및 적절한 감독과 통제를 통해 해결되어야지, 재정적 문제를 이유로 도입 자체를 부정하는 것은 주객이 전도된 논리이다. 지방의회의 전문성 미흡으로 인한 기능부전을 치료하고 해결하기 위한 처방을 재정상의 문제를 이유로 부정한다면 이는 지방의회의 기능부전을 더욱 심화시키게 되고, 이는 결국 지방의회의 무용론, 나아가 지방자치의 무용론까지 확대될 수 있다는 점을 인식하여야 할 것이다.

---

12) 국회행정안전위원회 검토보고서, 2011.3, 9면(김동련, 앞의 글, 331면에서 재인용).

이와 관련하여 근래 조례에 의한 유급보좌관제 도입의 위법성 논란에 대한 현실적 인식에서 비롯된 것으로 보이나, 차등적 분권의 관점에서 지방의원 유급보좌관제도의 차등적 도입을 주장하기도 한다.[13] 일견 타당한 측면이 있으나, '차등분권'의 본질적 전제 자체가 국가에 의한 차등성의 부여, 즉 국가주도적인 제도의 설계인 점에서 지방자치의 본질상 타당한 것인지는 의문이다. 지방의회의 본질적 기능인 자치입법 역량의 제고를 위한 보좌인력의 설치 여부 자체를 국가에 의해 인정받고, 법률에 의해 수권받아야만 한다는 것은 법률에 의한 지방자치권의 과도한 침해라고 보이기 때문이다. 유급보좌인력의 도입 여부 및 도입 규모를 조례에 맡겨 놓는 것만으로도 각 지방자치단체의 입법상황 및 재정규모에 따라 입법보좌관 제도는 차등적으로 형성될 수밖에 없고, 그러한 각 지방의 특유한 사정에 따른 정책의 실현이 바로 지방자치의 본질적 의미이기도 하다.

3. 입법화의 시도

각 지방자치단체별 지방의원에 대한 유급보좌관제의 도입 시도가 끊이지 않고, 이에 대한 대법원 제소 및 위법판결 등이 계속되면서 법제도적 혼란이 있자, 아예 법개정을 통해 지방의회 유급보좌관제의 법적 근거를 마련하는 입법화의 시도 또한 빈번하게 있었다.

2012년 정청래 당시 새정치민주연합 의원은 광역의회 의원들에게 1인의 유급 보좌인력을 채용할 수 있게 하는 내용으로「지방자치법」개정안을 대표발의하였고,「지방자치법」에 위배된다는 이유로 유급보좌관제 도입을 반대하였던 정부도 2013년 지방의회 유급보좌관제의 도입을 내용으로 하는

---

13) 박순종/박노수, 지방의회 의원 보좌관제도의 차등적 도입에 관한 연구, 도시행정학보 제 27집 제3호(2014.9.) 참조

「지방자치법」의 개정을 추진하였다. 그러한 유급보좌관제 도입을 내용으로 하는 「지방자치법」 개정안은 3년여간 소관 상위위원회에서 논의된 끝에 보좌인력의 소속을 개별 의원실에서 의회로 변경하는 안으로 추진되는듯 하였으나, 다시 법제사법위원회에서 제동이 걸리는 등 우여곡절을 거치면서 결국 입법화에 성공하지 못하였다.

현 20대 국회에서도 지방의회의 정책지원 전문인력 설치를 위한 「지방자치법」 개정안의 발의가 이어지고 있는바, 추미애의원을 대표발의자로 2016.7.14. 발의된 지방자치법개정안, 김광수의원을 대표발의자로 2016.11.25. 발의된 「지방자치법」개정안 및 정병국의원을 대표발의자로 2017.5.11. 발의된 「지방자치법」개정안 모두 시·도의회에 재적의원 총수에 해당하는 정책지원 전문인력을 설치하는 것을 기본적 골자로 하고 있다.

이러한 입법화의 시도는 일견 보면 지방의회의 정책역량 강화를 위한 유급보좌인력 도입의 법적 근거를 마련함으로써 지방의원 유급보좌관제에 대한 위법성 논의를 해결하는 단기간의 해결방안이 될 수 있을지는 모르나, 보다 근본적인 관점에서 본다면 지방의회의 존립의의인 입법기능 및 통제기능의 전문적 보좌를 위한 인력의 문제를 국가주도에 의한 획일적 입법화를 통해 접근하는 것이 바람직한 것인지는 의문이다.14) 지방의원에 대한 유급보좌인력의 문제는 자치입법권 및 자치조직권의 충실한 보장이라는 측면에서 조례에 의해 규율되도록 하는 것이 바람직하며, 위법성 논의의 차단이라는 측면에서 입법화를 시도하는 경우에도 조례에 대한 위임의 근거를 마련하는 정도의 입법화가 바람직하다.

---

14) 실제 입법화의 시도 과정을 보면, 유급보좌인력의 도입에 대한 법적 근거를 두는 동시에 그에 대한 정원 및 임명 등 필요한 사항은 대통령령에 위임하는 구조를 취하고 있는바, 종래 자치조직권의 관점에서 제기되던 문제점과 비판이 그대로 드러날 수밖에 없다.

Ⅳ. 조례에 의한 유급보좌인력 도입의 규범적 정당화의 근거

1. 지방의회의 헌법상 지위

지방의회의 기능 활성화를 위해서는 유급 보좌인력의 도입이 필요하다는 현실적 필요성만으로 조례에 의한 유급 보좌인력제이 규범적으로 정당화될 수는 없는 것은 당연한 것으로, 조례에 의한 도입 허용성은 규범적으로도 정당화될 수 있는 근거를 가진다.

조례에 의한 유급보좌인력 도입의 정당화의 근거는 우선적으로 지방의회의 헌법상의 지위로부터 도출할 수 있다. 대의제 민주주의의 원칙 하에서 지방의회는 필수적 대의기관임을 헌법은 직접 천명하고 있다(헌법 제118조 제1항). 따라서 헌법의 개정 없이는 법률에 의해 지방의회를 폐지하거나 다른 조직으로 대체할 수 없다. 지방의회는 조례, 예산, 결산 등 지방자치단체의 중요한 문제에 대해 주민의 대의기관으로서 결정권을 가지며, 또한 지방자치단체의 장이나 기타 기관을 감시·통제함으로써 지방자치단체의 책임성 실현에 본질적인 기능을 한다.

이러한 헌법상의 지위에 비추어 볼 때, 지방의회에게 헌법이 보장한 본연의 지위와 기능을 수행하는데 필요한 법제도를 마련해 주는 것은 당연스러운 요청이고, 그러한 요청에는 현대의 입법상황 및 집행기관의 전문화에 대응할 수 있는 지방의회의 전문성의 강화가 포함된다. 지방의회 본연의 기능의 수행에 불가피한 권한과 수단을 인정하지 않는 것은 지방의회의 존립 자체를 부정하는 것과 실질적으로는 마찬가지이기 때문이다. 전술한 바와 같이, 현재 지방의회가 입법기능과 통제기능을 제대로 수행하지 못하고 있는 것은 일면 지방의원 개인의 역량과도 전혀 무관한 것은 아니지만, 현대의 다원화되고 전문·기술화된 행정구조를 고려할 때 그러한 지방의회의 기능부전을 의원 개인의 역량 탓으로만 전가하는 것도 전혀 타당하지 않다.

특히 오늘날 지방자치제도의 헌법적 의의는 단순히 행정정책의 일 유형이 아닌, 국가구조의 분권형 패러다임의 전환을 의미한다고 할 때, 지방의회의 지위와 기능에 부합하는 제도적 틀의 마련은 매우 중요한 법적 과제이다.

이러한 지방의회의 헌법상의 지위에 더하여 지방자치권은 헌법적으로 보장된 것임을 결부시킨다면, 지방의회에 지위와 기능에 불가피하게 요구되는 유급보좌인력의 설치는 굳이 법률상의 근거가 없더라도 조례에 의한 규율이 가능하다고 보아야 할 것이다.

2. 조례제정권의 보장

1) 조례제정권의 본질과 한계

조례는 민주적 정당성에 근거한 지역적인 자주적 입법으로서, 지방자치단체가 가지는 조례제정권은 직접 헌법에 의해 보장되어 있다. 헌법 제117조 제1항은 지방자치단체는 "법령의 범위 안에서 자치에 관한 규정을 제정할 수 있다"고 규정하고 있는바, 따라서 조례에 관한 실정법상의 근거규정인 지방자치법 제22조는 헌법상 지방자치의 보장을 구체화한 것에 불과하며, 조례제정권을 창설하는 규정은 아니다. 특히 현대적 법치구조 하에서 행정은 입법에 종속될 수밖에 없는바, 행정을 본질로 하는 지방자치에 있어 자치권의 보장은 자치입법권의 보장과 사실상 동일한 의미를 갖는다.

조례제정권을 그 규범적 본질이라는 관점에서 본다면, 이는 지방자치의 헌법적 보장과 직결된다. 주지하다시피, 지방자치의 헌법적 보장은 지방자치단체에 대한 전권한성의 보장과 자기책임성의 보장을 그 핵심적인 내용으로 하는바, 지방자치단체는 자신의 지역에 관련되는 지역적 사무가 존재하는 한, 헌법상 보장의 이념에 따라 그 사무는 원칙적으로 지방자치단체의 사무로서 지방자치단체의 권한이 인정되며, 지방자치단체는 그 고유한 사무를 자신의 책임으로 규율할 수 있다. 그러한 자기책임성의 보장을 위한 규범적 출발점이 바로 조례제정권인바, 사무수행의 수권규정이자 한계규정이 되는 법적 근거가 타율적 입법이라면 실질적인 자치의 보장이라고 할 수 없기 때문이다.

그러한 의미에서 지방자치의 헌법적 보장은 지방자치단체에게 자신의 사무수행을 위하여 법질서 내에서 법적으로 활동가능한 모든 다양한 수단들을 사용할 수 있는 권한을 부여하고 있으며, 이를 법제도적으로 구체화한 것이 자치입법권을 포함하여 소위 지방자치단체의 자치고권(Gemeindehoheit)이다.15) 결국 지방자치단체에게 인정되는 자치고권은 지방자치의 헌법상 보장의 이념을 실현하기 위한 불가결한 수단으로 인식되는바, 지방자치의 헌법적 보장은 자치고권의 범위와 내용을 적극적으로 보장하지는 것은 아니더라도, 적어도 입법자에 의해서 자치고권이 완전히 폐지되거나 본질적인 내용이 침해될 수 없다는 것은 핵심영역의 보호에 포함된다고 본다.16)

물론 지방자치의 헌법적 보장의 성격이 제도적 보장인 점에서 자치입법권도 법률에 의한 구체화에 의존하나, 다만 자치입법권을 구체화하는 법률은 무제한의 입법형성상의 자유를 누리는 것은 아니며, 헌법이 보장하는 자치입법권의 본질적 내용을 침해할 수 없다. 여기서 중요한 것은 조례제정권을 구체화하는 법률은 조례제정권의 구체화라는 형성적 기능과 더불어 그 이면으로 법률에 의한 조례제정권 제한의 한계를 설정하는 보장적 기능을 한다는 것이다. 따라서 법에 위반되지 않는 한 - 조례제정권의 헌법적 보장의 취지에 따라 - 적극적으로 보장되어야 하며, 더 이상 제도적

---

15) 자치입법권의 규범적 본질에 대한 상세한 논의는, 조성규, 법치행정의 원리와 조례제정권의 관계, 공법연구 제33집 제3호(2005.5.), 374면 참조.

16) Löwer, in: von Münch / Kunig, Grundgesetz-Kommentar, 3. Aufl., Art. 28 Rn. 65 (S. 306).

보장이라는 도그마틱에 얽매여 조례제정권을 소극적으로 이해하여서는 안
될 것이다.[17]

2) 법률우위의 원칙과 조례제정권

조례에 의한 유급보좌인력의 도입이 법령에 위반하는지와 관련하여, 법
률우위의 원칙과 조례제정권의 관계가 문제된다. 조례제정권은 헌법상 보
장된 지방자치권의 내용으로서 보장되는 것임은 분명하지만, 이는 시원적
인 것이 아니며 전래적인 것으로 보아야 하는 결과, 조례에 대해서도 법률
우위의 원칙은 당연히 적용된다. 국가법질서의 통일성 요청에 따라 국가법
인 법률에 위반하는 조례를 인정할 수는 없기 때문이다. 따라서 조례는 법
률에 위반할 수 없으며 법률에 위반하는 조례는 무효이다.

다만 조례에 대한 법률우위 원칙의 당연한 적용에도 불구하고 행정실제
에 있어 조례가 법령에 위반하는지의 여부가 명확한 것은 아닌바, 조례의
법령 위반 여부가 불명확한 경우에는 지방자치의 헌법적 보장의 취지에 비
추어 적법한 조례로 보는 것이 타당할 것이다. 이는 조례제정권의 규범적
본질상으로는 물론, 독일 법제상으로는 지방자치단체의 헌법적 보장에는
지방자치단체에 대한 우호적 행동의 원칙[18]이 국가의 규범적 의무로서 인
정되고 있는 점에서도 그러하다.

특히 조례와 법령 위반 여부와 관련하여, 조례로 규율하려는 사항이 이
미 법령에 의하여 규율되고 있는 경우, 조례제정의 가능성과 관련하여 소

---

17) 제도적 보장이론이 등장한 역사적 배경과 달리 헌법의 규범력이 일반적으로 승인된 현대
국가에 있어서는 제도적 보장이론으로부터 지방자치제도의 구체적 내용과 범위가 도출
되는 것이 아니라, 직접 헌법규정으로부터 그 내용이 도출되어야 하는 것으로 보아야
하기 때문이다. 이에 대한 상세한 내용은, 조성규, 지방자치제의 헌법적 보장의 의미, 공
법연구 제30집 제2호(2001.12.), 415면 이하 참조.
18) 이는 지방자치단체의 利害에 대한 다른 고권주체들의 일반적인 고려의무를 말하는 것으
로, 이에 대한 상세한 내용은, 조성규, 앞의 글, 425면 이하 참조.

위 법률선점이론이 문제되나, 이를 엄격하게 이해하던 종래와 달리 오늘날
에는 조례의 자주적 입법성의 결과, 법률선점이론을 완화하여 조례제정권
을 확대되는 경향이 일반적이다.[19]

　결론적으로 조례가 법령에 위반될 수 없는 것은 당연하나, 다만 법령에
의 저촉 여부는 형식적으로 판단되어서는 안되며, 조례의 민주적 정당성
및 자주입법성에 대한 고려가 충분히 이루어져야 하는바, 결국 헌법에 의
한 지방자치의 보장의 취지와 내용, 국가법질서의 통일성, 지방의회의 입법
능력, 조례의 침익성 여부 및 실효성 등을 종합적으로 평가하여 구체적 사
안에 따라 결정되어야 할 것이다.[20]

　다만 조례에 의한 유급보좌인력 도입의 문제는 이에 대한 현행법상 직접
적 관련 규정이 없는바, 법률우위의 원칙보다는, 판례의 입장도 그러하
듯이 주로 법률유보원칙과의 관계에서 문제가 된다고 할 것이다.

　물론 조례의 위법 여부와 관련하여서는 보다 우선적인 문제로서, 조례제정
의 대상 여부, 즉 사무의 성격에 대한 논의가 필요하나, 지방의회의 역할과 기
능의 전문적 보좌를 위한 유급인력의 도입 문제는 당연히 자치사무라고 보아
야 할 것이다. 지방자치단체의 사무를 예시하고 있는 「지방자치법」 제9조 제2
항도 지방의회의 인사에 대해 명시하고 있지는 않으나, 자치입법의 운영·관
리, 산하 행정기관의 조직관리를 지방자치단체의 사무로 규정하고 있다.

3) 법률유보의 원칙과 조례제정권

　조례에 대해서도 법률우위의 원칙이 적용된다는 점에 대해서는 의문이

---

19) 그러한 경향은 학설상으로는 물론 판례에서도 수용되어 있는 것으로, 대법원은 조례의
　　법령에의 위반 여부는 형식으로 판단될 것이 아니라, 당해 법령의 취지가 전국적으로
　　획일적 규율을 하는 것이 아니라 각 지방의 실정에 맞게 별도로 규율하는 것을 용인하는
　　취지로 해석될 때에는 조례에 의한 별도의 규율이 허용된다고 보고 있다. 대법원 1997.
　　4. 25. 선고 96추244판결 ; 대법원 2000. 11. 24. 선고 2000추29 판결 등 참조.
20) 조성규, 법치행정의 원리와 조례제정권의 관계, 공법연구 제33집 제3호(2005.5.), 377면.

없는데 반해, 법률유보의 원칙도 적용되는가에 대해서는 많은 논란이 있는 바, 법률유보란 규범체계상 상하관계에서의 수권을 본질로 하는 것으로, 기본적으로 조례는 민주적 정당성에 근거한 자주법으로서 법률에 준하는 성질을 가지기 때문이다.

이와 관련하여 현행 법제상으로는 헌법 제117조 제1항은 지방자치단체는 '법령의 범위 안에서' 자치에 관한 규정을 제정할 수 있도록 하여 법률유보원칙에 대해서는 아무런 규정을 두지 아니한데 비해, 자치입법권을 구체화한「지방자치법」제22조는 그 단서에서 "주민의 권리제한 또는 의무부과에 관한 사항이나 벌칙을 정할 때에는 법률의 위임이 있어야 한다"고 규정하여 소위 침해유보설의 관점에서 법률유보원칙을 적용하고 있다. 주지하다시피, 이에 대해서는 학설상 합헌론[21]과 위헌론[22]의 대립이 있으나, 우리나라 헌법재판소와 대법원은 합헌설을 취하고 있다.[23] 다만 조례가 가지는 민주적 정당성을 고려하여 일반 행정입법과 달리 조례에 대한 법률의 위임은 포괄적이어도 무방하다고 봄으로써 조례에 대한 법률유보원칙을

---

21) 합헌론은 지방자치법 제22조 단서의 조항은 법률유보원칙의 당연한 결과이므로 헌법에 반하지 않는다는 입장이다. 이에 의하면, 조례가 민주적 정당성을 가진 지방의회에 의하여 제정되는 자주법으로서 법률에 준하는 성질을 가진다는 점은 부인할 수 없으나, 그러나 국민의 전체의사의 표현으로서의 법률과 제한적 지역단체의 주민의 의사의 표현인 조례와의 사이에는 그 민주적 정당성에서 차이를 인정할 수밖에 없다. 동시에 헌법 제37조 제2항이 "국민의 모든 자유와 권리는 … 법률로써 제한"할 수 있도록 규정하여, 기본권제한에 대한 법률유보원칙을 명시하고 있는바, 여기서의 법률은 국회가 제정한 형식적 의미의 법률을 의미한다는 점에 대하여는 의문이 없다는 점을 근거로 하고 있다.

22) 지방자치법 제22조 단서는 지방자치의 헌법적 보장의 내용 및 조례제정권의 본질에 비추어 볼 때, 지방자치권에 대한 과도한 제약의 소지가 있다는 점에서 헌법에 위반된다는 입장이다. 이에 의하면, 지방자치의 헌법적 보장의 결과 헌법 제117조 제1항에 의하여 '법령의 범위 안에서', 즉 법령에 위반되지 않는 한 자치사무에 대하여 자율적으로 정할 수 있는 자주입법권이 포괄적으로 보장되어 있는데 대하여 지방자치법 제22조 단서가 지방자치의 본질에 반하는 추가적 제한을 가하고 있는 것이므로 헌법에 위반된다고 본다.

23) 헌법재판소 1995. 4. 20. 선고 92헌마264·279(병합) 전원재판부결정 ; 대법원 1995. 5. 12. 선고 94추28 판결 등.

일반적 행정입법에 비하여 완화하고 있다.24)

여기서는 조례에 대한 법률유보원칙의 적용 여부에 관한 상세한 논의는 생략하나, 적어도 현행 법제상「지방자치법」제22조에 따른 침해유보론을 전제로 하는 경우에도, 조례에 의한 유급보좌인력의 도입 문제는 주민의 권리제한이나 의무부과와 직결되는 조례라고 볼 수 없는바,25) 법률에 근거가 없다는 이유로 유급보좌인력의 도입을 내용으로 하는 조례를 위법하다고 보기는 어렵다고 보인다.

조례는 그 자체로서 민주적 정당성에 근거한 자주적 법규범으로, 헌법상 근거에 의하여 공법상의 독립된 법인격체인 지방자치단체가 자신의 사무를 규율하기 위하여 제정되는 것이다. 즉 조례제정권이 국가로부터 전래된 것이기는 하더라도 조례의 본질은 국가(국가입법자, 국가의 집행기관)에 의해 제정되는 것이 아니라, 법적으로 독립된 권리주체에 의해서 제정된다는 점에서 형식적 법률 및 법규명령과는 법체계를 달리하며, 동시에 조례는 국가와 독립된 법인체의 구성원인 주민에 의해서 직접 선출된 대표기관인

---

24) "법률이 주민의 권리의무에 관한 사항에 관하여 구체적으로 아무런 범위도 정하지 아니한 채 조례로 정하도록 포괄적으로 위임하였다고 하더라도, 행정관청의 명령과는 달리, 조례도 주민의 대표기관인 지방의회의 의결로 제정되는 지방자치단체의 자주법인 만큼, 지방자치단체가 법령에 위반되지 않는 범위 내에서 주민의 권리의무에 관한 사항을 조례로 제정할 수 있는 것이다."(대법원 1991. 8. 27. 선고 90누6613 판결) ; "조례의 제정권자인 지방의회는 선거를 통해서 그 지역적인 민주적 정당성을 지니고 있는 주민의 대표기관이고 헌법이 지방자치단체에 포괄적인 자치권을 보장하고 있는 취지로 볼 때, 조례에 대한 법률의 위임은 법규명령에 대한 법률의 위임과 같이 반드시 구체적으로 범위를 정하여 할 필요가 없으며 포괄적인 것으로 족하다."(헌법재판소 1995. 4. 20. 선고 92헌마264, 279 결정).
25) 물론 이에 대해서도 유급보좌인력의 도입은 막대한 재정적 부담을 초래한다는 점에서 궁극적으로 주민에 대한 의무부과라고 주장할 수도 있으나, 그러나 지방자치단체의 모든 행정은 직·간접적으로 재정과 연계되는 결과, 재정적 부담 자체를 근거로 법률유보원칙의 적용을 논한다면 지방자치단체의 모든 조례는 법률유보의 대상이라고 볼 수밖에 없게 된다. 따라서「지방자치법」제22조 단서가 규정하는 주민의 권리 제한이나 의무의 부과 여부는 조례의 직접적인 목적을 통해 판단되어야 한다.

지방의회에 의해서 제정된다는 점에서 오히려 민주적 정당성이라는 실질
에 비추어 보면 법률에 비견된다. 따라서 국가법과의 상하관계를 본질로
하는 법률유보의 원칙은 제한적으로 보는 것이 당연하며, 특히 국민의 자
유와 권리에 대한 부당한 침해를 제한하는 법원리로서의 법률유보원칙을
조례 일반에 대하여 엄격하게 적용하는 것은 적절하지 않다고 보인다.

따라서 조례에 의한 유급보좌인력의 도입 문제에 있어서는 법률유보원
칙을 엄격한 적용은 헌법상 보장된 조례제정권에 대한 과도한 침해로서 위
헌적인 소지도 있을 수 있다고 보인다.

3. 자치조직권의 보장

1) 자치조직권의 규범적 의의와 본질

조례에 의한 유급보좌인력 도입의 규범적 정당성의 근거로서 지방자치
단체에게 보장된 자치조직권을 들 수 있다. 자치조직권이란 지방자치단체
스스로가 자신의 고유한 재량으로 자신의 내부조직을 형성, 변경, 폐지할
수 있는 권한을 말한다.26) 지방자치의 헌법적 보장의 성격을 제도적 보장
으로 이해하는지 여부와 무관하게, 적어도 헌법에 의한 지방자치의 제도적
보장은 법원리적으로는 지방자치단체에 대해 그 지역의 사무에 대한 전권
한성의 보장과 사무처리에 대한 자기책임성의 보장을 본질적 내용으로 한
다는 점에 대해서는 특별한 이견은 없는 것으로 보인다.

결국 지방자치는 사무의 합리적인 배분 및 그에 대한 사무수행의 자율성
의 보장을 본질적 내용으로 하는바, 사무수행에 대한 자율성의 보장은 당
연한 그 이면으로서 사무수행 기구 및 조직에 대한 자치조직권 및 자치인

---

26) 홍정선, 신지방자치법, 박영사, 2009, 54면.

사권의 보장을 포함하여야 한다. 자치조직권 및 자치인사권이 수반되지 않는 사무배분 및 권한의 이양은 형식적인 자치로서 권한의 분산에 지나지 않기 때문이다.[27]

그러한 점에서 볼 때, 자치조직권의 규범적 의의는 지방자치단체의 조직의 형성이나 인사에 관한 자율성이라는 그 자체의 독자적 의미를 넘어, 좁게는 자치행정권의 불가결한 요소로서 기본적 전제이며, 넓게는 지방자치권의 모든 영역에서의 자율성의 기초를 이루는 것이라는 점에서 그 규범적 중요성이 더욱 크다.[28]

자치조직권은 전통적으로 지방자치단체의 자치행정을 위한 수단인 점에서 주로 지방자치단체장의 조직 및 인사권을 중심으로 논의되고 있으나, 이는 지방자치단체의 자치고권에 해당하는바, 자치조직권의 주체에는 지방의회도 당연히 포함된다. 따라서 지방의회의 조직 및 인사와 관련하여서도 당연히 자율성이 인정되는 것으로 보아야 하며, 그 결과 지방의회의 고유한 기능인 입법기능과 집행기관에 대한 견제기능을 위한 보좌인력의 도입에 대한 문제 역시 자율성이 인정되어야 한다.

2) 자치조직권의 법적 성격

전술한 바와 같이, 지방자치의 헌법적 보장은 내용적으로 사무에 대한 전권한성의 보장과 자신의 사무를 "자신의 책임"하에서 규율한 수 있어야 한다는 것을 본질로 하며, 추상적으로 보장되는 자기책임성의 구체적이고 실질적인 보장을 위해 제도화된 법적 수단이 지방자치단체의 자치고권이다. 지방자치는 행정을 본질로 하며, 행정의 자율성은 행정을 수행하는 조직 및 인사의 자율성과 직결되는바, 지방자치단체의 자치조직권 역시 헌법

---

27) 조성규, 지방재정과 자치조직권, 지방자치법연구 제14권 제4호, 70면.
28) 조성규, 위의 글, 71면.

이 보장하는 지방자치의 실현, 특히 자기책임성의 보장을 위해서는 불가결한 권한이며, 그 결과 자치조직권은 앞서 검토한 자치입법권과 마찬가지로 지방자치의 헌법적 보장으로부터 비롯되는 자치고권의 일종이다.

다만 자치고권은 헌법상 보장된 지방자치의 실질적 보장 및 실현을 위해 불가결하게 요구되는 권한으로서 지방자치의 헌법적 보장의 핵심적 내용으로 이해되기는 하지만, 그렇다고 하여 자치고권의 내용과 범위가 헌법 자체에서 특정되는 것은 아닌 점에서 자치조직권이 헌법적으로 보장되는 권리인지에 대해서는 논란이 있을 수 있다.

연방제 국가가 아닌 단방제 국가인 우리나라에서 지방자치단체는 국가성이 인정되는 완전한 통치단체로 볼 수는 없다는 점에서, 지방자치의 본질은 지방'행정'이며, 행정은 그 속성상 행정수행을 위한 행정조직과 인력을 불가결하게 요구한다. 따라서 행정의 독립성이란 그 조직과 인사에 대한 독립성을 본질로 할 수밖에 없는 것으로, 국가로부터 독립된 자치행정을 위해서는 조직과 인사에 대한 자치권, 즉 자치조직권은 불가결하다.

지방자치단체를 통해 조직화된 주민의 지역적 공동체가 그 스스로의 결정을 통하여 행정조직체를 구성하고, 자치행정에 필요한 행정인력에 관한 임용권을 갖는 제도는 주민자치의 본질적 요소라고 할 것이다.[29]

그러한 점에서 본다면 헌법상 보장된 지방자치의 실현을 위해 불가결한 요소인 자치조직권은 실정법제상 명시적으로 인정되지 않았더라도, 그 본질상 헌법상 보장된 지방자치 및 자치고권의 당연한 일 내용으로 이해되어야 하며, 이는 헌법상 보장되는 핵심영역에 포함된다. 따라서 지방자치단체에 대한 자치조직권의 보장은 헌법상 지방자치의 이념에 비추어 가능한 넓게 이해되어야 하며, 이는 지방의회의 조직 및 인사에 있어서도 마찬가지인바, 지방의원에 대한 유급보좌인력의 문제도 이러한 자치조직권의 관점에서 접근할 필요가 있다. 앞서 본 바와 같이, 현대 지방의회의 역할 및 기

---

29) 김해룡, 지방자치단체의 조직 및 인사고권, 저스티스 제34권 제4호, 68면.

능상 전문적 보좌인력은 지방의회가 실질적으로 기능하기 위한 본질적 부분이 되고 있기 때문이다.

3) 자치조직권의 제한의 한계

행정을 본질로 하는 지방자치의 본질상 자치조직권이 필연적으로 요구된다고 하더라도 이는 당연히 무제한의 권리일 수는 없으며, 일정한 규범적 한계를 갖는다. 지방자치단체의 자치조직권의 법적 성격이 지방자치의 헌법적 보장으로부터 비롯되는 헌법적 명령이며, 지방자치 보장의 핵심적 영역으로 이해되지만, 지방자치의 제도적 보장의 성격상 자치조직권 역시 법률유보 하에 존재하는 결과, 법률에 의한 구체화가 허용된다. 따라서 국가입법에 의해 자치조직권의 형성 및 제한이 일정 부분 가능하게 되는바, 특히 현대 국가에 있어 행정조직법정주의 및 국가 전반에 걸쳐 직업공무원제도의 확립을 통하여 행정조직의 기본체계, 공무원의 정원, 공무원 충원상의 자격요건이나 보수, 신분관계 변동 등에 대해서는 국가 법질서에 의한 통일화의 필요성이 존재하는 것을 부인할 수 없다.[30]

결국 지방자치단체에게 보장되는 자치조직권은 헌법상 보장되는 지방자치의 핵심적 내용이라는 규범적 본질에도 불구하고, 핵심영역이 침해되거나 훼손되지 아니하는 범위 내에서 국가의 법령에 의해 구체화되고 그에 따라 일정 정도 제한이 가능하다는 본질적 한계가 존재한다. 다만 그러한 법률유보는 헌법상 보장된 자치조직권의 한계에 대한 수권일뿐만 아니라 그 이면으로는 국가법령에 의한 자치조직권의 형성 및 제한에 있어서도 그 지방자치의 본질에 대한 침해는 허용되지 않는다는 한계를 설정하는 것으로 자치조직권의 보장기능을 동시에 수행한다.[31]

---

30) 김해룡, 앞의 글, 68면.
31) 조성규, 앞의 글, 72면.

그렇게 본다면, 지방자치제도 자체가 국가에 의한 획일적인 제도화 대신에 각 지방의 특유한 상황에 따른 경쟁적 발전을 통하여 전 국가의 균형적 발전을 도모하는 제도라는 점을 강조할 때, 지방자치단체의 통치구조의 형태, 즉 행정조직의 형성에 대해서는 각 지역의 특유한 상황이 고려될 수 있도록 자율성을 부여하여야 한다는 것은 지방자치에 있어 본질적인 요청이라 할 것이다. 특히 우리나라와 같이 수도권 및 대도시에의 집중 현상이 뚜렷한 상황 하에서는 각 지방자치단체마다 지방자치의 실현을 위한 구체적이고 현실적인 상황과 조건이 균등할 수 없음은 당연하바, 지방자치단체의 조직 및 인사에 대한 권한을 국가가 획일적으로 규제하고 제한하는 것은 - 그에 대한 합목적적인 근거가 있다고 하더라도 - 규범적으로 지방자치의 본질을 침해하게 될 우려가 크다고 할 것이다.

이는 지방의회의 보좌인력의 도입 문제에 있어서도 마찬가지로, 국가입법에 의한 획일화된 유급보좌인력의 도입이 법제화되는 경우, 유급보좌인력의 도입에 대한 위법성의 논의는 차단될 수 있을지 모르지만, 이는 지방의회의 유급보좌인력의 도입과 관련하여 '조직권'의 인정일 뿐, '자치조직권'의 인정은 될 수 없다. 타율적으로 정해진 조직에 대해 임명권을 행사하는 것만으로는 진정한 자치조직권이라 할 수 없으며, 조직의 구성 자체에 대한 자율성까지 보장될 때 진정한 자치조직권이 보장되는 것이다.

4. 국회의 보좌제도와의 비교

국가와 지방자치단체는 적어도 법적으로는 고유한 독립된 행정주체로서 각각 독립된 지위를 갖는다. 이러한 독립된 지위는 법원리적으로 수직적 권력분립를 실현시키는 것으로, 국가와 지방자치단체 사이에는 다양한 차원에서 권한이 배분되어 있다. 국세와 지방세의 배분과 같이 세원분리주의[32]에 의한 명시적 배분은 아니지만, 국가와 지방자치단체 간에는 입법권도 국가입법인 법률과 자치입법인 조례로 실질적으로 배분되어 있으며, 이에 상응하여 국가입법기관인 국회와 자치입법기관인 지방의회로 구분된다. 물론 법률과 조례는 – 민주적 정당성이라는 본질에도 불구하고 – 법체계상 대등한 입법은 아니며, 국가법질서의 통일성 확보를 위해 규범간의 우열관계가 존재하지만, 적어도 국회와 지방의회 모두 입법기관으로서의 본질을 갖는 점은 동일하다.

그럼에도 지방의회 차원에서는 유급보좌인력의 도입 자체가 문제되는 현실에 반해, 국회의원은 의정활동에 필요한 보좌를 받을 수 있는 제도적 지원이 매우 잘 갖추어져 있다. 우선적으로 국회예산정책처, 국회입법조사처 및 국회도서관 등 조직적 인프라를 갖추고 있으며, 이들 조직은 「국회법」에 설치 근거규정을 두고 있는 것은 물론, 각각 「국회예산정책처법」, 「국회입법조사처법」 및 「국회도서관법」에 의해 법률적으로 보장되고 있다. 그 외 국회의원 개인의 보좌를 위해서 의원 1명당 4급 보좌관 2명, 5급 비서관 2명, 6·7·9급 비서 각 1명, 유급 인턴 2명까지 모두 9명의 보좌진을 둘 수 있으며, 이들은 모두 입법부에 속한 별정직 공무원이다.[33] 그마저 최근 2017.11.17. 국회의원 보좌진의 역량을 제고한다는 취지에서 국회의원 인턴 2명을 1명으로 축소하고 8급 보좌관을 신설하는 것을 골자로 하는 국회의원 입법보좌관 증원에 관한 '국회의원수당 등에 관한 법률 일부 개정법률안'이 국회운영위원회에 의해 의결됐다.

물론 법률과 조례의 규범적 차이만큼 국회의원과 지방의원의 법적·사회적 의미가 상이하며, 그 업무의 차이가 존재하는 것은 분명하지만, 적어도 국회의원의 경우 의원 개인별 보좌관의 필요성에 대한 의문이 전혀 없으며, 그에 대한 규율 또한 당사자인 국회에서 아무런 제한 없이 결정되는데

---

32) 「국세와 지방세의 조정 등에 관한 법률」 제4조는 "국가와 지방자치단체는 이 법에서 규정한 것을 제외하고는 과세물건(課稅物件)이 중복되는 어떠한 명목의 세법(稅法)도 제정하여서는 아니 된다"고 규정하여 세원분리주의를 명시하고 있다.

33) 국회의원과 지방의원의 지원제도의 개관에 대해서는, 류춘호, 앞의 글, 18면 이하 참조.

비하여, 적어도 민주적 정당성 및 입법기관으로서의 본질상으로는 유사성을 갖는 지방의회에 대해서는 보좌관제 도입 자체에 의문을 제기하며, 이를 전적으로 국가법률에 의해 규율하여야 한다는 것은 지방자치의 본질에 비추어 볼 때 타당성에 의문을 지울 수 없다.

법률과 조례의 외형적 차이에도 불구하고, 법률이 가지는 민주적 정당성 및 행정의 규범적 근거와 한계라는 기능적 측면에서는 조례도 동일한바, 조례 역시 주민에 의한 민주적 정당성을 가지며, 지방자치행정의 규범적 근거와 한계가 되는 점은 마찬가지이다. 그럼에도 불구하고 지방의회의 보좌인력에 관한 규율은 반드시 국회가 법률로 제정하여야 한다는 것은 지방자치의 본질에 반하는 것은 물론, - 헌법상 보장된 지방자치가 아닌 - 법률에 의한 지방자치의 전형을 보여주는 것이다.

현실적인 우려로서 지방의회의 보좌인력의 설치를 조례에 맡기는 경우, 무분별한 과도한 설치를 통해 지방재정을 악화시킬 수 있다는 지적도 있으나, 이는 발생하지 않은 사실에 대한 예측적 우려에 불과하다. 그러한 폐해가 발생하더라도 이는 유급보좌인력제도의 문제가 아니라 운용상의 문제이며, 이는 지방자치단체의 책임성의 관점에서 접근되어야 할 문제이다. 폐해에 대한 우려는 유급보좌인력의 문제만이 아니라 모든 자치행정의 문제로서, 이를 극단적으로 접근하면 지방자치의 폐지 매지 부정과 동일한 결론이다.

지방의 현실과 동떨어진 과도한 보좌인력의 도입을 통제하는 것은 당연하다. 그러나 과도한 도입을 우려하여 조례에 의한 유급 보좌관제의 도입 자체의 위법성을 주장하는 것은 어불성설이다.

V. 판례 입장에 대한 비판적 검토

1. 조례에 의한 유급보좌인력 도입에 대한 판례의 기본적 입장

1) 판례 입장의 개관

조례에 의한 유급보좌인력의 도입에 대한 대법원 판례의 입장은 기본적으로 지방의원에 대한 유급보좌인력의 도입은 법률상의 근거가 필요한 것이며 현행법상 그러한 법적 근거를 찾을 수 없어 위법하다는 입장으로, 이러한 입장은 유급보좌인력의 유형을 불문하고 다수의 판례를 통해서 나타나고 있다.34) 다만 그러한 판례의 입장이 조례에 대한 법률유보의 관점에서의 문제인지, 아니면 엄격한 법률유보의 요구가 아닌 넓은 의미에서의 법치행정원리의 관점인지는 분명하지 않다. 그 외 대법원은 유급보좌인력의 도입을 위한 예산안 의결과 관련하여, 법률우위원칙의 관점에서「지방재정법」에 위반한 위법한 재의결라고 판시하기도 하였다.35)

---

34) 경기도의회 사무처 직원의 증원에 관한 대법원 1996.10.15. 선고 95추56 판결, 유급보좌관을 두는 내용의 서울특별시의회사무처설치조례에 관한 대법원 1996. 12. 10. 선고 96추121 판결, 경기도의 유급보좌관 설치에 관한 대법원 2012.5.24.선고 2011추49 판결, 서울특별시의 의원보좌관 설치에 관한 대법원 2012.12.26.선고 2012추91 판결, 인천시의 유급보좌관설치에 관한 대법원 2013. 2. 14. 선고 2012추60 판결, 부산광역시의 유급보좌관 설치에 관한 대법원 2013. 1. 16. 선고 2012추84 판결, 서울특별시의 유급보좌관 설치에 관한 대법원 2017. 3. 30. 선고 2016추5087 판결 등 유급보좌관의 도입 유형을 불문하고 판례의 기본적 입장은 대동소이하다.

35) 부산광역시의회가 2011.12. 상임(특별)위원회의 의정활동에 관한 사무 등 행정업무보조를 위한 기간제근로자에 대한 예산안을 의결 및 재의결한 것과 관련하여, 당시 행정자치부장관이 예산안재의결무효확인소송을 제기한 사안에서 대법원은, "위 근로자의 담당업무, 채용규모 등을 종합해 보면, 지방의회에서 위 근로자를 두어 의정활동을 지원하는 것은 실질적으로 유급보좌인력을 두는 것과 마찬가지여서 개별 지방의회에서 정할 사항이 아니라 국회의 법률로 규정하여야 할 입법사항에 해당하는데, 지방자치법이나 다른

유급보좌인력의 설치에 대한 가장 최근의 대법원 판례의 입장을 구체적으로 살펴보면 다음과 같다.

서울특별시의회가 2016. 4. 14. 상임위원회 의정활동을 지원하는 '정책지원요원'으로 의회사무처 소속의 시간선택제임기제공무원을 채용하는 공고를 하자 당시 행정자치부장관이 채용공고를 직권취소하였고, 이에 대해 서울특별시장이 제소한 사안에서 대법원은,

"위 공무원의 담당업무, 채용규모, 전문위원을 비롯한 다른 사무직원들과의 업무 관계와 채용공고의 경위 등을 종합하면, 지방의회에 위 공무원을 두어 의정활동을 지원하게 하는 것은 지방의회의원에 대하여 전문위원이 아닌 유급 보좌 인력을 두는 것과 마찬가지로 보아야 하므로, 위 공무원의 임용은 개별 지방의회에서 정할 사항이 아니라 국회의 법률로써 규정하여야 할 입법사항에 해당하는데, 지방자치법은 물론 다른 법령에서도 위 공무원을 지방의회에 둘 수 있는 법적 근거를 찾을 수 없으므로, 위 공무원의 임용을 위한 채용공고는 위법하고, 이에 대한 직권취소처분은 적법하다"고 판시하였는바,[36] 유급보좌인력을 둘 수 있는 법적 근거가 없으므로 위법하다는 기본적 입장을 다시 한번 확인하고 있다.

2) 판례상 위법성의 근거

대법원 판결이 조례로 유급보좌인력을 두는 문제에 대해 기본적으로 접근하고 있는 법적 쟁점은 유급보좌인력을 두는 것이 국회가 법률로 정하여야 하는 입법사항인지의 문제로서, 법원리적으로 본다면 조례제정에 있어

법령에 위 근로자를 지방의회에 둘 수 있는 법적 근거가 없으므로, 위 예산안 중 '상임(특별)위원회 운영 기간제근로자 등 보수' 부분은 법령 및 조례로 정하는 범위에서 지방자치단체의 경비를 산정하여 예산에 계상하도록 한 지방재정법 제36조 제1항의 규정에 반하고, 이에 관하여 한 재의결은 효력이 없다"(대법원 2013. 1. 16. 선고 2012추84 판결)고 판시하였다.

36) 대법원 2017. 3. 30. 선고 2016추5087 판결

법률유보, 즉 법률의 수권이 필요한지의 문제라고 할 것이다.

이와 관련하여 대법원은 "지방의회의원에 대하여 유급 보좌 인력을 두는 것은 지방의회의원의 신분·지위 및 그 처우에 관한 현행 법령상의 제도에 중대한 변경을 초래하는 것으로서 국회의 법률로 규정하여야 할 입법사항" 이라는 확고한 전제 하에서,[37] 현행 법제에 의할 때, ⅰ) 지방의회의원의 신분·지위 및 그 처우에 관하여 지방자치법 제33조는 의정활동비, 공무여비 및 월정수당에 관한 내용을 규정하고, 제34조는 회기 중 직무로 인한 사망·상해 시 등에 보상금을 지급하도록 규정하고 있을 뿐이라는 점, ⅱ) 지방자치법 제90조는 지방의회에 그 사무를 처리하기 위하여 조례로 정하는 바에 따라 사무처(국·과) 및 사무직원을 둘 수 있도록 규정하고 있으나, 이는 지방의회가 의결기관으로서 기능을 수행하는 데에 필요한 의사운영의 보좌 및 그에 수반되는 여러 가지 행정사무의 처리를 위한 것이지 지방의회의원 개개인의 활동에 대한 보좌를 하도록 하는 규정은 아니므로, 위 각 규정이 지방의회의원에 대하여 유급 보좌 인력을 둘 수 있는 근거가 될 수 없다는 점,[38] 그리고 ⅲ) 지방자치법 제56조 제1항은 지방의회는 조례로 정하는 바에 따라 위원회를 둘 수 있다고 규정하고, 제59조는 위원회에는 위원장과 위원의 자치입법활동을 지원하기 위하여 지방의회의원이 아닌 전문지식을 가진 위원(이하 '전문위원')을 두되(제1항), 위원회에 두는 전문위원의 직급과 정수 등에 관하여 필요한 사항은 대통령령으로 정한다고(제3항) 규정하며, 이에 따라 「지방자치단체의 행정기구와 정원기준 등에 관한 규정」[별표 5]에서 전문위원의 직급과 정수를 규정하고 있으나, 이는 전문지식을 가진 전문위원의 설치에 관한 규정으로 전문위원이 아닌 유급 보좌 인력을 둘 수 있는 근거가 될 수 없다는 점,[39] 및 ⅳ) 지방자치법 제112

---

37) 대법원 2012. 5. 24. 선고 2011추49 판결 ; 대법원 2013. 1. 16. 선고 2012추84 판결 ;
　　대법원 2012. 5. 24. 선고 2011추49 판결 등
38) 대법원 1996. 12. 10. 선고 96추121 판결도 동일한 취지이다.
39) 대법원 2012. 12. 26. 선고 2012추91 판결도 동일한 취지이다.

조는 지방자치단체의 사무를 분장하기 위하여 필요한 행정기구와 지방공무
원을 둘 수 있도록 규정하고, 지방공무원 임용령 제21조의3은 임기제공무원
의 임용에 관하여 규정하고 있으나, 위 규정은 지방자치단체의 사무를 처리
하기 위한 임기제지방공무원을 둘 수 있다는 규정에 불과할 뿐, 지방의회의
원에 대하여 유급 보좌 인력을 둘 수 있는 근거가 될 수는 없다는 점 등을
들어 조례에 의해 유급보좌인력을 두는 것은 위법하다고 보고 있다.

즉 대법원 판결의 입장은 현행 법제상 지방의회의원에 대하여 전문위원
이 아닌 유급 보좌 인력을 둘 수 있도록 한 적극적인 법적 근거를 찾아볼
수가 없다는 것이 조례의 위법성의 주요 논거이다.

2. 판례상 쟁점의 개별적 검토

1) 법적 근거의 필요성 여부

판례는 조례에 의해 유급보좌인력을 두기 위해서는 이에 대한 법적 근거
가 필요하다는 것을 전제로 하고 있으나, 그러한 판례의 입장은 동의하기
어렵다. 물론 법치행정원리상 요구되는 법률유보의 원칙에 있어 법률유보
의 의미는 단순히 조직법상의 근거로는 불충분하며, 적극적인 작용법적 근
거를 필요로 한다. 그러나 이는 - 그 범위와 관련하여 논란은 있으나 -
적어도 행정의 상대방인 국민에게 침익적이거나(침해유보설) 본질적으로
중요한 사항인 경우(본질성설 또는 중요사항유보설)에 대해 요구되는 원리
이다. 이는 현행 법제상으로도 분명한바, 조례에 대해 법률유보원칙을 적용
하고 있는 지방자치법 제22조 단서 역시 명시적으로, "주민의 권리 제한 또
는 의무 부과에 관한 사항이나 벌칙을 정할 때에는 법률의 위임이 있어야
한다"고 규정하고 있다.

물론 조례에 대해 법률유보원칙을 채택하고 있는 현행 「지방자치법」 제

22조 단서에 대해서는 위헌이라는 주장도 적지 않으나, 위헌론은 차치하고 현재 실무의 입장처럼 합헌성을 전제로 하는 경우에도, 지방의회의원에 대해 유급보좌인력을 두도록 하는 것이 주민의 권리를 제한하거나 의무를 부과하는 침익적 영역인지는 의문이다. 이를 넓게 보아 주민에 대한 재정적 부담을 수반하므로 침익적 행정에 해당한다고 주장한다면, 이는 지방자치의 모든 행정이 마찬가지이며, 궁극적으로는 결국 자치입법으로서 조례를 부정하는 것과 동일하다.

법률유보의 본래적 취지는 당연히 행정권에 의한 자의적인 침해[40]을 방지하기 하기 위하여 침해의 상대방인 국민 또는 주민의 대표기관을 통해 민주적 정당성을 확보하는 데 있다는 점을 다시 한 번 상기할 때, 주민에 대한 침익적 작용도 아닌 동시에 주민의 대표기관인 지방의회에 의한 민주적 정당성을 갖춘 조례에 의한 것이라고 한다면 이미 법률유보의 본질적 의의는 충족된다고 보는 것이 타당할 것이다. 게다가 유급보좌인력의 문제가 자치사무의 성격을 갖는다는 점까지 고려하면 판례의 입장은 더욱 의문이다.

그럼에도 대법원이 아무런 근거도 제시하지 않은 채, '지방의회의원에 대하여 유급 보좌 인력을 두는 것은 국회가 법률로 규정하여야 할 입법사항'이라고 전제하는 것은 법논리적으로는 물론, 헌법상 보장된 지방자치의 본질에 대한 고려가 미흡한 것이라는 비판을 피하기 어렵다고 보인다.

2) 법적 근거의 존부 여부

지방자치 및 조례제정권의 본질에 비추어 볼 때, 조례에 의해 유급보좌인력을 두는 것은 특별한 법적 근거가 없어도 가능하다고 보아야 하지만, 설령 판례의 입장에 따라 법적 근거가 필요하다고 보는 경우라도, 과연 현

---

40) 광의적 의미의 것으로 소위 중요사항유보설에 의하면 오늘날은 수익적 행위도 포함된다.

행 법제상 지방의회에 유급 보좌 인력을 둘 수 있는 법적 근거가 전혀 없다고 할 것인지에 대해서는 재검토가 필요하다.

물론 현행 법제상 조례에 의한 유급보좌인력의 설치를 명시적으로 허용하고 있는 근거규정은 없으나, 조례의 민주적 정당성, 자치입법적 성격에 비추어 조례에 대한 위임은 포괄적인 위임으로도 족하다는 것은 주지의 사실이며, 판례의 입장이기도 하다.41)

그러한 측면에서 본다면, 지방의회의원에 대한 유급 보좌인력의 설치를 명시적으로 조례에 위임한바가 없더라도 「지방자치법」의 취지 등에 비추어 볼 때, "지방의회는 소속 의원들이 의정활동에 필요한 전문성을 확보하도록 노력하여야 한다."고 규정하고 있는 「지방자치법」 제38조 제2항이나, 지방의원의 자치입법활동을 지원하기 위하여 전문위원을 두도록 한 같은 법 제59조, "위원회에 관하여 이 법에서 정한 것 외에 필요한 사항은 조례로 정한다."고 규정한 제62조, 지방의회에 조례로 정하는 바에 따라 사무직원을 둘 수 있도록 한 제90조 및 제91조 등을 통하여 포괄적 위임의 근거를 도출하는 것도 전혀 무리한 일은 아니라고 보인다.

「지방자치법」 이외에도 2004년 「지방분권촉진에 관한 특별법」으로 제정되어 현재까지 이어져 오고 있는 「지방분권 및 지방행정체제개편에 관한 특별법」 제14조 제3항은 "국가 및 지방자치단체는 지방의회의원의 전문성을 높이고 지방의회 의장의 지방의회 소속 공무원 인사에 관한 독립적인 권한을 강화하도록 하는 방안을 마련하여야 한다"고 규정하고 있는바, 지방의원의 전문성을 제고하는 방안 중 중 가장 기본적인 것이 바로 보좌관 제도의 도입이기 때문에 동법의 규정 역시 지방의원에 대한 유급보좌인력의 도입을 위한 조례 제정의 충분한 법적 근거가 될 수 있다.

결국 조례에 대한 포괄적 위임이 허용되는 현행 법제하에서 포괄적 위임의 근거를 어떻게 도출할 것인지에 있어서는, 법령 해석에 있어 문리적 해

---

41) 대법원 2006. 9. 8. 선고 2004두947 판결 ; 대법원 2014.12.24. 선고 2013추81 판결 등.

석에 치중하기 않고 지방자치의 헌법적 보장의 이념과 취지를 얼마나 충실히 고려할 것인지에 대한 사법부의 태도가 중요하나, 현재 대법원의 입장은 그러하지 못하다고 보인다.

특히 현행 지방자치 관련 법제가 지방자치의 헌법적 보장의 이념을 충실히 구현하지 못하고, 현실적으로 '법률에 의한 지방자치'로 전락시키고 있는 상황을 고려하면 조례제정권의 충실한 보장을 위한 사법부의 보다 적극적인 태도가 필요하다고 할 것이다.

3) 법령의 위반 여부

대법원은 조례에 의한 유급보좌인력의 설치에 대하여 법적 근거가 없음을 이유로 조례안의 위법하다고 보았을 뿐, 법률우위의 관점에서 위법 여부를 적극적으로 판단하지는 않았다.[42] 다만 직접 유급보좌인력의 설치에 대한 조례안이 다투어진 것이 아니라, 실질적으로 유급보좌인력이라고 할 수 있는 '상임(특별)위원회 행정업무보조 기간제근로자에 대한 보수 예산안'이 재의결에 의해 확정되자, 이에 대해 제소한 사안에서 대법원은, 실질적으로 유급보좌인력에 해당하는 기간제근로자의 보수를 예산안에 포함한 것은 법령 및 조례로 정하는 범위에서 지방자치단체의 경비를 산정하여 예산에 계상하도록 한 「지방재정법」 규정에 위반한 위법한 것이라고 보고 있다.[43]

---

42) 다만 판례가 조례의 위법성이라는 관점에서 법률우위의 원칙과 법률유보의 원칙을 엄격하게 구분하고 있다고 보이지는 않는바, 판례는 구체적 사안해결, 즉 조례의 위법성 여부에 대한 결론에 치중하지 그 논리적 논거의 명확성을 중시하고 있다고 보이지는 않는다.

43) "위 근로자의 담당 업무, 채용규모 등을 종합해 보면, 지방의회에서 위 근로자를 두어 의정활동을 지원하는 것은 실질적으로 유급보좌인력을 두는 것과 마찬가지여서 개별 지방의회에서 정할 사항이 아니라 국회의 법률로 규정하여야 할 입법사항에 해당하는데, 지방자치법이나 다른 법령에 위 근로자를 지방의회에 둘 수 있는 법적 근거가 없으므로, 위 예산안 중 '상임(특별)위원회 운영 기간제근로자 등 보수' 부분은 법령 및 조례로 정하는 범위에서 지방자치단체의 경비를 산정하여 예산에 계상하도록 한 지방재정법 제36조 제1항의 규정에 반하고, 이에 관하여 한 재의결은 효력이 없다."(대법원 2013.01.16.

　　판례의 입장을 추론하면, 「지방재정법」은 '법령 및 조례로 정하는 범위에서' 예산에 계상하도록 하고 있는바, 법적 근거가 없는 유급보좌인력의 설치는 위법하며 위법한 인력에 대한 보수 등 경비의 계상은 「지방재정법」에 위반된다고 보고 있는 듯하다. 일응은 논리적 결론인 듯하나, 유급보좌인력의 설치가 법적 근거가 없어 위법하다는 문제와 유급보좌인력에 대한 보수 등 경비의 계상이 위법하다는 문제는 반드시 동일한 차원의 것은 아님에도 불구하고, 유급보좌인력을 둘 수 있는 법적 근거가 없다는 이유만으로 바로 그에 대한 예산안 재의결이 위법하다고 보는 것은 다소간의 논리적 비약이 아닌가 의문이 든다. 이는 법률유보의 문제와 관련하여 법률과 예산의 관계라는 측면에서는 물론, 지방자치의 이념 및 본질상 조례제정권 및 자치조직권은 헌법상 보장된 지방자치의 실질적 실현을 위한 불가결한 권한임을 고려하면 그 위법성 여부의 판단은 매우 엄격하고 신중하여야 할 것이라는 점을 고려하면 더욱 그러하다.

　　한편 대법원은 「지방자치법」 제33조의 의원에 대한 보수규정, 제59조의 전문위원에 관한 규정들을 반대해석하면서 지방의회에는 전문위원만 둘 수 있도록 하고 있으며, 지방의원에게 보좌인력에 대한 보수를 지급하라는 내용은 없으므로, 유급보좌인력의 설치는 위법하다고 보고 보고 있다. 그러나 대법원의 입장은 법해석의 기본원칙인 문리적 해석에 의해 보더라도, 지방의원에 대한 보수규정은 당연히 지방의원 개인에 대해 지급되는 보수를 내용으로 대상으로 하는 것이지, 지방의원의 보좌인력에 대한 고려까지 포함한 것으로 볼 수는 없는바, 이를 근거로 보좌인력의 금지를 도출하는 것은 전혀 타당하지 않다. 나아가 대법원은 적극적인 반대해석을 통해 전문위원의 설치근거를 유급보좌인력의 도입금지 근거로까지 활용하고 있으나, 이는 헌법상 보장된 지방자치의 본질 및 자치조직권이라는 측면에서 볼 때 타당하지 않은바, 명시적인 금지가 아니라면 최대한 지방자치 우호

　　선고 2012추84 판결).

적인 법해석이 필요하다고 보인다. 같은 맥학에서 「지방자치법」이 규정하는 전문의원의 의미를 유급보좌관과 엄격하게 구별하여 적용하여야 할 논리적 필연성이 있는지도 의문이다.

VI. 결론을 대신하여

조례는 민주적 정당성이 기반한 자치입법인 동시에, 각 지역의 특유한 사회·정치적 상황을 반영한 지역법으로서 지방자치의 본질적인 부분인바, 조례제정권의 충실한 보장은 지방자치법제의 당연한 과제이다. 실제로 우리나라에서도 지방자치가 본격적으로 자리를 잡으면서 지방의회 및 조례의 역할이 증대하고, 이에 따라 종래의 획일화된 조례제정의 유형을 벗어나, 지역의 특유한 상황에 따른 진정한 자치입법으로서 조례 제정의 사례가 증가하고 있다. 반면 자치입법의 활성화에 따라 조례와 관련된 법적 분쟁도 적지 않게 발생하고 있는바, 문제는 창의적이고 선도적인 조례일수록 지방자치에 대한 적극적인 이해와 인식이 없는 한 위법성에 대한 시비가 클 수밖에 없으며, 궁극적으로 조례의 생존 여하는 지방자치권에 대한 사법권의 인식 여하에 의존하게 된다는 점이다.

조례에 대한 사법적 분쟁의 증가는 종래 단순히 정치적 관계로 인식되던 지방자치가 법규범적 관계로 인식되고 있는 반증이라는 점에서 일응 긍정적인 면이 있는 것이 사실이나, 다른 한편으로는 사법권에 의한 조례의 통제, 그것도 실정법의 문리적 해석에 의한 통제가 강화되는 경우, 어렵게 뿌리를 내린 지방자치를 다시 국가 종속적 제도로 만들 수 있는 우려를 가져온다.

지방의회의 활성화를 위한 유급보좌인력의 도입 문제는 지방자치의 본격적 실시 이래로 현실적인 숙원 사업임에도 '법적 근거'라는 위법성 논란에서 헤어나지 못하면서, 조례에 의한 도입시도는 번번히 좌절되고 있다.

지방의회의 자치입법 역량을 제고하고, 집행기관에 대한 견제와 감시기능의 확대를 통해 지방자치단체의 책임성을 제고하기 위한 유급보좌인력의 도입이 단지 국가법적 근거가 없어 위법하며, 허용될 수 없다는 결론은 규범적으로는 물론 사회현실적으로 이해하기 어렵다. 물론 유급보좌인력의 도입에 따른 재정적 부담의 문제는 가장 현실적이고 타당한 비판 중의 하나임은 분명하다. 그러나 유급보좌인력의 도입에 따른 재정의 문제는 재정의 운용 및 통제의 문제이지, 그 자체로 유급보좌인력 도입의 필연적 전제가 될 수는 없다. 국가에 의한 법적 근거가 마련되면 유급보좌인력의 도입은 허용되는바, 그 경우에도 재정의 문제가 당연히 해결되는 것은 아니다. 이는 결국 지방자치권 및 지방의회에 대한 인식의 부족의 결과이다.

지방의회가 지방자치의 본질적 부분이고, 지방자치는 헌법적으로 보장되는 제도라는 점에서 유급보좌인력의 도입을 둘러싼 규범적 문제 역시 단순히 실정법 차원의 문제가 아닌, 지방자치의 헌법적 보장이라는 관점을 기본틀로 하여 접근하여야 함은 물론이며, 그러한 측면에서 볼 때, 조례에 의한 유급보좌인력의 도입은 헌법이 보장하는 조례제정권 및 자치조직권의 관점에서 규범적으로 허용된다고 보아야 할 것이다. 그럼에도 불구하고 특별한 근거 없이 지방의원에 대한 유급보좌인력의 도입에 구체적 법적 근거를 필요로 하는 대법원의 입장은 타당하다고 보기 어렵다.

지방자치권이 헌법적으로 보장되어 있는 이상, 헌법에 의도된 지방자치의 이념과 본질을 실현하는 것은 지방자치영역에서의 법치주의의 실현이며, 이는 사법권의 책무이기도 하다는 점을 명확히 인식하여야 할 필요가 있다. 지방자치가 헌법에 명시적으로 보장되어 있음에도 '법률에 의한 지방자치'라는 오명을 벗지 못하는 현실에서 벗어나 진정한 지방자치의 헌법적 보장을 누리는 것을 기대하는 것으로 결론을 대신한다.

제7장 조세법률주의 하에서 지방세조례주의의 허용성

조 성 규

I. 들어가는 말

이상적 지방자치의 필요성은 지방자치가 헌법적으로 보장된 법규범적 제도라는 점에서 규범적으로는 물론, 사회적으로 중요한 요청이다. 특히 우리나라와 같이 '수도권집중현상'이 두드러지면서 지역의 균형발전이 시급한 사회적 과제가 되고 있는 상황 하에서는 더욱 그러하다. '수도권으로' '수도권으로'가 사회적 모토처럼 되어 있는 현 사회상황은 법적, 정치적, 행정적, 문화적인 모든 제 영역에서 사회적인 문제의 중요한 원인이 되고 있기 때문이다.

이러한 사회적 문제의 해결 및 지방자치의 법규범적 의미의 회복을 위해서는 이상적 지방자치의 정착은 불가피한 요구인바, 이를 위해서는 지방자치권의 보장을 위한 법제도적 수단, 특히 자주적 재정의 확보 필요성이 중요하다.

그럼에도 불구하고 지방세를 포함한 조세영역에 있어서는 '조세법률주의'가 금과옥조로서의 지위를 이론상·실무상 확고하게 차지하고 있으며, 그 결과 조례에 의한 지방세제도의 자율적 규율가능성을 허용하지 않는다. 물론 현행의 '지방세법률주의' 하에서도 세원분리주의를 전제로 탄력세율제도, 세액감면권한 등을 통해 부분적인 형태에서 지방자치단체의 자율권이 보장되고 있으나, 이는 자주재원으로서 지방세에 대한 자율성의 보장으로는 불충분하며, 특히 지방자치의 헌법적 보장의 이념 구현이라는 측면에

서는 많은 한계를 가지고 있다. 이로부터 비롯되는 지방자치단체의 과세자
주권의 제약은 지방자치의 침해 및 위기의 중대한 원인이 되고 있다.

물론 헌법적 가치로서 조세법률주의의 법원리적 의미의 중요성은 당연
하다. 그러나 현대 민주국가에 있어서는 조세법률주의의 이해에 있어서 실
질적인 법원리적 의미의 파악이 중요하며, 동시에 지방자치의 보장은 또
다른 '헌법적' 가치이자 규범이라는 점이 고려되어야 한다. 그러한 점에서
이하에서는 조세법률주의 자체의 법적 의의 및 지방자치권의 헌법적 보장
이라는 관점에서 지방세조례주의의 허용성을 검토해 보기로 한다.

Ⅱ. 지방자치단체의 자주재정권의 문제 상황

1. 자주재정권의 의의 및 현황

지방자치가 실효적인 것이 되기 위해서는 지방자치단체의 권한이 형식
적으로 부여되는데 그치는 것이 아니라 실질적으로 보장될 수 있어야 함은
물론인바, 지방자치단체에게는 자신의 사무의 처리를 위한 경비의 지출의
무가 있음을 고려할 때(지방자치법 제132조) 지방자치단체의 재정문제는
지방자치에 있어 본질적인 의미를 가진다. 더욱이 오늘날의 행정양상, 특히
복리행정의 증대라는 경향에 비추어 볼 때, 지방자치단체의 재정문제는 지
방자치제의 성패에 중요한 가늠대가 되고 있다고 할 수 있다.

그럼에도 불구하고 현재 우리나라 지방자치의 재정적 현실은 매우 심각
한 수준으로, 지방의 재정자립도를 보면 전국 평균으로 2001년도 57.6%이
던 것이 2005년에는 56.2%, 2009년에는 53.6%, 2013년에는 51.1%, 2015년에
는 45.1%로 점차 후퇴하고 있고, 이러한 재정적 상황은 지방자치단체의 존
립을 위한 기본적 필요요소인 인건비조차 지방자치단체가 자체적으로 해

결할 수 없는 상황을 초래하는바, 2002년 기준, 지방세로 인건비를 해결하지 못하는 지방자치단체의 수가 146개 단체(59%), 자체수입(지방세+세외수입)으로도 해결하지 못하는 지방자치단체의 수가 32개(13%) 였던 것이, 2013년에는 지방세 수입으로 인건비를 해결하지 못하는 지방자치단체의 수가 125개 단체(51.2%), 자체수입으로도 해결하지 못하는 지방자치단체의 수가 38개(15.6%), 2015년에는 지방세 수입으로 인건비를 해결하지 못하는 지방자치단체의 수가 126개 단체(51.9%), 자체수입으로도 해결하지 못하는 지방자치단체의 수가 74개(30.5%)로 급증하여 나타나고 있다.[1] 특히 인건비 미해결 사례는 지방자치단체 중 기초지방자치단체, 그 중에서도 군의 경우에 두드러지는바, 풀뿌리민주주의로서 지방자치의 본질을 무색하게 하고 있다.[2]

물론 지방자치단체의 재정확보와 관련하여서는 자주재원주의와 일반재원주의 간의 논쟁이 있으나,[3] 지방자치의 본질은 모든 지방자치단체의 균

---

1) 행정안전부, 2015년도 지방자치단체 통합재정 개요(상), 257면 및 367면.
2) □ 2015년 기준 지방세수입으로 인건비 미해결단체

구분	계	시·도	시	군	자치구
계	243	17	75	82	69
해결	117 (48.1%)	17 (100.0%)	55 (73.3%)	13 (15.9%)	32 (46.4%)
미해결	126 (51.9%)	–	20 (26.7%)	69 (84.1%)	37 (53.6%)

□ 2015년 기준 자체수입으로 인건비 미해결단체

구분	계	시·도	시	군	자치구
계	243	17	75	82	69
해결	169 (69.5%)	17 (100.0%)	69 (92.0%)	23 (28.0%)	60 (87.0%)
미해결	74 (30.5%)	–	6 (8.0%)	59 (72.0%)	9 (13.0%)

3) 자주재원주의는 지방재정의 확충에 있어 지방세를 중심으로 하는 자주재원을 강조하는 입장으로, 지방자치단체의 자율권의 강화와 책임성의 제고를 강조한다. 이에 비해 일반재원주의는 지방자치단체간의 재정적 불균형의 시정이라는 관점에서 재정조정제도에 의한 의존재원의 중요성을 강조하는 입장이다. 이에 관한 상세한 내용은, 원윤희, 지방분권화 시대의 지방재정 및 지방세제 발전방향, 한국지방재정논집 제8권 제1호(2003), 7쪽 이하 참조.

질화를 의미하는 것이 아니며, 각 지방의 특유한 상황 하에서 차등적 발전을 통한 국민생활관계의 발전을 도모하는 것이라는 점에서 자주재원주의가 바람직하다고 할 것이다.

따라서 지방자치의 이상적 실현을 위해서는 지방자치단체의 재원문제, 특히 자주적 재원에 대한 보장이 중요한 문제일 수밖에 없는바, 그러한 점에서 지방세조례주의의 문제가 중요하게 대두된다. 이러한 자주재정권은 문제는 단지 지방의 열악한 재정상태를 해결하기 위한 정책적이고 사실적인 문제에 그치는 것이 아니며, 이는 지방자치의 헌법적 보장으로부터 비롯되는 것으로 그 자체로 이미 법규범적 명령이다.

2. 조세법률주의? 지방세법률주의?

조세, 특히 지방세와 관련하여 그 과세권의 근거를 어떻게 이해할 것인지에 대해서는 법규정상의 모호성이 존재한다. 조세와 관련하여 헌법 제59조는 과세의 일반적 원칙으로, '조세의 종목과 세율은 법률로 정한다'고 규정하여 조세법률주의를 천명하고 있으며, 동시에 헌법 제38조는 '모든 국민은 법률이 정하는 바에 의하여 납세의 의무를 진다'고 규정하고 있는데 반하여, 지방세와 관련하여서는 지방세법 제3조 제1항은 '지방자치단체는 지방세의 세목, 과세객체, 과세표준, 세율 기타 부과징수에 관하여 필요한 사항을 정함에 있어서는 이 법이 정하는 범위 안에서 조례로써 하여야 한다'고 규정하여 지방세조례주의의 원칙을 선언하고 있다.

이러한 지방세조례주의의 가능성에도 불구하고, 헌법상 과세의 일반원칙인 조세법률주의를 해석함에 있어서는, 이를 형식적 의미로 이해함으로써 헌법 제59조의 '조세'에는 국세 뿐만 아니라 지방세도 포함되는 것으로 보며, 지방자치단체의 주민도 '국민'인 이상 법률에 의하지 않고 조례에 의한 납세의무의 부과는 헌법 제38조에 위반되는 것으로 보는 것이 일반적 입장

이다. 그 결과, 지방자치단체가 자주재원인 지방세를 부과·징수함에 있어
서도 지방세법에 의하여 획일적으로 규율됨으로써, 지방자치단체는 지방세
의 재원에 관한 각 지방의 특유한 사정을 고려할 없게 되어 지방자치단체
의 자율적인 자주재정권을 제한하게 된다.

　이러한 결과는 지방자치의 이상적 정착을 위한 자주재정권의 중요성에
비추어 볼 때, 심각한 문제가 될 수 있는바, 그러한 점에서 헌법상 과세의
일반원칙인 조세법률주의의 의미를 실질적으로 이해하는 것이 필요하게 되
며, 여기에는 조세법률주의 그 자체에 대한 실질적 이해를 넘어, 헌법상 보
장된 지방자치권의 의의에 대한 고려도 동시에 중요한 의미를 가지게 된다.

Ⅲ. 조세법률주의의 이론적 검토

1. 조세법률주의 일반론

1) 조세법률주의의 의의 및 내용

　조세법률주의는 법률에 근거가 없으면 국가는 조세를 부과·징수할 수
없고, 국민도 법률에 근거가 없으면 조세납부를 요구받지 아니한다는 원칙
을 말한다.4) 헌법 제59조는 '조세의 종목과 세율은 법률로 정한다'라고 규
정하여 조세법률주의를 명문으로 선언하고 있는바, 조세법률주의는 조세평
등주의와 더불어 조세법제의 기본원칙으로, 이러한 입장은 헌법재판소에
의해서도 수용되고 있다.5)

---

4) 권영성, 헌법학원론, 2007, 법문사, 884면.
5) "헌법은 제38조에서 국민의 납세의 의무를 규정하는 한편 국민의 재산권 보장과 경제활
　동에 있어서의 법적안정성을 위하여 그 제59조에서 조세법률주의를 선언하고 있는바,
　오늘날의 법치주의는 실질적 법치주의를 의미하므로 헌법상의 조세법률주의도 과세요건

따라서 조세 기타 공과금 등의 준조세의 부과·징수는 반드시 국회가 제정한 형식적 의미의 법률로써 하여야 한다.6) 그 결과 조세법률주의는 내용상 과세요건법률제정주의를 말하며, 따라서 법률의 위임 없이 명령·규칙 등 행정입법으로 조세요건과 부과징수절차를 규정하거나, 법률에 규정된 내용을 함부로 유추·확장하는 내용의 해석규정을 마련하는 것은 조세법률주의에 반한다.7) 동시에 조세법률주의 하에서 법률에 의한 규율대상을, 헌법 제59조는 조세의 종목과 세율을 법률로 정한다고 규정하고 있지만, 조세법률주의의 내용상 그 규율대상은 조세의 종목과 세율뿐만 아니라 조세에 관한 그밖의 사항, 즉 납세의무자, 과세물건, 과세표준, 과세절차까지 포함되는 것으로 보는 것이 통설이다.8)

조세법률주의는 내용상, 과세요건법정주의,9) 과세요건명확주의,10) 소급

이 형식적 의미의 법률로 명확히 정해질 것을 요구할 뿐 아니라, 조세법의 목적이나 내용이 기본권 보장의 헌법이념과 이를 뒷받침하는 헌법상의 제원칙에 합치되어야 하고, 나아가 조세법률은 조세평등주의에 입각하여 헌법 제11조 제1항에 따른 평등의 원칙에도 어긋남이 없어야 한다."(헌법재판소 1997.6.26. 93헌바49,94헌바38·41,95헌바64 전원재판부 결정).

6) 권영성, 앞의 책, 885면 ; 김철수, 헌법학개론, 2001. 박영사, 1018면. 이에 반해, 조세 이외의 부담금 등은 조세법률주의에 포함되지 않는 것으로 보는 입장도 있다(허영, 한국헌법론, 2000, 박영사, 865면 ; 전광석, 한국헌법론, 2006, 법문사, 495면).

7) 권영성, 앞의 책, 886면 ; "헌법에 의하여 채택하고 있는 조세법률주의의 원칙은 조세요건과 부과징수절차는 국민의 대표기관인 국회가 제정한 법률로써 규정하여야 하고 그 법률의 집행에 있어서도 이를 엄격하게 해석, 적용하여야 하며, 행정편의적인 확장해석이나 유추적용은 허용하지 않음을 의미하는 것이므로 법률의 위임이 없이 명령 또는 규칙등의 행정입법으로 조세요건과 부과징수절차에 관한 사항을 규정하거나 또는 법률에 규정된 내용을 함부로 유추, 확장하는 내용의 해석규정을 마련하는 것은 조세법률주의의 원칙에 위반된다."(대법원 1987.9.22. 선고 86누694 전원합의체 판결).

8) 권영성, 앞의 책, 886면 ; 허영, 앞의 책, 865면 ; 전광석, 앞의 책, 498면. 이러한 입장은 법률유보에 관한 본질성설의 관점에서도 타당하다.

9) 조세는 국민의 재산권을 침해하는 것이므로, 납세의무를 발생하게 하는 납세의무자, 과세물건, 과세표준, 과세기간, 세율 등 과세요건과 조세의 부과·징수절차를 모두 국민의 대표기관인 국회가 제정한 법률로써 규정하여야 한다는 원칙을 말한다. 헌법재판소 1998. 12. 24. 선고 97헌바33 등 병합 결정 ; 2002, 12. 18. 선고 2002헌바27 결정 등.

과세금지의 원칙11) 등을 핵심내용으로 하며, 그밖에 엄격한 해석의 원칙,12) 실질과세의 원칙13) 등을 내용으로 한다.14)

2) 조세법률주의의 한계

조세법률주의는 과세요건의 법정주의를 핵심내용으로 하지만, 조세법의 규율대상인 경제적 현상은 매우 다양한 동시에 변화가능성이 많으며, 조세의 부과·징수는 전문적이고 기술적인 성격이 강하다는 점에서 법률로써 완결적으로 규율하는 것이 입법기술상 불가능한 동시에 조세정책상으로도 반드시 바람직한 것은 아니다. 그러한 점에서 필요한 경우에는 예외적으로 행정입법에의 위임이 허용된다.15) 특히 조세법의 특성상, 납세의무의 본질적 사항에 관하여도 필요한 경우에는 행정입법에 대한 위임이 허용된다고 본다.16)

---

10) 법률에 의한 과세요건의 규정은 규정내용이 명확하고 일의적이어야 한다는 원칙을 말한다. 헌법재판소 1995. 11. 30. 선고 91헌바1 등 병합 결정 ; 2002, 12. 18. 선고 2002헌바27 결정 등.

11) 조세를 납부할 의무가 성립한 소득, 수익, 재산 또는 거래에 대하여 그 성립 이후의 새로운 세법에 의하여 소급하여 과세하지 않는다는 원칙을 말한다.

12) 조세법규의 해석에 있어 유추해석이나 확정해석은 허용되지 아니하고 엄격하게 해석하여야 한다는 원칙을 말한다. 헌법재판소 1996. 8. 29. 선고 95헌바 41 결정 ; 대법원 1983. 10. 25. 선고 82누358 판결 등.

13) 실질과세의 원칙은 조세법에 내재하는 조리로서, 과세를 함에 있어 법적 형식과 경제적 실질이 상이한 때에는 경제적 실질에 따라 과세한다는 원칙을 말한다.

14) 권영성, 앞의 책, 885면 ; 양건, 헌법강의Ⅰ, 2007, 법문사, 714면.

15) 권영성, 앞의 책, 887면 ; 김철수, 앞의 책, 1020면 ;

16) "조세법률주의를 철저하게 관철하고자 하면 복잡다양하고도 끊임없이 변천하는 경제상황에 대처하여 적확하게 과세대상을 포착하고 적정하게 과세표준을 산출하기 어려워 담세력에 따른 공평과세의 목적을 달성할 수 없게 되는 경우가 생길 수 있으므로, 조세법률주의를 지키면서도 경제현실에 따라 공정한 과세를 하고 탈법적인 조세회피행위에 대처하기 위하여는 납세의무의 본질적인 내용에 관한 사항이라 하더라도 그중 경제현실의 변화나 전문적 기술의 발달 등에 즉응하여야 하는 세부적인 사항에 관하여는 국회제정의 형식적 법률보다 더 탄력성이 있는 대통령령 등 하위법규에 이를 위임할 필요가 있

다만 조세는 국민의 재산권에 대한 침해라는 기본권침해를 내용으로 하
는 것이므로 행정입법에의 위임이 허용되는 경우에도 그에 대한 법률유보
의 원칙은 특히 밀도있게 요청되어 엄격한 위임의 범위 내에서 가능하며,17)
헌법재판소 역시 처벌법규나 조세법규와 같이 국민의 기본권을 직접적으로
제한하거나 침해할 소지가 있는 법규에서는 위임의 구체성·명확성의 요구
가 강화되어 그 위임의 요건과 범위가 일반적인 급부행정의 경우보다 더 엄
격하게 제한적으로 규정되어야 한다는 것을 기본입장으로 하고 있다.18)

3) 조세법률주의의 예외 : 조세법률주의와 지방세

법률은 지방세에 관하여 지방자치단체의 과세권의 근거와 지방세의 종
류를 직접 지방세법을 통하여 규정하면서도(지방자치법 제126조 ; 지방세
법 제1조), 지방세의 부과와 징수에 관하여 필요한 사항은 지방자치단체가
조례로써 정하도록 위임하고 있다(지방세법 제3조). 이는 조세법률주의의
예외라고 할 수 있는 것으로, 따라서 지방자치단체의 관할구역 내에서 지
방자치단체가 준법률에 해당하는 조례로써 지방세의 세목만을 규정한다면
헌법위반이라고 할 수 없다고 본다.19)
이러한 입장은 조세법률주의 하에서도 지방세조례주의의 도입가능성에
대한 중요한 근거를 제시하게 된다.

다."(헌법재판소 1995.11.30. 94헌바40,95헌바13 전원재판부 결정).
17) 전광석, 앞의 책, 494면.
18) 김철수, 앞의 책, 1020면. 헌법재판소 1998.7.16. 96헌바52,97헌바40,97헌바52·53·86·
  87,98헌바23(병합) 전원재판부 결정 등.
19) 권영성, 앞의 책, 887면 ; 김철수, 앞의 책, 1022면. "지방세법 제7조 제1항, 제9조의 규
  정내용에 비추어 볼 때 헌법이 보장한 자치권에 기하여 제정된 지방자치단체의 조례로
  써 소유권보존등기에 대한 등록세의 면제대상이 되는 아파트의 범위를 종전보다 축소하
  여 정한 것은 조세법률주의의 취지에 위반하는 것이라고 볼 수 없다."(대법원 1989.9.29.
  선고 88누11957 판결).

2. 조세법률주의의 본질 및 법원리적 의의

현대 민주국가에 있어서는 재정의 민주화라는 관점에서 재정에 관한 의회의결주의(財政立憲主義)를 헌법원칙으로 확립하고 있다. 이는 재정제도와 재정작용의 내용을 국민의 대표기관인 의회로 하여금 의결하게 하는 원칙을 말하며, 그 결과 의회는 조세의 부과·징수에 관한 사항을 법률로써 규정하여야 한다(조세법률주의).

이러한 조세법률주의는 그 발전과정을 역사적으로 볼 때, 그 출발은 治者와 被治者의 대립항쟁을 통하여 발전되어 온 이념으로서 민주주의 내지 국민주권주의사상의 형성에 지대한 공헌을 하였으나, 오늘날의 현대 민주주의국가에서는 국민주권주의가 헌법적으로 완성되어 확고한 통치원리로 자리잡고 있다는 점에서 조세법률주의의 의의 역시 다른 각도에서 고려될 필요가 있다. 즉 조세법률주의의 현대적 원리는 국민의 재산권을 보장하면서 법적 안정성과 예측가능성을 확보하는데 있다고 할 수 있다.[20] 달리 말하면, 국민의 대표기관인 의회가 조세의 종류, 내용, 부과징수의 절차를 명확히 법률로 정하여야 한다는 요구는 국가의 조세징수권의 행사와 국민의 조세부담의 한계를 명백히 하는 것이 되고, 이는 결과적으로 국민이 경제생활을 영위하는데 있어 법적 안정성과 예측가능성을 보장받는 실질적 의미를 가지게 되는 것이다.[21]

따라서 조세법률주의의 본질 및 법원리적 의의는 "대표없이는 조세없다"는 기본이념을 전제로, 조세의 종류와 조세부과의 근거뿐만 아니라 납세의무자·과세물건·과세표준·과세절차·세율 등을 국민의 대표로서 구성된 의회가 법률로써 규정함으로써, 근대행정의 기본원리인 법치주의의 실현을

---

20) 정수현, 지방자치단체의 재정자주권에 관한 연구, 공법학연구 제3권 제1호, 350면 ; 장기용, 조세법률주의와 위임입법의 한계에 관한 연구, 세무학연구 제22권 제1호(2005), 98면.
21) 조정찬, 행정입법에서의 죄형법정주의와 조세법률주의의 구현, 법제연구 제10호(1996), 155면.

도모하는 동시에 국민의 재산권을 보장하고 국민생활의 법적 안정성과 예
측가능성을 보장하려는데 있다.22) 즉 결국 조세법률주의는 조세행정의 영
역에 대한 법치행정원리의 적용을 의미하는 것이라고 할 수 있다.

따라서 조세법률주의는 조세의 부과·징수에 관하여 법률의 형식에 의하
여 국회의 의결을 거칠 것으로 요구하는 것으로, 이는 형식적 의미의 것뿐
만 아니라, 본질상 실질적 조세법률주의를 뜻하는 것으로 보아야 한다.23)

IV. 법원리적 측면에서 본 조세법률주의 하에서 지방세조례주의의 허용성

1. 법원리적 측면에서의 법률과 조례

1) 조세법률주의에서 '법률'의 의미

조세법률주의는 기본적으로 근대 국가의 기본원리인 법치주의의 원칙24)

---

22) 권영성, 앞의 책, 886면 ; 김철수, 앞의 책, 1017쪽 참조.
23) 김철수, 앞의 책, 1017면 ; 전광석, 앞의 책, 498면. "오늘날의 법치주의는 국민의 권리·
    의무에 관한 사항을 법률로써 정해야 한다는 형식적 법치주의에 그치는 것이 아니라 그
    법률의 목적과 내용 또한 기본권 보장의 헌법이념에 부합되어야 한다는 실질적 적법절
    차를 요구하는 법치주의를 의미하며, 헌법 제38조, 제59조가 선언하는 조세법률주의도
    이러한 실질적 적법절차가 지배하는 법치주의를 뜻하므로, 비록 과세요건이 법률로 명확
    히 정해진 것일지라도 그것만으로 충분한 것은 아니고 조세법의 목적이나 내용이 기본
    권 보장의 헌법이념과 이를 뒷받침하는 헌법상 요구되는 제 원칙에 합치되어야 한다."
    (헌법재판소 1994.6.30. 93헌바9 전원재판부 결정) ; 헌법재판소 1992.2.25. 90헌가69,91
    헌가5,90헌바3 전원재판부 결정 ; 헌법재판소 1998.2.27. 95헌바5 전원재판부 결정.
24) 우리나라 헌법은 법치주의라는 표현을 명문으로 사용하고 있지는 않지만, 기본권보장규
    정, 권력분립에 관한 규정, 포괄적 위임입법의 금지에 관한 규정, 헌법재판제도, 사법심
    사제도에 관한 규정을 통을 통해 법치주의를 지향함에는 의문이 없다고 본다(홍정선, 행
    정법원론(상), 2007, 박영사, 44면).

과 더불어 입법권은 국회에 속하도록 한 헌법 제40조로부터 비롯되는 것으로, 조세입법 역시 국민의 기본권제한이라는 법규적 사항을 내용으로 하는 점에서 당연한 이론적 귀결이다. 그럼에도 불구하고 조세영역과 관련하여 헌법 제59조가 조세법률주의를 명문으로 다시 규정하고 있는 의미와 관련하여, 조세법률주의와 법치주의의 관계를 동일원리로 볼 것인지, 아니면 별개의 원리로 이해할 것인지에 대해서는 논의가 있다.

이와 관련하여서는, 헌법 제59조의 조세법률주의의 의미를 과세에 국민대표의 동의를 요구한다는 일반적 법치주의의 의미 외에, 조세관계의 특성상 이에 있어서는 일반적인 법치주의보다도 더 엄격한 조건을 요구해서 과세권의 행사를 신중하게 하도록 하여 국민생활에 법적 안정성과 예측가능성을 확보하려고 하는데 실질적 의미가 있다고 보는 견해도 있다.[25] 그러나 일반적 입장은 조세법률주의의 의미를 조세영역에서의 법치주의의 적용으로 이해하며, 실무의 입장도 그러한 것으로 보인다.[26]

그러한 결론은 조세법률주의의 이해에 있어서도 현대적 법치주의의 원리가 그대로 적용될 수 있음을 의미하는바, 현대적 법치주의에 있어서는 '법률'의 의미는 반드시 의회가 제정한 형식적 법률에 국한되는 것이 아니며, 실질적 의미의 법률이나 법률의 위임을 받은 법규명령 등도 '법률'의 개념에 포함되는 것으로 이해한다.[27]

따라서 조세법률주의는 일차적으로는 의회가 제정한 형식적 법률에 근

---

25) 정수현, 앞의 글, 355면.
26) 권영성, 앞의 책, 886면 ; 김철수, 앞의 책, 1017면 ; 헌법재판소 1998.2.27. 95헌바5 전원재판부 결정 등 참조.
27) 홍정선, 앞의 책, 49쪽 이하 ; 박균성, 행정법론(상), 2007, 박영사, 22쪽 이하 ; 유지태, 행정법신론, 2007, 신영사, 51쪽 이하 등 참조. 이들에 의하면, 현대적 법치주의에 있어서는 법률의 법규창조력과 관련하여 의회제정법률 이외에 법규성을 가지는 입법형태가 다수 나타나며, 법률의 우위와 관련하여 법률의 의미에는 헌법, 형식적 의미의 법률, 그 밖의 성문법규를 포함하는 것으로 보며, 법률의 유보와 관련하여서도 법률의 위임을 받은 법규명령은 법률에 포함되는 점 등을 지적하고 있다.

거한 조세의 부과를 내용으로 하지만, 그에 대한 이해는 반드시 형식적 법률에만 한정되어야 하는 것은 아니며, 실질적 법치주의의 관점에서 과세근거규범의 본질적 의미에 중점을 두는 것이 바람직하다고 할 것이다.28)

그렇게 볼 때 결국 조세법률주의, 즉 조세영역에서의 법치주의의 실질적 의의는, 납세자대표기관에 의한 침해의 허용 ⇒ 법치주의 ⇒ 자유주의 및 민주주의 원리의 구현을 그 본질로 한다고 할 것이다. 그렇다면 국법원리로서의, 즉 국가적 원리로서의 조세법률주의는 지방자치, 즉 지방의 자율적 영역에서는 어떻게 적용되어야 할 것인가? 이와 관련하여, 일단 다른 가치들을 배제하고 외형적으로 본다면, 특정 지방자치단체의 주민에게 한정되어 부과되는 지방세의 경우, 지방세조례주의에 의하는 경우에도 '납세자인 주민대표기관에 의한 침해의 허용'이라는 실질적 측면에서는 본질적인 차이는 없다고 할 수 있다. 즉, 조세법률주의의 실질적 의미인 "대표없이는 조세없다"는 기본이념에는 큰 차이가 없다고 보아야 할 것이다.29)

---

28) "조세법률주의는 조세행정에 있어서의 법치주의를 말하는 것인바, 오늘날의 법치주의는 국민의 권리·의무에 관한 사항을 법률로써 정해야 한다는 형식적 법치주의에 그치는 것이 아니라 그 법률의 목적과 내용 또한 기본권 보장의 헌법이념에 부합되어야 한다는 실질적 적법절차를 요구하는 법치주의를 의미하며, 헌법 제38조, 제59조가 선언하는 조세법률주의도 이러한 실질적 적법절차가 지배하는 법치주의를 뜻하므로, 비록 과세요건이 법률로 명확히 정해진 것일지라도 그것만으로 충분한 것은 아니고 조세법의 목적이나 내용이 기본권 보장의 헌법이념과 이를 뒷받침하는 헌법상 요구되는 제원칙에 합치되어야 하고, 이에 어긋나는 조세법 규정은 헌법에 위반되는 것이다."(헌법재판소 1998.2.27. 95헌바5 전원재판부 결정).

29) "지방세법 규정들의 합헌성문제는 지방자치를 제도적으로 보장하고 있는 헌법의 규정(제117조, 제118조)과 연관시켜 이해하여야 할 것이다. 지방자치의 제도적 목적은 각 지방자치단체의 실정을 잘 파악하고 있는 주민이 직접 또는 그 대표자로 하여금 그러한 사정에 맞는 정책을 자치적으로 결정하고 실현함으로써 민주주의적 이념을 구현하는 데 있다. 그리하여 지방자치단체는 헌법이나 법률이 국가나 그 밖의 공공단체의 사무로 유보하고 있는 것이 아니라면, 지방자치단체의 모든 사무를 자치적으로 처리하는 데 필요한 자치입법권을 갖는 것이다.
이러한 관점에서 지방자치법 제126조는 "지방자치단체는 법률이 정하는 바에 의하여 지방세를 부과·징수할 수 있다"라고 하고, 지방세법 제3조는 지방세의 부과와 징수에 관하

결론적으로 조세법률주의에 대한 이러한 이해는, 지방자치권의 일환으로 보장되는 조례의 경우에는 조세영역에 대해서도 법치행정원리상 일반적 원리로 허용되는 포괄적 위임의 가능성이 인정될 수 있으며, 궁극적으로는 지방세조례주의의 허용가능성에 대한 중요한 논거가 된다고 할 것이다.

결국 조세는 납세자의 재산권을 침해하는 일방적이고 강제적인 부담을 의미하는 결과, 조세의 부과에 있어서는 국민에게 납세의무, 의회에는 부과의 근거로서 조세법률주의, 정부에 대해서는 집행권의 인정 등 세가지 측면에 대한 민주적 정당성의 마련을 본질로 하는 것이라 할 것이며, 그 결과 지방세조례주의의 도입가능성의 문제는 조례에 의한 과세의 경우에도 그러한 법원리적 의미의 보장이 가능한지가 문제되는 것이라 할 것이다.

2) 법률과 조례의 관계

지방세조례주의의 도입과 관련하여서는 조세법률주의가 의미하는 '법률'을 과연 조례로써 대체할 수 있는가가 문제되며, 이는 법률과 조례의 관계를 어떻게 이해할 것인가와 직결된다.

법률과 조례의 관계는 법치주의원리의 한 내용이라 할 수 있는 의회입법의 우위의 원칙과 조례는 민주주의원리의 실현으로서 주민들의 자기규율의 표현이라는 점을 어떻게 조화시킬 것인가와 관련하여 문제된다.[30]

여 필요한 사항은 지방자치단체가 "조례"로써 정하도록 하고 있다. 이렇게 지방세법이 지방세의 부과와 징수에 관하여 필요한 사항을 조례로 정할 수 있도록 한 것은 지방세법은 그 규율대상의 성질상 어느 정도 요강적 성격을 띨 수밖에 없기 때문이라고 해석된다. 왜냐하면 비록 국민의 재산권에 중대한 영향을 미치는 지방세에 관한 것이라 하더라도 중앙정부가 모든 것을 획일적으로 확정하는 것은 지방자치제도의 본래의 취지를 살릴 수 없기 때문이다. 더구나 지방세법의 규정에 의거하여 제정되는 지방세부과에 관한 조례는 주민의 대표로 구성되는 지방의회의 의결을 거치도록 되어 있으므로 법률이 조례로써 과세요건 등을 확정할 수 있도록 조례입법권을 부분적으로 지방자치단체에 위임하였다고 하더라도 조세법률주의의 바탕이 되고 있는, "대표 없이는 조세 없다"는 사상에 반하는 것도 아니다."(헌법재판소 1995.10.26. 94헌마242 전원재판부 결정).

이러한 문제는 민주적 정당성이라는 관점을 형식적으로 이해서는 한에서는 해결되기 어려운 문제일 것이다. 즉 입법권의 본질을 민주적 정당성의 관점에서, 원칙적으로 수범자에 의해 직접 선출된 대표에 유보되는 것임을 전제로 하는 경우, 지방의회는 주민에 의해 보통·평등·직접·비밀·자유선거로 선출된 자로 구성된 입법기관(주민대표)으로서의 민주적 정당성을 가지는 동시에, 지방자치단체는 국가조직의 하부단계가 아니고 독자적인 행정주체로서 국가와 지방자치단체간의 대립관계를 강조한다면, 국가적인 입법자인 국회와 지방자치단체의 입법자인 지방의회간의 긴장관계는 해소되지 아니한다. 이러한 경우에는 완전한 민주적 정당성을 갖는 두 기관 사이에서 오로지 헌법상의 권한배분만이 문제될 것이고, 이는 결국 지방의회가 국가의 입법자와 동등하게 파악되게 됨을 뜻한다. 따라서 국회의 정당성의 근거와 지방의회의 정당성의 근거가 대등한 것이 되어 양자의 민주주의적 본질은 동일한 것이 되며, 조례는 법률과 대등한 지위에서 법률을 대체하는 지위를 가지게 되므로, 법률의 유보가 조례의 경우에는 아무런 의미를 갖지 못하게 된다.31)

그러나 법률유보의 본질과 관련하여 양자의 민주적 정당성의 문제를 실질적으로 본다면, 법률유보의 근거로서 민주주의의 원리, 구체적으로는 민주적 정당성의 문제가 법률과 조례에 있어 완전히 동일한 의미의 것으로 이해할 수는 없을 것이다. 현대에 있어 지방자치단체는 국가조직의 한 부분이지 그 자체로 국가는 아니며, 더욱이 국가와 대립관계에서 존재하는 것도 아니다. 동시에 지방자치단체의 인적 기초는 국가의 그것과 동일시할 수는 없는 것으로, 지방자치단체의 주민은 국민의 일 부분으로서 이중적 지위를 가지는 것이지 국가의 인적 기초와 분리되는 부분국민은 아닌 것이다. 그렇다면 전 국민에 보편적으로 적용되어야 하는 부분이 조례에 의해

30) 조성규, 법치행정의 원리와 조례제정권의 관계, 공법연구 제33집 제3호(2005), 386면.
31) 홍정선, 조례의 법리, 이화여대 법학논집 제2권, 31면.

굴절될 수는 없다고 보는 것이 합리적일 것이다.[32]

국민이 국가권력을 자신들에 의해 선출된 대표인 의회로 하여금 행사하게 하는 대의제 민주주의에 있어 대립하는 이해를 결정하는 것은 의회가 하여야 하는 것으로, 이는 국회가 특정의 집단이익에 대한 공공복리의 수호자로서의 임무인 것이다. 이러한 점에서 보면, 지방의회와 국회가 가지는 민주적 정당성은 형식적 측면에서는 동일해 보이지만, 그 실질에 있어서 주민에 의한 민주적 정당성과 주민인 동시에 국민에 의한 민주적 정당성이라는 점에서 차이가 있다고 볼 수밖에 없다. 따라서 국민에게 보편적인 그리고 국가공동체에 중요한 사항은 국회가 결정할 수밖에 없는 것이다. 여기에 법률유보의 본질적 의미가 있는 것이고, 국민의 자유와 권리에 대한 침해는 법률에 의하도록 한 헌법 제37조 제2항 역시 그러한 원리를 선언한 것이며, 특히 조세영역에 대해서는 헌법 제59조를 통해 조세법률주의로 구체화되어 나타나는 것이다.[33]

형식적으로는 동일해 보이는 민주적 정당성에도 불구하고, 국법질서의 통일성 및 조화가 필요하다는 점에서 조례에 대한 법률의 우위원칙이 이론 없이 적용되는 것도 그러한 관점에서 이해할 수 있다.

그러한 점에서 볼 때, 국회의 조세입법권은 지방자치단체의 자율과세권보다 우선하는 권한이기 때문에 지방세의 종류와 그 부과·징수에 관한 사항도 반드시 법률로 정하여야 한다는 입장도 있으나,[34] 국가입법권의 우선은 법률과 조례의 본질적 차이라기보다는 국가법질서의 통일성의 관점에서 법률의 우위로부터 비롯되는 우선적 권한으로 이해하는 것이 타당하다는 관점에서는 지방세조례주의를 배제하는 직접적 논거가 되기는 어렵지 않나 생각된다.

---

32) 홍정선, 앞의 글, 31면.
33) 조성규, 앞의 글, 387쪽 참조.
34) 허영, 앞의 책, 866면.

결론적으로 민주적 정당성은 본질적으로 유사하다하더라도 법원리적 측면에서 법률과 조례의 차이는 존재하는 것이므로, 조례가 법률의 지위를 전적으로 대체하는 것은 허용되기 어렵다고 할 것이며, 조례의 준법률성은 법률의 지위를 보충하는 정도의 의미에서 이해되어야 할 것이다. 따라서 지방세조례주의가 허용되는 경우에도 조세법률주의와 대등한 의미에서 조례가 법률을 대체하는 것으로 보기는 어려우며, 조세법률주의를 전제로 보충적 의미에서 허용되는 것으로 보는 것이 타당할 것이다.

2. 지방세에 대한 조세법률주의의 실질적 한계

1) 조례의 민주적 정당성

조례제정권은 헌법상의 지방자치의 보장으로부터 직접 주어지는 것인바, 지방자치의 본질적 의의가 주민의 참여를 통한 민주주의원리의 실현에 있다고 할 때, 주민의 입장에서 지방자치단체의 의사형성에 대한 참여는 지방자치단체가 단지 순수한 법률의 집행 외에 형성적 사무, 특히 급부 및 계획행정을 수행할 수 있을 때에 중요한 의미를 가진다. 그러한 의미에서 형성적 사무는 지방자치단체가 그 집행을 위해 불가결한 법적 규율을 - 법률우위원칙의 준수하에서 - 독자적으로 형성할 수 있을 때에만 법적으로 의미를 가지게 된다. 따라서 자주적 입법기능은 지방자치에 있어 불가결한 내용이 된다.[35]

따라서 조례의 민주적 정당성으로부터 조례와 일반적 행정입법으로서 법규명령과의 사이에는 본질적 차이가 있다고 할 것이고, 이로부터 조례의 제정에 대한 수권은 일반적 규정으로 충분하며, 헌법을 통해서 행정권에

---

35) Schmidt-Aßmann, Kommunalrecht, in ; ders (Hrsg.), Besonderes Verwaltungsrecht, 11. Aufl. S. 66 (Rn. 94).

대한 입법권의 위임에 있어 요구되는 구체성을 필요로 하지 않는다. 조례
는 민주적 정당성에 기초하여 구성된 기관(지방의회)에 의해서 제정되는
것이며, 지방의회는 자신의 조직적 영역에 한정하여(지방자치단체) (지역
적) 입법자의 역할을 가지기 때문이다. 따라서 자치사무의 규율에 대하여
일반조항의 형태로 지방자치법이 수권하는 것은 헌법적으로 아무런 의문
이 없는 것으로 보아야 한다.[36]

결국 조례는 제정주체, 제정절차 등에 있어 일반적 행정입법과 달리 법
률과 유사한 민주적 정당성을 확보하고 있으며, 특히 법률에 비하여 조례
의 경우에는 주민의 직접참여가능성의 확대, 가령 주민의 조례제정개폐청
구권(지방자치법 제13조의3) 등을 통하여 오히려 (직접적인) 민주적 정당성
의 확보가능성이 커진다고 할 수 있다. 이러한 점은 - 그 범위와 정도의
문제는 별론으로 - 지방세조례주의의 허용성에 중요한 논거가 된다고 할
것이다.

2) 조세법률주의 하에서 지방세조례주의의 필요성

현대국가에 있어 조세법률주의는 형식적 의미만 가지는 것은 아니며 실
질적 의미가 중요하고 필요하다는 점은 전술한 바와 같다.[37] 따라서 실질
적 의미의 고려에 있어서 지방세의 경우에는 국세와 달리, 지방자치의 헌
법적 보장의 원칙 및 내용도 포함되어야 할 필요성이 크게 된다.

동시에 현대국가에 있어 조세의 기능변화를 고려할 때, 오늘날 조세는
국가재정 수요의 충당이라는 고전적이고 소극적인 목표에서 한걸음 더 나
아가, 국민이 공동의 목표로 삼고 있는 일정한 방향으로 국가사회를 유도

---

36) Seewald, Kommunalrecht, in: Steiner (Hrsg.), Besonderes Verwaltungsrecht, 5. Aufl.,
   S. 27 f. (Rn. 72. ff.) ; BVerwGE 6. 247ff.
37) 헌법재판소 1997. 11. 27. 95헌바38 전원재판부 결정 ; 헌법재판소 1997.6.26. 93헌바
   49,94헌바38·41,95헌바64 전원재판부 결정 등.

하고 그러한 상태를 형성한다는 보다 적극적인 유도적, 형성적 기능을 수
행한다.[38] 따라서 조세법률주의의 의미를 종래의 방어적 기능을 중심으로
이해하는 경우에는 법률에 의한 통일적 규율의 의미가 중요하다고 할 것이
지만, 그러나 현대국가에서의 적극적 기능을 고려하면 지방세의 경우 각
지방의 특유한 재정적 상황의 고려 필요성은 당연하다고 할 것이며, 그러
한 점에서 지방자치단체의 고유한 과세권의 필요성이 도출된다.

현행 법제상으로도 이미 조례의 민주적 정당성 및 자율성 보장의 관점에
서 탄력세율제도, 조세감면제도 등이 허용되고 있으며, 부담금 등 기타의
공과금에 대해서는 조세법률주의가 완화되고 있는바, 이는 지방자치의 영
역에서는 조세법률주의의 완화가능성을 제도적으로 허용하고 있는 것으로,
헌법적으로 보장된 지방자치의 이념구현에 중요한 의미를 가지는 경우라
면 조세법률주의의 완화가 법원리적으로는 물론, 법제도적으로도 불가능한
것은 아니라고 보아야 할 것이다.

고전적 권력분립론 및 의회민주주의의 한계의 인식은 이미 법률만능 또
는 법류중심적 사회에서 탈피하여 위임입법의 필요성을 가져오며, 그러한
점에서 위임입법에 대해서는 그 허용성의 문제가 아닌 그 한계의 설정이
중요한 법적 과제가 되고 있다. 같은 맥락에서 지방세의 경우에도 – 특히
조례의 민주적 정당성을 고려한다면 – 지방세조례주의의 허용성 문제가
아닌, 그에 대한 한계 및 통제의 문제로 이해되어야 할 것이다.

3. 소결

법원리적 측면에서 조세법률주의의 본질적 의의는 납세자의 재산권의
침해에 대한 정당성의 헌법적 근거의 마련이라 할 것이고, 동시에 현대 민주

---

38) 김웅희, 헌법상 과세권과 납세자기본권에 관한 연구, 아·태공법연구 제12집, 27면.

국가에 있어서는 그러한 민주주의적인 법원리적 의의 외에 부당한 조세에 대한 거부권의 법적 근거의 마련이다. 그러한 점에서는 조례의 경우도 법형식상의 차이를 제외하고는, 실질적인 측면에서는 민주적 정당성, 외부적 효력이 긍정된다는 점에서 법원리적으로는 본질적 차이는 없다고 볼 것이다.

특히 현대국가에 있어 조세법률주의의 이해에는 실질적 의미에서의 이해가 중요하다는 점에서 지방세의 경우에는 조세법률주의의 형식적 이해 외에, 헌법적으로 직접 보장되어 있는 지방자치권에 대한 고려가 불가피하다.

그러한 점에서 조세법률주의의 법원리적 측면, 즉 대표성원리의 측면에서 지방세조례주의의 가능성 존재한다고 할 것이다. 다만 법률과 조례는 완전하게 대등한 의미에서 대체적 관계로서의 민주적 정당성과 법적 효력이 인정된다고 볼 수는 없다는 점에서, 지방세조례주의의 허용성을 인정하는 경우에도 그 범위와 한계는 별도의 문제이며, 이는 조세법률주의 자체에 대한 논의보다는 지방자치의 헌법적 보장이라는 측면에서 대답될 수 있는 문제라고 할 것이다.

V. 지방자치의 헌법적 보장의 측면에서 본 조세법률주의 하에서 지방세조례주의의 허용성

1. 지방자치의 헌법적 보장

1) 지방자치의 헌법적 보장의 내용

우리 헌법 제117조 제1항은 "지방자치단체는 주민의 복리에 관한 사무를 처리하고 재산을 관리하며, 법령의 범위 안에서 자치에 관한 규정을 제정할 수 있다"고 규정함으로써 지방자치권을 헌법적 차원에서 직접 보장하고 있으며, 이러한 헌법상 지방자치보장의 성격은 일반적으로 제도적 보장으로 이해되고 있다.

다만 지방자치의 헌법적 보장의 현대적 의미는, 이를 제도적 보장으로
이해하는 경우에도 국가에 대하여 지방자치단체가 어떠한 관계에 존재하
는가라는 이론적 차원의 것보다는 지방자치의 의의 및 기능에 합당한 보장
이 중요하다고 할 것인바, 현대의 지방자치제도가 갖는 민주주의적 정당성
및 그 의의와 역할을 고려한다면, 지방자치의 헌법상 보장은 전통적인 입
장에서처럼 단순히 지방자치제도의 폐지에만 대항할 수 있는 소극적·방어
적 성격의 것으로 보는 것은 타당할 수 없고, 그 이상의 적극적·능동적 의
미를 가진다고 보아야 할 것이다. 그러한 관점에서 헌법상 지방자치의 보
장은 통상적으로 지방자치의 제도적 보장, 권리주체성의 보장, 주관적인 법
적 지위의 보장을 그 내용으로 한다.39)

2) 지방자치단체의 자치고권

지방자치권의 제도적 보장의 핵심적인 내용은 지방자치단체는 원칙적으
로 자신의 지역 내의 모든 사무를(전권한성) 자기책임으로 처리할 수 있는
(자기책임성) 권한을 가진다는데 있다. 자신의 지역에 관련되는 지역적 사
무가 존재하는 한, 헌법상의 보장내용에 의해서 그 사무는 원칙적으로 지
방자치단체의 사무영역에 해당하며 지방자치단체의 권한이 인정된다.

동시에 지방자치는 고유한 사무를 "자신의 책임"하에서 규율할 수 있어
야 한다는 것을 본질로 한다. 자기책임성은 다른 고권주체, 특히 국가의 합
목적성에 대한 지침으로부터의 자유를 의미하며, 고유한 정책적 구상에 따
라 결정할 수 있는 능력을 말한다. 즉 자기책임성은 사무의 수행여부, 시기
및 방법과 관련되는 것이며, 넓은 의미에서의 재량의 표현이다.

---

39) 독일에서의 통설적 입장이다. Schmidt-Aßmann, a.a.O.„ S. 15. 이에 관한 상세한 내용은,
조성규, 지방자치제의 헌법적 보장의 의미, 공법연구 제30집 제2호(2001) 참조.

이러한 자기책임성을 실현하기 위한 제도적 수단으로서 지방자치단체에게 특별하게 인정된 힘이 지방자치단체의 고권이다. 소위 지방자치단체 고권은 헌법상의 임무를 효율적으로 수행하게 하는데 봉사하는 것으로, 지방자치단체의 사무에 있어 특유한 것이며, 여기에는 지방자치단체의 자주재정권 등이 포함된다.[40]

2. 지방자치단체의 자주재정권 및 과세자주권

1) 자주재정권의 의의와 내용

지방자치단체에게는 지방자치단체의 사무처리를 위한 비용·지출의무가 법률상 부과되어 있다는 점에서(지방자치법 제132조), 그 비용에 충당하기 위하여 필요한 세입을 확보하고 지출을 관리하는 권한이 필요한바, 이를 자주재정권 내지는 재정고권(Finanzhoheit)이라 한다. 결국 자주재정권이란 법률상 배분된 예산의 범위 내에서 자신의 책임에 의한 수입 및 지출경제에 대한 권한을 의미한다.

지방자치단체가 사무수행과 관련하여 자기책임으로써 처분할 수 있는 재정수단을 가지지 못한다는 것은 실제적으로 자신의 사무를 자기책임으로 결정할 수 없다는 것이며, 동시에 지방의 재정능력이 현실적으로 수행되어야 하는 사무에 비해 충분하지 못하다면 지방자치행정의 보장은 사실상 무의미한 것이다. 그러한 점에서 지방자치단체의 재정고권문제는 중요한 의미를 가지며, 재정상 자기책임과 자기책임에 의한 사무수행은 동전의 양면관계에 비유할 수 있다[41]. 따라서 지방자치의 보장에는 재정적인 자기

---

40) 이에 관한 상세한 내용은, 조성규, 지방자치단체의 자주재정권에 대한 법제도적 고찰, 행정법연구 제9호(2003), 296면 이하 참조.
41) 홍정신, 지방자치법학, 2001, 48면.

책임성의 근거 내지는 지방자치단체의 자주재정권도 당연히 포함된다.[42]

일반적으로 자주재정권은 자기책임에 의한 수입 및 지출경제에 대한 권한으로서 수입고권과 지출고권을 내용으로 한다. 지방자치단체의 수입으로서 중요한 것이 공과금인데, 이는 크게 세수입으로서 지방세와 세외수입으로서 사용료, 수수료, 분담금 등으로 구성된다. 이러한 공과금에 대한 수입고권을 公課高權(Abgabenhoheit)이라 하며, 여기에는 공과금에 대한 조례제정권 및 이에 대한 집행권이 포함된다.[43]

2) 과세자주권의 본질

과세자주권이란 '지방자치단체가 지방세를 부과·징수함에 있어 세목과 과세표준, 세율 등을 자율적으로 결정할 수 있는 권리'를 말하며, 이러한 과세자주권은 자치재정권 중 과세 등에 의해 재원을 조달하는 권리인 수입고권에 속한다.[44]

지방세에 대한 과세자주권의 근거에 대해서는 국가귀속설(전래설)과 자치단체고유권설로 대별될 수 있는데,[45] 이는 본질적으로 지방자치권의 본

---

42) Schmidt-Aßmann, a.a.O., S. 22.
43) 자주재정권에 대한 상세한 내용은, 조성규, 지방자치단체의 자주재정권에 대한 법제도적 고찰, 행정법연구 제9호(2003), 298쪽 이하 참조.
44) 김대영, 과세자주권 확충에 관한 소고, 한국지방재정논집 제5권 제1호(2000), 66면.
45) 정수현, 앞의 글, 351면. 국가귀속설은 국세와 지방세를 불문하고 모든 조세의 과세권은 국가에 귀속되는 것을 전제로, 지방자치단체의 과세권도 당연히 법률에 의해서 국가로부터 부여받은 것으로 본다. 따라서 헌법 제59조는 국세에 대해서는 국가의 과세권행사의 요건규정인데 대해, 지방세에 대해서는 과세권부여입법의 근거규정이 되는 것으로, 지방자치법 제126조가 '지방자치단체는 법률이 정하는 바에 의하여 지방세를 부과·징수할 수 있다'고 규정한 것이나, 지방세법 제2조가 '지방자치단체는 이 법이 정하는 바에 의하여 지방세로서 보통세와 목적세를 부과·징수할 수 있다'고 규정하고 있는 것이 전래설의 법적 근거라고 본다. 그러한 점에서 헌법 제59조에 의하면 조세에 관해서는 실체적·절차적 규정을 불문하고 모두 법률에서 직접 정하여야 함에도 불구하고, 지방세법에 의하여 과세권을 위임받은 지방자치단체가 조례에 의해서 지방세에 대하여 규정하는 방식은 조

질에 관한 전래설과 고유권설의 대립과 같은 맥락에 있다. 과세자주권의 본질과 관련하여 국가귀속설에 따르는 경우 지방세과세권은 헌법 제59조의 조세법률주의와 직접적으로 연결되어 지방세법률주의로 나타나게 되는 데 비해, 자치단체고유권설에 따르는 경우에는 과세자주권은 헌법 제59조와는 무관하고 제117조 제1항으로부터 근거하게 되어 지방세조례주의로 나타나게 된다.46)

　과세자주권의 본질에 대해서는 학설상 논란이 있을 수 있으나, 이는 지방자치권의 본질과 무관하게 논의될 수는 없는 것이다. 따라서 지방자치권의 본질과 관련하여서 현대 국가에 있어서는 지방자치단체 상위의 행정단위들이 존재하는 동시에, 국가를 중심으로 한 국가법질서의 통일성이 요구되는 상황 하에서 국가의사로부터 완전히 독립된, 고유한 지방자치권은 존재할 수 없다는 점에서 전래설이 일반적 입장이며 타당하다. 다만 지방자치를 직접 헌법이 보장하고 있는 헌법 체제 하에서는 지방자치권은 일차적으로 헌법에 의해서 실정법적 근거가 주어지고 있는 것이므로, 전래설 역시 헌법적 전래를 의미하는 것이므로, 지방세과세권을 포함하여 지방자치권은 법률에 의해 창설적으로 부여되는 것은 아니라 헌법에 의해 직접 보장된 자치권의 범위 내에서 구체화를 의미하는 것이며, 따라서 이에 대한 국가의 자의적인 침해는 허용되지 않는다고 할 것이다.47)

　그러한 점에서 볼 때, 지방세기본법이 마치 과세권이 법률에 의해 창설되

　　세법률주의의 '변태' 또는 '예외'가 된다고 본다. 이에 반해, 자치단체고유권설은 지방자치단체는 헌법상 보장된 지방자치의 결과, 고유사무가 보장되고 이를 수행하기 위한 재정수입의 조달에 대한 의무가 존재한다는 점에서, 지방자치단체의 과세권은 지방자치단체의 자치권의 일환으로 지방자치를 보장하고 있는 헌법 제117조에 의해서 직접 지방자치단체에 부여된 것으로 본다. 이에 의하면 지방세법의 규정은 지방세과세권의 확인에 불과하고 지방세의 부과·징수의 직접적 근거는 당해 지방자치단체의 조례라고 보게 되어 지방조례주의와 연결되며, 헌법 제59조의 조세법률주의가 의미하는 '법률'에는 조례도 포함되는 것으로 본다(정수현, 앞의 글, 351-354 참조).

46) 정수현, 앞의 글, 351쪽 참조.
47) 조성규, 지방자치제의 헌법적 보장의 의미, 공법연구 제30집 제2호(2001), 413면.

듯이, '지방자치단체는 이 법 또는 지방세관계법에서 정하는 바에 따라 지방세의 과세권을 갖는다'(제4조)고 규정하고 있는 것은 지방자치의 헌법적 보장 및 자주과세권의 규범적 본질에 비추어 볼 때 그 타당성에 의문이 있다.

3) 자주재정권과 법률유보

지방자치권 및 그 내용으로서 자주재정권은 헌법적 보장에도 불구하고 본질적으로 법률유보 하에서 존재하는 것이므로, 그 구체적인 보장내용은 법률에 의한 형성 및 구체화를 필요로 한다. 그러므로 자주과세권 역시 고유권이 아닌 한, 조세법률주의의 적용 문제와 별개로 본질적으로 (형성적) 법률유보 하에서 존재하는 것이다. 다만 그러한 법률유보는 입법자의 무제한적인 재량이 아니라 헌법상 지방자치의 보장원리를 통해 그 자체로 한계를 가지는 것은 물론이며, 자주재정권의 핵심내용을 침해하는 과도한 입법적 제한은 위헌법률이 될 수 있다.

이와 관련하여 우리나라 현행 헌법 및 법률은 - 조세법률주의와 구별되는 - 자주과세권의 범위, 특히 지방세조례주의의 여부에 대해서는 직접적인 명문의 규정을 둔 바 없으므로,[48] 그 허용 여부는 일반적인 조례제정권의 문제로 귀결된다고 할 것이다.

---

48) 과세자주권과 관련하여 현행 법령은 과세자주권을 보장하는 동시에 제한하는 모호한 입장이다. 즉 헌법 제117조 제1항은 '지방자치단체는 주민의 복리에 관한 사무를 처리하고 재산을 관리하며, 법령의 범위 안에서 자치에 관한 규정을 제정할 수 있다'고 규정하고 있다. 이를 이어받아 지방자치법 제15조는 '지방자치단체는 법령의 범위 안에서 그 사무에 관하여 조례를 제정할 수 있다. 다만 주민의 권리제한 또는 의무부과에 관한 사항이나 벌칙을 정할 때에는 법률의 위임이 있어야 한다'고 규정하고 있으며, 지방세법 제126조는 '지방자치단체는 법률이 정하는 바에 의하여 지방세를 부과징수할 수 있다'고 규정하고 있는데 반해, 동법 제3조 제1항은 '지방자치단체는 지방세의 세목, 과세객체, 과세표준, 세율 기타 부과징수에 관하여 필요한 사항을 정함에 있어서는 이 법이 정하는 범위 안에서 조례로써 하여야 한다'고 규정함으로써 과세자주권에 대하여는 조세법률주의와 지방세조례주의의 대립이 있다.

3. 지방자치단체의 조례제정권의 한계와 지방세조례주의

1) 조례제정권과 법치행정의 원리

지방자치의 헌법적 보장의 의미가 법치주의로부터의 자유를 의미하지 않음은 재론의 여지가 없다. 따라서 지방자치의 보장은 - 일정한 원리에 의한 제한은 있지만 - 법률에 의한 구체화를 필요로 하는 법률유보 하에서 존재하며, 조례제정권 역시 마찬가지이다. 우리 헌법 제117조 제1항 역시 지방자치단체는 '법령의 범위 안에서' 자치에 관한 규정을 제정할 수 있다고 규정하고 있으며, 이에 근거한 지방자치법 제15조도 지방자치단체는 '법령의 범위 안에서' 그 사무에 관하여 조례를 제정할 수 있다고 규정하고 있다.

동시에 지방자치의 본질상으로도 지방자치는 자치'행정'에 속한다. 따라서 지방의회는 국회(Parlamente)가 아니며 자치행정주체의 기관으로, 본질상 행정권에 속한다. 즉 조례는 행정권에 의한 입법으로서, 법규범이긴 하지만 형식상으로는 행정작용의 본질을 가지는 것이다.[49]

그러한 점에서 일반적인 행정의 법률구속성으로부터 지방자치단체의 조례제정권을 포함한 모든 행위는 법률과 법에 구속되며, 조례가 법률에 위반할 수 없음은 당연한 결론이다(법률우위원칙의 적용).

2) 조례제정권과 법률유보[50]

법률우위의 원칙과 달리 조례제정의 경우에도 법률유보의 원칙이 적용되는가에 대해서는 의문이 있을 수 있는바, 기본적으로 조례는 민주적 정

---

49) Schmidt-Aßmann, a.a.O., S. 66 (Rn. 95) ; 홍정선, 앞의 책, 204면.
50) 이에 관한 상세한 논의는, 조성규, 법치행정의 원리와 조례제정권의 관계, 공법연구 제33집 제3호(2005), 377쪽 이하 참조.

당성에 근거한 자주법으로서 법률에 준하는 성질을 가지기 때문이다. 이와 관련하여, 헌법 제117조 제1항은 지방자치단체는 '법령의 범위 안에서' 자치에 관한 규정을 제정할 수 있도록 한데 비해, 이를 구체화한 지방자치법 제15조 단서는 "주민의 권리제한 또는 의무부과에 관한 사항이나 벌칙을 정할 때에는 법률의 위임이 있어야 한다"고 규정하여 침해유보론을 채택하고 있다. 이에 관해서는 주지하다시피 학설상 합헌론과 위헌론이 첨예하게 대립하고 있으며, 우리나라 헌법재판소51)와 대법원52)은 합헌설을 취하고 있다. 다만 조례가 가지는 민주적 정당성의 결과, 일반 행정입법과 달리 조례에 대한 법률의 위임은 포괄적이어도 무방하다고 보고 있다.53)

---

51) 헌법재판소 1995. 4. 20. 선고 92헌마264·279(병합) 전원재판부결정 등.

52) "지방자치법 제15조는 원칙적으로 헌법 제117조 제1항의 규정과 같이 지방자치단체의 자치입법권을 보장하면서, 그 단서에서 국민의 권리제한·의무부과에 관한 사항을 규정하는 조례의 중대성에 비추어 입법정책적 고려에서 법률의 위임을 요구한다고 규정하고 있는바, 이는 기본권 제한에 대하여 법률유보원칙을 선언한 헌법 제37조 제2항의 취지에 부합하므로 조례제정에 있어서 위와 같은 경우에 법률의 위임근거를 요구하는 것이 위헌성이 있다고 할 수 없다."(대법원 1995. 5. 12. 선고 94추28 판결)

53) "법률이 주민의 권리의무에 관한 사항에 관하여 구체적으로 아무런 범위도 정하지 아니한 채 조례로 정하도록 포괄적으로 위임하였다고 하더라도, 행정관청의 명령과는 달라, 조례도 주민의 대표기관인 지방의회의 의결로 제정되는 지방자치단체의 자주법인 만큼, 지방자치단체가 법령에 위반되지 않는 범위 내에서 주민의 권리의무에 관한 사항을 조례로 제정할 수 있는 것이다."(대법원 1991. 8. 27. 선고 90누6613 판결) ; "도시교통정비촉진법 제19조의10 제3항에서 교통수요관리에 관하여 법에 정한 사항을 제외하고는 조례로 정하도록 규정하고 있고, 차고지확보제도는 차고지를 확보하지 아니한 자동차·건설기계의 보유자로 하여금 그 자동차·건설기계를 운행할 수 없도록 하는 것으로서 결과적으로 자동차 등의 통행량을 감소시키는 교통수요관리(그 중 주차수요관리) 방안의 하나에 해당하므로, 동조항의 규정은 비록 포괄적이고 일반적인 것이기는 하지만 차고지확보제도를 규정한 조례안의 법률적 위임근거가 된다."(대법원 1997. 4. 25. 선고 96추251 판결) ; "조례의 제정권자인 지방의회는 선거를 통해서 그 지역적인 민주적 정당성을 지니고 있는 주민의 대표기관이고 헌법이 지방자치단체에 포괄적인 자치권을 보장하고 있는 취지로 볼 때, 조례에 대한 법률의 위임은 법규명령에 대한 법률의 위임과 같이 반드시 구체적으로 범위를 정하여 할 필요가 없으며 포괄적인 것으로 족하다."(헌법재판소 1995. 4. 20. 선고 92헌마264, 279 결정).

지방자치단체의 자주입법으로서 조례의 제정에 있어서도 법률유보의 원칙이 적용되는가의 문제는 외형적으로 국민의 기본권제한에 관한 '헌법상의' 법률유보의 요청과 지방자치에 있어서의 독립성과 자율성의 보장을 위한 '헌법상의' 지방자치의 보장요청의 충돌에 있다고 할 것이다.[54]

앞서 살펴본 바와 같이, 조례는 헌법상으로 보장된 지방자치권의 중요한 내용인 동시에, 그 자체로서 민주적 정당성을 충분히 확보하고 있다. 그럼에도 불구하고 그러한 사실로부터 지방자치영역에 대해서는 국가의회의 입법 기능을 포기하여야 한다는 결론이 도출되는 것은 아닌바, 조례와 법률은 그 민주적 정당성에서도 차이가 있는 동시에, 조례제정권의 보장은 — 헌법적으로 보장된 것이기는 하지만 — 법률유보의 본질적 의미를 배제하는 것은 아니기 때문이다. 즉 지방자치의 헌법적 보장은 제도적 보장으로서, 그 본질은 국가와 지방자치단체와의 관계를 어떻게 이해할 것인지, 구체적으로는 지방자치권의 내용 및 그 침해에 대한 방어를 본질로 하는 것이다.

이는 다시 말하면, 지방자치의 헌법적 보장이 국민 또는 주민의 권리보호라는 측면에 대하여 직접 의미를 가지는 것은 아니라는 것이며, 따라서 지방자치의 헌법적 보장이 국민 또는 주민의 권리침해에 있어 법률유보의 적용가능성에 영향을 주는 요소는 아니라고 볼 것이다. 오히려 법률유보의 원칙은 — 지방자치의 헌법적 보장과 무관하게 — 국가행정은 물론 지방자치행정을 포함하여 모든 행정 영역에 대하여 권한의 행사를 제한하는 원리로서 기능하는 것이다.[55]

지방의회는 국회가 아니며, 따라서 조례입법자에 대해서도 법치국가적으로 불가결하게 요구되는 의회법률을 통한 국민의 규율단계상의 보호

---

54) 조성규, 앞의 글, 379면.
55) 이와 관련하여, 헌법규범 사이에도 우열이 있는 단계구조로 되어 있고, 법률유보원칙의 근거인 민주주의 및 법치주의의 원칙은 지방자치의 헌법적 보장을 능가하는 규정이라는 견해(홍정선, "조례의 법리", 『이화여대 법학논집』 제2권, 36면)도 마찬가지의 입장이라 할 것이다.

(Distanzschutz)는 보장되어야 한다.[56] 왜냐하면 지방자치권이나 지방자치단체의 자치입법권이 전국민에 의해 정당성이 주어진 국회가 행하는 입법상의 질서보장기능을 결코 배제할 수는 없는 것으로, 말하자면 지방자치행정과 지방자치단체의 자치입법권은 민주적으로 정당화된 국가의 입법이 갖는 안전기능을 배제할 수는 없는 것이기 때문이다.[57]

다만 이에 있어서도 지방자치의 헌법적 보장 내지는 조례의 민주적 정당성은 여전히 고려되어야 할 것으로, 일반적 법률유보 이론에 의한 규율단계에 대한 명령은 조례가 가지는 민주적 정당성의 결과, 일반 법규명령과 달리 조례에 대한 법률의 위임은 포괄적이어도 무방하다는 형태로 나타나게 된다.[58]

4. 소결

지방자치의 헌법적 보장을 통하여 지방자치단체에게는 자주재정권이 보장된다. 그러나 자주재정권의 구체적 내용과 범위는 법률유보 하에 존재하는 결과, 지방자치의 헌법적 보장으로부터 직접 조세법률주의를 대체하는 지방세조례주의가 도출되는 것은 아니다. 반면 지방자치의 헌법적 보장이 조세법률주의의 적용에 있어 아무런 의미를 가질 수 없다면 이 역시 헌법상 보장된 지방자치단체의 자기책임성 및 자율성에 반하는 결과가 된다.

이렇게 본다면 결국 조세법률주의와 지방자치의 헌법적 보장은 상호적

---

56) Schmidt-Aßmann, a.a.O., S. 66.
57) 홍정선, 앞의 글, 30면.
58) 조성규, 앞의 글, 388면. 그러한 점에서 침해유보론을 채택하고 있는 지방자치법 제15조 단서의 위헌 여부와 관련하여, 동조항을 위헌이라고 보기는 어렵지만 현대적 법치주의 하에서 법률유보의 정도와 관련하여 본질성설이 일반적 입장임을 전제로 한다면, 주민의 권리제한이나 의무부과의 경우에 획일적으로 위임을 요하고 있는 지방자치법 제15조 단서는 삭제하는 것이 바람직하다고 할 것이다(같은 글, 389쪽 이하 참조).

인 관계에 있는 것으로, 지방세에 대해서는 기본적으로 헌법상 일반원리인 조세법률주의의 적용을 전제로 헌법상 지방자치의 보장은 이를 완화하는 의미를 갖는 것으로 보는 것이 타당하다고 할 것이다. 즉 국세의 경우와 달리 지방세에 적용되는 조세법률주의는 지방자치의 헌법적 보장의 이념에 합당하게 완화되는 것이 바람직하며, 이는 구체적으로는 지방세조례의 경우에는 포괄적 위임으로 족하다는 형태로 나타나게 될 것인바, 결국 제한된 의미에서 지방세조례주의의 허용가능성이 도출된다고 할 것이다.

Ⅵ. 지방세조례주의의 허용성 및 법적 과제

1. 지방세조례주의의 허용성 및 범위

이상의 논의를 통해서 볼 때, 조세법률주의는 법원리적 측면에서 지방세에 대해서도 원칙적으로 타당하다고 할 것이지만, 한편으로는 조세법률주의의 실질적 의미는 지방세조례주의의 가능성을 완전하게 차단하는 것은 아니다. 반면 지방세과세권이 지방자치단체의 고유한 권한이 아니며, 지방세에 대해서도 헌법상 조세법률주의가 적용된다는 결론이 바로 지방세조례주의를 전면적으로 부정하는 것이라고 볼 수는 없다. 지방세과세권의 본질과 지방세과세권의 법적 근거의 문제는 항상 동일선상에서 논리필연적으로 연결되어야 하는 것은 아니기 때문이다.

지방세의 과세권은 지방자치권의 일종이며, 지방자치권은 헌법에 의해서 직접 보장되는, 즉 헌법적으로 근거된 것이다. 따라서 지방세는 '조세'라는 측면에서 헌법 제59조에 의한 조세법률주의와 연결되는 동시에 '지방'세라는 측면에서 헌법 제117조 이하가 규정하고 있는 지방자치의 보장과도 동시에 관련된다.

문제는 지방세의 경우 - 법치주의, 특히 법률유보적 관점에서 - 조세
법률주의로 나타나는 일반적 법원리와, 지방자치의 헌법적 보장에서 비롯
되는 특유한 법원리와의 관계를 어떻게 이해할 것인지, 즉 조세에 관한 일
반원칙인 조세법률주의에 대하여 지방세에 관한 특유한 규율인 지방자치
의 헌법적 보장이 어떠한 영향을 주는지의 문제라고 할 것이다.

이와 관련하여서는, 앞서 법률과 조례와의 관계에서 살펴본 바와 같이,
지방자치의 헌법적 보장의 본질은 국가에 대한 지방자치단체의 보호원리
를 본질로 하는 점에서, 국민에 대한 보호원리인 법치주의, 즉 조세법률주
의를 배제하거나 제한할 수는 없다고 볼 것이다. 즉 지방세의 과세근거로
서 지방자치단체의 자율성 보장을 위한 지방자치의 헌법적 보장(헌법 제
117조)은 납세자인 국민에 대한 보호원리로서의 조세법률주의(헌법 제59
조)를 배제하거나 제한하는 것은 아니라고 할 것이다.

그렇다고 하여 지방세과세권을 지방자치단체가 가지는 과세권과 국가가
가지는 과세권 양자에 의한 공동지배사항으로 보고, 조세법률주의와 지방
세조례주의를 가중적 법치주의로 이해하는 입장[59] 역시 타당하다고 보기
는 어렵다. 중복규정화는 납세자에 대한 보호라는 보호적 원리에는 기여하
지만, 지방세의 또다른 법적 근거가 의도하는 지방자치단체의 자주재정권
내지 자율성 보장은 고려할 수 없기 때문이다.

따라서 지방세의 과세와 관련하여 조세법률주의와 지방자치의 헌법적
보장이라는 헌법적 가치의 조화를 위해서는 지방세에 대해서도 일반적으
로 조세법률주의는 적용되지만, 조세법률주의의 실질적 의의를 침해하지
않는 한에는 법률의 포괄적 위임을 통해 조례에 의한 지방세의 부과·징수
를 허용하는 것이 합리적이라 할 것이다. 그러한 점에서 법률과 완전히 독

---

59) 정수현, 앞의 글, 356면. 이에 의하면 지방세과세권을 지방자치단체가 가지는 과세권과
   국가가 가지는 과세권 양자에 의한 공동지배사항으로 보고, 헌법 제59조는 단지 납세자
   의 대표에 의해 과세에 대한 동의를 얻는데 그치지 않고 가중된 법치주의의 실현을 요청
   하기 때문에 지방세법이 지방세조례에 있어서 중복규정화를 요구한다고 본다.

립된 고유권적 의미에서의 지방세조례주의는 허용되기 어렵지만, 법률의 포괄적 위임을 통해 제한된 의미에서의 지방세조례주의의 허용성은 인정된다고 할 것이다.

이러한 결론은 실정법제상으로 가능한 것으로 보이는바, 현행 법제상 지방자치단체의 재정상 자율성은 탄력세율제도, 과세감면제도 등을 통해 이미 부분적으로 허용되고 있다. 하지만 그러한 제도들에 대해 조세법률주의의 위반이라는 논의는 없는 것으로 보이는바, 조세의 종목과 세율 등에 있어 조세법률주의의 적용의 본질적 차이가 있다고 볼 수는 없다는 점에서, 적어도 세율 등에 대한 현행법제의 자율성 보장 시스템은 조세의 종목에 대해서도 마찬가지의 의미를 가진다고 보아야 할 것이다.

2. 지방세조례주의의 도입시 법적 과제

1) 지방세법과 지방세조례의 관계

지방세조례주의를 허용하는 경우, 지방세법과 지방세조례와의 관계가 문제된다. 우선적으로 지방세법과 지방세조례의 효력의 우열관계에 대해서는, 지방세조례주의가 법률대체적 의미에서의 조례를 의미하는 것은 아닌 동시에, 조례의 경우에도 법률우위의 원칙은 당연히 적용된다는 점에서 지방세법은 지방세조례에 우선한다. 따라서 지방세법에 위반되는 조례는 당연히 무효이다.

이에 반해, 지방세법의 직접적 구속력 여부에 대해서는 학설상 논의가 있다. 즉 지방세법 제126조는 '지방자치단체는 법률이 정하는 바에 의하여 지방세를 부과·징수할 수 있다'고 규정하고 있는 동시에, 동법 제2조는 '지방자치단체는 이 법이 정하는 바에 의하여 지방세로서 보통세와 목적세를 부과·징수할 수 있다'고 규정하고 있는바, 이에 의하면 지방세법만을 근거

로 하여 직접 지방세를 부과할 수 있는 것으로 해석된다. 반면 지방세법 제
3조 제1항은 '지방자치단체는 지방세의 세목, 과세객체, 과세표준, 세율 기
타 부과·징수에 관하여 필요한 사항을 정함에 있어서는 이 법이 정하는 범
위안에서 조례로써 하여야 한다'고 규정함으로써 지방세의 과세근거는 조
례이며, 지방세법이 직접 주민을 구속하는 효력을 가지는지에 대해서는 논
란이 있다.60)

  이에 대해 학설상으로는 직접효력설(직접적용설),61) 간접효력설(보충적
용설)62) 및 훈시규정설63) 등이 대립하고 있으나,64) 지방세에도 조세법률주
의는 당연히 적용되며, 그 의미는 납세의무 및 집행권의 법적 근거를 의미
하는 것인 동시에, 지방세조례주의의 의미는 법률대체적인 것이 아닌 보충
적인 것이므로 대강의 입법 또는 훈시규정이라는 입장은 수용하기 곤란하
다 할 것이다. 따라서 지방세법은 주민에 대해서도 직접적으로 구속력을
가지는 규범으로 이해하여야 한다.

---

60) 김완석, 지방세법과 지방세조례와의 관계에 관한 연구, 세무학연구 제15호(2000), 158면.
61) 지방세법은 일반적 법률과 마찬가지로 직접 주민을 구속하며, 따라서 지방자치단체는 조
   례의 존재 여부와 무관하게 지방세법을 근거로 하여 지방세를 부과·징수할 수 있다고
   보는 입장이다.
62) 지방세법은 지방자치단체가 지방세조례를 제정함에 있어 준거로 삼아야 할 대강적 법률
   이라고 보는 입장으로, 이에 의하면 지방세법은 지방세조례를 제정함에 있어 지방자치단
   체를 구속할 뿐 직접 주민에 대한 구속력은 갖지 않는다고 본다. 따라서 지방자치단체는
   지방세법이 정하는 범위 안에서 완결적으로 지방세조례를 제정하고 당해 지방세조례를
   직접 근거로 하여 지방세를 부과·징수하여야 한다(김완석, 앞의 글, 159면).
63) 지방자치단체는 헌법상 지방자치의 보장을 통해 국가로부터 독립된 통치단체로서의 지
   위와 권한을 보장받는 결과, 국가법률인 지방세법은 지방자치단체에 대해서도 아무런 법
   적 구속력은 없는 것으로 보는 입장이다.
64) 이에 관한 상세한 논의는, 김완석, 앞의 글, 158쪽 이하 및 정수현, 앞의 글, 362쪽 이하
   참조.

2) 지방자치단체의 독자적 稅源發掘權의 인정 여부

지방자치단체가 사무수행을 위하여 재원확보가 필요한 경우, 지방자치단체의 자주재정권, 특히 수입고권에 근거하여 조례로써 독자적으로 세원을 개발할 수 있는지가 자주재정권의 한계문제로서 제기된다. 이에 대해 전통적으로 조세에 대한 보장과 규율은 배타적인 국가의 사무이며, 우리 헌법 제59조의 조세법률주의의 취지도 그러한 것이므로, 지방자치단체는 국가의 입법자에 의한 법률상 수권의 범위 내에서만 세원을 발굴하고, 주민에게 세금을 부과·징수할 수 있을 뿐이라는 것이 일반적인 견해로 보인다.[65] 독일의 경우도 지방자치단체의 조세발굴권(Steuererfindungsrecht)에 대한 문제는 이미 법치국가원리를 근거로 부인되어 온 것으로 보인다.[66]

그러나 자주재정권은 지방자치권의 불가분의 요소로서, 자율과 책임이라는 지방자치의 원리는 동일하게 적용된다. 그러한 점에서 지방세에 대한 과세자주권의 인정은 당연히 필요하게 된다. 동시에 새로운 세원의 발굴은 단지 지방자치단체의 재원의 확대라는 재정적 의미 외에 주민 자신에 의한 세목 설정을 통해 지방자치의 본질인 민주주의, 특히 참여민주주의에 부합하는 것으로, 자율과 참여의 직접적 실현이다. 특히 지방세의 세원은 각 지방자치단체 별로 산재하는 형태와 정도, 규모가 다르다는 점에서 각 지역의 특유한 상황을 고려하여 과세함으로써 자주재원을 확대하는데 중요한 의미를 가지게 된다.[67]

따라서 지방자치단체에 의한 독자적인 세원의 발굴 가능성의 문제에 대해서는 조세법률주의를 형식적으로 적용할 것은 아니며, 지방자치의 헌법적 보

---

65) 홍정선, 앞의 책, 49면.
66) Schmidt-Aßmann, a.a.O., S. 90 (Rn. 130) 참조.
67) 실제로 각 지역의 특유한 상황을 고려한 새로운 세원에 대한 발굴 노력은 지방자치단체들에 의해서 다양하게 행해지고 있는바, 관광세, 入道稅, 入島稅, 온천세, 바닷물사용료, 시멘트제조세 등이 논의되고 있다. 이에 관한 상세한 내용은, 김철영/ 박일흠, 지방세의 신세원 개발을 통한 세수증대 방안, 산업경제연구 제16권 1호(2003), 161쪽 이하 참조.

장의 원리가 충분히 고려될 필요가 있다고 할 것이다. 그러한 점에서 조세법률주의의 완전히 예외로서 법률에 근거없는 조례만에 의한 과세를 인정할 수는 없지만, 적어도 조세법률주의를 전제로 법률의 포괄적 위임에 의한 새로운 세원 및 세목의 발굴은 허용되는 것으로 보는 것이 바람직할 것이다.68)

3) 세원분리주의의 문제 : 세원의 공동이용의 가능성

조세체계에 있어 국세와 지방세를 배분하는 방식에는 크게 세원분리방식과 세원공동이용방식69)이 있는바, 우리나라의 경우는 국세와 지방세의 배분에 있어 세원분리방식을 취하고 있다. 즉 「국세와 지방세의 조정 등에 관한 법률」제4조는 '국가와 지방자치단체는 이 법에 규정한 것을 제외하고는 과세물건이 중복되는 여하한 명목의 세법도 제정하지 못한다'고 규정함으로써 세원의 공동이용방식을 원칙적으로 금지하고 있다.

지방세조례주의에 있어 가장 중요한 의의가 지방자치단체에 의한 새로운 세원의 발굴임을 고려할 때, 이러한 세원분리원칙은 지방세조례주의에 대한 중대한 장애요소로서 나타나게 된다. 따라서 지방세조례주의의 실효성을 위해서는 새로운 세원의 발굴을 위한 세원분리주의 내지 세원공동이용방식으로서의 개선이 필요하다 할 것이다.

---

68) 비교법적으로 볼 때, 지방자치단체에게 전적으로 세목결정권을 부여하는 입법례는 드문 것으로 보인다. 다만 일본의 경우 1999년 법정외 목적세제도가 새로 인정되었을 뿐만 아니라 기존의 법정외 보통세를 포함해 법정외세에 대한 자치대신의 허가제가 폐지되고 대신 사전협의제로 됨으로써 과세자주권을 존중하는 입장으로 개정되어 2000년 4월 1일부터 시행되고 있으며(차상봉, 지방자치단체의 자주과세권 확대를 위한 법리적 고찰, 지방자치법연구 제1권 제1호(2001), 157면), 그 외에 벨기에, 룩셈부르크 등에서 새로운 세목에 대한 결정의 자유가 인정되지만, 그 경우에도 법령상의 일정한 제한이 있으며, 중앙정부 등 상위단체의 승인이 필요하다(김대영, 앞의 글, 76쪽 이하 참조).

69) 세원의 공동이용방식은 크게 중복과세방식(독립세방식)과 공동세방식 및 부가세방식으로 나눌 수 있다. 이에 관한 상세한 내용은, 배인명, 재정분권화의 현실과 개혁방안, 한국행정학회 2003년 춘계학술대회 발표논문집 ; 원윤희, 앞의 글, 8쪽 이하 참조.

4) 지방세법의 정비 : 지방세법상 법률유보조항의 개정

지방자치단체의 자주재정권 중 핵심적인 것이 조세고권으로서, 지방자치단체가 조세를 통해 자주재원을 확보하기 위해서는 중앙정부로부터 독립하여 아무런 간섭을 받지 않고 조례에 의하여 과세권을 행사할 수 있도록 하는 것이 가장 이상적이다. 이와 관련하여 지방자치단체에 의한 독자적 세원 발굴의 가능성은 조세법률주의와의 관련에서 논란이 있지만, 적어도 그 외의 과세표준, 세율 기타 부과·징수에 관한 사항들은 조례의 준법률성에 비추어 지방자치단체의 독자적 영역으로 인정할 필요성이 존재한다. 그러한 점에서 지방세조례주의를 도입함에 있어서는 지방세에 대한 조례에의 포괄적 위임규정의 마련 및 지방자치단체의 자주적 과세권을 과도하게 침해할 소지가 있는 지방세법 조항들에 대한 정비가 필요하다.

특히 현행 지방세기본법 제5조 제1항은 '방자치단체는 지방세의 세목(稅目), 과세대상, 과세표준, 세율, 그 밖에 지방세의 부과·징수에 필요한 사항을 정할 때에는 이 법 또는 지방세관계법에서 정하는 범위에서 조례로 정하여야 한다'고 규정하고 있는바, 법개정 과정에서 오히려 '이 법이 정하는 범위 안에서'라는 문구가 삽입됨을 통해70) 지방세에 대한 법률유보를 강화하고 있는바, 이러한 태도는 지방세조례주의에 반하는 것이 아닌가 문제된다.

물론 앞서 검토한 바와 같이, 지방세의 경우에도 법률유보의 원칙은 원칙적으로 적용되며, 특히 지방자치법 제15조 단서가 침익적 조례의 경우에는 법률의 위임을 요하고 있기는 하지만, 이미 헌법재판소와 대법원이 밝히고 있듯, 지방자치단체는 국가의 하부 행정기관과 달리 민주적 정당성을 가지는 결과 조례에의 위임은 행정입법의 경우처럼 구체적 개별적일 필요가 없으며, 포괄적 위임으로 족하다. 즉 지방세법 제3조가 지방세와 관련하

---

70) 동 규정은 지방세기본법 이전에 1998년 12월 31일의 지방세법 개정을 통해서 처음 도입되었다.

여 조례에 (포괄적) 위임을 하고 있음에도 불구하고 다시 '법률의 범위 내로' 그 제한을 두고 있는 것은 지방자치단체에게 인정되는 입법상의 활동여지를 과도하게 제한하는 것으로 볼 수 있다. 재정고권은 사무에 적정한 재정확보를 내용으로 하는 것으로, 각 지방자치단체는 자신의 특유한 사무 및 재정상황을 분석하여 적정한 정도의 재정수입을 확보할 것이 요구된다. 즉 사무수행에 소요되는 비용정도, 과세객체의 多寡, 주민의 담세력 및 기타 경기상황 등을 종합적으로 고려하여 적정한 재정확보를 하여야 함에도 전국적으로 통일적인 지방세 기준을 설정하여 강요하는 것은 지방자치의 본질상 문제가 있다고 할 것이다.71)

따라서 지방세조례주의의 관점에서는 지방세법 제3조는 개정될 필요가 있다고 생각된다.

5) 지방세조례주의의 한계

지방세조례주의의 허용성을 인정하는 경우에도, 그 의미는 조세법률주의의 완전한 배제일수는 없으며, 이는 조세법률주의의 전제 하에서 헌법적으로 보장된 지방자치의 이념 구현을 위한 보충적 의미로 이해하여야 할 것이다.

따라서 조세법률주의의 본질 내지 실질적 의의 및 이념은 지방세조례주의에도 당연히 타당한 것으로, 실질적 조세법률주의 하에서 조세법률에 대하여 요구되는 한계원리는 여전히 지방세조례에 대해서도 적용된다. 따라서 지방세에 대한 조례의 경우에도 과세권행사에 있어 일반적 한계로 나타나는 국민의 재산권 보장 및 기타의 기본권보호원리 등 헌법상의 이념에 부합하여야 한다.

---

71) 조성규, 지방자치단체의 자주재정권에 대한 법제도적 고찰, 행정법연구 제9호(2003), 316쪽 이하.

그 결과 지방세조례주의는 우선 형식적 측면에서, 기본적으로 포괄적인 법률의 위임에 근거하여, 지방자치단체의 사무수행을 위하여 필요한 경우에, 납세의무가 당해 지역의 주민에 대하여 한정되는 경우에 허용될 수 있으며, 그러한 경우에도 조세법률주의가 가지는 실질적 의의는 존중되어야 할 것인바, 헌법 및 법률에 위반될 수 없음으로 물론이며, 헌법 및 법률상의 가치에 구속된다고 할 것이다.

6) 지방세조례의 통제

지방세조례주의가 확대되어 도입되는 경우 필연적으로 이에 대한 적절한 통제의 문제 역시 중요한 법적 과제가 될 것이다. 이와 관련하여 지방세조례주의의 철저한 관철은 지방세조례에 대한 위헌 여부의 판단을 중요하게 하므로, 사법심사의 주체를 대법원이 아닌 헌법재판소로 하여 위헌법률심사제도와 유사한 형태의 통제가 필요하다는 결론에 이르게 될 것이지만, 여기서는 이에 대한 상세한 논의는 생략하도록 한다.

VII. 맺는 말

현대 사회에서 지방분권 내지는 지방자치에 대한 요구는 법규범적 의미를 넘어 중요한 사회적 과제가 되고 있다. 이러한 시대적 요청은 우리나라의 경우에도 물론인바, 이상적 지방자치의 정착은 이념적 목표만으로 달성되는 것은 아니며, 이에 대한 적절한 법제도적 수단의 마련을 통해서만 가능하다 할 것이다. 특히 현대국가의 사회국가적 성격을 고려할 때, 행정과 재정은 분리될 수 없는 것으로 지방자치의 성패는 지방재정에 달려있다고 해도 과언이 아닐 정도다. 그럼에도 불구하고 우리나라의 지방자치 현실은 열악한 재정상태로 인하여 무늬만 지방자치인채 실질적으로는 중앙정부에 재정적으로 예속되어 있는 것이 현실이다.

그러한 점에서 지방세조례주의의 문제는 지방자치단체의 자주재정권에 대한 올바른 이해와 자주재정권의 실현을 위한 법적, 제도적 기초의 마련을 위한 중요한 단초가 된다.

물론 지방자치의 영역에 대해서는 지방자치권의 헌법적 보장 이외에도 중요한 헌법적 가치들이 존재하고, 그중의 하나로서 조세법률주의 역시 지방자치 영역을 규율하는 중요한 헌법적 가치임은 분명하다. 그러한 점에서 지방세조례주의의 전면적 도입을 위해서는 헌법개정을 통한 명문규정의 도입이 입법론적으로는 타당하다고 할 수 있다. 따라서 헌법개정을 통하지 않은 지방세조례주의의 전면적 도입은 한계가 있다고 할 것이나, 다만 현행 헌법의 해석론상으로도 포괄적 위임의 법리를 통해 제한적이긴 하지만 실질적인 지방세조례주의의 성과를 도출하는 것은 가능하다고 할 것이다.

현대 사회에서 지방자치가 가지는 의의 및 가치를 고려한다면, 지방자치의 이념적 구현을 위해서는 보다 과감한 발상의 전환이 필요한바, 더 이상 지방세조례주의의 허용성 여부에 대한 문제에 매달리는 것 보다는 현행 헌법체제 하에서도 - 비록 포괄적 위임을 요하는 제약은 있지만 - 지방세조례주의의 허용성을 전제로 지방세조례에 대한 제한 및 통제의 문제로 접근하는 것이 이상적 지방자치의 정착을 위한 중요한 첫걸음이 되지 않을까 생각한다.

제 3 편

자치입법의 발전

제1장 자치기본조례의 구상

문 상 덕

I. 머리말

우리나라에 있어서 "지방자치" 내지 "지방분권"이 시대적 화두(話頭)가 되어온 지도 이제는 적지 않은 시간이 경과하였다. 그동안 국가 차원에서도 지방분권의 확대를 통하여 지방자치의 실질적 발전을 도모하기 위한 다양한 개혁적 조치가 이루어져 온 것도 사실이다. 2003년 7월의 지방분권추진로드맵을 기점으로, 2004년 지방분권특별법의 제정과 대통령 소속의 정부혁신지방분권위원회의 설치, 그리고 지방분권의 기본방향과 추진계획을 담은 지방분권 5개년 종합실행계획안의 발표 등이 이루어짐으로써, 우리나라에 있어서도 지방분권시대 전개의 서막을 알렸던 것이다. 그 이후 현재까지 20년 가까운 시간을 통하여 분권적 국가구조로의 점진적 재편과 함께 지방자치의 실질적 발전을 위한 길이 지속적으로 모색되어 왔던 것이다. 위와 같은 국가적 차원의 분권개혁추진구조는 현재에도 기본적인 골격을 유지하고 있다고 할 수 있으며, 최근에는 비록 여야의 정치적 이해갈등 속에서 아쉽게 무산되고 말았지만, 대통령이 이른바 지방분권형 헌법 개정안을 마련하여 국회에 공식 제출하기도 하였던 것이다.

사실 지방분권 개혁은 규범적인 측면에서 볼 때는 헌법이 보장한 지방자치제도를 그 본질과 이념에 부합하도록 보다 충실히 구현하고자 하는 과정이지만, 우리나라의 현실적 측면에서 볼 때는 국가 발전을 위한 매우 시급하고도 중요한 시대적 요구이자 과제이기도 한 것이다. 그것은 위의 최초

의 지방분권 종합실행계획안에서도 지적된 바와 같이, 현대의 급속한 지식
정보사회에 있어서는 통치(統治)에서 협치(協治)로, 관(官)에서 민(民)으로,
중앙에서 지방으로, 소외로부터 참여로 국가운영의 기본 패러다임의 전환
이 요구되고 있고, 전 지구적인 세계화의 흐름에 따라 국가(중앙정부)의 매
개 없이 지방(지방정부)이 직접 세계를 대면하고 지역 중심의 생활안전망
을 확립할 필요성이 커지는 등 종래의 국가-지방간 역할 배분의 변화가
요구되고 있으며, 중앙정부의 과부하로 인한 중앙집권적 국가 운영의 비효
율성이 노정되고 있고, 지식정보의 공유, 주체성과 책임성의 확립, 개성과
다양성의 발현 등 개방되고 다원적인 민주사회의 가치가 더더욱 중시되고
있으므로, 이러한 시대적 상황에 부합하는 새로운 분권형 국가운영시스템
의 필요성이 강하게 요구되고 있기 때문이다.[1] 요컨대, 지방자치에 관한
규범적 가치의 실현과 새로운 시대에 부합하는 국리민복(國利民福)의 실현
을 위해서 과감한 지방분권을 통한 지방자치의 구현이 그 어느 때보다도
절실히 요구되고 있다고 할 것이다.[2]

　지방분권의 추진과 그 진전은 필연적으로 지방자치단체의 법적 지위와
그 역할에도 상당한 변화를 야기하게 된다. 분권 확대를 통하여 지방자치
단체에 보다 많은 자치권과 책임이 주어지게 되면, 지방자치단체는 종래와
같은 국가기관의 단순집행기구적 성격을 벗어나서, 국가(중앙정부)로부터
독립적인 지위와 권한을 가지고 스스로의 책임 하에 자기 지역에 있어서의

---

1) 정부혁신지방분권위원회, 지방분권 5개년 종합실행계획, 2004, 3면 참조.
2) 지방분권은 세계 주요 선진국에서도 하나의 시대적 조류로서 추진하고 있다. 예컨대, 프
　랑스의 경우 헌법 개정(2003. 3)을 통하여 그 제1조에 프랑스가 분권국가임을 명시하였
　고 권한이양기본법과 순차적 사무배분법을 제정하여 시행중이며, 영국의 경우 지역자치
　정부를 구성하고(스코틀랜드, 웨일즈), 기관구성의 다양화와 재정 자율성을 강화하였다.
　한편 일본의 경우에는 지방분권일괄법에 의하여 475개의 법률을 일괄 개정, 이른바 위임
　사무제도를 전면 폐지하여 지방자치단체의 자치권을 강화하였고 그에 상응하여 종래의
　중앙관여를 완화 내지 철폐하였다. 또한 EU의 경우에도 1985년 자치헌장을 제정한 후
　회원국가에서 이를 실천하도록 하고 있다.

공동체적 결정과 정책 집행을 해 나가거나 나가야 할 것이다. 그리고 지방
자치단체의 이러한 변화는 지방자치에 대한 소극적이고 부정적인 인식을
바꾸어 놓을 뿐만 아니라 지방자치의 제도적 내용 또한 더욱 풍부한 것으
로 만들게 될 것이다.

본 논문의 주제인 자치기본조례는, 바로 이러한 지방자치와 지방자치단
체의 모습을 염두에 두고, 하나의 책임 있고 법적 독립성이 부여된 지역공
동체 정부로서의 지방자치단체가, 주민의 적극적인 참여와 관민간의 긴밀
한 협력을 바탕으로 하여 지역자치에 관한 기본적인 원칙과 절차 내지 핵
심 제도를, 국가의 법령을 위반하지 않는 범위 내에서 자율적으로 정립하
게 하려는 자치입법운동의 하나라고 할 수 있다. 다시 말하여 자치기본조
례는, 독자성과 자율성이 고양된 지역적 종합행정주체로서의 지방자치단체
가, 자치의 기본원칙, 각 자치주체별 역할 분담과 책무, 자치조직의 구성과
운영, 입법 및 행정활동의 기본원리와 절차 그리고 주민의 권리나 지위, 주
민참여 등에 관한 기본적 사항을, 민주적 논의과정과 자주적인 결단으로
자치법규(조례) 형식에 담아냄으로써, 지방자치의 핵심적 요소인 주민자치
와 단체자치의 이상을 보다 실천적으로 구현하고자 하는 자치의지의 표명
이자 제도적 초석이라고 할 수 있는 것이다.

Ⅱ. 자치기본조례 서론

1. 자치기본조례 연구의 의의

자치기본조례에 관한 본격적인 고찰에 앞서서 먼저 언급해 둘 것은, 우
리나라의 학계나 실무계에서 자치기본조례나 이와 유사한 용어가 사용되
거나 논의되기 시작한 것은 비교적 최근의 일이고, 실제 이와 근접한 조례
가 입법화된 것도 2017년에 제정된 「서울특별시 자치헌장 조례」가 거의 유

일하다고 할 수 있는 점이다.3) 이처럼 자치기본조례를 둘러싼 의의와 개념, 필요성, 주요 내용, 법리적 쟁점 등에 관하여는 여전히 그리 충분한 주장이나 논의가 형성되어 온 것은 아니라고 할 수 있다.

하지만 이와 같은 상황에서도 본 논문에서 자치기본조례라는 용어를 사용하고 이 주제에 관하여 다각도로 고찰해 보고자 하는 것은, 자치기본조례와 관련한 외국에서의 논의 동향과 제도의 내용 그리고 앞으로의 발전방향을 점검·진단해 봄으로써, 향후 우리나라의 지방자치를 보다 체계적이고 내실 있게 발전시킴에 있어서 많은 시사점을 얻을 수 있다고 판단하였기 때문이다. 즉 자치기본조례와 같은 성격의 자치법규의 존재와 그 구체적 내용은, 앞으로 지방분권 개혁을 통하여 달성하고 형성해가야 할 우리의 지방자치의 수준과 상(像)을 모색하는 데 있어서 중요한 가늠자가 될 수 있다고 보았다.4)

---

3) 「서울특별시 자치헌장 조례」에 관한 좀 더 자세한 내용이나 법리적 분석 등에 관해서는 김용섭, 서울특별시 자치헌장조례에 대한 법적 검토, 행정법연구 (53), 2018.5, 51-76면 ; 최우용, 自治憲章 또는 자치기본조례에 관한 小考 - 서울특별시자치기본조례안을 소재로 하여 -, 공법학연구 제18권 제1호, 2017.2, 126-132면을 참조 바람.

4) 본격적인 자치기본조례에 해당한다고는 할 수 없지만, 지방의 정치행정과정에의 주민참여를 강화하여 주민자치가 강화되는 지방자치를 구축한다는 측면에서 우리나라의 여러 지방자치단체에서도 「주민참여기본조례」가 입법화된 사실에 주목할 필요가 있다. 청주시에서는 지난 2004년 9월 24일 전국 최초로 청주시민참여기본조례를 제정하였는 바(2002년 청주시 시민단체들의 제안으로 시작되어 2년 만에 제정되기에 이르렀음), 동 조례는 시민의 행정에 대한 참여를 활성화하고 청주시의 행정의 민주성과 투명성을 증대하기 위한 시민참여의 기본적 사항을 정함으로써, 시와 시민이 협동하여 지역사회의 발전을 도모하는 것을 목적으로 하고 있다(제1조). 이 조례의 주요 내용으로는 시민참여의 기본이념, 시장의 책무, 시민의 권리와 책무, 각종 위원회 등의 회의 공개의 원칙, 공모제나 추천제 등을 통한 각종 위원회에의 시민참여의 보장, 예산편성과정에의 시민참여, 시정정책토론청구제, 시민의견조사의 실시, 공청회 등의 시민참여, 시민참여연구회·공론화심의위원회의 구성 및 운영 등을 규정하고 있다. 이 청주시조례를 모범으로 2005년에는 전국 두 번째로 안산시주민참여기본조례가 제정되었고 그 이후 현재까지 전국의 다수의 지방자치단체에서 위 조례들과 유사한 조항들을 담은 주민참여기본조례가 제정되어 시행되고 있다.

2. 자치기본조례의 개념

본 논문에서 사용하는 자치기본조례의 개념은, 일단 이에 관한 논의와
제도화가 비교적 활발하게 진행되어 온 일본의 자치기본조례5)의 개념과
유사한 것으로서 파악하고자 한다. 일본의 경우 논자에 따라 상이하긴 하
지만, 대체로 자치기본조례란 그 지역에 있어서의 자치의 기본이념이나 원
칙, 공적 임무의 수행주체와 주체별 역할 분담, 자치제 조직 운영이나 공적
임무활동 등에 있어서의 기본원리 및 절차 등에 관한 기본적인 사항을 규정
한 조례로서, 지방공공단체(地方公共團體)6)의 최고규범으로 위치 지워지는
자치법규를 의미한다고 할 수 있다. 자치기본조례가 일명 "자치체의 헌법",
"조례 중의 조례"라고도 불리우는 것은 이러한 지위 내지 성격을 반영하는
것이라 하겠는데, 자치기본조례는 실질적으로도 여타의 개별 조례나 자치계
획 등의 책정지침 내지 해석지침으로서 기능한다고 평가할 수 있겠다.7)

한편 여기서 다루는 자치기본조례는, 현재 우리나라의 자치현장에서 상
당한 입법 형성이 이루어지고 있는 이른바 '○○기본조례'라는 명칭의 조
례들과는 구별하고자 한다. 예컨대 환경기본조례, 건축기본조례, 인권기본
조례, 양성평등기본조례, 조세기본조례, 노인복지기본조례, 노동기본조례,
재난 및 안전관리 기본조례, 청년기본조례, 의회기본조례 등이 그러한 것들
이다. 이것은 법률 차원에 있어서의 '○○기본법'과 같은 입법방식을 모방
하여, 조례에 있어서도 일정한 행정 내지 자치영역 또는 정책추진분야와

---

5) 자치기본조례라는 용어법에 대하여는 미국의 "Home Rule Charter"를 참조한 자치헌장,
   자치체헌장, 도시헌장 등의 용어가 적당하다는 주장도 있다.
6) 일본의 지방자치단체의 공식명칭. 이하에서는 일본에서의 통상적인 약칭인 '자치체(自治
   体)'라고 부르기로 함.
7) 사실 자치기본조례의 이러한 지위와 성격, 역할 등을 감안할 때, 그 명칭에 있어서도 일
   본식의 자치'기본'조례보다는 우리나라의 서울특별시의 경우와 같이 자치'헌장'조례로
   명명하는 것도 좋은 예가 될 수 있다고 생각된다. 조례의 명칭과 관련해서도, 차후 자치
   기본조례의 본격 도입 시에 충분히 검토할 가치와 필요가 있다고 본다.

관련하여 그에 기본적으로 적용되는 이념·원리·원칙이나 공통 사항 등을 규율하기 위한 것으로서, 기본조례라 하여 다른 조례에 비하여 우월적인 지위나 효력을 갖는 것이라고 하기는 어렵지만 관련 분야의 개별적 조례의 입법이나 해석 적용 그리고 행정 운용 등에 있어서 지침적·지도적 역할을 하는 조례라고 할 수 있는 것이다. 따라서 이러한 의미의 기본조례들은, 이 글에서 다루고자 하는 "자치체의 헌법" 내지 "조례 중의 조례"라고도 불리는 자치기본조례와는 그 지위나 역할, 적용범위 등에서 명확히 구별되는 조례라는 점을 유의하였으면 한다.

Ⅲ. 자치기본조례에 관한 비교법적 고찰

1. 일본의 자치기본조례

1) 자치기본조례의 제정 필요성

일본에 있어서 자치기본조례의 제정 움직임이 시작된 것은 대체로 다음과 같은 배경과 이유에 의한 것이다. 즉 1990년대 이후 본격적인 지방분권 개혁이 추진되면서 그 일단의 결실로서 2000년에 지방분권일괄법이 시행되기에 이르렀는데, 이에 따라 자치체는 중앙정부의 하청기관과 같은 지위로부터 중앙정부와 원칙적으로 대등한 지방의 정부로 변모하게 되었다. 이에 따라 국가의 법령에 기하여 전국 일률적으로 실시되어온 각종의 행정서비스에 관하여도, 해당 지역에서 살면서 일하고 활동하는 주민의 입장에서 지역의 특성이나 필요성에 입각하여 재정비될 것이 요구되었다. 자치체와 주민이 지역사회의 발전을 주체적으로 도모할 수 있게 되면서, 확대 보장된 자기결정권과 보다 무거워진 자치행정의 책무를 보다 충실히 수행하기 위하여, 주민의 존엄과 권리를 명확히 하고 나아가 그것을 보다 체계적·합

리적으로 실현할 수 있는 자치조직의 운영원칙이나 활동기준 등을 자치법
규(조례)의 형태로 확인해 둘 필요성이 커졌던 것이다.

2) 자치기본조례의 도입 현황

일본에서의 자치기본조례의 효시를 이룬 것은 2000년 12월에 제정되어
2001년 4월부터 시행된 홋까이도(北海道)의 니세코정(ニセコ町)지역사회
가꾸기기본조례(まちづくり基本條例)이다. 그리고 이 조례의 제정 이후
이를 모범으로 하여 각 개별 자치체별로 자치기본조례가 연이어 제정되어
왔다. 현재 자치기본조례의 도입 현황에 보면 전국적으로 약 390여 개의
자치체에 이르고 있는 것으로 보인다.[8]
그런데 일본의 자치기본조례는 그 실질적 유사성에도 불구하고 명칭이
두세 가지로 나뉜다는 점에 유의하여야 한다. 즉, 자치기본조례라는 명칭을
그대로 사용하는 전형적인 경우가 있는가 하면 앞의 니세코정에서와 같이
지역사회가꾸기기본조례(まちづくり基本條例)라는 명칭을 사용하는 경우
도 있다.[9] 그리고 여기에 종합적 의미의 자치기본조례와는 일정한 거리가
있는 것이지만 주로 행정과정에 대한 주민참여에 초점을 맞춘 시민(주민)

---

8) 출처 : (일본) 전국의 자치기본조례 일람(2020年4月1日)(ＮＰＯ法人 公共政策研究所
   Homepage > http://koukyou-seisaku.com/policy3.html) ; (참조) 전국 자치기본조례의 연
   도별·지역별 실시현황 관련 상세정보 (http://koukyou-seisaku.com/image/2019.12.1.
   jitigikaisekoujyoukyou6.pdf)
9) 원래 일본에 있어서 지역사회가꾸기(まちづくり(마찌즈꾸리))기본조례 혹은 지역사회
   가꾸기(まちづくり)조례라는 명칭의 조례는 니세코정 이전에도 존재했던 것인데, 이것
   들은 자치법규체계상으로는 본래의 의미의 자치기본조례의 하위에서 도시계획, 토지이
   용, 경관 등의 분야에 관한 규율을 통해 지역사회를 보다 아름답고 효율적으로 가꾸는
   것을 목표로 한 분야별조례라고 할 수 있던 것이다. 그런데, 이러한 조례들 가운데 니세
   코정을 필두로 하여 현재에는 그 내용의 종합화가 진전되어 전체적인 구성과 내용이 자
   치기본조례의 그것과 다름이 없는 것들이 다수 나타나게 되었던 것이다.(자치기본조례형
   지역사회가꾸기기본조례라고 할 수 있겠다.)

참가기본조례의 유형도 일부 존재한다.[10] 이들 조례들은 비록 그 명칭은 다르더라도, 그 내용이 자치체 내지 주민자치에 관한 기본적 원칙이나 사항을 규정함으로써 그 성격에 있어 사실상 최고규범성을 가지는 한, 자치기본조례의 범주에 속하는 것으로 보아도 무방한 것들이다.

그런데, 니세코정 이전에도 자치기본조례 제정과 관련된 움직임이 전혀 없었던 것은 아니었다. 일본에 있어서 자치기본조례 제정 움직임의 전사(前史)라고도 할 수 있는 시도로서, 카와사끼시(川崎市)의 「카와사끼시도시헌장조례(案)」이나 즈시시(逗子市)의 「즈시시도시헌장조례(試案)」, 군마현(群馬縣)의 「군마현자치기본조례(草案)」등이 있다.

이것들의 제정 취지나 내용들을 간단히 살펴보면, 먼저 카와사끼시(川崎市)도시헌장조례안(1973)의 경우에는, 평화권, 시민주권, 자치권 등의 제 권리를 주 내용으로 하는 것으로서, 이러한 권리를 조례에 규정하는 의의로서는, 지방자치의 헌법적 보장이 여전히 일반적·추상적이기 때문에 이를 현실화하기 위해서는 각 지역의 제 조건을 고려하면서 보다 구체적인 방식으로 실현노력을 거듭하지 않으면 안 되고, 또한 현실의 사회 변화가 헌법 제정 당시에는 생각이 미치지 않았던 새로운 문제나 요구들을 만들어 내고 있어 이러한 점들에 대한 지방자치단체 단위에서의 노력이 불가결하기 때문이었다고 한다.[11] 다만 동 조례안은 의회에서의 심의미완료로 폐안처리되었다.

또 하나의 예로서, 즈시시(逗子市)도시헌장조례(시안)(즈시시도시헌장조사연구회, 대표 兼子 仁 교수)은 1992년에 정리된 것으로, 이 시안에 의하면 동 조례는 시정 전체의 법적 기본원리를 정하는 기본원리조례이고, 다

---

10) 다만 주민참여기본조례가 주로 주민참여를 활성화하기 위한 다양한 절차와 수단을 규정하는 것에 그치고 있다면, 이 조례는 자치기본조례의 과도기적 형태이거나 개별시행조례에 머무는 것이라고 할 것이다.(木佐茂男, 自治基本條例の論点と到達點, (地方自治)職員研修 臨時增刊號 71, 公職研, 2002.11, 35면.)

11) 小林直樹, 自治体憲章の可能性, 都市問題 74권 10호, 1982, 7면(近藤哲雄, 政策法務の確立 － 地方分權の推進に向けて, 20면에서 재인용).

른 조례의 입법이나 해석운용에 대해 우선적인 법적 효력을 갖는 것으로
되어 있다. 그 구체적 내용으로서는, 지구촌시민(global citizen)으로서의 권
리와 책임, 시민자치도시로서의 시민주권·시민자치·민주창조시정, 정보에
의 권리·환경형성권 등의 시민의 인권 및 지역사회가꾸기종합계획·환경관
리계획 등의 즈시시지역사회가꾸기 등이 규정되어 있다. 한편, 군마현(群馬
縣)자치기본조례초안(1996)의 경우는, 현의 직원으로 구성된 정책연구회에
서 정리 보고한 초안으로서, 자치권, 현민의 알권리 및 참가권, 그 외 현의
기본구상 및 이에 기한 행정기본계획, 현민행동계획의 책정 등이 규정되어
있었다.12)

　이상 소개한 일본의 자치기본조례 혹은 도시헌장조례(안)들은 아래에서
설명할 미국 여러 주(State)의 지방자치단체들이 채택하고 있는 Home Rule
Charter에서 많은 시사점을 받았다고 한다.

2. 미국의 Home Rule Charter

　미국의 경우 지방자치단체를 창설하거나 지방자치단체로서의 법적 지위
를 부여하고자 하는 경우에는 주민들이 새 자치단체 창설의 청원을 제출하
고 주 헌법(State Constitution)이 이를 승인하여야 한다(물론 주 헌법의 승인
을 받아 처음부터 지방자치단체의 지위를 갖고 있는 경우도 포함). 승인을
받은 경우에는 주민의 대표가 새 지방자치단체의 Home Rule Charter안을 기
초하고 그 안에 대하여 주민투표를 거쳐 Home Rule Charter가 확정된다. 지
방자치단체는 이제 확정된 Charter에 기초하여 자치조직을 구성하고 자치적
운영을 개시하게 된다. 이런 의미에서 미국의 Home Rule Charter는 자치단

---

12) 群馬縣企劃部, 政策硏究會報告書 - 群馬縣自治基本條例の制定推進, 1996. (西田裕
　　子, 都市憲章·自治基本條例とは何か, 自治立法の理論と手法, ぎょうせい, 1998, 78
　　면, 註5) 참조)

체판 헌법이라고도 할 수 있는 것이다.13) 다만 미국의 Home Rule Charter의 제도화 및 그 세부 내용 등은 연방 전체적으로 일률적이라기 보다는 주(州)별로 다양한 양상을 보여 왔다고 할 수 있다.14)

Home Rule Charter가 일본의 자치기본조례와 다른 점은 이것들이 주 헌법의 수권절차를 거쳐 제정되는 것이고 내용상 일반적으로 매우 포괄적이고 상세한 규정을 갖는다는 것이다. 지방자치단체의 명칭, 문장(紋章), 구획, 지방정부의 형태, 기관·조직의 권한과 사무, 직원의 인사·급여, 선거나 주민직접참여, 행정절차 등 지방자치단체의 가장 기본적이고 중요한 사항이 Home Rule Charter에 망라적으로 규정된다. 일본의 경우와 비교하면 지방자치법에 규정되어 있는 사항들의 상당 부분까지 미국에서는 개별 지방자치단체의 Home Rule Charter에 규정되고 있다고 할 수 있다. 이런 점에서 미국의 Home Rule Charter는 일본의 자치기본조례보다 훨씬 더 헌법적 성격을 강하게 갖는 자치규범이라고 할 수 있다.15)

---

13) 예컨대, Pennsylvania주의 Allegheny County의 Home Rule Charter에 관한 다음의 개요 설명을 보면 Home Rule Charter의 이러한 성격을 보다 명확히 알 수 있다.

"[Summary of Home Rule] The 1968 Pennsylvania Constitution allows all Pennsylvania counties and municipalities to exercise home rule powers through the adoption of a home rule charter. The basic concept of home rule is relatively simple: the authority to act in local affairs is transferred from state law to a local charter, adopted and, as need be amended, by the voters through referendum. Home rule shifts much of the responsibility for local government from the state legislature to the local community. A county that adopts a home rule charter has the ability to amend its governmental organization and powers to suit its needs. A home rule charter is, in essence, a local constitution."

14) 미국의 Home Rule Charter에 대한 전반적 개관 및 특히 Home Rule Charter가 비교적 성공적으로 정착되었다고 평가되는 캘리포니아주(California State)의 Home Rule Charter에 대한 소개와 분석에 관해서는 조시중, 지방자치 홈 - 룰 차터의 법률적 지위 검토 : 미국 켈리포니아 주(州) 헌법과 사례를 중심으로, 지방행정연구 제30권 제3호(통권 106호), 2016.9, 89-122면을 참조 바람.

15) 福士 明, 自治体の憲法 - アメリカの憲章(Charter)制度, 北海道町村會, フロンティア180, 2000年 春季号(第33号), 34면.

한편 Home Rule Charter의 이러한 '강한 (자치) 헌법성'은, 우리나라에서 자치기본조례의 도입 여부를 검토할 경우에 Home Rule Charter의 직접 적용에 한계를 긋게 하는 요인이 되기도 한다. 그것은 우리나라의 경우에는 이미 (일본과 유사하게) 지방자치제도 내지 지방자치단체의 조직과 운영에 관한 기본적인 사항을 지방자치법이나 지방재정법 등 국가의 법률에서 규정하고 있기 때문에, (위와 같은 법률들을 획기적으로 개폐하지 않는 이상) 자치법규로서의 자치기본조례를 도입하는 경우에도 그와 같은 국법의 전제와 한도 내에서 동 조례의 지위와 성격을 설정할 수밖에 없을 것이기 때문이다.

다만 참고할 사항은, 우리나라에 있어서도 해방 후 건국 전 미군정 당국에 의해서 미국의 Home Rule Charter제도가 그대로 직수입된 적은 있었다는 사실이다. 당시 서울시의 헌법이라고도 할 수 있었을 「서울시헌장」이 그것인데, 1946년 8월 15일 광복 1주년을 기하여 미군정 당국이 제정, 발표한 서울시헌장은 총 7장 58개조로 구성되어 있었다. 그 주요 내용으로는 종래의 경성부라는 명칭을 서울시로 개칭하고 경기도의 관할에서 독립시켜 특별자유시로 승격시켰으며, 그에 상응하는 독특한 행정체제(시장 이하 시행정조직의 구성, 시장의 선출·권한, 참사회 및 각종 위원회 등)를 규정하고 있었다.16) 서울시헌장은 1948년 건국 후 지방자치법이 제정되면서 이에 사실상 흡수되면서 폐지되었다.

3. 독일의 Hauptsatzung

한편 독일의 경우에 자치기본조례에 대응하는 유사례로서 Hauptsatzung을 들 수 있다. 이것은 개별 지방자치단체(Gemeinde)가 연방헌법에 의하여

---

16) 서울시헌장에 대한 자세한 소개와 분석 및 실패의 원인 등에 관하여는 강석정, "미군정기 '서울시헌장'의 재발견 – '지방-국민국가-동아시아'의 구조와 긴장", 한국법사학회 法史學硏究 Vol.58, 2018, 149-194면을 참조 바람.

부여받은 조직고권과 각 란트의 지방자치법에 기하여 의무적으로 제정하는 조직법적 규정으로서, 개별 자치단체의 문장(紋章), 내부조직(예컨대 조직간 사무분장, 의회위원회의 수, 의결사항의 공시방법, 의원의 비용변상) 등 주로 지방자치단체의 내부체제와 기관에 관하여 규정하는 기본적 조례이다(최근 들어 예외적으로 자치단체에 따라 주민참여관련 규정을 두는 경우도 있다고 한다).[17]

그런데 독일의 Hauptsatzung은 기본조례의 일종이긴 하지만, 지방자치단체의 중요 기본사항을 망라적으로 규정하고 있지는 않고 대개 상징적인 사항이나 지방자치단체 내부의 행정조직에 관한 사항을 주로 규율하고 있다는 점에서, 자치체판 헌법으로서의 성격은 미국의 Home Rule Charter나 일본의 자치기본조례에 비하여 훨씬 미약한 것으로 평가된다. 이것은 아마도 지방자치단체를 하나의 행정기관 내지 행정구역의 일종으로 보는 독일의 역사적 전통과도 무관하지 않은 것 같다.

Ⅳ. 자치기본조례의 내용

1. 지방자치단체별 상이성

우리나라의 경우에는 아직 서울의 경우를 제외하고는 자치기본조례라고 불릴만한 조례가 거의 없기 때문에 그 일반적인 주요 내용을 검토하는 것은 용이하지 않다. 일본의 자치기본조례의 경우에도 그 구체적인 내용은 각 지역이나 자치단체의 실정이나 입법취지에 따라 상이하며 표준적인 모델조례를 찾아보기도 어렵다. 즉 자치기본조례에 어떠한 내용을 담아야 하

---

17) Hauptsatzung에 대한 보다 상세한 기술은, 한국법제연구원, 독일자치법제연구 Ⅰ, 1991, 41-44면 ; 하인리히 숄러(저)/김해룡(역), 독일지방자치법연구, 한울아카데미, 1994, 152-153면을 참조 바람.

는 가에 관한 정해진 원칙은 없다는 것이다.

이것은 원래 자치기본조례가 개별 자치체의 고유성과 자율성에 기초하여 만들어지는 것이므로 어떤 정형적인 패턴을 확정하기가 어렵고 또한 국가 차원의 표준적인 모델을 설정하고 여기에다가 자치단체의 명칭만 바꾸어 넣는 식의 자치기본조례가 된다면 그것은 오히려 '자치'기본조례로서의 기본적 의의를 살릴 수 없는 것이 될 것이기 때문이다. 따라서 지방자치단체별로 자치기본조례의 기본 컨셉(concept)이나 핵심적 내용을 달리 결정하는 것이 오히려 바람직한 측면이 있다.

2. 자치기본조례의 주요 내용

자치기본조례가 갖는 기본규범 내지 자치법규체계에서의 최고규범의 성격에 상응하여 자치기본조례에 포함되는 것이 적절할 것으로 보이는 내용으로는 대체로 다음과 같은 사항들을 들 수 있을 것이다.

① 동 조례의 목적·취지, 자치 내지 주민자치의 기본원리, 주민의 권리·의무에 관한 사항(국법상 인정된 주민의 권리를 보완하거나 그 수혜범위를 확대하고 나아가 새로운 주민의 권리를 창설함), ② 지역의 공적 임무수행의 주체(지방자치단체의 기관(단체장, 의회 등)과 주체간 역할 분담 및 책무, 그리고 주민과 사업자 등의 책무와 협력관계, ③ 지방자치단체의 공공성 실현을 위한 활동원리 및 절차(정보공개와 공유, 의견청취절차, 분쟁해소절차 등)에 관한 기본적 사항, 넓은 의미의 각종 주민참여절차 등이 그것이다. 이러한 내용을 굳이 헌법과 비교해 본다면, ①은 헌법원리와 관련되는 서론 부분과 기본권 부분 ②③은 통치구조부분의 규정에 해당하는 것이 될 것이다.

이들 규정사항 중에 어디에 중점을 두는 가에 따라 조례의 분위기는 상

당히 달라질 수 있을 것이다.[18] 이하에서는 일본의 자치기본조례의 대표적
두 사례를 들어 자치기본조례의 주요 내용에 어떠한 것이 포함될 수 있는
지 참고하도록 한다.

1) 니세코정(ニセコ町) 지역사회가꾸기기본조례

니세코정(ニセコ町)지역사회가꾸기기본조례(まちづくり基本條例)는 정
보공개·제공을 통한 주민과의 정보공유와 주민참가의 확대라는 두 요소를
중심 개념으로 하여 자치기본조례를 구성하고 있다.[19] 그 주요 내용을 간
추리면 대체로 다음과 같다.

○ 지역사회가꾸기의 기본원칙
  - 정보공유의 원칙, 정보에 액세스할 권리, 행정의 설명책임, 주민참
    가의 원칙
    (행정업무의 기획입안, 실시, 평가의 각 과정에 있어서의 주민참가
    의 보장)
○ 정보공유의 추진
  - 의사결정의 명확화, 정보공유를 위한 제도보장
○ 지역사회가꾸기의 참가의 추진
  - 지역사회가꾸기에 참가할 권리의 보장
  - 어린이들의 참가권의 보장
  - 주민의 책무(종합적 시점에 선 언동)
○ 커뮤니티의 육성
○ 행정의 역할과 책무

---

18) 田中孝男, 앞의 글, 9면 참조.
19) ニセコ町まちづくり基本條例의 전체적인 구성과 내용은 다음의 사이트에서 확인할 수
   있으니 참조 바람 (https://www1.g-reiki.net/niseko/reiki_honbun/a070RG00000379.html)

- 정장(町長) 등의 취임선서
- 주민으로부터 심의회 위원등을 공모하는 행정운영
- 의견, 요망, 고충 등에 대한 응답의무와 주민의 권리보호
- 행정직원의 전문스태프로서의 역할(직원 한사람 한사람의 책임 있는 역할)
○ 주민과 행정의 협동
  - 계획과정에의 주민참가와 정보 명시
  - 제출된 의견의 채택 결과 및 이유의 공표
○ 재정
  - 예산책정과정의 투명성 확보
  - 직무평가에 도움이 되는 결산
○ 평가
  - 행정업무를 주민이 평가하는 시스템의 도입
○ 주민투표제도
  - 단체장은 투표결과의 취급에 관하여 사전에 공표
○ 조례제정절차에 있어서의 주민참가
○ 지역사회가꾸기기본조례의 위치 부여
  - 지역사회가꾸기에 관한 제도 설정 시에는 이 조례를 타 조례에 우선하여 존중

2) 후지미시(富士見市) 자치기본조례

후지미시의 자치기본조례(富士見市自治基本條例)는 대체로 전형적인 자치기본조례의 일례로서 일반적으로 규정될 수 있는 사항들을 담고 있는 사례로 평가된다. 그 주요 내용을 정리하면 다음과 같다.[20]

---

20) (https://www1.g-reiki.net/fujimi/reiki_honbun/e336RG00000774.html#e000000309) 사이

○ 기본원칙

   − 정보공유의 원칙, 시민참가의 원칙, 협동의 원칙

○ 시민의 권리와 책무

   − 시정에 참가할 권리, 시정에 관한 정보를 알 권리, 배울 권리

   − 보유 기술이나 능력을 지역사회가꾸기에 환원하도록 노력할 의무

○ 시의회, 시 등의 책무

   − 시의회의 책무

   − 시의 책무(시민참가의 기회 확충, 시민의 의견이나 제안의 검토·반
영, 시민에게 지역사회가꾸기에 관한 정보나 학습의 기회 제공)

○ 시장 및 시 직원의 책무

○ 시민참가절차 및 주민의견 청취

○ 심의회 등에의 참가

   − 심의회 등의 위원 공모

○ 시민참가 및 협동의 추진

○ 자주적 지역사회가꾸기 활동의 촉진

○ 시정 운영의 기본원칙

   − 계획적인 종합행정의 실시

   − 정보의 공개

   − 시정(시책입안, 실시, 평가)에 관한 설명책임

   − 시민의 의견, 요망 등에 대한 성실하고 신속한 응답책임

   − 개인정보의 보호

   − 적정한 행정절차의 확립

   − 시민투표제도의 활용

   − 행정평가의 실시

   − 건전한 재정의 운영

트에 게재된 조례 전문을 필자가 요약함.

○ 본 조례의 위치 부여
 - 다른 조례나 규칙의 제정 및 개폐에 있어서 최대한 존중되어야 함.

V. 자치기본조례를 둘러싼 법리적 문제의 검토

1. 조례의 필요성과 가능성에 관한 법적 문제

　자치기본조례의 제정 움직임이 활발하였던 일본에서도 자치기본조례에 대하여 다소 부정적이거나 회의적인 견해 또한 없지 않았다. 그것은 추상적이고 훈시적인 내용이 주가 되기 쉬운 자치기본조례와 같은 법규를 굳이 제정할 필요가 있을까 하는 의문에서 제기된다. 그 구체적인 논거로서는 첫째, 자치기본조례로 정하여야 할 사항들은 헌법이나 지방자치법 등의 법률에서 정하고 있으므로 자치기본조례는 굳이 필요하지 않다는 것(불필요성), 둘째 자치기본조례와 같은 내용의 조례를 정하는 것 자체가 헌법상 의문이 있다는 것으로, 자치체의 존립의 기초, 권한은 헌법과 이것을 받은 법률에 의하여 부여된 것으로 그 이외의 것으로 존립의 기초 또는 권한의 근거를 설정하는 것은 불가능하다는 주장이다(불가능성).[21]
　자치기본조례의 필요성과 가능성에 대한 이와 같은 비판적 주장에 대하여는 다음과 같은 반론이 제기될 수 있다. 첫째 헌법이나 법률에서 지방자치에 관한 기본적 사항을 모두 규정하고 있는 것은 아니며, 규정하고 있지 않은 사항에 대하여 조례로써 규정하는 것을 또한 봉쇄하고 있는 것도 아니라는 점에서, 각 자치단체별로 그들 나름의 자율적 판단과 합의에 따라 해당 자치단체에 관한 기본적 사항을 (물론 헌법이나 법률을 위반하지 않는 범위 안에서) 규정하거나 헌법이나 법률상 규정되지 않은 주민의 권리

---

21) 田中孝男, 入門·自治基本條例論, 2002, 3-4면 참조.

나 지위를 새로이 또는 보완하여 설정하는 내용의 자치기본조례는 그 나름
의 필요성이 인정될 수 있다. 나아가 헌법과 법률에서 지방자치에 관한 기
본적 사항을 규정하고 있긴 하지만, 우리나라에서와 같이 지방자치법을 비
롯한 자치관련 법령이나 개별 법령을 통하여 국가가 지방자치 내지 지방행
정에 관하여 지나치게 세세히 규율함으로써 자치권 행사의 여지를 과도하
게 제약하는 것은 헌법이 보장하고 있는 지방자치의 본질이나 이념에 부합
하지 않는 측면이 크기 때문에, 국가 법령에 규정된 수많은 획일적 규정들
은 앞으로 지방분권 개혁과정에서 오히려 축소하거나 완화해야할 대상이
고, 따라서 법률이 있으니까 자치기본조례와 같은 자치적 규율은 필요치
않다는 주장은, 근본적으로 종래의 지방자치 경시적 사고 내지 중앙집권적
국가중심사고에서 크게 벗어나지 못한 견해라는 점에서 받아들이기 곤란
한 측면이 있다.

둘째, 자치기본조례는 조례에 의해 처음으로 자치단체의 존립의 기초나
권한의 근거를 독자적으로 창설하고자 하는 것은 아니라고 할 것이다. 이
와 같은 점에서 두 번째 비판은 적절치 않은 것으로 볼 수 있다. 우리나라
의 경우에 있어서도 자치기본조례가 입법화된다면 그것은 어디까지나 헌
법과 지방자치법 등 국법체계의 존재를 전제로 하면서, 지역행정의 자주
적·종합적 실시주체가 법령을 위반하지 않는 범위에서 자치와 관련된 기본
적 사항을 규범화하는 수준에 머무를 것으로 예상되므로, 자치기본조례의
성격을 이와 같이 한정적이고 보완적인 것으로 보는 한 현행법체제에서도
자치기본조례의 가능성은 모색해 볼 수 있을 것으로 생각한다.

2. 자치기본조례의 최고규범성의 문제

앞에서 자치기본조례는 해당 지방자치단체의 자치법규체계 내에서는 최

고규범성을 갖는 것으로서, 일본에서는 이를 가리켜 자치체의 헌법 내지 조례 중의 조례라고 불린다는 점을 언급한 바 있다. 하나의 지방자치단체의 자치법규에는 행정분야별 기본조례와 입법목적이나 규율대상에 따른 다수의 개별조례나 규칙이 존재한다. 자치기본조례는 국법체계 내의 헌법과 법률 간의 형식적 서열(상하)관계와는 달리, 원칙적으로 조례의 법형식을 취하고 있다는 점에서 자치법규체계 내의 다른 조례들과의 관계에 있어서 법형식 내지 법체계상의 우위에 있다고는 말하기 어렵다.

통상적으로 같은 조례형식의 법규간의 우열관계는 특별법우선의 원칙이나 신법우선의 원칙이라는 법적용에 관한 일반원칙에 의한다. 다만 이러한 원칙에도 불구하고 자치기본조례는 당해 지방자치단체의 기본적이고 원칙적인 사항을 규정하는 자치법규 내지 헌장적 의미를 가진다는 점에서, 다른 개별 조례들이 자치기본조례에 반하거나 그것을 무시해서는 곤란하며, 오히려 자치기본조례에 나타난 기본적이고 핵심적인 자치적 의사를 존중하고 그 취지를 실현할 수 있도록 노력하지 않으면 안 될 것이다. 조례의 우위에 서는 새로운 자치법규형식이 헌법 내지 법률에 의하여 창설되지 않는 한(창설되기까지는), 현재의 자치법규체계 하에서 일반 조례에 대한 자치기본조례의 법형식 혹은 법체계적 우위성을 인정하는 것은 적어도 이론 상으로는 쉽지 않아 보인다. 다만 입법기술적으로, 자치기본조례 자체에 특별규정을 두어서 동 조례가 다른 조례나 자치법규에 우선하며 다른 자치법규들은 적용하거나 제·개정할 때에는 자치기본조례를 존중하지 않으면 안 된다는 취지의 규정을 스스로 둠으로써, 자치기본조례의 상대적 최고규범성을 간접적으로 확보하는 방안을 강구하는 것은 가능할 것으로 본다.[22]

---

22) 일본의 자치기본조례의 경우도 이 문제를 의식하여 대체로 다음의 예와 같은 규정을 자치기본조례 안에 두고 있다. ⅰ) 니세코정지역사회가꾸기기본조례(ニセコ町まちづくり基本條例)

(이 조례의 위치 부여) 제55조 "다른 조례, 규칙 기타의 규정에 의하여 지역사회가꾸기에 관한 제도를 두거나 실시하고자 하는 경우에는, 이 조례에서 정한 사항을 최대한 존

3. 자치입법권의 범위·한계와 관련된 문제

현행 지방자치법 제22조에 의하면 조례는 법령의 범위 안에서 제정될 수 있고, 주민의 권리의무, 벌칙관련 사항(규제적 사항)은 법률의 위임이 있어야만 조례로 규정할 수 있다.

먼저 "법령의 범위 안에서"의 의미에 관해서는 통설과 판례상 법령에 위반하지 않는 범위 내라고 해석되고 있는바,23) 자치기본조례도 조례인 이상 국가의 법령에 위반해서는 안 된다. 그런데, 헌법 제118조 2항은 "…·지방자치단체의 조직과 운영에 관한 사항은 법률로 정한다."고 하고 있고, 이에 관한 국가의 법률과 명령들은 실제로 상당히 세부적인 사항까지 직접 규율하고 있어, 이러한 세밀한 법령들을 위반하지 않으면서 자치기본조례를 제정하는 데에는 상당한 전문적 연구와 지혜가 필요할 것으로 보인다. 중장기적으로는 지방자치단체의 조직이나 운영에 관해 규율하고 있는 지방자치법을 비롯한 관련 법령들을, 지방자치의 이념을 구현하고 자치입법권을

중하여야 한다."

제56조"町은 이 조례에 정한 내용에 입각하여 교육, 환경, 복지, 산업 등 분야별 기본조례의 제정에 노력함과 동시에, 다른 조례, 규칙 기타의 규정의 체계화를 도모하도록 한다."

ii) 이타미시지역사회가꾸기기본조례(伊丹市まちづくり基本條例)

(이 조례의 위치 부여) 제13조"이 조례는 지역사회가꾸기의 기본원칙이고 시는 다른 조례 규칙 등을 정하는 경우에는 이 조례에서 정하는 사항을 최대한 존중하여야 한다."

23) 지금까지 학계에서는, 지방자치법의 "법령의 범위 내"의 의미해석과 관련하여, 이것이 최소한 '법률우위의 원칙'을 표현한 것이라는 점에 대하여는 거의 이의가 없었다고 할 수 있다. 다만 법률우위의 원칙에 더하여, 이를 '법령에 근거하여', 또는'법령의 위임에 의하여' 등의 의미로도 해석할 수 있는지, 즉 동 규정이 법률유보의 원칙도 내용적으로 포함하는 것으로 볼 것인지 여부에 관해서 상반된 해석이 존재하였다. 이와 관련하여 필자는, 일단 동 규정 단서에서 권리의무관련 사항에 관한 조례제정에 있어서 법률유보의 원칙을 규정하고 있는 것으로 보아, 본문에서 말하는 "법령의 범위 안"에서의 의미에는 법률유보관련적 의미는 포함되어 있지 않고, 따라서 법령의 범위 안에서의 의미는 법령 우위의 원칙 즉 법령에 위반하지 않는 범위 내의 의미로 해석하는 것이 타당하다고 판단하고 있다.

비롯한 지방자치단체의 자치권을 가능한 한 확대하는 방향으로 재정비할 필요가 있다고 본다. 그리고 아예 지방자치법 자체에서 자치기본조례의 근거를 설정하고 만일 어느 지방자치단체가 자치기본조례를 도입할 경우에는 그 제정 및 개정에도 특별절차를 도입하여(예컨대 일반조례와는 달리 의회의 특별가중정족수를 요구하거나 주민투표절차를 거치게 하는 등), 자치기본조례가 자치법규체계 내에서 최고규범이라는 점을 확인시켜 둘 필요성도 있다고 본다.

한편 지방자치법 제22조 단서에 의하여, 조례로 주민의 권리를 제한하거나 의무를 부과하고 벌칙을 제정하기 위해서는 법률의 위임이 있어야 한다. 따라서 자치기본조례의 경우에도 이러한 내용의 침해적 규정을 두기 위해서는 법률의 위임이 필요한 것이 된다. 이미 법률의 위임이 있는 사항의 경우는 문제가 없겠지만 그렇지 않은 사항에 관해서는 그것이 규제적 내용인 이상 자치기본조례에서 규정하는 것은 한계에 부딪칠 수밖에 없을 것으로 보인다. 다만 자치기본조례는 개별시행조례와는 달라서 그 내용이 앞에서 살펴보았듯이 대체로 추상적·선언적인 의미의 것이 많을 수밖에 없고, 그 취지나 내용에 있어서도 주민에 대한 구체적 의무 부과보다는(이와 관련되는 사항은 노력의무 등을 규정하는 경우가 많을 것이다) 주민의 권리를 보완하거나 그 내용을 명확히 하는 권리부여적 규정이 많을 것이므로 이 문제에 관해서는 그다지 근본적인 장애가 발생하지는 않을 것이다. 다만, 입법정책적으로는 지방자치법 제22조 단서를 삭제하여 자치입법권의 범위를 획기적으로 확대하고, 지방자치법이나 개별 법령상의 세세한 규정을 자치입법의 여지를 보다 확대 보장하는 방향으로 수정함으로써, 자치기본조례를 통하여 개별 자치단체별로 자치의 기본원칙이나 핵심사항에 관하여 보다 폭넓은 자율적 규율권을 갖도록 하는 것이 요망된다고 본다.[24]

---

24) 이에 관하여는 졸고, 자치입법의 위상 및 기능 재고, 행정법연구 제7호, 2001을 참고 바람.

4. 자치기본조례안의 발의 및 확정절차의 문제

현행법상 자치기본조례의 제정에 있어서 일반 조례와 비교하여 특별한 제정절차가 마련되어 있는 것은 아니다. 앞에서 언급한대로 자치기본조례 역시 조례의 법형식을 가지고 있으므로, 지방자치법에 규정된 조례의 일반적인 제정절차를 거치면 합법적으로 성립할 수 있다. 다만 자치기본조례는 그 내용이 해당 지방자치단체의 전 영역에 걸치고 있고 자치법규 중 최고 규범성을 가지는 것이므로, 이러한 자치기본조례의 성격과 중요성에 비추어 다른 개별조례와는 차별적인 입법절차를 거치도록 하는 것이 바람직할 것으로 생각된다.

특히 발의절차에 있어서 형식적으로는 단체장이나 일정 수 이상의 의원이 발의할 수 있으나, 형식적 발의에 앞서서 적극적인 주민참여방식을 도입하여 공모과정을 통해 위촉된 일반 주민대표나 주요 단체대표 등으로 구성되는 시민기구(예컨대 ○○시자치기본조례 제정을 위한 시민회의)를 구성하거나 전문가와 자치단체 직원으로 구성되는 연구회·검토회 등을 조직하여 이러한 기구들의 광범위하고 전문적인 조사와 논의를 거치는 것이 바람직할 것이다. 또한 널리 주민들의 의견과 동의를 구하여 공론화할 수 있는 절차나 시스템을 통하여 일반시민들로부터의 자유로운 의견을 충분히 수렴하고 그 결과를 존중하여야 할 것이다. 이러한 과정을 통하여 집약된 내용을 위 시민기구가 자치기본조례의 초안으로 채택하여 단체장에 제안하고 단체장이 이에 대한 전문적 검토를 통해(집행기관 내에 별도의 검토기구를 구성) 의회에 제출할 조례안을 성안하는 것이 바람직하다. 주민참여 없이 단지 단체장 이하 집행기관만이 이를 주도하거나 일부 의원들만에 의해서 조례안이 발의되는 것은 자치기본조례가 갖는 이념적, 정치사회적 의미를 고려할 때 적절치 않다고 보기 때문이다.[25]

---

25) 일본의 경우 예컨대 이타미시지역사회가꾸기기본조례(伊丹市まちづくり基本條例)의

또한 헌법의 경우 그 개정에 국회의 의결과 국민투표를 거치도록 한 점을 참고하여, 자치체 헌법이라고도 할 수 있는 자치기본조례의 경우에도 조례안에 대한 주민투표를 거치도록 하는 것이 좋을 것이다. 다만 현행법상의 조례 제·개정에서는, 국회의 의결과 국민투표를 거쳐야 확정되는 헌법과는 달리 원칙적으로 지방의회에서 의결되면 주민투표 없이도 확정되어버리기 때문에, 현실적으로 생각할 수 있는 가능한 방법으로는 발의된 조례안에 대하여 의회가 충분히 토의하여 의회의 가결정족수를 사실상 확보하고(즉 사실상의 의회최종안을 결정함) 단지 최종 의결절차를 앞둔 시점에서, 의회의 청구로 단체장이 동 조례안에 대한 주민투표를 실시하도록 하여 그에 대한 투표 결과 찬성으로 확정되면 위 조례안을 의회가 최종 의결하는 방식을 채택하는 것이 어떨까 한다. 입법정책적으로는, 지방자치법이 자치기본조례제도를 도입할 경우에 위와 같은 내용을 담은 특별 제·개정절차 역시 동시에 규정하는 것이 바람직할 것이다.

Ⅵ. 맺는 말 - 자치기본조례의 재음미와 전망

이상 살펴본 자치기본조례에 관해서, 아직 우리 학계와 실무계에서는 본

경우를 보면, 시민공모위원 15인과 시민단체대표 15인 합계 30인으로 「まちづくり基本條例를 만드는 모임」을 결성, 시장으로부터의 의뢰에 기초하여 동 조례 초안을 작성·제안하는 과정을 거쳤으며, 시장은 위 제안을 받아 이를 기초로 이타미시지역사회가꾸기기본조례책정위원회를 구성하여 전문적인 조사와 검토를 거친 뒤, 동 조례안을 작성, 의회에 제출하여 통과된 바 있다. 또한 야마토시자치기본조례(大和市自治基本條例)의 경우에도 야마토시자치기본조례를 만드는 모임을 결성(각종 단체대표나 공모시민위원 26명, 시직원 4명, 전문가(교수) 1인 등 총 31인으로 구성)하여 시민과 시직원이 한 테이블에서 대등하게 논의하여 그 의견을 총괄적으로 집약, 조례초안을 작성한 뒤 시장에게 제안하였고 이 초안을 기초로 시 집행부는 검토회, 관련부서 협의 등을 통해 조례안을 작성하여 의회에 제출하였고, 의회에서는 일부 수정을 거쳐 자치기본조례안을 의결한 바있다.

격적인 논의가 활성화되었다고는 하기 어려울 것이다. 본 논문에서 고찰한 다른 나라에서의 유사제도나 그를 둘러싼 논의과정이 우리나라의 지방자치에 어느 정도의 유용성이 있을지도 명확하지는 않다. 그럼에도 불구하고 굳이 이 주제에 대하여 살펴본 것은, 자치기본조례라고 하는 하나의 법제도 혹은 법현상이 지방자치단체의 정체성, 나아가 지방자치의 바람직한 미래의 모습과도 결코 무관하지 않다고 생각하였기 때문이다.26)

최근까지의 지방분권 개혁의 동향을 살피건대, 종전의 중앙집권적 국가구조와 운영에 대한 반성과 비판을 토대로 지방분권 개혁의 필요성에 대한 인식을 분명히 하면서 분야별·사항별로 분권추진 계획을 점진적으로 구체화하여 왔다. 그리고 이러한 개혁 추진은 부분적인 문제점과 한계도 있지만 전체적으로 보아 대체로 긍정적인 평가를 할 만하다고 생각한다. 다만, 지방분권은 그 자체가 목적일 수는 없다. 지방분권 개혁은 진정한 지방자치의 발전을 도모함으로써 민주이념과 법치주의를 축으로 하는 분권적 선진국가를 건설하려는 데에 그 궁극적 목적이 있는 것이다.

그런데 지방자치의 진정한 발전은 자율과 참여와 책임이라는 지방자치의 본질 내지 이념에 기하여, 지방자치의 두 핵심 요소인 주민자치와 단체자치의 측면들을 조화롭고 충실하게 조합하고 구현함으로써 성취될 수 있는 것이다.27) 지방자치의 발전에 관한 이러한 관점을 취하게 되면, 자치기

---

26) 앞에서 소개한 대로 여러 지방자치단체의 주민참여기본조례는 앞으로 우리나라에서도 자치기본조례의 도입에 관한 논의가 이루어질 수 있는 하나의 계기가 될 것으로 생각된다. 주민참여의 기본이념과 원리 및 주요 참여절차는 자치기본조례에 있어서도 그 주요 내용을 이루는 것이기 때문이다. 위 조례들은 비록 내용적으로는 주민참여문제에 국한되는 것이기는 하지만, 자치단체의 행정 일반에 대하여 다양한 절차와 방식으로 주민참여를 가능하게 하였다는 점에서, 민주적이고 투명한 지방행정의 운영과 우리나라의 지방자치의 발전을 위하여 매우 의미 있는 일보를 내디딘 것으로 평가된다.

27) 지방자치의 두 핵심요소인 주민자치와 단체자치는 결국 주민이 지역공동체의 실질적 주인이 되고 주민의 자유로운 선택에 의해 선출된 대표기관들(단체장, 의회 등)이 일정한 조직적 독립성을 확보한 상태에서(자치권의 보장) 주민들의 폭넓고 적극적인 참여와 협력에 의지하면서 스스로의 문제점과 과제를 발견하고 그 해결방안을 모색하는 과정에서

본조례제도의 중요성 내지 의미가 다시금 되새겨질 수 있을 것으로 생각된다. 그것은 지금까지의 분권개혁의 노력이 그 긍정적인 방향이나 평가에도 불구하고 어디까지나 위로부터의 개혁, 국가로부터의 주어진 선물이라는 이미지가 강했다는 점을 부인할 수 없고, 그것은 본질적으로는 지방자치를 담아내기 위한 '그릇'을 빚는 과정에 지나지 않는 것이기 때문이다. 지방자치의 그릇을 크고 튼튼하게 빚어가는 작업은 변함없이 지속해야겠지만, 그 과정에서 더욱 중요하게 인식하여야 할 것은, 그 그릇이 어느 정도 마련되었을 때 과연 어떠한 모습의 지방자치를 거기에 담아낼 것인가라는 문제라고 생각한다.

자치기본조례는 지방자치단체별로 그 특성과 실정을 고려하여, 지역적 자치의 기본원리나 원칙 그리고 바람직한 자치의 상(像)을, 주민의 광범위한 참여와 협력 속에 자율적 자치규범의 형식으로 결정하는 지역공동체의 사회적 합의이자 장래의 목표이다. 따라서 자치기본조례는 작금의 지방분권 개혁과정에 있어서도 우리가 나아갈 분권 개혁의 방향과 도달하여야 할 목표를 가늠하게 해주는 중요한 바로미터가 될 수 있다고 본다. 단순히 개별 권한이나 재원의 이양 여부나 단편적 지방 분산에 시야를 고정시킬 것이 아니라, 그러한 분권과 분산을 통하여 궁극적으로 어떠한 수준과 모습의 지방자치를 목표로 하고 있는 지를 항상 의식하여야 할 것이다.

적어도 진정한 의미의 지방자치를 구현하고자 한다면, 개별 지방자치단체들이 지역자치의 기본적 원칙이나 최소한의 기준 등을 독자적인 자치기본조례의 제정을 통하여 자율적으로 결정하고 운용할 수 있는 정도의 수준은 되어야 하지 않을까. 앞으로 자치기본조례에 대한 보다 심도 있는 연구와 논의과정을 통하여, 지방분권 개혁이 마무리될 종착점 즈음에는, 자치기본조례를 핵으로 하는 지방자치의 새로운 모습이 모든 지방자치단체에서 구체적으로 그려질 수 있게 되기를 기대해 본다.

그 성공 여부가 가려지는 것이다.

제2장 보장국가와 자치입법권

권 경 선

Ⅰ. 서 론

현대 사회에서 국가가 수행해야 할 공적 과제는 더욱 세분화·전문화되고 있다. 그러나 이를 담당하는 국가의 능력과 재정은 한계를 드러내게 된 반면에(소위 국가실패) 전문성과 경제력을 갖춘 유력한 사인이 등장하게 되면서, 유력한 사인을 통하여 국민에게 공역무를 제공하기 시작했다. 그러나 근본적으로 자신의 이익을 추구하는 사인에게 공무를 이양함으로 공적 과제 수행이 실패하는 이른바 시장실패의 문제가 발생하게 되었다. 이와 같은 국가실패와 시장실패의 어려움을 겪고 있는 세계적인 흐름 속에 '보장국가'에 대한 논의가 시작되었다.

보장국가론은 오늘날 국가와 사회의 관계에서 전통적인 법치국가의 틀에서 벗어나 국가가 공적 과제를 실제적으로 이행하지 않고, 사회의 자율성을 존중하면서 사인의 능력을 활용하여 공역무를 제공하고, 공익을 실현하는 국가의 새로운 역할을 제시하고 있다.

우리가 살아가고 있는 이 시대는 과학기술과 정보통신기술이 고도로 발전하면서 과거에 경험하지 못했던 현대형 위험이 출현하고 있다. 원자력발전소와 같은 위험시설물, 국가 중요 기관들에 대한 악성 바이러스의 공격, 테러, 새로운 전염병의 발생, 자연재난과 인적 재난의 결합 등이 바로 그것이다. 이러한 상황에서 중앙과 지방정부1)가 주민의 안전과 복지라는 공역무를 적절

---

1) 지방자치단체도 주민에 의해 구성된 민주적 정당성 있는 의결기관과 집행기관을 가지며,

하게 수행하기 위해서는 중앙이 핵심적인 권한을 장악하고, 지방정부에 대해 지시·명령하는 종래의 체제로는 시기적절한 대응을 하기가 어렵다.

　최근 중앙정부와 지방정부 관계 변화의 필요성을 보여주는 사건들이 우리나라에서도 일어나고 있다. 나라 전체가 메르스(MERS) 전염에 대한 공포와 불안으로 위기에 처했을 때 정부는 안이한 대처로 초기에 진압하지 못하고 전염이 급속도로 파급된 데 반하여, 지방정부는 시기적절하고 정확한 대처로 전염의 위험을 막는데 큰 기여를 하였다.[2] 또한 현재 우리나라와 전세계는 코로나 바이러스 감염증(COVID‒19) 확산사태 가운데 있는데, 신천지 집단감염과 이태원 클럽 집단감염에 대하여 지방정부의 신속하고, 단호한 대처로 국민들의 큰 지지를 받고 있다.[3]　현대 사회에서 시기적절한 공행정수행을 위해서는 종래의 중앙의 지시·명령에 따른 고권적 체계보다는 지방정부의 자율성과 책임을 보장하며 중앙과 지방정부 간 상호 협력체제가 절실히 필요함을 볼 수 있는 단적인 예라고 할 것이다.

　그러나 현행 우리의 지방자치제도 관련 법령은 지방자치권의 각 영역에서 지방자치권을 엄격하게 제약하고 있으며, 이에 대하여 국가(입법부, 사법부, 행정부)는 일반적·권력적 통제를 행하고 있다.

　이러한 중앙과 지방정부의 관계에 대해서 민주주의 실현과 지방자치제도의 본질의 측면에서 변화를 촉구하는 연구는 많이 진행되어 있다. 그러나 이 연구에서는 현대 보장국가에서 지방정부의 지위와 지방자치권, 특별

　일정 범위 내에서 자치권을 가지기 때문에 본고에서는 '지방정부'라고 지칭하되, 현행 법령규정과 판례의 내용을 검토할 때에는 '지방자치단체'로 표기하였다.

　2) '메르스 정보공개'에 대처하는 자치단체장들의 자세, 파이낸셜 뉴스, 2015.6.5., http://www.fnnews.com/news/201506051723339683.

　3) 코로나19 확산 초기 '신천지와의 전쟁'을 선포한 경기도지사는 신천지 본부를 상대로 강제 역학조사를 실시해 신도 명단을 확보하는 등 거침없는 행동에 나섰다. 마스크 매점매석 금지, 확진자 이동 경로 상세 공개, 폐렴 환자 전수조사 등 경기도가 주창하거나 선제적으로 취한 조치들이 얼마 후 정부 주도로 전국에서 시행되는 등 '나비효과'를 낳기도 했다. 오마이뉴스, "이재명과 코로나19, 과감한 '행동주의 방역' 빛났다", 2020.4.29.일자. http://omn.kr/1nhd3

히 자치입법권이 나아가야 할 보장방향에 대해서 고찰해 보고자 한다.

이를 위하여 먼저 Ⅱ장에서 오늘날 국가실패와 시장실패의 문제에 직면하면서 국가의 역할과 책임에 대한 새로운 패러다임을 제시하고 있는 보장국가에 대하여 살펴보고, 보장국가에서 수행하여야 할 보장책임의 의미와 내용이 무엇인지 알아보도록 하겠다. 그리고 Ⅲ장에서는 보장국가시대에 새롭게 정립되어야 할 중앙과 지방정부의 관계에 대해서 고찰해보도록 하겠다. Ⅳ장에서는 현재 우리 지방정부의 법적 지위는 어떠한지 즉, 현행 법령에 규정된 자치입법권의 보장의 내용에 대해서 살펴보도록 하겠다. 지방자치권이 실제로 어떻게 보장되고 있는지는 판례를 통해서 여실히 드러나기 때문에 대법원에서 다투어진 쟁송사례를 살펴봄으로서 지방자치권의 보장실태에 대해서 알아보도록 하겠다. 마지막으로 보장국가에서 자치입법권이 갖는 의미와 보장국가시대에 부합되는 지방정부의 지위와 기능을 보장하기 위해서 변화되어야 할 법제 방향을 제시함으로 마치고자 한다.

Ⅱ. 보장국가와 보장책임

1. 보장국가의 의의[4]

보장국가는 독일기본법의 개정에서 그 논의의 계기를 얻은 것으로 평가된다. 특히, 기본법 제87f조의 개정이 가장 주요한 예이다. 즉, 기본법 제87f조는 제1항에서 "연방은 우편과 통신영역에서 전국적으로 제공되는 적절하고 충분한 서비스를 보장한다."라고 규정하고 있으며, 동조 제2항[5]은 1항

---

4) 보장국가에 대한 자세한 내용은 졸고, "보장국가에 있어서 지방자치단체의 역무와 책임", 외법논집 제40권 제4호, 2016, 42-47면 참조.

5) 독일 기본법 제87f조 ② 제1항의 서비스는 독일연방우편의 특별재산으로부터 출연된 기업에 의하여 그리고 다른 사적 희망자에 의하여 사경제의 활동으로서 수행된다. 우편과

의 서비스가 사적인 경제활동으로 수행되는 민간 경제적 과제임을 명시하고 있다. 이 조항은 우편과 통신 서비스가 민간 기업에 의해 제공되지만, 국가는 여전히 '적절하고 충분한 서비스'를 보장하기 위한 법적인 구조를 정립해야 함을 의미한다. 국가는 이제 홀로 공적 역무를 제공하는 것이 아니라, 민간에 의한 공역무의 이행이 가능하되, 지속적으로 국민의 기본권과 복리를 추구하도록 제어하는 보장자로 변화된 책임을 규정하고 있는 것이다.6)

보장국가와 관련해서는 무엇보다 "보장(Gewährleistung)"의 개념이 문제되는바, 이는 보장국가론의 등장과 함께 계속적으로 논란의 대상이 되었으며, 아직 완전히 정리되지 않은 것으로 보인다. 다만 보장은 자유를 확보하기 위해 국가가 일정한 질서를 실행하는 것 또는 서비스의 포괄적 공급에 있어서 그러한 공급을 보증(Sicherstellung)하는 것을 의미하며, 여기서 보증이란 스스로 행하는 우선적이고 직접적인 이행을 포함하지 않으면서도 특정한 긍정적인 상황을 형성하기 위하여 계속해서 최종적인 책임을 유보하고 있음을 의미한다.7) 그리고 보장은 단순한 잘못에 대한 책임과는 다른 무언가를 의미하는 것으로서 잘못에 대한 보상이나 태만히 한 사항의 만회 이외에 법적인 결함을 방지하기 위한 예방적 행위도 있을 수 있기 때문에 민법상의 담보책임을 넘어서는 특별한 점이 있다고 한다.8)

전신의 영역에서의 고권적 임무는 연방고유행정으로 수행된다.(홍석한, "민영화에 따른 국가의 책임에 관한 독일에서의 논의", 법학논총 제17권 제3호, 조선대학교 법학연구원, 2010, 232면).

6) 홍석한, "새로운 국가역할 모델로서 보장국가론의 의미와 가능성", 공법학연구 제17권 제2호, 2016, 12면 참조.

7) Wolfgang Hoffmann-Riem, Das Recht des Gewährleistungsstaates, in: Gunnar Folke Schuppert (Hrsg.), Der Gewärleistungsstaat — Ein Leitbild auf dem Prüstand, Nomos, 2005, S.89 ; Georg Hermes, Staatliche Infrastrukturverantwortung, Mohr Siebeck, 1998, S.337 ; 홍석한, 앞의 논문(각주5), 234면.

8) Claudio Franzius, Der "Gewährleistungsstaat" — Ein neues Leitbild für den sich wandelnden Staat?, Der Staat, Bd. 42 Hf. 4, 2003, S.497 ; 홍석한, 앞의 논문(각주5), 234면.

보장국가는 대체로 국가(정부)는 핵심적 역할(국방, 치안, 외교, 국민생활의 최소한의 보장 등)만 직접 수행하고 나머지 역할 또는 활동은 가급적 공사협력을 통해서 혹은 사인의 자율적 활동을 통해 달성하되, 그 공사협력 내지 사인의 자율적 활동이 본래의 목적을 달성할 수 있도록 보장할 책임을 짊어짐을 의미하는 것으로 이해되고 있다.[9] 즉, 보장국가는 현대국가의 변화된 모습을 표현하는 것으로서, 국가의 사적 영역에 대한 개입 정도를 기준으로 볼 때 19세기형 질서국가(야경국가)와 20세기형 급부국가(복지국가)의 중간에 위치하며[10], 20세기 들어 너무 커져버린 급부국가 정부에 대한 반향으로 1970년대 말부터 나타난 신자유주의 흐름, 즉 행정의 슬림화를 배경으로 하지만, 이에 대한 수정노선으로 급부국가적 장점을 가진다고 한다.[11]

2. 보장국가의 등장배경

1) 지식정보사회

오늘날 사회를 '정보사회', '지식사회'라고 부르는데, 특히 인터넷은 정보통신기술의 중심으로서 전 세계를 동시에 연결할 수 있다는 점에서 전통적인 국가의 위상을 위협하는 새로운 형태의 기술로 여겨지고 있다. 인터넷의 발달로 인하여 개인과 기업의 경제활동이 다면화되었고, 국가의 안전을 위협하는 요인들도 다양해지면서 국가의 역무·책임이라고 생각되었던 것들이 위기를 맞게 된 것이다.

---

9) 김남진, "경제에 대한 국가의 역할", 규제와 법정책 제2호, 2014.4월, 3면

10) Claudio Franzius, S.495 ; 홍석한, 앞의 논문(각주5) 이하 ; 정기태, "현대국가에 있어서 행정의 역할변화와 보장국가적 책임", 공법연구 제44집 제1호, 2015, 464면.

11) 三宅雄彦, 保障國家と公法理論 － ドイツ規制緩和における國家任務の位置, 社會科學論集/埼玉大経濟學會 編 第126号, 2009.3. p.34 ; 정기태, 앞의 논문(각주10), 464-465면.

먼저 경제적 분야의 변화를 살펴보면, 국내적·국제적으로 온라인상 거래가 증가함으로 종래에 행해졌던 국가의 경제적 규제에 있어서 변화가 필요하게 된 것이다. 특히 과세 또는 다른 나라에 위치하고 있는 인터넷 상거래 행위자들을 법정에 소환하는데 필요한 관할권과 관련하여 각국에서 벌어지고 있는 논쟁은 인터넷이 지니고 있는 경제 규제적인 측면의 문제를 여실히 보여준다. 전자상거래의 규모조차 파악하기 어렵다는 점에서도 인터넷은 경제에 대한 국가의 통제를 제약하는 요인이 되며, 경제의 본질이 물리적 자산에서 정보 자원으로 이동하고 있다는 점에서 더욱 그러하다.12)

또한 국가의 정책에 대해 적대적인 단체들도 국가의 안보에 위협을 가하기 위해 인터넷을 사용하고 있다. 이러한 상황에서 인터넷은 국가의 위상에 위협을 가하는 기술로 여겨지게 되었다.13)

이처럼 정보화에 기반한 세계화 등의 사회변화는 기존의 국가와 사회의 엄격한 이분론과 국민국가적인 폐쇄성에 기반을 둔 국가상이 그 기반을 상실하게 된 것이다. 왜냐하면 국가는 사회에 의해 구성되었고, 사회는 그 기반이 사회적 여건에 달려있기 때문이다.14)

2) 국가 과제의 증가로 인한 공사협력의 증대

오늘날 과학기술이 고도로 발달하고 정보화가 가속화되면서 사회 영역뿐만 아니라 국가의 공무수행 영역에서도 전문화·세분화가 이루지게 되었

---

12) Walter B. Wriston, Bits, Bytes, and Diplomacy, Foreign affairs Vol.76 No.5, PALM COAST DATA, 1997, p.174 ; 홍석한, "정보사회에서 국가의 역할에 관한 시론적 고찰", 세계헌법연구 제15권 제1호, 2009, 381면 참조.

13) Henry H. Perritt, Jr., The Internet as a Threat to Sovereignty? Thoughts on the Internet's Role in Strengthening National and Global Governance, Indiana Journal of Global Legal Studies Vol.5 No.2, 1988, pp.426-428 ; 홍석한 위의 논문, 383면 참조.

14) 김환학, "법률유보 – 중요성설은 보장행정에서도 타당한가 –", 행정법연구 제40호, 2014, 16면 참조.

다. 국가는 날로 증가하며 복잡해지는 공무에 있어 비능률과 실패, 재정의
한계를 드러내게 되면서, 전문화된 업무를 민간의 역할에 맡기면서 날씬한
국가(schlanker Staat), 그리고 민영화(Privatisierung)를 통한 민관협력(Public
Private Partnerships, PPP) 현상이 광범위하게 나타나게 되었다. 고전적인 국
가 인프라공급인 철도·우편, 도로부터 지방의 에너지 공급. 폐기물 및 폐수
처리 등의 생존배려영역, 보험, 병원, 미디어 분야에서 환경법 및 기술법의
감시분야, 행정사법집행도 민영화의 대상이 되고 있다.15)

　한편 민영화는 대체로 형식적 민영화, 실질적 민영화 그리고 기능적 민
영화로 유형화된다.16) 형식적 민영화는 공법상의 기업이나 시설을 행정내
부에서 법형식의 전환을 통해 사법의 형태로 전환시킬 뿐 기존의 과제와
과제의 이행은 여전히 국가의 몫으로 남게 되는 경우를 말하는 것으로서
공공재산의 소유관계에 변화가 없다는 점에서 부진정 민영화(unechten
Privatisierung), 행정내부에서 사법적 형식이 채택될 뿐이라는 점에서 행정
내부적 민영화(verwaltungsinterne Privatisierung)라고도 한다. 이에 비해 실질
적 민영화는 조직의 법형식이 사법으로 전환되는 것에 그치지 않고 소유권
또는 과제 자체가 민간에 이전되는 경우로서, 과제에 대한 관할권 및 관
리·감독권, 과제의 이행에 대한 궁극적 책임이 공적 주체로부터 민간에 이
전된다는 점에서 진정민영화(echte Privatisierung) 또는 과제민영화(aufgaben
Privatisierung)라고도 한다. 한편 기능적 민영화는 실질적 민영화와 형식적
민영화의 중간적 형태로 이해되는데, 과제의 부담과 그에 대한 궁극적인
책임은 여전히 국가에 둔 채 그 이행만이 민간에 의해 이루어지도록 하고,
국가가 과제의 이행에 대한 규제권한을 유보하고 있는 경우를 말한다. 기
능적 민영화는 보장책임을 전형적으로 필요로 하는 영역이라고 하겠다.

---

15) 문병효, "최근 독일행정법의 변화와 시사점 - 유럽화, 민영화, 규제완화를 중심으로 -",
　　고려법학 제52호, 고려대학교 법학연구소, 2009, 223면.
16) 홍석한, 앞의 논문(각주5), 2010, 230-231면.

다만 실제에 있어서는 행정주체와 사인 간 상호작용의 여러 사정에 따라 그 모습이 훨씬 다양하며 부분적 민영화만 이루어지거나 여러 가지 유형의 민영화가 조합되어 나타나기도 하는데, 이러한 현상에 대하여 공무위탁(Beleihung), 행정보조(Verwaltungshilfe), 사인의 공의무부담(Indienstnahme Privater) 등의 전통적 법제만으로는 민영화를 포착하기가 어려워졌다.17)

종래의 행정법은 공무의 담당자는 국가(정부)이며, 사인은 급부수령자라는 인식 속에서 체계화되었다. 그러나 이제 사인을 공무를 담당하는 대등한 협력자의 지위로 마주하게 된 것이다. 따라서 국가와 사인 사이에 고권적, 일방적 관계에서 벗어나 상호 협력에 바탕을 둔 새로운 행정법 구조의 필요성이 대두되게 된 것이다.

3) 현대형 위험의 등장

정보화, 세계화, 과학기술의 발달 등의 여러 요인으로 인하여 과거의 위험과는 새로운 종류의 위험들이 발생하고 있다. 현대형 위험은 전통적인 경찰위험이나 급부행정에서의 생존배려와 관련된 위험보다 지역적인 범위가 더 광범위하고, 시간적인 면에서 위험의 개연성 발생시점이 매우 빠르고, 진행속도 면에서도 매우 신속하다. 예컨대 해킹, 테러, 원자력, 산업폐기물, 코로나바이러스와 같은 신종 전염병의 발생, 쓰나미와 산업시설 폭발 등의 결합, 항공기 등의 추락, 대형 위험시설물과 노조파업의 결합, 공격적인 헤지펀드에 의한 국가경제의 충격과 붕괴 등을 들 수 있다.18)

현대형 위험은 전통적 위험에 비해서 잔여 위험성에서 위험의 가능성으로,

---

17) Helmuth Schulze-Fielitz, Aufgabe der öffentlichen Verwaltung - Grundmodi der Aufgabenwahrnehmung, in: Wolfgang Hoffmann-Riem/ Eberhard Schmidt-Aßmann/ Andreas Voßkuhle(Hrsg.), Grundlagen des Verwaltungsrecht, 2.Auflage, 2012, Bd.1, §12. Rn.108-114 ; 정기태, 앞의 논문(각주10), 460면.

18) 성봉근, "보장국가에서의 위험에 대한 대응 - 전자정부를 통한 보장국가의 관점에서 본 위험 -", 법과 정책연구 제15집 제3호, 2015.9, 1053면.

다시 위험의 개연성으로, 최종적인 장해에 이르기까지 발전해 가는 시간적 간격이 극도로 짧아 행정이 제때에 대응해야 하는 때를 구별해 내는 것이 매우 어렵다. 또한 현대형 위험은 전통적 위험과 달리 지역적 범위와 인적 범위에 있어서도 훨씬 광범위하고, 피해의 규모도 매우 크다. 나아가서 현대형 위험들은 쓰나미와 원자력발전소 폭발 및 동일본 지역의 화재와 방사능 피폭 등이 결합한 예에서 보듯이, 종종 다른 위험들과 결합하면서 전통적인 위험과 비교할 수 없이 피해의 범위가 더욱 확대되기도 한다. [19] 위와 같이 현대형 위험의 문제가 대두되면서 정부의 역할과 지위 및 행정법의 구조에 대한 변화가 필요하다는 인식이 증가하고 있다.[20] 국가의 역할과 책임, 이에 따른 행정법의 구조 변화를 논하고 있는 것이 바로 보장국가론이다. 그렇다면 다음에서 보장국가의 역할과 책임에 대해서 살펴보도록 하겠다.

3. 보장국가의 보장책임[21]

1) 보장책임(Gewährleistungsverantwortung)의 의의 및 내용

(1) 보장책임(Gewährleistungsverantwortung)의 의의

보장국가에서는 국가의 역무는 변하지 않지만, 그 역무를 수행하는 방법이 변한다. 종래에는 국가가 직접 공역무를 수행하는 형태였다면, 보장국가에서는 기본적으로 사인이 행하도록 하면서, 국가는 이를 활성화 내지 보

---

19) 성봉근, 위의 논문, 1053면 참조.
20) 대표적으로 김남진, "자본주의 4.0과 보장국가·보장책임론", 학술원통신 제221호, 2011.12,5면 ; 김현준,"공공갈등과 행정법학: 보장국가에서의 갈등해결형 행정법 서설", 서강법학연구 제11권 제1호, 2009 ; 성봉근, "보장국가로 인한 행정법의 구조변화", 지방자치법연구 제15권 제3호(통권 제47호), 2015 등.
21) 보장국가의 보장책임에 대한 자세한 논의는 졸고, 앞의 논문(각주4), 43-47면 참조.

장함으로써 공공복리 친화적인 공무수행이 이루어지도록 하는 것이다.22)

　　보장국가는 원칙적으로 사회적 자율성을 존중하고 그 자율성의 틀을 설정하는 역할을 하며, 자율성에 기반을 두고 있는 민간이 공적 과제의 구체적 실현에 있어서 국민의 기본권을 침해하지 않도록 개입과 통제에 의해 보장기능을 담당하여야 한다.23) 보장국가에서 국가의 제어(통제)의 초점은 민간 행위의 합리성 유지에 있는 것이 아니라, 민간이 독자적으로 공익을 달성하도록 조력하는데 있다. 보장국가는 민간 행위의 자율성이 최대한 발휘되면서 공익을 달성할 수 있도록 사전에 체계를 구조화하는 책임를 맡고 있는 것이다.24)

　　(2) 보장책임(Gewährleistungsverantwortung)의 내용

　　보장국가가 지는 책임의 구분에 대해서 여러 가지 견해가 나뉘고 있다. 간략히 소개하자면, 국가의 보장책임에는 국가적 시설을 통한 직접적인 과제의 수행을 의미하는 "이행책임"과 민간이 희망되는 성과들을 제공하지 않는 경우를 대비하는 "예비책임(Auffangverantwortung)"25), 국가가 급부 자체를 제공하지는 않되 급부의 제공을 재정적으로 보조하는 재정책임(Finanzierungsverantwortung)26), 공적조정을 위한 국가의 규제책임(Regulierungsverantwortung) 등과 함께 언급되기도 한다. 그러나 필자는 국가의 보장책임을 크게 이행책임과　보장

---

22) 정기태, 앞의 논문(각주10), 465면 참조.

23) Bernhard Schlink, Die Bewältigung der wissenschaftlichen und technischen Entwicklungen durch das Verwaltungsrecht, VVDStRL 48, 1990, S. 235 ; 이부하, "위험사회에서의 국민의 안전보호의무를 지는 보장국가의 역할", 서울대학교 법학 제56권 제1호, 2015.3, 151면.

24) Claudio Franzius, 앞의 논문(각주8), 493면 이하 ; 이부하, 위의 논문, 151면 참조.

25) Reinhard Ruge, Die Gewärleistungsverantwortung des Staates und der Regulatory State, Duncker & Humblot, 2004, S.173 ; 홍석한, 앞의 논문(각주5), 2010, 241면.

26) Matthias Knauff, Der Gewärleistungsstaat : Reform der Daseinsvorsorge, Duncker & Humblot, 2004, S.76 ; 홍석한, 위의 논문, 241면.

책임으로 나누어 살펴보고자 한다.

보장책임의 내용으로, "공급(준비)책임" "수용(예비)책임" "완충(보완)책임"의 3가지 책임유형이 설명되고 있다.[27] "공급(준비)책임"(Bereitstellungsverantwortung)이란 국가가 구체적인 결과와 관련된 규정을 통해 민간 활동에 개입하는 것이 아니라, 윤곽을 설정하고 그 윤곽 안에서 민간이 가능한 한 공익 지향적 방식으로 과제에 대해 스스로 책임지도록 하는 것을 말한다.[28] 공급책임은 사회적 문제 해결에 적합한 기본적 조건, 행위 형태, 분쟁 해결 방안, 해결 선택수단 등을 마련하여 민간이 활용할 수 있도록 공급하는 책임을 말한다. 공급책임이 이행되기 위해서는 특히 민간의 상호작용이 특정한 작동규범에 기속되게 하는 법적 윤곽(예를 들면 절차법), 유용한 조직체의 특정한 형태 조성(예를 들면 주식회사, 유한회사, 협동조합), 적법한 행위를 위한 다양한 선택가능성 제공(예를 들면 소유권 취득, 사용대차), 허용된 행위의 한계 설정(예를 들면, 건축법의 안전율 규정, 소음·진동 관리법에서의 소음 규제), 공익을 지원하는 구조의 조성(예를 들면 독과점 규제) 등이 중요하다.[29]

"수용(예비)책임"(Auffangverantwortung)이란 국가가 민간이 자율규제를 통해 과제를 실현하지 못할 경우에 이를 대비하는 규범을 마련해야 한다. 민간이 공익을 달성하지 못하는 경우에 국가가 대비적으로 책임을 진다는 사실 자체가 민간에게 공익지향적 활동을 하도록 압박을 가하며, 민간이 공익 달성에 실패할 경우에도 국가가 활성화된다(aktivierender Staat)는 의미이다.[30] 즉, 수용책임이 의미하는 바는 평상시에는 민간이 공익지향적 활

---

27) Wolfgang Hoffmann-Riem, Der Gewährleistungsstaat, S. 95-98 ; 이부하, 앞의 논문(각주23), 153면.

28) Gunnar Folke Schuppert, Das Konzept der regulierten Selbstregulierung als Bestandteil einer als Regelungswissenschaft verstandenen Rechtswissenschaft, Die Verwaltung, Beiheft 4, 2001, S.218 ; 홍석한, 앞의 논문(각주5), 2010, 244면.

29) Wolfgang Hoffmann-Riem, 앞의 논문(각주27), 96면 ; 이부하, 앞의 논문(각주23), 154면.

30) 홍석한, 앞의 논문(각주5), 2010,245면.

동을 하도록 강제하고, 비상시에는 국가가 대비상황에서 그 상황을 해결하기 위해 직접 투입된다는 것이다.[31] 수용책임의 예로는 민간의 폐기물처리가 실패하는 경우 국가가 다시 규제 임무를 맡도록 규정하는 것을 들 수 있고, 또 축구경기에 비유하면, 수용책임은 축구경기가 잘 되는 경우에는 예비선수가 축구경기장 벤치에 앉아 있지만, 경기가 안 풀리는 경우에는 교체선수가 경기에 투입되는 것이다.[32]

"완충(보완)책임"(Abfederungsverantwortung)이란 특히 경제영역에서 민간이 적절하지 않는 결과를 제공할 경우 국가가 후속적인 책임을 맡게 되는 것을 말한다. 완충책임 역시 축구경기로 묘사하면, 완충책임은 축구경기장 밖에서 대기하고 있다가 선수가 부상을 당해 경기를 더 이상 할 수 없게 되면 개입하는 응급처치사가 기능하는 것을 말한다. 이 경우 경기의 진행은 방해받지 않고 순조롭게 진행되지만, 그 부상선수를 치료하게 된다.[33]

2) 보장책임의 실현 방법

(1) 보장입법 − 규제

보장국가의 핵심은 사회(민간)의 자율성을 최대한 확보하여 역량을 발휘하게 하지만, 그것이 공공복리 친화적이 되도록 제어하고, 의도한 결과가 발생하지 않을 때 국가가 보충적으로 개입하여 국가의 역무·과제가 달성되도록 하는 것이다. 보장국가의 책임을 실현하기 위해서는 현실적으로 어떻게 해야하는 것일까? 이에 대해 쇼흐는 "보장행정법은 무엇보다도 규제법

---

31) Wolfgang Hoffmann-Riem, 앞의 논문(각주27), 97면 ; 이부하, 앞의 논문(각주23), 154면.
32) Gunnar Folke Schuppert, "Die öffentliche Verwaltung im Kooperationsspektrum staatlicher und privater Aufgabenerfüllung" *Die Verwaltung*, 1998, S. 415(426) ; 홍석한, 앞의 논문(각주5), 2010, 245면 참조.
33) Wolfgang Hoffmann-Riem, 앞의 논문(각주27), p.97 ; 홍석한, 앞의 논문(각주5), 2010, 245면 재인용.

(Regulierungsrecht)이다. 이 법은 자유를 제한할 뿐만 아니라, 마찬가지로 자유를 보호하고 가능하게 한다. 여기서 규제란, 경제·사회적 제 과정에의 모든 의도된 국가적 영향력으로서, 특수하고 개별사안을 넘어선 질서목적을 추구하며 그에 있어 법상 중심적 매개체와 구속력 있는 한계를 발견하는 것이다. 따라서 규제는 보장국가의 중심개념이다. 이는 두 가지의 작용형식으로 나타나는데, 우선 입법을 통해, 그리고 개별사안에 있어서의 규율을 통해서다"라고 한다.34) 보장국가의 책임은 결국 입법을 통해 이루어지는 것이기에 국가의 보장책임은 입법책임이라고 해도 과언이 아니다.

그런데 여기서 규제의 의미에 대해서 재정립할 필요가 있다. 왜냐하면 사회의 자율성을 확보하면서 공익을 실현하고자 하는 보장국가에서 그 책임을 실현시키기 위한 실제적인 방안이 "규제완화"가 아닌 "규제"라는 것은 모순처럼 생각되기 때문이다.

보통 "규제"는 "국가가 사회에 미치는 영향력 행사의 총체, 특히 구속적, 통제적, 반자유적, 침해적 작용"35)의 의미로 이해되며, 우리 「행정규제기본법」 제2조 제1항 제1호에서도 " '행정규제'란 국가나 지방정부가 특정한 행정 목적을 실현하기 위하여 국민의 권리를 제한하거나 의무를 부과하는 것으로서 법령 등이나 조례·규칙에 규정되는 사항을 말한다."라고 규정하고 있어 규제를 국가가 사회에 행사하는 침익적, 권리제한적 작용으로 이해하고 있다. 그러나 보장행정에서의 규제는 사회 내지 사인의 자유를 제한할 뿐만 아니라, 자유와 권리를 보호하고 형성하는 행정작용이다. 따라서 Jan Ziekow는 규제에 대하여 "특정적이지만 개별사안에 한정되지는 않는 질서목적을 추구하는 사회과정에 영향을 미치는 모든 국가작용"36)으로 정

---

34) Friedrich Schoch, Gewährleistungsverwaltung: Stärkung der Privatrechtsgesellschaft?, NVwZ 2008, S. 245 ; 정기태, 앞의 논문(각주10), 468면.
35) 계인국, "규제개혁과 행정법 - 규제완화와 혁신, 규제전략 -", 공법연구 제44집 제1호, 2015.10, 649면.
36) Jan Ziekow, "Gewährleistungsstaat und Regulierungsreform in Deutschland: From

의하여 위에서 언급한 쇼흐와 같은 견해이며, 국내에서도 "행정주체가 사적활동에 대하여 공익이라는 목적달성을 위하여 개입하는 것"[37]이라는 주장이 제기되는데, 이 역시 같은 의미라고 할 것이다.

보장국가의 핵심은 공무의 실현에 관한 역할과 책임의 분배에 있다. 즉, 보장책임이란 국가와 사회는 함께 공익을 실현할 책임을 지는 주체이며, 국가와 반(半)국가, 사인간의 역할을 분배하고 역할분배를 실현할 협력의 장을 구조화[38]하는 '규제책임'으로 존재하는 것이다.

(2) 규제의 전략: '자율규제에 대한 통제'

위에서 보장책임의 핵심은 책임의 분배라고 하였다. 그런데 이 "책임의 분배"는 국가가 공행정임무 실현에서 후퇴하는 것이 아니라, "국가권력 행사의 형식변화"이며, 이 변화의 내용은 "사회적 자율과 정책적 조종의 협동과 조합"의 의미이다.[39]

국가는 종래의 질서행정 및 급부행정을 수행하는 중심적인 행위전략으로 "고권적 규제"를 사용하였다. 위험의 방어나 생존배려를 위한 공급을 목표로 하며 개별적 사안(Einzellfall)에 대한 결정처분(Verfügung)을 통해 특정한 결과를 추구하였다.[40] 그러나 국가와 사회의 협력을 통한 공임무 실현을 추구하는 보장국가시대에는 이 "고권적 규제"라는 국가행위 방식에 변화가 필요하게 된 것이다.

그렇다면 국가와 사회 간 협력은 어떤 방식으로 이루어져야 하는 것인

---

deregulation to smart regulation"(김환학 번역, "독일의 보장국가와 규제개혁: 규제완화에서 스마트규제로의 이동"), 법학논집 제19권 제4호, 이화여자대학교 법학연구소, 2015, 114면.

37) 이원우, 경제규제법론, 2010, 11면.
38) Jan Ziekow, 앞의 논문(각주36), 116면 참조.
39) Jan Ziekow, 위의 논문, 116면.
40) 계인국, 앞의 논문(각주35), 667-668면 참조.

가? 국가와 사회 간 책임분배를 구조화하는 "규제"는 어떤 방식으로 이루어져야 하는가에 대한 의문이 제기된다. Jan Ziekow는 보장국가에서 이루어져야 할 규제방식에 대해서 이렇게 제시하고 있다.

"공공복리가 가능한 한 효과적이고 효율적으로 실현되고, 규제로 인한 직·간접적인 부담은 최소화하는 규제의 방식이 선택되어야 한다. 그리고 이러한 목표는 협력적 규제모델을 통해 가장 잘 이룰 수 있다고 전제한다. 왜냐하면 이로써 강행적 규제에서 선회하고 특히 서비스 제공영역에서 자유화하여 경제에 동력을 부여하면서 동시에 국가로서는 서비스의 질을 확보할 가능성이 생기기 때문이다. 두 번째 전제는 규제관련자가 공행정보다 사안에 더 근접해 있고, 더 좋은 정보와 지식을 갖고 있어 규제목표의 달성도를 제고한다는 것이다. 셋째로 국가는 단순히 보장책임만 부담하고 행위자 스스로 규제를 하게 되면, 행위자가 그 규제결과에 대한 납득의 정도가 높아지고, 따라서 규제의 효과도 높아진다. 사적 행위자에 의한 자율규제와 국가의 규제역할 부분으로 구성된 이 모델을 통상 '자율규제에 대한 통제 (regulierte Selbstregulierung)[41]'라고 표현한다."[42]

'자율규제에 대한 통제'의 출발점은 자율규제에서와 마찬가지로, 문제해결을 위한 사회의 능력을 신뢰함에 있다. '자율규제에 대한 통제'는 국가개입의 유보 또는 이행책임의 이전을 통하여 민간의 자유를 보장하는 동시에 특정한 공동선의 실현(이전에 국가가 담당했던 규제임무)에 있어 사적 문제해결능력을 이용하는 것이다. 이 점에서 '자율규제에 대한 통제'는 국가가 자율규제를 단순히 감시하고 통제하는 것과는 분명히 구별된다.[43]

---

41) 보통 'Regulierte Selbstregulierung'를 '규제된 자율규제' 혹은 '규제된 자기규제'라고 번역하여 사용하는데, 본 연구에서는 '자율규제에 대한 통제'라고 번역하는 편이 원어의 의미에 가깝다고 생각되어 '규제된 자율규제' 대신 "자율규제에 대한 통제"라고 사용하고자 한다.

42) Jan Ziekow, 앞의 논문(각주36), 117면.

43) Andreas Voßkuhle, Gesetzgeberische Regelungsstrategien der Verantwortungsteilung zwischen öffentlichem und privatem Sektor, in: Schuppert, Gunnar Folke(Hrsg.),

또한 '자율규제에 대한 통제'는 원칙적으로 자율규제의 영역이므로 명령적 수단 대신, 다양한 사회적 문제해결수단들이 투입된다. 다만, 이들은 국가의 개입을 통해 제공되며 영향을 받게 된다. '자율규제에 대한 통제'를 위해 국가는 사회에 부분적으로 결정권한과 이행권한을 넘겨주지만, 그에 앞서서 국가와 사회의 "내용적인 협력"을 구성해두어야 한다. 이에 따라 고권적 규제는 그의 비효율성을 재고할 수 있고 보완할 수 있으며 반대로 자율규제는 사인에 의한 임무수행에서 발생할 수 있는 부작용이나 장애를 극복할 수 있다.44)

'자율규제에 대한 통제'의 한 예로, 미국과 EU의 생활화학물질 사전자율인증제를 들 수 있다. 최근 논란이 된 가습기 살균제와 같은 제품 속에는 화학물질이 들어가는데, 미국과 EU에서는 국가가 안전하다고 인증한 화학물질을 함유하여 관련 업체가 제품을 만들면 별도의 규제를 거치지 않고도 제품을 출시할 수 있다. 그런데 우리나라는 별도의 인증된 화학물질의 분류 없이 사전자율인증제를 도입하여, 기업이 안전하다고 신고하고 제품을 등록하면 제품을 판매할 수 있게 하였고, 뒤늦게 가습기살균제에 유해화학물질이 포함되었다는 것을 발견하게 된 것이다. 가습기살균제 예에서 본 것과 같이 사인은 영리추구를 목적으로 하기 때문에 국민의 자유권과 권리를 희생시키기가 쉽다. 따라서 국민의 자유와 권리 즉 공익을 보호하면서 공공서비스를 제공하도록 규제하는 것이 보장책임의 핵심이다. 사전에 안전인증이 된 화학물질들 안에서 기업이 자유롭게 사용하도록 하는 것이 '자율규제에 대한 통제'의 한 예라고 할 것이다.

Jenseits von Privatisierung und "schlankem" Staat, Baden-Baden 1999, S .47 ff ; 계인국, 앞의 논문(각주35), 672면.
44) 계인국, 앞의 논문(각주35), 672면.

Ⅲ. 보장국가에서 중앙정부와 지방정부 간 관계
- 공익실현의 파트너

우리는 앞에서 보장국가의 핵심 운영 원리는 사회(민간)의 자율성을 최대한 확보하여 역량을 발휘하게 하지만, 그것이 공공복리 친화적이 되도록 제어하고, 의도한 결과가 발생하지 않을 때 국가가 보충적으로 개입하여 국가의 역무·과제가 달성되도록 하는 것임을 살펴보았다. 그렇다면 보장국가에서 지방정부의 법적 지위 곧 중앙정부와 지방정부의 관계, 또 지방정부 상호간의 관계는 어떠해야 할까? 보장국가의 원리에 비추어 중앙정부와 지방정부의 관계, 광역·기초 지방정부 간 상호관계에 대해서 생각해보도록 하겠다.

우리가 살고 있는 현 시대는 지방에서 일어난 사건이나 위험이 지방에만 영향을 미치지 않으며, 국가 전체 심지어 외국에까지 영향을 끼치기도 한다. 이에 대해서는 최근 코로나바이러스(COVID-19) 감염을 통해 더욱 실감하고 있는 바이다. 지방차원에서도 변화하는 시대적 환경에 대한 대응능력을 제고해야 할 필요성이 절실한 시대이다. 이제 더 이상 국가를 둘러싼 모든 영역에 대하여 중앙정부 홀로 관리·통제할 수 없다. 보장국가시대에는 중앙과 지방정부, 그리고 민간은 공익을 함께 실현해 가는 파트너이다. 따라서 종래의 중앙과 지방의 엄격한 수직적 질서에서 벗어나 이제는 지방정부와 민간의 자율성을 회복하도록 적극적으로 지원하며, 중앙과 지방, 민간 사이에 상호 협력을 도모하는 것이 중요하다. 오직 중앙 정부만이 공익 실현의 주체라는 종래 규범의 전제로부터 벗어나 중앙과 지방정부 그리고 사인 간에 분업과 협력을 통해 공익을 실현하는 구조로 변화되어야 한다.

이 시대에 필요한 변화에 대한 대응능력은 변화에 대한 유연하고도 다각적인 대응을 가능하게 하는 다양성과 가변성을 통해 촉진될 수 있으며, 이를 위한 가장 효과적인 체계는 지방분권화를 통해 수립·발전될 수 있다.

"지방분권화"는 국가의 모든 권한을 지방으로 이전하는 것을 의미하는 것이 아니다. 국가로서 단일한 정체성이 필요한 영역, 가령 국방, 외교 등의 고유 영역과 국가적 통일성이 필요한 영역은 존재하기 때문이다. 그러나 지방이 하는 것이 비교적 합리적이고, 정부가 제대로 이행할 수 없거나, 하기 어려운 영역에 대해서는 지방에 권한을 이양할 필요가 있다.

끊임없이 변화하는 환경 속에서는 작지만 강한 정부, 권력이 분산된 가운데 역량을 갖춘 각 권력 주체들이 자율성과 파트너십을 발휘하여 상황변화에 유기적·능동적으로 대응하거나 상황을 주도할 필요가 있다. 이러한 국가운영 체계는 오래 전에 Weick이 제시한 "느슨하게 연결된 시스템 (Loosely coupled systems)"과 일맥상통한다.

"느슨하게 연결된 시스템"이란 각 부분이 합해져 전체를 이루지만 부분마다 분해가능한 체제이고, 각 부분이 서로 감응하면서도 독자성과 정체성을 갖고 있는 체제이다. 중앙집권체제와 조직에서는 각 부분이 중앙에 의존하고 중앙의 지시에 따라 일사분란하게 움직이도록 되어있지만, 분권체제와 조직에서는 각 부분이 중앙의 직접적인 통제를 받지 않고 자율적으로 기능하지만 중앙과 기능적으로 또한 권한 관계로 연결되어 있다.45)

---

45) 이렇게 느슨하게 연결된 체제로서의 분권체제와 조직의 강점은 다음과 같다.
   ① 조그만 환경변화에 전체가 좌우지 되거나 요동치지 않도록 만드는 지속성: 예를 들면 집권체제에서는 대통령이 바뀌면 전체가 영향을 받게 되지만, 분권체제에서는 각 지방이 이런 영향에 마구 휘둘리지 않게 된다. 따라서 서로 모순되어 보일 수도 있는 것들의 공존 가능성을 높인다.
   ② 환경변화의 감지 능력의 증가: 마치 바위보다 모래사장이 바람의 세기와 방향을 더 잘 드러내 주는 것과 같이, 각 지자체가 자율적으로 기능하게 되면 환경변화에 대한 감지능력이 높아지게 된다.
   ③ 전체에 영향을 미치지 않고 각 부분이 부분의 특수성에 적응할 수 있는 능력 (localized adaptation)제고.
   ④ 부분의 정체성, 독특성, 분리성이 유지되면 전체 시스템으로서는 최대한의 변용 (mutations)과 참신한 해결책을 담보할 수 있고, 따라서 환경변화에 대응하는 면에서 최대한의 다양성을 보존할 수 있음
   ⑤ 한 부분에서의 문제나 실패가 다른 부분으로 파급되지 않음(localization of trouble).

따라서 이와 같이 느슨하게 연결된 시스템의 강점을 가진 지방분권체제를 정립하기 위해서는 정부와 지방정부와의 관계에 있어서 지방정부의 자치권을 적극적으로 보장하는 법체계로 변화되어야 한다. 헌법에 지방정부는 중앙정부와 대등한 공공선 실현의 주체이며, 지방정부의 자치권을 명시하고 보장하며, 각 영역에서 지방정부의 자율성과 역량이 강화될 수 있는 법제를 마련하며, 지방정부 내부의 자율적 규제 능력을 제고하며, 정부는 합헌성 통제의 방향으로 변화되어야 한다.

그러나 현행 우리의 법제는 중앙이 지방정부를 독립된 법인격으로서 지방정부의 자치권을 인정하기보다 입법, 사무, 조직, 인사, 재정, 계획 등 각 영역에서 중앙이 핵심적인 권한을 선점하고, 중앙의 일반적·후견적 감독으로 지방정부를 통제하며, 입법부와 사법부 역시 지방정부의 자율적 역량과 기능 향상, 그리고 자율적 규제를 위한 창의적 시도들을 지원하기보다는 지방정부 내부의 개혁과 개선의 의지를 꺾고 있는 현실이다.

그렇다면 이제 우리 현행 법제에서 지방자치권, 특히 본 연구에서는 자치입법권을 보장하고 있는 실태를 살펴보고 보장국가에서 자치입법권이 어떤 의미를 갖는지, 어떻게 보장되어야 하는지에 대해 알아보도록 하겠다.

부분의 고장에 견딜 수 있는 구조가 지방자치의 병렬구조임. 이것은 민주주의의 방파제가 될 수 있음을 보여주는 것임.

⑥ 조정비용(costs of coordination)을 최소화할 수 있음. 지방분권과 자치가 중복과 낭비를 초래한다는 견해가 많으나, 위와 같은 점들을 고려한다면 사실은 조정비용을 가장 낮출 수 있는 방법. (Weick Karl E. *"Educational Organization as Loosely coupled systems", Administrative Science Quaterly*, vol.21, 1976 ; 김선혁·최병선·김병기외 11인, 국가-지방자치단체 관계 재정립을 위한 헌법 개정안 연구, EAI 분권화센터, 2006, 72-73면.)

Ⅳ. 현행법상 자치입법권의 내용과 범위

1. 법령의 규정과 문제점

우리 헌법 제117조 제1항은 "지방자치단체는 …법령의 범위 안에서 자치에 관한 규정을 제정할 수 있다."고 규정하고 있으며, 또한 「지방자치법」 제22조도 "지방자치단체는 법령의 범위 안에서 그 사무에 관하여 조례를 제정할 수 있다. 다만, 주민의 권리 제한 또는 의무 부과에 관한 사항이나 벌칙을 정할 때에는 법률의 위임이 있어야 한다."고 규정하고 있고, 또한 「지방자치법」 제24조는 "시·군 및 자치구의 조례는 시·도의 조례나 규칙을 위반하여서는 아니 된다."고 하여 자치입법권을 인정하되, 법률우위와 법률유보의 범위 내에서 가능함을 명시하고 있다.

이 규정의 '법령의 범위'에 대한 해석에 있어서 견해가 나뉘는데, 헌법재판소는 법령의 범위에 대하여 이렇게 판시하고 있다. 「…헌법 제117조 제1항에서 규정하고 있는 '법령'에 법률 이외에 헌법 제75조 및 제95조 등에 의거한 '대통령령', '총리령' 및 '부령'과 같은 법규명령이 포함되는 것은 물론이지만, 헌법재판소의 "법령의 직접적인 위임에 따라 수임행정기관이 그 법령을 시행하는데 필요한 구체적 사항을 정한 것이면, 그 제정형식은 비록 법규명령이 아닌 고시, 훈령, 예규 등과 같은 행정규칙이더라도, 그것이 상위법령의 위임한계를 벗어나지 아니하는 한, 상위법령과 결합하여 대외적인 구속력을 갖는 법규명령으로서 기능하게 된다고 보아야 한다"고 판시(헌재 1992. 6. 26. 91헌마25, 판례집4, 444, 449)한 바에 따라 헌법 제117조 제1항에서 규정하는 '법령'에는 법규명령으로서 기능하는 행정규칙이 포함된다고 보아야 할 것 이다.」[46]라고 하여 '법령'에 법규명령 뿐 아니라 법규명령으로서 기능하는 행정규칙도 포함된다고 보고 있다.

---

46) 헌재 2002. 10.31. 2001헌라1 결정.

　지방정부가 자치입법권을 행사할 수 있는 '법령의 범위 내'에 대하여 또
다른 쟁점이 되는 것은 초과조례 및 추가조례에 대한 것이다. 엄격한 법률
우위의 원칙에 따르면 지방정부의 조례가 규율하고자 하는 범위가 법령보
다 더 넓은 경우(추가조례)이거나 법령의 규제요건보다 더 엄격하게 규율
하는 조례(초과조례)의 경우 모두 법령위반이 되기 때문이다. 그러나 지방
정부의 조례가 국가의 법령의 의도와 목적을 저해하지 않는 경우는 조례의
효력을 인정해야 한다는 주장이 많은 학자들에 의해 제기되고 있다.47) 전
통적인 법치국가원리는 오직 국민전체의 의사인 의회의 법률로만 국민의
기본권을 제한하는 것이 가능하다고 보지만, 현대사회에서는 이 원리가 적
절하지 않으며, 오히려 당해 지방정부의 조례 즉 부분사회의 자율적 규율
이 주민의 생활관계에 더 적합하다는 주장이다. 최근 대법원도 조례로 정
하고자 하는 사항에 대하여 이미 법령이 존재하는 경우 당해 조례가 법령
의 의도하는 목적과 효과를 저해하지 않는 경우 법령과 저촉되지 않는 것
으로 보고, 조례의 유효성을 인정하고 있다. 그러나 수익적 조례에서는 초
과조례 및 추가조례를 인정하고 있지만, 침익적 조례에 대해서는 엄격한
법률유보 원칙을 취하고 있다.48)

47) 이에 대해 주장하고 있는 학자는 무수히 많다. 대표적으로 조정환, "자치입법권 특히 조
　례제정권과 법률우위와의 관계문제", 공법연구 제29집 제1호, 2000 ; 김진한, "지방자치
　단체 자치입법권의 헌법적 보장 및 법률유보 원칙과의 관계", 헌법학연구 제16권 제4호,
　2012 ; 최우용, "지치입법권의 현실 및 과제 - 자치입법권 확충 방안을 중심으로 -",
　국가법연구 Vol.11 No.2, 2015 ; 조성규, "법치행정의 원리와 조례제정권의 관계", 공법
　연구 제33집 제3호, 2005 ; 김해룡, "자치입법권의 확대와 실효성 제고", 한양대학교 지
　방자치연구소 국내세미나 논문집 vol.2001 no.12, 2001 등.
48) 대법원 2006.10.12. 선고, 2006추38판결.(정선군 세 자녀 이상 세대 양육비등 지원에 관
　한 조례)「...지방자치법 제15조에 의하면 지방자치단체는 그 내용이 주민의 권리의 제한
　또는 의무의 부과에 관한 사항이거나 벌칙에 관한 사항이 아닌 한 법률의 위임이 없더라
　도 그의 사무에 관하여 조례를 제정할 수 있는 바, 지방자치단체의 세 자녀 이상 세대
　양육비 등 지원에 관한 조례안은 … 지방자치단체 고유의 자치사무 중 … 주민의 복지증
　진에 해당되는 사무이고, 또한 위 조례안에는 주민의 편의 및 복리증진에 관한 내용을
　담고 있어 그 제정에 있어서 반드시 법률의 개별적 위임이 따로 필요한 것은 아니다.」;

국민의 전체의사인 의회의 법률에 의하지 않고는 국민의 자유와 권리를 제한할 수 없다는 법률유보의 원칙은 국민의 기본권 보호를 위한 법치국가 원리이다. 그러나 끊임없이 급변하며, 복잡해진 현대의 위험사회(Risiko Geselschaft)에서 입법자가 미래를 예측하여 모든 법률관계를 규율한다는 것은 불가능하다. 주민에 가까운 지방정부의 집행기관이 법률의 구체적인 위임이 없이는 어떠한 조치도 취할 수 없다면 각 지역의 특수한 상황과 변화되는 시기에 따라 적절하게 대처할 수 없어서 오히려 주민의 자유와 권리를 해하는 결과가 발생할 것이다.[49] 최근 고양시 서정 초등학교 앞에 엑

대판1997.4.25 선고 96추244판결 (광주광역시 동구 저소득주민 생계보호지원조례(안) 「… 이 사건 조례안의 내용은 … 생활보호법과 그 목적 및 취지를 같이 하는 것이나 … 생활보호법과는 다른 점이 있고, 이 사건 조례안에 의하여 생활보호법 소정의 자활보호 대상자 중 일부에 대하여 생계비를 지원한다고 하여 생활보호법이 의도하는 목적과 효과를 저해할 우려는 없다고 보여지며, 비록 생활보호법이 자활보호대상자에게는 생계비를 지원하지 아니하도록 규정하고 있다고 할지라도 그 규정에 의한 자활보호대상자에게는 전국에 걸쳐 일률적으로 동일한 내용의 보호만을 실시하여야 한다는 취지로는 보이지 아니하고, 각 지방자치단체가 그 지방의 실정에 맞게 별도의 생활보호를 실시하는 것을 용인하는 취지라고 보아야 할 것이므로, 이 사건 조례안의 내용이 생활보호법의 규정과 모순·저촉되는 것이라고 할 수 없다.」 ; 그러나 침익적 조례의 경우는 법률유보의 원칙을 엄격히 적용하고 있다. 대판 2012.11.22.선고 2010두22962 전원합의체판결 (여수시 주차장 조례) 「구 주차장법 제19조의4 제1항 단서 및 구 주차장법 시행령 제12조 제1항 제3호가 일정한 경우 건축물·골프연습장 기타 주차수요를 유발하는 시설 부설 주차장의 용도변경을 허용하면서 그에 관하여 조례에 위임하지 않고 있음에도, 여수시 주차장 조례 제15조 제2항(이하 '이 사건 조례 규정'이라 한다)이 당해 시설물이 소멸될 때까지 부설주차장의 용도를 변경할 수 없도록 규정한 사안에서… 이 사건 조례 규정은 법률의 위임 없이 주민의 권리제한에 관한 사항을 정하여 효력이 없다.」 ; 대판 1997.4.25.선고 96추251판결.(수원시 자동차 차고지 확보 등에 관한 조례안) 차고지 확보 대상을 자가용 자동차 중 승차정원 16인 미만의 승합자동차와 적재정량 2.5t 미만의 화물자동차까지로 정하여 자동차관리법령이 정한 자동차 등록기준보다 더 높은 수준의 기준을 부가하고 있는 차고지 확보제도에 관한 조례안은 비록 그 법률적 위임근거는 있지만 그 내용이 차고지 확보기준 및 자동차 등록기준에 관한 상위 법령의 제한 범위를 초과하여 무효라고 한 사례」

49) "학교 앞에 방사선 기기 제조업체 건설…학부모 강력 반발", MBN 네이버 뉴스, 2016. 5.18.

스선(X-ray) 발생기(Generator)와 촬영기를 개발, 생산하는 한 업체가 2015년 말부터 8층 규모의 사옥과 공장을 짓고 있어 해당 초등학교 학부모들과 갈등을 빚는 일이 있었다. 학교보건법 제6조에서 학교환경위생 정화구역에서의 금지시설 및 행위(위락시설과 폐기물처리장 등)를 규정하고 있는데, 위 조항에 방사선 업체에 대한 금지규정은 없어서 당해 방사선기기 제조공장에 대한 건축허가를 취소할 수 없는 실정인 것이다.

위와 같은 사례에서 알 수 있듯이 오늘날에는 의회가 제정하는 법률유보가 없어도 부분 사회에서 민주적 정당성을 가진 지방의회가 각 지역 실정에 맞게 규율하도록 하는 것이 오히려 국민의 기본권을 보장하는데 기여할 것이다.50)

이제 국가의 입법자는 개별적·구체적 규율보다는 원칙을 규정하는 프로그램적 입법을 하고, 행정청·지방정부에게 구체적 개별적 상황에 맞게 대응하며, 스스로 규율할 수 있는 선택의 여지를 부여하는 것이 타당하다고 생각된다. 조례가 법률과 동일한 지위를 갖지는 못하지만, 당해 지역사회의 민주적 정당성을 갖춘 지방의회에서 제정된다는 특성을 인정하여 침익적·규제적 행정분야에서도 조례를 통해 주민의 권리를 적절하게 제한할 수 있는 방안이 필요하다. 이를 위해서 먼저, 법률에 포괄적이고 규제권한을 설정하는 규정만으로 법률유보의 원칙이 충족된 것으로 보는 법리구성이 바람직하다고 하겠다.51) 그러나 근본적으로는 지방자치법 제22조 단서조항이 삭제되어 자치입법권을 확대할 필요가 있다고 생각된다.

---

50) 최우용, 앞의 논문(각주47), 57면 참조 ; 김해룡, "지방자치권의 내용과 그 보장을 위한 법적 과제", 공법연구 제33집 제1호, 2004, 72-75면 참조.

51) 김해룡, 앞의 논문(각주47), 2001, 124-125면 참조.

2. 관련 쟁송사례

1) 사건의 개요 - 2013. 9. 27. 선고 2012추169 판결

2012년 4월 30일 광주광역시의회는 '광주광역시 지방공기업 사장 등에 대한 인사검증공청회 운영 조례안'을 의결하였고, 안전행정부장관은 5월 14일 광주광역시장에게 '위 조례안 중 지방공기업법 제58조 제3항에서 정하고 있지 않은 인사청문위원회 및 공청절차를 조례로 신설하여 지방자치단체의 장의 인사권을 제약하는 것은 지방공기업법에 위배된다'는 이유로 재의를 요구하였다. 그러나 광주광역시의회는 위 조례안을 원안 그대로 재의결하였다.

위 조례안은 광주광역시가 지방공기업법에 따라 설립한 공사·공단의 사장 또는 이사장 후보자에 대한 인사검증공청회 실시에 필요한 사항을 규정할 목적으로 제정된 것으로서, 임원추천위원회는 사장 등 후보자를 결정한 후 인사검증공청회를 주관하는 인사검증위원회를 구성하고 인사검증위원회 위원의 정수는 7명으로 하되, 광주광역시의회가 추천하는 광주광역시의원 4명, 시민단체가 추천하는 사람 3명으로 구성하며(제5조), 인사검증위원회는 사장 등 후보자가 결정되면 10일 이내에 인사검증공청회를 개최하고 인사검증공청회 경과보고서를 작성하며, 위원장은 인사검증공청회 경과를 임원추천위원회 위원장에게 통보하고, 위 경과보고서에는 대상자별 장단점 등을 기술하되 서열이나 점수는 매기지 아니하며 사장후보의 추천을 제한할 수 없고, 임원추천위원회 위원장은 지방공기업 사장 등의 후보자를 추천할 때 경과보고서를 첨부하여 추천하는 것(제8조, 제11조)등을 주요 내용으로 삼고 있다.

이 사안에서는 상위법령에서 지방자치단체장에게 기관구성원 임명·위촉 권한을 부여하면서도 임명·위촉권의 행사에 지방의회의 동의를 받도록 하는 등의 견제나 제약을 규정하고 있거나 그러한 제약을 조례 등에서 할 수 있다고 규정하고 있지 않은 경우, 조례로서 지방자치단체장의 임명·위촉권을 제약할 수 있는지가 문제되었다.

2) 대법원의 판단

대법원은 이에 대하여 「상위법령에서 지방자치단체장에게 기관구성원 임명·위촉권한을 부여하면서도 임명·위촉권의 행사에 지방의회의 동의를 받도록 하는 등의 견제나 제약을 규정하고 있거나 그러한 제약을 조례 등에서 할 수 있다고 규정하고 있지 않는 한 당해 법령에 의한 임명·위촉권은 지방자치단체의 장에게 전속적으로 부여된 것이라고 보아야 한다. 따라서 하위법규인 조례로는 지방자치단체장의 임명·위촉권을 제약할 수 없고, 지방의회의 지방정부 사무에 대한 비판, 감시, 통제를 위한 행정사무감사 및 조사권 행사의 일환으로 위와 같은 제약을 규정하는 조례를 제정할 수도 없다. … 임원추천위원회나 광주광역시장이 위 경과보고서에 기재된 의견에 기속되는 것은 아니라 하더라도, 이 사건 조례로, 지방의회의 의원이 위원의 과반수를 이루는 인사검증위원회가 사장 등 후보자에 관한 공청회를 거쳐 장단점을 경과보고서에 기재하고, 임원추천위원회의 위원장이 지방자치단체의 장에게 후보를 추천하면서 위 경과보고서를 첨부하도록 하는 것은 지방의회가 지방자치단체의 장의 전속적 권한인 지방공기업 사장 등에 대한 임명권의 행사에 사실상 관여하거나 개입하는 것이 된다는 점에서 지방자치단체의 장의 위 임명권 행사에 대하여 상위 법령에서 허용하지 아니한 견제나 제약을 가한 것에 해당한다고 봄이 상당하다.」라고 판시하였다.

V. 보장책임의 실현방안 - 자치입법권의 강화

대법원은 지방자치법에서 기관대립형 구조를 규정하고 있기 때문에 지방자치단체장이 인사권을 가지는 지방공기업 등의 대표의 임명에 있어 인

사 청문을 실시하도록 하는 조례에 대하여 대부분 지방자치단체장의 고유
권한을 침해하는 것이며, 상위 법령 위반이라고 보고 있다.52) 다만 인사청
문 결과에 구속력이 없더라도 사전적인 인사청문은 허용되지 않는데 비해,
구속력이 없는 사후적인 검증은 허용되는 것으로 보고 있다.53)

　자질이 검증되지 않은 측근들을 지방자치단체 산하 기관장으로 임명하
는 지방자치단체장의 보은인사는 지방공기업의 방만하고 부실한 운영으로
이어졌고, 지방자치단체 부채의 큰 요인으로 자리하고 있다. 이런 상황에서
지방자치단체장의 인사에 대한 책임성 확보를 위한 법제도적 장치의 마련
은 매우 중요하다고 하겠다. 지방자치법은 지방자치단체장에게 지방공기업
등의 장에 대하여 독점적인 권한을 부여하고 있기 때문에 각 지방자치단체
에서는 이러한 지방자치단체장의 권한을 견제하기 위하여 조례로서 인사
청문회를 도입하려는 것이다.

　지방자치법에서 규정하는 지방자치단체의 '고유권한으로서 인사권'이란
단체장의 무제한의 권한을 의미하는 것이 아니며, 재량의 범위 내에서 적
법·타당한 인사권의 행사를 당연한 본질로 하는 것으로, 인사청문회는 제
도적 본질상 인사권에 대한 제약이라기보다는 인사권의 적정한 행사를 위
한 절차적 강화라고 할 것이다.54)

　인사청문 결과에 법적 구속력이 있어 인사의 궁극적인 결과가 지방의회
에 의해 결정된다면 이는 지방자치단체장의 인사권의 행사에 본질적인 제
한을 가하는 것으로 위법한 조례가 될 것이다. 그러나 이 사안에서는 경과
보고서에 각 후보자의 장단점을 기재하되 서열이나 점수를 매기지 않으며,
지방자치단체장의 재량으로 임명하는 것임에도 불구하고 지방자치단체장
의 고유권한을 침해로 위법한 조례라고 판시한 것은 잘못된 판단이라고 하

---

52) 대법원 2004.7.22. 선고 2003추44 판결 등.
53) 대법원 2012.12.26. 선고 2012추91 판결.
54) 조성규, "지방자치 20년을 통한 자치입법권 보장의 평가와 과제", 지방자치법연구 제15
　　권 제2호(통권 제46호), 2015.6, 149면.

겠다.

또한 지방자치법에서 지방자치단체장과 지방의회가 기관대립형 구조를 이루도록 한 것은 기관 상호간 권력의 오·남용을 견제하여 궁극적으로 주민의 기본권과 이익을 보장하기 위함이다. 그런데 대법원 판결에서는 기관대립형 구조를 정한 입법자의 본질적인 의도와 목적은 배제된 채, 지방자치단체장에게 인사권이 부여된 문언만 보고 형식적인 해석을 한 것에 대해서 아쉬울 따름이다. 사법부의 이러한 중앙집권적이고 기관장우선의 법해석은 지방의 분권의지를 꺾고, 지방자치의 창의적이고 끊임없는 시도를 차단해 버리는 결과를 낳게 된다. 따라서 이제 사법부는 헌법에서 보장하고 있는 지방자치의 정신에 입각하여, 지방자치를 존중하는 법해석 및 판결로 변화되어야 한다.

또한 이 사안에서 문제된 지방공기업법 제58조[55]는 공기업 장의 임명과 절차 등 중요한 핵심 결정사항과 절차를 대통령령으로 국가가 선점함으로서 지방정부가 가지는 전권한성과 자기책임성을 침해하고 있다.

보장국가 시대에는 중앙정부와 지방정부, 그리고 민간은 함께 공익을 실현해 가는 파트너이며, 중앙정부와 지방정부는 모두 보장책임을 수행하는 동등한 공행정 주체이다. 우리는 앞서 보장책임의 핵심은 민간이 자신의 역량을 최대한 발휘하면서 공공서비스를 제공하되, 공익을 실현하지 않으면

---

55) 「구 지방공기업법」 제58조 (임원의 임면 등)
  ② 사장과 감사는 대통령령으로 정하는 바에 따라 지방공기업의 경영에 관한 전문적인 식견과 능력이 있는 사람 중에서 지방정부의 장이 임면(任免)한다. 다만, 제50조제1항에 따라 설립된 공사의 경우에는 지방정부 간의 규약으로 정하는 바에 따른다.
  ③ 지방자치단체의 장은 제2항에 따라 사장과 감사(조례 또는 정관으로 정하는 바에 따라 당연히 감사로 선임되는 사람은 제외한다)를 임명할 경우 대통령령으로 정하는 임원추천위원회(이하 이 조에서 "임원추천위원회"라 한다)가 추천한 사람 중에서 임명하여야 한다. 다만, 제4항에 따라 사장을 연임시키려는 경우에는 임원추천위원회의 심의를 거쳐야 한다.
  ⑤ 제4항에 따른 사장의 연임 또는 해임의 기준 등에 관하여 필요한 사항은 대통령령으로 정한다.

안 되도록 구조화하는 "입법책임"과 민간의 자율규제에 대하여 통제하는 "규제책임"임을 살펴보았다. 보장책임의 내용 중 민간이 공공서비스를 제공할 수 있도록 기본 조건과 선택 가능한 행위 방식, 독과점을 방지하는 등의 공익 실현적 구조를 마련하는 "공급(준비)책임" (Bereitstellungsverantwortung)을 지방정부가 수행하기 위해서는 자율적인 입법권이 전제되어야 한다. 또 민간을 통해 공적 과제를 실현하지 못할 경우에 이를 대비하는 규범을 마련하는 "수용(예비)책임"(Auffangverantwortung) 과 민간이 적절하지 않은 결과를 제공할 경우 공행정주체가 후속적인 책임을 맡게 되는 "완충(보완)책임"(Abfederungsverantwortung) 을 수행하기 위해서도 지방의 자율적인 입법권이 보장책임의 토대가 된다.

또한 지방정부가 보장책임을 실현하기 위해서는 지방정부에게 "규제" 권한이 선재해야 한다. 지방정부는 민간이 국민(주민)의 기본권과 이익을 보호하면서 공공서비스를 제공하도록 '자율규제'의 구조를 입법하되, 이러한 자율규제를 통제할 수 있는 "규제" 권한이 지방정부에게 주어져 있을 때 비로소 보장책임을 실현할 수 있는 것이다. 그러나 현행 「지방자치법」 제22조는 "지방자치단체는 법령의 범위 안에서 그 사무에 관하여 조례를 제정할 수 있다. 다만, 주민의 권리 제한 또는 의무 부과에 관한 사항이나 벌칙을 정할 때에는 법률의 위임이 있어야 한다." 라고 규정하여 지방정부의 자치입법권과 규제권한을 심각하게 제약하고 있다.

지방정부가 지역사회와 주민의 수요에 대한 적절한 공역무를 제공하기 위해서는 자치입법권의 보장이 불가결하다. 지방이 처리할 사무영역과 처리방법에 대하여 국가가 선점함으로 지방정부의 자율성과 자기책임성을 심각하게 제약하는 현행 우리의 법제는 보장국가에 부합되지 않는다. 중앙은 지방의 사무에 대해서 법령으로 선점하는 것을 최대한 자제하고, 오히려 지방정부가 자기의 책임으로 주민에게 공무를 제공할 수 있도록 적극적으로 법적 근거를 마련하여야 할 것이다.

지방정부는 조례라는 입법권 행사를 통하여 지방의 특수성과 다양성을 추구할 수 있어야 한다. 원칙적으로 군사·치안·사법 등 전국적 통일성이 요구되는 분야를 제외한 사무에 대하여는 지방정부가 독자적인 입법권을 가져야 한다. 그러나 현행 헌법 제117조 제1항과 「지방자치법」 제22조에 따르면 조례는 "법령의 범위 안"에서 규정될 수 있고, 또 「지방자치법」 제22조 단서규정에 따르면 주민의 권리 제한 또는 의무 부과에 관한 사항이나 벌칙을 정할 때에는 법률의 위임이 있어야 한다고 명시하고 있다. 지방정부의 자치입법권을 실질적으로 보장하려면, "법령의 범위 안에서"를 법령이 아닌 "법률의 범위 안에서" 또는 "법률에 위배되지 아니하는 범위 안에서"라고 개정할 필요가 있다. 이 경우 법규명령을 통한 중앙정부의 권한과 조례라는 민주적 정당성을 가진 지방정부의 권한이 서로 충돌할 수 있다. 이때에는 우선 중앙과 지방간의 협력과 조정을 통하여 해결하여야 한다. 그 다음으로는 입법적 해결방법을 찾아야 한다. 이 경우 예상되는 충돌을 사전에 방지하기 위하여 국가의 전속적 입법사항을 법률로 미리 정할 수도 있다.56) 그리고 분권형 헌법으로의 개정을 통하여 헌법에 '분권국가'임을 천명하는 것도 좋은 방법이라고 생각한다. 또한 「지방자치법」 제22조 단서조항은 삭제하여 조례의 실효성을 제고할 필요가 있다.

헌법과 지방자치법 개정과 더불어 중요한 것이 개별법에서 지방자치권을 침해하고 있는 규정을 대대적으로 개정하는 것이다. 일반법에 지방분권 내지 지방자치 원칙을 규정하여도 특별법 우선의 원칙에 따라 개별법이 적용되면서 지방자치권이 침해당하고 있는 현실이다. 따라서 개별법에서 지방이 자기사무에 대하여 독자적인 '입법권'과 '규제권'을 가질 수 있도록 중앙과 지방, 광역과 기초지방자치단체간의 사무배분이 이루어져야 한다. 또한 '위임조례'의 형식으로 기관위임사무와 자치사무의 구별을 형해화 하

---

56) 조홍석, "현행 지방자치제의 현실과 한계 그리고 개선방안", 한양법학 제26권 제3호, 2015, 246-247면.

는 입법행태도 변화되어야 한다.57)

지금 우리는 국가 안에서 지역마다 주어진 여건이 매우 다름에도 불구하고 중앙정부가 정한 획일화된 정책을 집행함으로 어느 지역에도 꼭 맞지 않는 정책을 집행하게 된다. 농촌 지역에도 맞추고 도시 지역에도 맞추는 정책, 인구밀집지역도 인구희소지역도 모두 맞는 정책을 채택하여야 하기 때문에 각 지역에 비교적 덜 나쁜 정책을 채택할 수 밖에 없게 된다. 전국적으로 좋은 정책을 찾기는 매우 어렵다. 교육과 문화, 고용, 지역개발, 환경 등 이러한 모든 정책을 국가가 획일적으로 결정하여 정책이 잘못되면 국가 전체에 큰 영향을 미치게 된다. 위험 분산을 위해서도 지방정부가 다양한 결정을 할 수 있도록 하고 책임을 지도록 해야 한다.58) 그럼에도 불구하고 우리 현실은 정책을 담는 그릇인 지방정부의 입법권은 법률의 위임이 있는 경우로만 한정시키고 있어 지방정부 내의 입법수요와 현실적인 입법권 사이에 현저한 괴리가 존재한다. 지방정부에게 입법권이 없는 한 지방정부는 단순한 집행기관에 불과하며 정책기관으로서 지위를 갖기 어렵다. 지역사회와 관련하여 집행된 정책의 최종적인 책임은 지역과 지역주민이 질 수 밖에 없다. 그럼에도 불구하고 지역문제에 대하여 지방정부가 정책을 결정할 수 없고 국가가 일방적으로 정한다는 것은 책임과 권한의 심각한 불일치를 초래한다.59) 누리과정60) 예산을 둘러싸고 정부와 지방의회가

57) 이에 대한 자세한 논의는 선정원, "침익적 위임조례에 있어 위임의 포괄성과 그 한계 - 과태료조례를 중심으로 -", 지방자치법연구 통권 제60호(제18권제4호), 2018. 205-207면 참조.
58) 이기우·김순은·권영주, 시·도의 법적 위상에 관한 연구, 전국시도지사협의회 연구자료집, 2009, 243-245면 참조.
59) 이기우·김순은·권영주, 상게서, 22-23면 참조.
60) 유치원과 어린이집에 다니는 만 3-5세 어린이들의 공평한 교육과 보육 기회 보장을 위해 2012년부터 공통으로 시행하도록 만든 표준 교육 내용을 말한다. 2012년 3월 5세 누리과정을 시작으로 2013년 3월부터는 3-4세까지 확대되어 시행되고 있다. 누리과정은 만 3-5세를 대상으로 하는 어린이집 표준보육과정과 유치원 교육과정을 통합한 공통과정으로 구성돼 있다. 이 과정은 만 3-5세 유아의 심신의 건강과 조화로운 발달을 도와 민주시

갈등을 겪는 현재 상황 역시 정책결정주체와 책임을 지는 주체의 괴리에서
빚어진 것이다. 지역 사회의 발전과 지역 주민의 복지 관련 정책의 경우 지
역 주민의 선호와 요구에 더 민감하게 반응할 수 있는 정부는 중앙이 아니
라 지방임을 기억해야 한다.

지방은 이러한 주민과 국민의 요구에 반응하여 자치입법의 역량을 강화
하여야 한다. 먼저 지방은 스스로 자치권이 있음을 인식하고, 적극적으로 지
방자치적 법해석을 하여야 한다. 중앙집권적인 유권해석에 대해 수동적으로
받아들이는 것이 아니라, 지방자치의 관점에서 재검토하고 그 이념에 따라
실행하여야 한다. 이를 위해서는 지방에 법무조직을 강화하고 연구기관을
설치하여 자치입법 역량강화의 발판을 마련하는 것이 전제될 것이다.61)

정보화, 세계화, 과학기술의 급속한 발달로 끊임없이 급변하며 복잡해진
현대 위험사회에서 국회가 미래를 예측하여 모든 법률관계를 규율하며, 중
앙 정부 홀로 국민의 생명과 안전을 보호하며 생존배려 및 복지를 위한 공
공서비스를 제공하는 것은 불가능하다. 메르스나 코로나바이러스와 같은
신종 전염병, 쓰나미로 인한 원자력 발전소의 폭발 같은 현대형 위험이 발
생했을 때, 과거의 위험보다 훨씬 광범위하고 위험의 개연성 발생시점과
진행속도가 매우 빠른 중대하고 급박한 위기상황에서 중앙 정부의 위임과
지시 없이는 지방이 아무런 조치를 취할 수 없다면 골든 타임을 놓친 후

민의 기초를 형성하는 것을 목적으로 하며, 어린이집·유치원 구분 없이 동일한 내용을
배우게 된다. 한편, 정부는 누리과정을 도입하면서 그 재원을 지방교육재정교부금으로
부담하도록 했는데, 이때부터 누리과정 예산을 둘러싼 문제가 시작됐다. 즉 정부는 매년
내국세 수입의 약 20%가량(지방교육재정교부금법에 따르면 당해 연도의 내국세 총액의
1만분의 2,027에 해당하는 금액)을 지방교육재정교부금으로 교육청에 교부하는데, 시도
교육청 입장에서는 수입이 일정하게 정해져 있는 상황에서 중앙정부의 정책에 의해 새
로운 지출이 늘어나게 된 것이다. 이 때문에 누리과정 비용 부담 주체를 놓고 자체 예산
으로 부담해야 한다는 중앙 정부와 전액 국고로 지원해야 한다는 시도 교육청이 팽팽하
게 맞서며 갈등이 계속되고 있다. [네이버 지식백과] 누리과정(시사상식사전, 박문각).
61) 지방의 법무조직 강화와 관련된 논의로는 선정원, "자치법규기본조례와 자치입법권의 보
장", 지방자치법연구 제4권제2호, 2004, 76-77면 참조.

국민이 맞이하게 될 피해는 미처 헤아리기 어렵다. 최근 우리는 코로나 바이러스로 인하여 초기의 적절한 대응이 얼마나 중요하지 절실히 깨닫고 있다. 보장국가의 시대를 살고 있는 오늘날 지방정부가 주민의 권익에 대한 보장책임을 실현하도록 자치입법권을 강화하는 것은 국민의 생명과 안전을 보호하기 위하여 더 이상 미룰 수 없는 국가의 과제일 것이다.

제3장 자치입법역량의 강화를 통한 집권적 자치입법관의 극복

선 정 원

I. 집권적 자치입법관과 표준조례에의 과잉의존의 극복필요

1. 자치분권의 확대와 모순되는 자치입법재량의 협소상태의 지속

1987년 민주헌법의 제정 이후 최근 우리 사회에서는 지방분권정책이 적극적으로 추진되어 왔다. 2019년에는 연방형 지방자치를 내용으로 하는 헌법개정의 시도가 실패했지만 분권정책의 추진이 여기서 중단되지는 않을 것이다. 분권화된 사회가 개방사회에서 경쟁력을 갖추고자 하는 한국사회의 바람직한 사회모델로 정착하고, "법치국가의 이념에 충실한 지방자치법과 지방자치"[1]가 한국사회에 뿌리내릴 수 있을 것인가?

1998년 8월 시점에서 우리나라의 자치법규들을 조사하여 평가했던 고 박영도박사(당시 한국법제연구원 수석연구원)는 우리나라의 자치법규에 대해 "다양성과 독자성을 살리지 못한 채 획일적·단편적인 자치입법으로 머물고 있는 상태"라고 진단하면서, "자치입법의 영역은 매우 제한적"이라는 평가를 하였다.[2] 그로부터 20년이 더 지난 지금 그 상태에서 크게 변화가

---

1) 홍정선, 지방자치법주해 서문, 지방자치법주해 (한국지방자치법학회편), 2004, 8.
2) 박영도, 자치입법의 이론과 실제, 한국법제연구원, 1998, 173면.

있다고 보여지지는 않는다.

정치권에서 헌법이나 지방자치법과 같은 일반법상의 규정들을 새로 도입하거나 개정하는 것으로 분권자치를 크게 진척시키려는 의도를 보이지만 법학자의 눈으로는 그러한 시도만으로는 분권자치가 크게 진전되기에는 매우 중대한 장애요인들이 존재하고 있다고 보여진다.

헌법이나 일반법 개정의 성공여부와는 상관없이 자치단체가 직면한 입법재량의 협소함과 불명확성은 각 행정분야의 법령들이 통일법으로 정비되어 있지 않아 관계법들이 매우 짧게 분산되어 있는 "파편적 입법" 상태에 있다는 점, 지방분권의 역사가 짧아 중앙부처가 입법권을 매우 포괄적으로 선점하는 것을 전제로 개별법령들이 제정되어 있다는 점 등 한국적특수성에도 크게 기인하고 있다. 최근 행정기본법의 제정노력이 전개되고 있지만 파편적 입법의 상태는 법치주의의 가장 중요한 파생원칙들 중 하나인 명확성원칙이나 예측가능성원칙에 비추어 시급히 극복되어야 할 문제이다.

파편적 입법의 문제로 인해 일반법이 아니라 개별법을 통한 지방자치의제약을 차단하는 것이 매우 어렵게 된다. 일반법의 결단이 명실상부한 것이 되도록 하기 위해서는 일반법뿐만 아니라 개별법상의 관련조문들도 개정해야 하지만 그것은 우리 국회의 갈등구조속에서는 쉽지 않은 것이다. 개별 법률이 개정되어도 각 행정분야에서 관련 법규명령, 광역자치단체의 자치법규와 기초자치단체의 자치법규가 체계적으로 재조정되어야 한다.

그리고, 행정영역별로 자치행정작용에 대해 개별 법령에서 중앙행정부처의 장관이나 광역자치단체장의 승인을 받도록 하고 있는 경우가 많다. 이러한 내부승인제도가 정리되지 않으면 자치입법재량은 확대되기 어렵다. 이와 같이 과거 권위주의적인 명령통제(Command and Control)시스템이 보다 대등한 협력관계로 전환해가는 과정에는 많은 장애물이 존재하고 있는 것이다.

2. 과다한 위임조례와 자치권침해적인 훈령의 정비필요

지방분권이 촉진되어 자치단체의 사무와 권한이 늘어나면서 기관위임사무에 대한 입법인 규칙사항이 줄어들고 조례사항이 대폭 증가하고 있다. 이로 인해 국가와 자치단체의 입법실무상 매우 주목할만한 입법현상이 나타났다. 이를 몇가지 사항으로 정리해본다.

첫째, 법이론상으로는 과거부터 지금까지 조례가 규칙보다는 상위의 법이라고 확고하게 인정되어 왔었다.

둘째, 그럼에도 불구하고 지방자치 이전에는 대부분의 중요사항들이 기관위임사무에 속해 있었고 보다 중요한 사항들에 대해서 국회와 중앙부처들은 기관위임사무로 규정하고 있었기 때문에 지방행정실무상으로는 기관위임사무를 규정할 수 있는 규칙이 훨씬 중요한 의미를 지니고 있었다.

셋째, 분권자치의 확대로 중앙의 권한이 자치단체로 대폭 이전되면서 조례가 명실상부하게 그 위상을 찾을 수 있는 계기가 되고 있다. 이에 따라 당연히 조례입법권자인 지방의회의 위상과 역할도 규칙제정권자인 자치단체장보다 더 커질 가능성이 증가하고 있다. 하지만, 이는 아직 현실화하지 않고 있다.

넷째, 오히려 국회와 중앙부처의 법령에 의한 조례구속력은 확대되고 있다. 국회와 중앙부처는 지방사무가 늘어나는 것과 함께 조례규율사항의 확대가 불가피한 현실에 직면하여 법령에서 위임문언을 규정하고 나머지 사항을 조례로 규정하도록 하는 입법방식인 위임조례를 대폭 증가시켜서 대응하고 있다.3) 이것은 우리 입법현실에서 헌법이 위임사무와 자치사무의 구별을 거의 지도할 능력을 상실한 현실에서 나온 괴물같은 입법기술이라 할 수 있을 것이다.

---

3) 위임조례의 증가와 그 원인에 대한 분석의 글로는, 선정원, 침익적 위임조례에 있어 위임의 포괄성과 그 한계 ─ 과태료조례를 중심으로 ─, 지방자치법연구 제18권 제4호, 2018, 205-207면 참조.

다섯째, 입법절차상 지방의회에 의한 조례의 제약을 받지 않는 중앙부처의 훈령에 의한 자치단체의 구속방식이 여전히 광범위하게 존재하고 있다. 그 동안 한국행정에서는 이른바 '법령보충적 행정규칙'론에 의해 중앙행정부처의 훈령이나 고시에 상세하게 규정됨으로써 법규로서 자치법규에 우선하여 적용되는 경우가 많았다. 법령보충규칙의 규정영역은 제한이 없었기 때문에 대부분의 부처들에서 이러한 훈령들을 규정하고 있다.

이러한 입법관행, 즉, 훈령에 의한 행정이 극복되지 않는 한 자치법규의 위상도 찾기가 힘들 것이다. 더구나, 법령보충적 행정규칙이 아니라 하더라도 중앙정부나 광역자치단체의 훈령이나 지침은 법령이 아니기 때문에 기초자치단체를 법리상 구속하지는 못해야 하지만 현실적으로 상당한 구속력을 가지고 있다. 때문에, 이러한 훈령에 대해서도 자치권을 침해하는 경우에는 적극적으로 정비가 이루어져야 한다.

3. 중앙집권적이고 기관장 집권적인 자치입법관의 극복필요

집권적 자치입법관은 중앙집권적이고 기관장 집권적인 입장에서 자치입법권을 과도하게 제한하는 입장이라 정의할 수 있다. 우리 법체계에서 입법권의 분산과 입법의 파편화로 인해 법적 불명확성이 매우 심각한 상황에서는 법의 해석적용자들이 갖는 지배적이고 주류적인 해석관점이 개별규정들에 나타난 입법의사들을 무시하고 매우 중대한 영향을 미치게 된다. 때문에, 정치권과 사회에서의 자치분권노력과는 별개로 법치행정의 보루인 사법부에서 과거의 중앙집권적이고 기관장 집권적인 입장을 고수하면서 반복해서 내리는 판결들은 그 해석의 근거인 법률의 몇개 조문들과 함께 분권자치를 위한 개혁에 중대한 장애요인이 되고 있다. 여기서는 그것을 둘로 나누어 살펴본다.

첫째, 중앙집권적인 자치입법관을 지탱하는 소송제도상의 불균형현실을 살펴본다. 국가의 법령우월적인 입장에서는 우리나라에서 자치입법권침해 방지소송[4]이 도입되어 있지 않은 제도적 현실에 편승하여, 국가 전체에 걸쳐 통일적 규율을 중시하여 법령의 우위권을 이용하여 자치단체의 독자적 활동영역을 축소제한하는 것을 지지하거나 묵인하는데, 법률이나 법규명령 등을 매우 포괄적으로 규정하면서 위임을 받도록 요구하거나, 너무 상세하고 구체적으로 규정하는 "규율완전주의"적 시각에 사로잡혀 자치입법권의 여지를 극히 제한한다.[5] 법원은 자치권침해방지소송이 도입되지 않은 현실을 고려하여 이와 같은 정치인들과 중앙행정부처 관료들의 사고방식과 시각을 교정하고 견제해주어야 하는 데 이를 무비판적으로 지지한다.

보다 구체적으로 문제상황을 살펴보면, 자치법규인 조례가 상위법령을 위반할 때 지방자치법 제172조는 재의요구지시와 대법원에의 제소를 규정하고 있는데, 이와 같은 대법원의 심사방법은 추상적 심사방법으로서 상위법에 위반된 조례 등에 대하여 그 집행에 앞서 무효를 확인하는 판결을 내려 그 조례 전부의 효력을 부인함으로써[6] 헌법재판소가 갖는 위헌법률심사제도보다 더 강력한 자치법규 통제수단으로 기능하고 있다.

---

4) 협의로는 자치권을 침해하는 법령이나 상급기관의 자치입법에 대한 자치단체의 구제소송을 말한다. 광의로는 자치권을 침해하는 국가나 상급 기관의 권력적 조치를 처분으로 보아 자치단체에게 항고소송이나 헌법소원을 제기할 수 있도록 공법인으로서 자치단체에게 원고적격이나 재판청구권을 인정하는 것도 구제소송에 포함시킨다. 이에 대해서는 조성규, 지방자치단체의 공법상 지위에 관한 연구 : 독일 게마인데(Gemeinde)의 행정소송상 원고적격을 중심으로, 2001(서울대 박사) 및 석종현, 독일에 있어서의 지방자치단체의 헌법소원, 헌법재판 제3권, 1991, 329면 이하 참조.
5) Ernst Pappermann, Bürokratische Beeinträchigungen der kommunalen Selbstverwaltung : Regelungsperfektionismus und Zweckzuweisungssystem, in, ; Deutsche Richterakademie (hg.), Kommunen, Bürger und Verwaltungsgerichte, 1984, S.13-31
6) 조례안의 일부가 위법한 경우 조례안 전부의 효력이 부인되어야 한다는 대법원의 입장은 재고되어야 한다. 같은 취지의 글은, 신봉기, 자치입법권의 범위와 실효성확보방안, 지방자치법연구 제1권 제2호 2001.12, 102-103면.

둘째, 기관장 집권적인 자치입법권을 지탱하는 판례입장을 살펴본다. 우리 판례는 자치단체장의 집행권한과 지방의회의 조례제정권의 한계의 판단에 있어 기관위임사무와 집행권의 논리에 의존하였다. 기관장 집권적인 자치입법권이란 판례의 해석론으로 기관위임사무에 대해서는 ① 상위법령에서 위임하지 않는 한 조례로 규율할 수 없고, ② 지방의회는 자치단체장의 고유한 집행권을 침해할 수 없다는 것이다.7)8)

기관장 집권적인 자치입법관을 따라 지방자치단체의 조직권과 인사권이 자치단체장의 고유한 집행권에 속해 독점해야 한다고 보는 것은 대통령보다 더 강한 통치권을 자치단체장에게 긍정하는 셈이 되어 국회와 행정부의 관계에 비추어 보아도 형평에 맞지 않는다. 비교법적으로 보아도 독일의 경우 자치단체의 조직권을 지방자치단체의 내부영역의 문제로 봄으로써 지방의회의 조례의 규율사항으로 보고 있는 등 국제적 법현실과도 잘 맞지 않는다.9)

기관장만이 결정권을 갖고 다른 모든 조직구성원은 보조자에 지나지 않는다고 보는 권위주의적 행정문화에 기초한 의사결정방식을 전적으로 수용하는 기관장 집권적인 자치입법관은 새로운 헌법환경에서 보다 수평적인 의사결정방식이 정착될 수 있도록 수정되어야 한다.

---

7) 기관장 집권적인 자치입법론에 대한 비판의 글로는, 선정원, 입헌주의적 지방자치와 조직고권, 지방자치법연구 제7권 제2호, 2007, 329면 이하 참조.
8) 1991년 지방의회가 구성된 이후, 대법원에 기관소송이 많이 제기되고 있는데, 그 중의 상당수는 지방의회가 지방자치단체장의 집행권한을 침해한다는 이유로 위법무효판결을 받은 경우이었다.(대법원 2009. 12. 24. 선고 2007추141 ; 대법원 2005. 8. 19. 선고 2005추48 ; 대법원 2001. 11. 27, 2001추57 ; 대법원 1996. 5. 14. 선고 96추15 ; 대법원 1996. 5. 10. 95추87 ; 대법원 1993. 2. 9. 선고 92추93 ; 대법원 1992. 7. 28. 선고 92추31.) 이것들 중에는 지방자치단체의 조직권갈등에 관한 판례들이 매우 많은데,(대법원 2009. 12. 24. 선고 2007추141 ; 대법원 2005. 8. 19. 선고 2005추48 ; 대법원 1996. 5. 14. 선고 96추15 ; 대법원 1993. 2. 9. 선고 92추93 ; 대법원 1992. 7. 28. 선고 92추31.) 대법원은 '전속적인 집행권'을 침해한다는 논리로 조례에 의한 '지방자치단체의 장의 고유 권한'의 침해를 차단해왔다.
9) 이에 관한 소개는, 선정원, 입헌주의적 지방자치와 조직고권, 지방자치법연구 제7권 제2호, 2007, 331면 참조.

4. 표준조례에의 과잉의존의 극복필요

법률차원에서 분권자치를 촉진시키는 법개정이 이루어진다 하더라도 입법실무로 들어가면 자치입법안의 작성과정에서 자치단체들이 중앙부처의 지시에 따르거나 의존하는 현상이 그 역사도 오래되었을 뿐만 아니라 광범위하게 뿌리박혀 있음을 보게 된다.

우리 행정실무상 자치법규는 행정안전부 등 중앙행정부처가 제시하는 표준조례에 따라 제정되는 경우가 많았다. 특히, 기초자치단체와 같이 작은 자치단체와 복잡한 행정업무의 경우처럼 자치단체의 입법설계능력에 약점이 나타나는 경우에는 표준조례는 절대적 영향을 미쳐왔다. 표준조례의 내용은 그 작성주체의 일정한 의도를 나타내는 것일 뿐 현행법의 정확한 해석에 근거를 둔 것이라고 보기에 의심스러운 경우도 있을 수 있었지만, 표준조례가 제시되지 않으면 자치단체는 자치법규를 제정하지 못해 새로운 법령의 제정이나 개정에도 불구하고 실제로 신법을 집행하지 않는 현상도 드문 경우는 아니다.

표준조례는 자치법규들이 상위법령에 모순되지 않고 자치행정의 통일성을 보장시키는 역할을 수행한다고 하지만, 자치단체들의 개별적 특수성이나 다양성을 희생시키고 자치입법역량을 강화시킬 필요나 의욕을 사라지게 하여 집권적 자치입법관을 강하게 온존시키는 실무적 토대가 되고 있다.10)11) 표준조례의 긍정적 기능을 우선시하는 입장에서 보이는 법앞의 평등원칙과 국가전체적 통일성의 과잉강조는 한국사회를 획일화시키고 관료

---

10) Hermann Hill, Soll das kommunale Satzungsrecht gegenüber staatlicher und gerichtlicher Kontrolle gestärk werden?, 1990, S.27-28.

11) 표준조례는 현실적으로 자치단체의 입법능력부족을 보완하고 상위법령과의 조화를 추구하기 위해 중요한 기능을 수행하지만, 자치단체는 표준조례안과는 다른 내용의 조례를 제정할 필요성도 있다. 영국의 경우 표준조례와 다른 조례를 제정하기 위해여 당해 자치단체는 그 지방에 특수한 합리적 이유를 제시하도록 하고 있다. Brian Jones/ Katharine Thompson, Administrative Law, 1996, p.101

화시켜 창의성과 다양성을 질식시키는 원인이 된다. 표준조례의 과잉사용을 계속 방치하게 되면 자치단체의 다양성과 자율성은 신장될 수 없게 될 것이다. 또, 이렇게 되면 지방분권이란 중앙부처에서 명확하게 대상을 정하고 표준조례방식으로 자치법규의 틀을 제시한 것들만 자치법규로 제정되는 집권적 자치만을 의미할 수밖에 없게 될 것이다.

이 글에서는 우리의 법령체계에 심각하게 존재하는 법적 불명확성, 집권적 입법행태, 집권적 자치입법관과 자치단체의 무기력한 자치입법실무가 그 동안 크게 주목받지는 못했지만 분권자치의 개혁을 가로막는 매우 심각한 장애요인이라는 인식하에 우선 자치입법역량의 발전방안에 한정하여 검토해보려 한다.

Ⅱ. 자치법규 제정절차의 정비와 개선

1. 자치법규의 제정절차에 관한 현황

1) 현행 자치법규의 제정절차

자치법규는 지방자치단체가 법령의 범위안에서 그 사무에 관하여 지방의회의 의결을 거쳐 제정하는 조례와 지방자치단체의 장이 제정하는 규칙이 있다. 이외에도 지방의회가 지방의회의 운영규정들을 제정하고 자치단체장도 훈령의 성격을 갖는 규정들을 제정하고 있다. 후자들의 경우 법규성을 갖지 않는다고 일반적으로 이해되고 있다. 하지만, 이 규정들도 자치행정과 지방의회의 의사진행에 중요한 영향을 미치고 체계적 제정과 정비의 필요도 크므로 기본조례에 포함되어 그 제정절차가 규정될 필요가 있다.

자치법규의 입법절차는 크게 ① 입법방향에 대한 기본방침의 수립 ② 공청회, 입법예고 등 주민의견의 수렴 ③ 조례 규칙심의회를 거쳐 입법안의 작성과 확정 ④ 조례의 경우 의회의 의결 ⑤ 공포의 5단계로 나누어진다.

입법방향에 대한 기본방침의 수립단계에서는 현안 정책의 실현, 상위법령에서 특별히 조례로 정하도록 위임된 사무 등 조례·규칙 제정의 필요성 등을 명시하여 입법방향에 대한 기본방침을 수립한다.

주민의견수렴단계에서는 입법의 투명성을 확보하기 위해 공청회, 입법예고 등을 거칠 수 있지만, 조례와 규칙의 제정절차에 관한 규정인 지방자치법 제26조나 지방자치법시행령 제2장은 입법예고절차를 전혀 규정하고 있지 않다.

입법안이 작성되면 조례·규칙심의회에 상정하여 심의·의결한다. 지방자치단체의 장은 조례·규칙심의회(지방자치법시행령 제28조)에서 의결된 조례안을 지방의회에 제출하고, 의회 소관 상임위원회를 거쳐 — 본회의에서 심의·의결한다.

지방자치단체의 장은 지방의회에서 의결되어 이송된 조례 공포안을 20일 이내에 공보에 게재하여 공포하거나,(지방자치법 제26조 제2항) 조례안에 대하여 이의가 있는 때에는 이유를 붙여 지방의회로 환부하고 그 재의를 요구할 수 있다.

2. 기본조례의 증가와 그 효력

자치입법이 급증하면서 동일한 자치단체의 자치입법들 사이에 법률용어의 불일치와 혼선이 존재하게 되었을 뿐만 아니라, 자치법규들의 편제가 체계적이지 못하고, 주민들을 위한 참여절차나 법규의 성립요건인 공포의 방식에도 상당한 문제를 안고 있는 경우들이 나타나게 되었다. 또, 자치법규들의 내용들 사이에도 상호 모순과 충돌이 나타나는 경우가 나타났다. 뿐만 아니라 상위법령과의 관계에서 자치법규로 제정할 수 있는 범위내임에도 불구하고 자치법규가 제정되어 있지 않거나 상위법령의 변경 등이 있어도 신속한 대응이 이루어지지 않아 상위법령에 모순되는 것들도 나타나게 되었다.

자치법규와 관련하여 기본법의 역할을 하도록 하기 위하여 연방제국가인 독일의 경우에는 주마다 주헌법이 있지만 한국이나 일본에서는 국가의 법률인 지방자치법이 그러한 역할을 수행한다. 하지만, 입법주체가 국가이기 때문에 특히 자치사무에 대한 자치단체의 입법권이 적절히 보장되지 않을 수도 있다. 일본에서는 이러한 문제의식하에 주민자치를 강화하기 위하여 여러 지방자치들에서 기본조례가 활발하게 제정되어 왔다.[12]

우리나라에서도 기본조례는 기존의 자치법규들을 통일된 원칙과 기준에 의해 정비하고 새로운 자치법규들의 질을 높이기 위하여 등장하였는데, 최근 '기본조례'라는 명칭이 붙은 조례들이 급증해 7647건의 조례들(2020년 5월 3일 국가법령정보센터검색)이 존재하고 있다. 법률에서도 기본법의 명칭이 붙은 많은 법률들(195개. 2020년 5월 3일 국가법령정보센터검색)이 존재하고 있었기 때문에 자치입법자들에게 거부감없이 기본조례들이 확산되고 있는 듯하다.

기본조례의 법적 지위가 의문시될 수도 있을 것이다. 입법실무상 기본법과 마찬가지로 기본조례도 관련행정분야에 공통되고 기본적인 사항을 규율하려는 의도로 제정된다. 그런데 기본조례는 다른 조례와의 관계에서 어떤 효력을 갖는 것일까? 이에 대해서는 몇가지 견해가 제시될 수 있을 것으로 보인다. 예를 들어, 환경기본조례와 생활폐기물관리조례를 염두에 두고 논의를 해보자. A설은 기본조례는 관련행정영역에서 최고규범으로서 지위를 인정하여 생활폐기물관리조례에 없는 규정은 물론 규정이 다를 때

---

12) 田中孝男/木佐茂南, 自治体法務, 2004, 20-22면 ; 金井利之, 廣がりを見せ始めた「自治基本條例」, 自治研 2004.1.

에도 환경기본조례의 규정을 적용해야 한다고 보는 입장이 가능할 것이다.
B설은 생활폐기물관리조례는 특별법의 지위를 가지고 환경기본조례는 일
반법의 지위를 가지므로 규정이 다른 경우 생활폐기물조례의 규정이 적용
되어야 한다고 본다. 다만, 생활폐기물조례에 흠결이 존재할 때에는 환경기
본조례를 적용하게 될 것이다.

　기본법에 관한 해석론을 참조해 이 문제를 살펴볼 때, 우리나라에서 형
식적으로는 모든 조례들 상호간에 우열관계는 있을 수 없다고 본다.13) 때
문에 특별법우선의 원칙에 따라 예시된 상황에서는 B설이 적용될 수밖에
없을 것이다.

　그렇다면 기본조례는 어떤 법적 의미를 갖는 것일까? 기본조례는 자치단
체의 각종 행정영역에 있어 정책에 관한 원칙들과 기본적인 사항들을 규정
하는 것으로서 개별조례의 입법, 해석 및 적용의 과정에서 원칙과 방향을
제시하는 기준이 될 수 있다. 특히, 개별조례의 해석상 의문이 생길 경우
기본조례의 규정내용은 해석의 방향을 지도하는 의미를 갖게 될 것이다.

3. 형식의 측면에서의 자치법규의 정비

1) 조례와 규칙의 구별에 상응한 법형식의 준수필요

　상위법령과의 관계에서 자치법규의 성질을 정확히 결정하는 문제, 즉,
조례로 제정할 사항과 규칙으로 제정할 사항을 정확히 구별하는 문제는 당
해 자치법규의 효력과 직접적으로 관련된다. 그 형식을 잘못 결정하면 해
당 자치법규는 무효가 된다. 대법원은 "국가사무가 지방자치단체의 장에게
위임된 기관위임사무는 원칙적으로 자치조례의 제정범위에 속하지 않는다

---

13) 문상덕, 자치기본조례의 구상, 한림법학 Forum 15, 2004, 213면도 비교대상 모두 조례의
　　형식을 취하고 있을 때 기본조례가 법형식상 우위에 있다고 말하기 어렵다고 한다.

고 할 것"(대법원 1994. 5. 10. 93추144 ; 대법원 1999. 9. 17. 99추30 ; 대법
원 2000. 5. 30. 99추85)이어서 기관위임사무에 대한 조례는 상위법에 근거
가 있는 위임조례(대법원 1999. 9. 17. 99추30)가 아닌 이상 무효라고 한다.

규제의 증가를 막기 위하여 일정 기간이 지나서 존속의 필요성을 입증하
지 못하면 당해 자치법규가 효력을 상실하는 일몰제의 근거를 기본조례에
두는 것이 필요할 수 있을 것이다.

2) 자치법규 목차의 정비

자치법규의 전체적인 목차는 대략적으로 세 가지 기능을 수행해야 한다.

첫째는, 공무원들이 업무를 처리함에 있어 소관자치법규와 유관자치법규
를 쉽게 발견하여 해석적용할 수 있게 해야 한다.

둘째, 상위법과의 관계에서 신속하게 합법성을 유지할 수 있도록 상위법
령과 쉽게 대조가 가능하여야 한다.

셋째, 자치법규지식을 지역주민들과 공유할 수 있도록 명확하고 선명하
게 자치법규내용을 주민들에게 전달할 수 있어야 하기 때문에 찾아보기가
쉬워야 한다.[14]

이러한 기능에 비추어 자치법규의 목차는 부서별로 편제될 수도 있고 업
무기능별로 편제될 수도 있다. 부서별 편제는 공무원들에게 소관업무의 발
견을 위해서 편리할 것이다. 업무기능별 편제는 민원인들에게 더 편리할
것이다.

3) 자치법규안의 입법예고 및 자치법규의 공포절차의 개선

법을 준수해야 할 사람들에게 국가나 자치단체가 제정한 법을 알 수 있

---

14) 田中孝南/木佐茂南, 自治体法務, 2004, 32-33면.

도록 해야 하는 것은 법치주의에서 나오는 명령이다.15) 하지만, 현실적으
로 모든 국민이나 주민들이 법령이나 자치법규를 알 수는 없고, 기술적 이
유나 비용상의 문제로 모든 국민들이 알게 하는 것은 매우 어렵다.

조례에 관해서 규정하고 있는 지방자치법 제22조 및 제26조와 지방자치
법시행령 제2장은 조례의 공포절차에 대해서는 규정하고 있지만 입법예고
절차는 규정하고 있지 않다. 그래서 자치단체들은 대체로 '입법예고' 또는
"자치법규의 입법"이라는 명칭을 포함하는 조례들을 제정하여 입법예고절
차를 도입하고 있다.

입법예고절차가 자치법규와 관련하여 제도화된 지금 필요한 과제는 입
법이유의 충실한 작성과 공개이다. 대부분의 자치단체들이 입법예고에 관
한 조례를 제정해 운용하고 있지만, 여전히 자치법규를 제정하기 전 그 초
안을 확인하기도 어려운 자치단체들도 많고 공개하더라도 조례안 개요이
외에 입법이유가 거의 제시되지 않고 있다. 자치법규도 주민을 구속하는
법규이기 때문에 그것의 합헌성과 합법성 그리고 입법의 필요를 주민들과
사업자들에게 충실하게 설명하는 것은 자치법규제정자들의 의무라고 할
것이다. 입법이유를 충실하게 작성하면 입법의 내용도 충실해지고 그 기록
들이 쌓이게 되면 다음에 개정할 때에도 보다 충실한 검토가 가능해질 수
있다.

자치법규의 공포절차의 개선도 필요하다. 지방자치제도의 발상지인 영국
의 자치법규(Byelaw) 제정과정을 살펴보면 지방자치단체가 자치법규를 만
들면 그것을 집행하기 한 달 전까지 국가의 관계부처에 송부하여야 하고
주민들이 알 수 있도록 하나 이상의 지방일간지에 공고하여야 한다. 또, 조
례안을 당해 지방자치단체의 사무실에 비치하여 주민이 열람하고 복사를
신청하면 무료로 복사할 수 있게 해야 한다.16)

---

15) Ferdinand Kirchhof, Rechtspflicht zur Zusatzveröffentlichung kommunaler Normen,
    DÖV 1982, S.397-403.

지방자치법시행령 제30조 제1항은 자치법규의 공포방법에 대해 "공보"
에 게시하도록 하고 있다. 자치법규에 대해 구보, 군보, 시보나 도보와 같
은 공보에 게재하는 것에 그치는 것은 일반 주민들이나 사업자들이 그것을
받아 읽어볼 수가 없기 때문에 문제된다. 해당 자치단체의 홈페이지에 게
재하는 것이 유용한 방법인데, 기초자치단체인 시군의 경우에는 아직도 홈
페이지에 자치법정보를 게재해놓지 않거나 찾는 것이 너무 어려운 경우들
도 많다. 자치법규는 주민들이 인지해야 지킬 수 있는 것인데 찾기도 어렵
게 해놓은 것은 자치단체장이나 공무원의 법의식이 그만큼 낮은데 그 큰
원인이 있다고 보여진다. 다만, 전문가들의 경우는 국가법령정보센터에서
해당 자치단체의 자치법규들을 쉽게 찾아볼 수가 있게 된 점은 과거와 비
교할 때 크게 개선된 점이라 할 수 있다..

홈페이지에 게재하는 경우 자치법규의 내용이 빈번히 개정되고 있음에
도 불구하고 개정 자치법규가 신속하게 게재되지 않는 경우도 있다. 보다
신속하고 충실하게 공개되어야 할 것이다.

4. 내용 및 내용형성의 측면에서의 자치법규의 정비

1) 내용이 관련되거나 유사한 자치법규들의 통폐합

국가 법령의 경우는 역대 정권들이 그 당시의 필요에 따라 입법의 통일
성을 염두에 두지 않고 법령들을 양산하면서 입법의 체계성과 통일성이 떨
어지는 '파편적 입법'현상이 크게 문제되고 있다.

지방자치실시이후 자치단체장들과 지방의회 의원들이 교체되면서 활발
하게 자치법규들이 제정되고 있으나, 그 내용이 관련됨에도 서로 다른 자

---

16) Brian Jones/ Katharine Thompson, Administrative Law, 1996, p.100.

치법규로 되어 있어 상호연계적 효과를 충분히 발휘하지 못하는 경우도 많을 뿐 아니라 내용이 유사한 경우들도 있다. 자치법규들의 통폐합이 정기적으로 추진될 필요가 있다.

이를 위해 자치법규기본조례에서 자치법규의 정비기간을 규정하여 정례화함으로써 시간이 지나면서 중복유사의 자치법규들이나 파편적 자치법규들이 증가하는 것을 억제하여야 할 것이다.

2) 자치법규의 제정과정에 있어 공청회, 청문 및 조례개폐청구 등을 통한 주민참여보장

자치법규내용의 공정성과 투명성을 보장하며 자치법규의 순조로운 집행을 보장하기 위해서는 자치법규의 내용을 지방의회나 자치단체 공무원들이 일방적으로 결정하는 관행을 극복하고 자치법규안의 초안단계부터 주민들의 참여와 이해를 얻는 것이 매우 중요하다.

이를 위해 행정절차법 제38조에서 규정하고 있는 공청회를 적극 활용해야 한다. 공청회개최의 대상에 관해서는 행정절차법 제38조가 행정청의 재량에 맡기고 있을 뿐 아무런 한계를 규정하고 있지 않다. 즉, "행정청은 공청회를 개최하고자 하는 경우에는 공청회 개최 14일전까지" 제목 등을 통지하거나 널리 알리면 된다. 지역발전과 주민들의 권리의무에 영향을 미칠 수 있는 정책법무의 경우는 공청회의 개최대상으로 삼는 것이 적절할 것이다. 충실한 공청회가 되기 위해서는 입법안이 사전에 공고되고 여기에 입법이유가 상당히 자세히 공개되어 있을 것이 필요하다.

행정절차법 제38조는 자치법규의 내용에 대해 이해관계를 갖는 당사자 등에 대해서도 공청회에의 참석을 통지하도록 하고 있으나, 지역현장에서 많은 고질적인 미해결민원이나 집단민원이 점증하고 있는 것을 볼 때, 개최여부나 참석여부도 불투명한 공청회만으로 이해관계인들을 위한 제도적 배려가 충분했다고 할 수는 없을 것이다.

주민이나 사업자들 중 자치법규의 내용에 이해관계를 갖는 사람들이 참여하여 자신들의 의견을 전달하여 입법내용에 반영할 수 있는 기회를 보장하여야 한다. 이해관계인들이 서면으로 의견을 제시할 수 있는 기회가 보장되어야 하고, 국가법령의 경우와 달리 좁은 지역사회에서 적용범위가 한정되어 이해관계인들이 확정가능할 정도로 적은 수일 때에는 경우에 따라 공청회가 아니라 청문을 거쳐 자치법규를 제정할 수도 있을 것이다.17) 자치법규기본조례에 그 요건을 명시할 필요가 있을 것이다.

한편, 지방자치법 제15조는 19세이상 주민들이 일정 수 이상 연서하여 조례의 제정이나 개폐를 청구할 수 있는 제도를 도입하고 있다. 이에 따라 시민단체나 주민들은 지역사회발전에 필요하거나 지역발전에 중대한 지장을 초래하는 조례를 발굴하여 제정이나 개폐를 청구할 수 있을 것이다. 지역사회의 시민단체들이나 주민들로 구성된 주민운동이 활성화되어 지역현안에 대한 충분한 정보를 바탕으로 지방의회의원들과 연계하여 자치행정에 대해 활발하게 참여할 때 조례개폐청구제도도 그 유용성이 커질 것이다. 때문에, 자치단체는 지역사회에서 건전한 시민운동이 활성화될 수 있도록 활동공간인 사무실을 저렴하게 임대하는 등 적극 지원하여야 할 것이다.

5. 표준조례에 의존한 입법실무의 개선

중앙행정부처가 자치단체에게 제시하는 모범규칙 또는 표준조례는 기관위임사무의 경우에는 상위법령의 해석을 토대로 한 당해 사무의 처리기준

---

17) Christoph Gößwein, Allgemeines Verwaltungs(verfahrens)recht der administrativen Normsetzung?, 2000, S.119-120 ; Hermann Pünder, Exekutive Normsetzung in den Vereinigten Staaten von Amerika und der Bundesrepublik Deutschland, 1995, S.293f. 이해관계인의 활발한 참여가 이루어지고 있는 미국의 행정입법의 제정실태를 소개하며 이 방식을 독일에도 도입할 것을 제안하고 있다.

일 수 있지만 자치사무의 경우는 중앙행정청의 비권력적인 조언에 불과하다고 할 수 있다.[18] 하지만, 우리나라에서 표준조례는 지금까지는 사실상 자치단체의 권한을 제한하는 통제적 성격이 강했다고 할 수 있을 것이다.

자치권이 보다 확대된 시대에 표준조례에는 부정적 기능만 존재하고 긍정적 기능은 없을 것일까? 중앙부처나 상급 자치단체가 자치권이 확대된 상황에 맞게 해당 자치단체가 제정하는 조례의 참고모델로서 정보를 제공하거나 이해갈등의 조정을 위한 대략적인 지침의 역할을 하도록 자신들의 역할을 억제한다면 그 역할은 의미가 있을 수 있다고 본다.

지금까지는 행정안전부와 담당 중앙부처들이 표준조례에 관한 중심적인 제공주체이었지만 분권화로 자치단체에게 권한이 많이 넘어가게 되면 광역자치단체도 표준조례를 제시하는 경우가 더 나타날 것이다. 하지만, 이 때의 표준조례는 지나치게 상세하기 보다는 대략적인 지침의 형태로 나타나는 것이 분권자치시대에는 더 적합할 것이다.

자치단체가 지역발전을 위한 정책도구로 자치법규를 이용하게 되면 상위 법령이나 상위 자치법규와의 충돌문제가 야기되는 경우가 늘어날 것이고 이 경우에는 중앙부처에서 제시하는 표준조례안들이 갈등의 조정을 위해 유용한 기능을 할 수 있을 것이다. 자치단체는 갈등이 예상되는 정책적 자치입법의 영역에서는 상급기관에 이해조정의 잠정적 기준들을 요구해 그 기준들을 토대로 지역의 실정을 참고하여 자기들에게 맞는 자치법규를 설계하는 것이 입법실패를 줄이는 길이 될 것이다. 하지만, 그러한 요구가 무분별하게 제한적 범위를 벗어나 지나치게 상세하거나 자치입법의 대부분의 영역으로 확산되어서는 안될 것이다.

---

18) 田中孝南/木佐茂南, 自治体法務, 2004, 67면.

Ⅲ. 자치단체의 입법역량의 강화

1. 분권을 촉진시키는 정책적 자치입법에 대한 설계능력의 강화필요

분권화작업이 활발해지면서 증가하는 '분권된 사무'에 관해서 자치법규의 제정권은 확대될 것인데 이에 맞추어 자치단체의 입법설계능력이 강화될 필요가 있다.[19] 자치법규의 제정가능범위는 자치권이 보장되는 범위와 밀접한 관계를 가지고 있다. 때문에 자치단체는 법령등의 개정현황을 신속하게 조사하여 자치단체의 권한과 업무의 한계를 파악하고 주체적으로 자치입법의 계획을 세워야 한다. 자치단체의 확대된 자율영역을 명확히 파악하기 위해서는 더 많은 노력이 필요할 것이다. 이에 대응하기 위해 자치단체의 입법설계능력이 강화되어야 한다. 이를 더 상세히 살펴본다.

첫째, 자치법규는 지방분권이 진전되면 정책법규로서의 기능을 더욱 더 발휘하게 될 것이다. 지역경제의 발전이나 지역의 사회간접자본의 건설 또는 도시계획의 재조정, 재정개혁이나 민영화 등 지역사회의 발전방향에 영향을 미치는 많은 정책에 관해 자치법규를 통해 근거를 마련하고 틀을 형성하여 집행하게 될 것이다.

정책법규로서 자치법규의 설계에 있어서는 합리적이고 합법적인 설계능력이 무엇보다 중요하다. 자치법규가 법령과 다른 점은 입법자와 주민간의 간격이 매우 좁아 주민의 의견을 법규의 내용으로 직접적으로 반영할 수

---

19) 최근 일본의 행정법학자들은 기관위임사무가 법정수탁사무로 바뀌면서 조례제정권의 범위가 확대되자 지역사회와 자치행정의 발전을 위해 새로운 조례안과 그 모델의 제시, 그것을 지원할 법무조직의 강화 등을 위하여 '政策法務'운동이라 불리울 만큼 활발하게 지방분권사회에 대응해가고 있다. 관련 단행본들이나 지방자치관련 최근의 정기간행물들에서 이에 관한 소개가 활발하다. 전반적인 정보에 관해서는 다음의 단행본과 논문을 참조함. 田中孝南/木佐茂南, 自治体法務, 2004 ; 北村喜宣, 自治体の 法環境と 政策法務, 都市問題 2004.5, 3-25면.

있다는 점이다. 하지만, 이 점은 자치법규의 장점일 수도 있지만 단점일 수
도 있다. 주민들의 이해관계와 감정이 보다 직접적으로 표출되므로 편파적
인 이익옹호의 방지와 이익충돌의 조정이 매우 어려우면서도 중요한 과제
가 된다. 지방의 유력자들이나 중소기업을 운영하는 자치단체장이나 지방
의회 의원들의 불법적인 영향력 행사도 자주 문제되고 있다.

　민주주의 관점에서 주민과의 거리가 가까워지는 것이 필요한 측면이 있
지만 법치주의 관점에서는 주민과 일정한 거리를 두고 자치법규의 기준이
정립되고 집행되는 것이 필요하다. 결국 자치입법도 법인 이상 법치행정을
위해 객관성과 공정성의 유지에 노력을 기울여야 할 것이다.

　둘째, 지방자치가 실시되기 전에도 예규나 훈령과 같은 자치단체의 행정
규칙들도 상위법령을 보완하여 공무원들의 인사관리, 조세행정이나 공공서
비스행정(예, 생활폐기물처리)과 같은 대량행정의 영역에서 업무를 안정적
으로 처리하는데 중요한 역할을 해왔다. 특히, 조직관리나 인사행정에 관한
행정규칙들은 기술적 성격이 강해 인사행정이나 경비지출을 위한 행정내
부적 기준으로 작용해왔다.

　조례와 규칙은 자치단체의 행정규칙들과 달리 자치단체의 공무원과 주
민들을 함께 구속할 필요가 있는 경우에 사용되었다. 생활환경보호나 쓰레
기의 불법투기단속 등 주민들의 생활세계에 직접 영향을 미치는 민원행정
의 영역에서 일상적인 법집행도구로서 기능해왔다.

　민주주의와 분권화가 진전되고 지방의회의 활동도 활발해지면서 전통적
인 행정규칙보다는 조례나 규칙과 같이 법규성을 갖는 입법수단들이 급증
하고 있다. 이러한 전환과 관련하여서도 자치단체의 입법설계능력은 강화
될 필요가 있다.

2. 자치단체의 독자적 법해석권의 인식과
자주적 법해석의지의 필요

자치단체의 법해석과 법집행은 사실조사, 관계법령의 조사, 법령해석을 통한 지방자치단체의 권한과 의무의 파악, 적절한 수단의 선택 등의 단계로 나눌 수 있는데, 자치단체의 자치입법권은 자치단체의 법해석권의 존재를 전제로 인정되고 있다.

자치단체가 자치입법의 제정필요나 내용을 판단함에 있어서 당해 자치단체는 먼저 관련법령을 해석하여 자치입법의 허용여부와 그 범위를 판단해야 한다. 예를 들어, 지역사회에서 조세감면이나 지방소멸이나 저출산자녀의 대책이 중요한 정치적 쟁점이 되는 상황을 고려해보자. 이때, 지방의회나 자치단체장이 단지 관계 중앙부처에 어떤 조치가 필요한지, 또 관련 자치입법의 제정이 허용되는지를 반복해서 질의하기만 하고 계속해서 기다리는 것은 적절하다고 볼 수 있는가? 스스로 관련법령의 해석을 통해 가능한 조치를 검토할 수는 없는 것인가? 어떤 지역적 쟁점에 대해 긍정적 판단이든 부정적 판단이든 지방자치단체 스스로 자신이 관련 법령에 대해 법해석권을 갖고 있다는 것에 대해 적극적 인식을 가질 수는 없는 것인가 하는 의문이 생긴다.

우리 헌법 제117조 제1항은 자치단체가 "법령의 범위 안에서 자치에 관한 규정을 제정할 수 있다"고 규정하고 있다. 이 규정에 따라 자치단체는 자신의 업무처리에 관련된 법령의 해석 권한과 책임을 지고 있다. 자신의 업무처리에 대해 법령의 위반이 문제된 경우에는 행정쟁송의 피고가 되어 자신의 처분이 취소되거나 국가배상소송에서 배상책임을 지기도 한다.

지방자치단체의 해석권이란 지방자치단체가 사무를 집행함에 있어 헌법과 합헌적인 법령에는 구속되지만 그 규정내용을 구체화함에 있어 지방자치의 취지에 맞게 해석하고 적용할 수 있는 권한을 가진다는 것과 함께, 더

나아가 해당 자치단체에게 적용되는 법령에 관한 1차적 해석권은 집행담당
자인 당해 지방자치단체 자신에게 있다는 것을 말한다.[20]

법령의 해석권은 법령의 제정권과는 별개의 것으로 해석권은 사법부에
최종적으로 귀속되지만 소송이 제기되기 전 행정법령의 집행단계에서는
그 집행권을 갖는 기관이 우선 스스로의 책임과 판단으로 법을 해석하고
집행하지 않을 수 없으므로 법집행을 하는 당해 자치단체가 관계법령의 1
차적 해석권을 갖는다고 보는 것이다.[21]

이러한 해석권을 일본에서 자치단체의 '자주적' 법해석권이라고 강조하
여 부르는 이유는, 우선, 자치단체가 국가나 중앙부처 또는 시민단체 등과
독립하여 자신의 입장에서 주체적으로 법을 해석할 권한을 갖고 있다는 것
을 주장하고 강조하기 위해서이다. 그런데 이 당연한 법명제가 왜 의미를
갖는가? 그것은 자치단체들이 현재 보여주는 법집행의 실태가 집권적 자치
입법관에 매몰되어 법령이 자치단체에게 부여한 해석권한과 책임을 적절
하게 행사하지 못하고 있기 때문이다.

우리나라 지방자치단체들의 법령해석에 있어 중앙부처에의 과잉의존은
통계상으로도 드러나는데 지방자치단체들이 법제처에 요청한 법령해석요
청건수는 해마다 증가해 2005년 75건에 불과했던 요청건수가 2014년에는
388건으로 크게 증가해 왔다.[22] 물론 이 통계는 자치입법의 중요성에 대한
자치단체들의 인지도가 크게 개선된 것을 반영한 것이고 법제처를 중심으
로 중앙부처도 자치법규의 중요성에 상응하여 적극적으로 자치법규의 합
법성제고를 위해 노력한 것으로도 이해할 수 있지만, 다른 측면에서는 집
권적 법치행정관이 더 심화되었다거나 아직도 지속되고 있다고 해석할 수

---

20) 문상덕, 지방자치단체의 자주적 법해석권 ─ 한일비교를 중심으로 ─, 행정법연구 제5
호, 1999.11, 157면.
21) 조성규, 행정법령의 해석과 지방자치권, 행정법연구 제32호, 2012.4, 10면 이하.
22) 류성진, 법령해석제도 지난 10년의 성과와 개선방안에 관한 연구, 법학논총 35(2)(전남
대), 2015.8, 448면.

도 있을 것이다.

자치단체는 우리 헌법상 국가에 종속된 단체가 아니라 자치권을 갖는 독자적 공법인으로서 자신의 관할구역에서 발생하는 법적 문제들에 대하여 실정법령을 조사하여 대처하거나 흠결이 존재할 때에는 자치입법권을 행사하거나 법치행정의 정신과 원칙을 고려하여 자주적 법해석을 해야 한다. 법령의 문언이 불분명하거나 흠결이 보이는 경우에는 법령의 취지를 고려하여 흠결을 보충할 세밀한 해석을 통해 필요하고 적절한 행정조치를 취할 권한과 의무도 지니고 있다. 또, 적극적으로 법해석권을 행사하여 자치입법에 주민권익보호의 근거를 마련하기도 해야 한다.

자치단체가 자신의 관할내에서 발생한 자신들의 법적 과제들에 대하여 자주적 해석을 포기하고 중앙행정기관의 견해와 해석을 따르기만 해서는 안된다. 행정쟁송에서 피고로서 대처해야 하고 책임을 져야 하는 자치단체장은 당해 문제에 관하여 중앙부처의 해석의견이 있더라도 그것이 법적 구속력을 갖는 것은 아니므로 법령을 위반하지 않는 한 다른 해석의견을 가질 수도 있는 것이다.[23] 더구나 중앙행정기관의 법해석에 따른다고 하여도 나중에 법원에서 당연히 그 해석이 적법한 것으로 인정되는 것도 아니다. 결국 법집행의 최일선 현장인 지방에서 담당공무원들의 전문성배양과 법치행정의 제도적 기반의 조성 그리고 자주적 해석의지가 크게 개선되지 않으면 안된다.[24]

---

23) 조성규, 행정법령의 해석과 지방자치권, 행정법연구 제32호, 2012.4, 11면.

24) 법제처의 용역보고서에는 지방자치단체들의 자치법무능력의 한계에 대하여 전문성의 한계와 업무운영상의 한계를 현실적 이유로 제시하고 있다. 우선 지방자치단체들의 전문성의 한계에 대해서는 위임조례가 대부분인 자치입법의 현실, 지방의원들의 입법전문성부족, 지방행정에서 법전문가의 부족으로 인한 자주적 법해석능력의 부족 등을 지적했다. 또, 업무운영상의 한계에 대해서는 자치법규 전담인력과 부서의 부실한 운영, 고문변호사제도의 간헐적 도입, 자치입법의 제정에 대한 중앙부처의 빈번한 개입 등이 지적되었다. 옥무석 외 3인, 자치법규의 해석지원을 위한 법제처 의견제시의 제도화방안 및 법령해석심의위원회의 기능재정립, 법제처보고서, 2011.7, 31-42면.

3. 분권친화적 법해석의 중요성

우리 헌법은 전문에서 "자율과 조화를 바탕으로 자유민주적 기본질서"
의 추구하도록 입법자에게 의무를 지우고 있다. 또, 지방자치법 제1조는
"지방자치행정을 민주적이고 능률적으로 수행하고, 지방을 균형있게 발전
시키며, 대한민국을 민주적으로 발전시키려는 것을 목적"으로 하여야 하는
임무를 법집행자들에게 지우고 있다.

지역발전을 위한 자치단체의 역할이 점점 더 기대되면서 입법자들은 자
치법규의 입법재량이나 계획재량을 확대시키게 될 것이다. 현대의 법령들
은 매우 복잡해 행정청이 법원의 법해석에 점점 의존해가고 있어서 법원의
법해석이 자치법규의 제정가능범위의 판단에 미치는 영향이 매우 크다고
할 수 있기 때문에 판례의 입장은 매우 중요하다.[25] 법원이 집권적 자치입
법관을 고수하고 법제처가 법령정보센터를 통해 자치법규의 제·개정에 관
한 질문에 의견제시를 통해 집권적 법치행정관에 따른 답변만을 되풀이한
다면 우리 헌법과 지방자치법의 정신은 몰각당하고 말 것이다. 분권촉진적
인 자치입법들이나 계획은 위법한 것으로 되어 무효로 선언되거나 위법한
것으로 불가능하다는 의견 때문에 좌절될 것이다.

자치입법에 대한 통제에 있어서는 개별적 처분의 경우와는 다른 태도로
접근해야 한다. 이 점은 헌법재판소의 위헌법률심사에서의 판시태도가 좋
은 시사를 줄 수 있다. 조례에 대한 통제에 있어서 법원은 보다 현장친화적
이고 지방의회친화적인 태도로 전환해가야 한다. 자치사무에 대해서는 외
부에서 개입하지 말고 가능한 한 자치단체내에서 자율적으로 해결하도록
하여야 한다. 국민들의 법의식의 변화를 반영하여 새로운 시각에서 자치행
정의 합법성과 효율성의 보장을 위한 새로운 판례기준을 제시하고 필요하

---

25) Janbernd Oebbecke, Kommunale Satzungsgebung und verwaltungsgerichtliche
   Kontrolle, NVwZ 2003, S.1314.

다면 자치입법능력의 신장을 위하여 입법적 대안들에 대한 조언도 하여야 한다.

다른 한편으로는 법령에서 규율할 때 개별 행정분야마다 그 특성에 따라 분권의 정도에 있어 어느 정도 편차가 날 수 밖에 없다는 점도 인정되어야 한다. 예를 들어, 우리 법제에서는 침익적 위임조례보다는 수익적 위임조례의 경우에 법령의 제정자는 더 넓은 재량을 자치입법권자에게 주고 있다.26) 그 때에는 입법자는 영역의 특성을 고려해 이익형량에 의해 자치입법의 제정범위나 재량의 광협을 다르게 규정하고 법원도 그 특성에 맞게 재량의 범위를 다르게 파악하여 자치입법의 위법여부를 판단해야 할 것이다. 독일의 경우에는 건축법의 영역에서 발전한 계획형량의 이론이 자치법규의 제정과정에서도 유용한 기여를 하고 있다 한다.27)

4. 입법아이디어에 관한 수평적 관학협력 및 자치단체 간 네트워크 조직의 활성화를 위한 지원필요

자치발전을 저해하는 불합리한 상위법령이나 상위 자치법규의 발굴은 지방분권의 촉진을 위하여 중요한 의미를 지니고 있다. 그런데, 분권과 관련된 많은 법적 문제들은 구체적 사안과 관련하여 전문적이고 심층적인 논의를 거치지 않으면 핵심적인 문제상황을 이해하기도 어렵다. 그 동안 우리나라의 지방이양작업에서는 법전문가들도 아닌 학자들이나 법전문가들의 경우에도 민사법이나 형사법을 전공하여 관련 분야에 대한 심층적 이해

---

26) 선정원, 수익적 조례에 관한 법적 고찰, 행정판례연구 제24권 제2호, 2019, 417면 이하 참조.

27) 각 행정분야마다 법령으로 규정해야 할 공익상의 필요정도가 달라 이익형량이 필요한 점은 독일의 경우에도 마찬가지이다. Martin Weber, Die gemeindliche Satzungsgewalt im Spannungsverhältnis zwischen autonomer Rechtsgestaltung und staatlicher Einflußnahme, BayVBl. 1998, S.330-331.

가 없는 사람들이 행정안전부 주도로 모여서 단기간에 지방이양사항을 결정하기로 판단하는 경우도 상당히 많았는데, 이러한 방법은 크게 성과를 내기도 어렵고 많은 후유증을 낳기까지 한다. 제한된 시간이 지나 도출된 결론이 결국 지방분권의 대상선정에 있어 거의 모든 것을 행정안전부 등 관련 중앙부처의 의견 중심으로 귀착되는 것이 반복되어 왔다.

이 과정에서 자치단체의 의견수렴을 거치지만 자치단체 공무원들도 단기간에 관련 쟁점들을 파악하여 의견을 제출할 수 있는 사람들은 매우 드물다. 결국 이러한 과정을 거쳐 행정안전부 등 중앙부처들의 의견 중심으로 '분권된 사무'들에 대하여 자치단체의 공무원들이 자신들만의 의사소통으로는 상위법령의 한계를 준수하면서 자치법규를 제정하는 것에는 많은 어려움이 따를 수밖에 없다. 왜냐하면 지방분권의 과정에서 자치입법권의 범위가 각 행정영역에서 어디까지인가는 중앙부처의 담당공무원들이나 전문가들도 상세한 검토를 거쳐 답해야 하는 경우도 적지 않기 때문이다.

이제 중앙부처와 지방자치단체들은 분권이양대상의 선정이나 자치법규의 제정범위와 제정방식에 관하여 현재의 상황에서는 피상적이고 단기적인 해결책밖에 발견할 수밖에 없다는 것을 인정해야 한다. 민간의 전문가들과 협력하여 때로는 민간의 전문가들을 육성지원하며 문제의 복잡성에 상응할만한 대안들에 관한 지식을 계획적이고 단계적으로 축적시켜가야 한다. 이를 위해 우리 법체계에 대해 상시적으로 민간전문가들과 협력하여 활발한 소통을 해가지 않으면 안된다. 특정 정권이 단기간에 계획을 세워서 성과를 내려는 태도는 결국 중앙부처 몇몇 공무원들의 의견에 좌우되는 결과를 벗어나기 어려울 것이기 때문이다.

지금까지 지방분권의 과정에서는 결과적으로 중앙부처공무원들은 언제나 분주하지만 성과를 내기는 어렵고, 반대로 자치단체 공무원들은 지방분권의 구호에 속았다고 불만을 터뜨리지만 일손은 놓고 구경만 하는 상황이 반복되어 왔다. 1987년 민주화 이후 지방분권을 위한 많은 노력을 기울였지만 큰 성과를 거두기가 어려웠던 것은 이러한 요인과도 관련있는 것이다.

이제 과거와 달리 우리나라에서도 국가법령정보센터의 자치법규에 관한 의견제시제도나 각 부처의 의견제시를 통해 자치단체와 중앙부처의 의견교환이 온라인을 통해서도 빈번하게 이루어지고 있어 위법한 자치입법의 방지에 적지 않은 기여를 하고 있다.28) 자문위원들에는 민간전문가들도 위촉되어 활동하고 있다. 하지만, 이 방식만으로는 과거부터 존재해왔던 중앙부처에서 자치단체로의 수직적인 유권해석의 전달에서 크게 벗어나기는 어렵다고 보여진다. 일본에서는 자치체 정책법무운동을 통해 개별 자치단체들에서 관학협동연구나 자치단체간 네트워크를 통해 수평적인 연구가 활발한데, 이 방법은 자치단체의 특수한 사정을 반영할 수 있다는 점에서 장점이 크다. 국가법령정보센터의 의견제시방식이 갖는 획일화와 다양성의 부족은 심각하게 고민해보아야 할 사항이라고 본다.

이러한 한계를 극복하기 위해 지방자치단체들이 그들의 입법재량을 구체적으로 설계하여 제시하고 자신들의 입법아이디어들을 실현시켜볼 수 있도록 자치단체간 수평적인 네트워크와 개별 자치단체와 지역 연구자들의 연계를 강화하는 방안을 재정지원 등을 통해 적극적으로 지원하는 방안을 모색할 필요가 있다.

이러한 과정을 거쳐 제출된 자치법규들에 관한 아이디어들중 법령의 개선이나 법해석의 변경을 요하는 사항들에 대해서는 적절한 검토의견을 첨부하여 중앙부처에 제시하고, 그것들을 다룰 전문적이고 공정한 민관합동위원회를 설치하여 그 곳에서 검토하여 분권자치에 저해되는 법령을 개정하거나 필요한 규정을 신설하는 제도를 제안하고자 한다. 이와 유사한 방식은 일본의 구조개혁특별법이나 한국의 규제자유특구 및 지역특화발전특

---

28) 이 질문과 제시의견에 관련된 법령들과 자치법규들을 계획을 세워 심층적으로 분석하여 지방화의 대상을 선정하고 그 이후의 법체계를 정비하는 것은 지금까지의 작업과정, 즉, 관계기관들의 단기적 의견수렴 — 몇 차례의 전문가회의 — 행정안전부의 이양대상결정의 방식보다는 훨씬 중요한 성과를 낼 수 있는 접근방법이 될 수도 있을 것이라고 본다.

구에 관한 규제특례법29) 에서 시도된 방식으로 아이디어의 부족을 극복하여 보다 분권자치 저해적인 법령의 개선에 유용할 수 있을 것으로 본다. 이제도는 중앙부처주도의 중앙권한의 지방이양작업을 보완하는 효과도 거둘수 있을 것으로 본다.

5. 법무조직의 강화와 연구기관의 설치필요

많은 자치단체들이 매우 유사한 자치법규들을 가지고 있어서 어느 하나의 자치단체의 자치법규에 흠이 있으면 다른 자치단체의 자치법규에도 흠이 있는 것을 목격할 수 있다. 하지만, 더욱 문제되는 것은 특정한 자치단체가 자기 지역실정에 맞추어 특정한 자치법규를 만들 때 그 입법의 질은 더욱 문제된다. 이 점은 지방의회 의원들이 집행부서공무원들의 지원을 받지 못하고 의회의 운영과 의사절차에만 적용되는 규정들을 만들 때도 나타난다. 명칭이나 규정의 내용 등에서 통일성이나 체계성이 부족하다. 이러한 약점은 다른 제도적 노력을 통해 시급히 극복되어야 한다.

입법의 질향상은 그에 상응하는 추진조직없이는 가능하지 않으므로,30)

---

29) 규제자유특구 및 지역특화발전특구에 관한 규제특례법 제5조 제1항은 "시장(「제주특별자치도 설치 및 국제자유도시 조성을 위한 특별법」에 따른 행정시장을 포함하고 「세종특별자치시 설치 등에 관한 특별법」에 따른 세종특별자치시장도 해당하는 것으로 본다. 이하 같다)·군수·구청장(자치구의 구청장을 말한다. 이하 같다)은 특화사업을 추진하려면 제9조에 따른 지역특화발전특구계획(이하 "특화특구계획"이라 한다)을 작성하여 중소벤처기업부장관에게 지역특화발전특구(이하 "특화특구"라 한다) 지정을 신청하여야 한다."고 규정하고 있다. 또, 동법 제11조 제1항은 "특화특구의 지정 등"이라는 제목으로 "중소벤처기업부장관은 관계 행정기관의 장(합의제 행정기관을 포함한다. 이하 같다)과의 협의 및 제12조에 따른 지역특화발전특구위원회의 심의·의결을 거쳐 특화특구를 지정한다."고 규정하고 있다.

30) Christoph Gößwein, Allgemeines Verwaltungs(verfahrens)recht der administrativen Normsetzung?, 2000, S.56-57.

지방자치단체들은 법무조직과 지방의회의 입법지원기구나 기관을 강화해야 한다. 특히, 기초자치단체들이 기존의 자치법규의 제정관행에서 벗어나지 못해 자치법규에 대한 독자적인 연구에 소극적이고 중앙부처들도 자치단체들의 이기주의의 위험성을 우려해 자치법규제정역량의 강화를 지원하는데 소극적일 우려도 있다.

자치법규에 대한 자체적인 정비능력을 확보하기 위해, 서울특별시나 제주시와 같이 입법의 필요성과 합법성, 입법절차의 정당성, 사후관리의 적정성 등을 심사하여 평가하는 자치법규입안심사기준을 마련하고, 법무담당자들을 중심으로 총괄정비반을 구성할 필요가 있다. 각 부서에 전담자를 지명하여 총괄정비반과 유기적인 협력이 이루어지도록 해야 한다. 그리고, 발굴된 정비대상 자치법규에 대해서는 총괄정비반에서 긴급성이나 의회의 일정 등을 고려하여 순차적으로 정비해나가야 한다.

뿐만 아니라, 지방분권의 정신을 잘 구현하고 자치행정에 절실히 필요한 자치법규안을 발굴하거나 정비한 부서에 대해서는 적절한 인센티브를 부여해야 한다. 표창과 외국 우수 자친단체의 연수기회 등을 줄 수도 있을 것이다.

만약 어느 하나의 자치단체의 연구역량이 부족하다면 자치단체장들의 협의회나 지방의회의 협의회 등을 통해 유사한 처지에 놓인 자치단체들이 함께 연구하는 것이 대안이 될 수 있다. 이러한 의미에서 기초자치단체들을 위해 연구하고 대안을 제시해줄 수 있는 공동의 연구기관의 설립이 요망된다.

한편, 광역자치단체도 기존의 연구기관들의 연구역량을 법제능력의 측면에서 강화하는 것이 필요하다고 할 것이다.

6. 의원입법의 증가에 따른 입법설계능력의 강화와 조례·규칙심의회의 운영혁신

국회에서는 과거에 비하여 이미 엄청나게 많은 의원입법제안이 이루어지고 있듯이, 지방분권이후 지방의회의 의원들도 명예직에서 유급직으로 전환되면서 과거보다는 훨씬 적극적으로 의원입법을 제안해가고 있다. 지방자치법 제66조 제1항은 "지방자치단체의 장이나 재적의원 5분의 1이상 또는 의원 10인 이상의 연서"로 지방의회에서 의결할 의안으로서 조례안을 발의할 수 있다고 규정하고 있다.

하지만, 의원입법으로 제안되어도 자치행정의 실제에서 그 자치법규를 제정하고 집행하는데 있어 상당한 의문이 따른다. 상위법령에의 적합성과 집행가능성에 대한 검토가 부족할 것이기 때문이다.[31] 조례안이 조례로 제정되고 집행되기 위해서는, 첫째, 상위법령과의 관계에서 조례제정권의 가능범위와 한계에 대한 조사가 선행되어야 한다. 둘째, 예산조치가 수반되어야 한다. 일반예산에 의해 집행할 것인지 보조금이나 교부금을 이용할 것인지 검토가 이루어졌어야 한다. 셋째, 행정부서의 어느 과가 권한을 갖고 책임을 질 것인지 사무분장이 명확하게 설계되어 있어야 한다. 의원입법으로 출현하는 새로운 조례의 경우는 새로운 행정영역 내지 새로운 행정사무일 수 있는데, 어떤 과가 사무를 관장할 것인지 명확하지 않을 수 있고, 각 부서의 담당공무원들의 업무부담의 형평성을 고려하지 못했을 수도 있다.

때문에 지방의회의 입법과정에서 전문가들과 충분한 검토를 해야 하고 집행부서의 담당공무원들과 의사소통도 충실해야 한다. 지방의회의 전문위원수도 증가시킬 필요가 있고 외부 전문가들과 다양한 협업연구도 촉진시켜야 한다. 중앙행정부처에도 입법문제를 자문하고 지원해줄 수 있는 입법전문인력을 대폭 충원하여 자치단체와 지방의회의 자문에 성실히 답변하

---

31) 天野巡一, 自治体政策法務と訴訟法務, 都市問題 제95권 제5호, 2004.5, 88-89면.

여야 할 것이다.

지방자치법시행령 제28조 제2항 제1호와 제2호는 조례·규칙심의회의 설치를 규정하면서 심의·의결사항으로 "지방자치단체의 장이 지방의회에 제출하는 조례안"과 "지방의회의 의결을 거친 조례공포안"이라고 규정하고 있다. 이러한 입법태도는 문제가 있다.

지방자치단체의 장은 조례안을 지방의회에 제출하기전에 조례·규칙심의회의 심의를 거침으로써 충실한 입법을 할 수 있지만, 지방의회의 경우는 의원입법으로 제안한 안을 심의하는 것이 아니라 의회의 의결을 거친 조례공포안을 심의하도록 함으로써 의원입법조례안의 질을 개선시킬 기회를 주지 않고 있는 것이다. 이것은 지방자치법상 최상위의 법인 조례의 제정기관으로서 지방의회의 위상을 현저히 침해하는 것이라 할 것이다. 지방자치법 제58조에서는 지방의회가 심사의뢰한 안건을 위원회가 심사하도록 하고 있는데, 조례·규칙심의회도 위원회의 일종으로서 의원들이 제안한 조례안도 심사하도록 개정하여야 할 것이다. 그리고, 조례·규칙심의회의 구성에 있어서도 자치단체장과 담당부서의 공무원들로만 할 것이 아니라 의회가 추천한 전문가들을 일정 정도 참여시켜야 할 것이다.

7. 외국의 자치입법사례들에 대한 조사분석 및 자치단체의 중장기적 정책방향에 맞춘 자치입법연구의 필요

지방자치단체들은 지방분권의 확대에 따라 늘어나는 자치법규수요에 신속하게 대응하기 위하여 기존 자치법규의 정비나 한국의 다른 자치단체의 자치입법 그리고 중앙행정부처의 표준조례 등에만 의존해서는 안된다. 특정 자치단체가 추진하는 정책과 관련하여 좋은 모델이 될 수 있는 외국의 자치법규들을 직접 찾아서 그것을 응용하려는 노력을 전개해야 한다. 중앙행정부처는 특정 자치단체의 특수한 사정을 고려하여 지침이나 모델을 제시할 수는 없기 때문에 중앙행정부처도 자치단체들의 이러한 노력을 비판적인 눈으로 보지 말고 장려할 필요가 있다.

외국의 자치법규의 연구는 활용여하에 따라서는 자치법규의 양적 팽창 및 질적 변화의 과정에서 그 방향과 개선의 기준을 제공해줄 수도 있다. 외국법제에 대한 조사분석은 즉흥적이기 보다는 각국의 역사발전단계가 다르기 때문에 발전단계를 충분히 고려하고 자기 자치단체와 유사한 상황에 처한 자치단체를 선택해야 하고 조사시점도 반드시 현재의 자치법규에 한정하지 말고 일정 시기 이전의 자치법규도 필요하다면 조사분석하여 활용해야 한다. 이러한 연구는 해당 자치단체의 중장기적 정책방향에 맞추어 충실한 입법계획속에서 수행되는 것이 자치행정의 발전에 도움이 될 것이다.

Ⅳ. 결어

행정영역별 관계법령들과 관계 자치법규들의 숲에서 자치분권의 길을 찾는 것은 자치법에 익숙한 행정법학자들에게도 익숙하지 않은 길이다. 민법이나 형법과 같은 단행법에 익숙한 변호사들에게는 더욱 난해하고 어려운 일이다. 행정학이나 사회학을 전공하거나 사회운동을 하는 사람들에게는 매우 골치아프고 이해하고 싶지도 않아 공무원들에게 맡겨버리고 싶은 일이다. 민형사법에 익숙한 판사들에게도 행정법령과 자치법규들은 매우 낯선 법규들이다.

선진사회가 되면서 우리나라의 법령들과 자치법령들도 이제 짧은 준비시간내에 그것을 이해하기를 바라는 것은 기대할 수 없는 일이 되었다. 자리이동이 빈번한 중앙부처 공무원들이나 지방공무원들에게도 복잡성의 숲을 뚫고 합리적인 분권자치의 길을 찾는 것은 어려운 일이다.

필자가 판단하기에 집권적 자치입법관은 복잡한 문제를 너무 간단하게 해결하려는 인간의 본성과 연결되어 중앙행정부처와 사법부 그리고 놀랍게도 자치단체 자체에도 강고하게 고착되어 있다고 본다.

분권자치가 단순한 정치적 구호가 되지 않고 헌법전문에서 선언하듯이 "자율과 조화를 바탕으로 자유민주적 기본질서"에 필수적인 것이라고 평가한다면 그 문제의 복잡성에 상응하여 철저한 계획하에 충분한 준비를 통해 문제해결에 접근해가야 한다고 생각한다.

분권정책이 국가에 의한 국가만의 일방적인 제도개혁으로 머무르지 않고 자치단체와의 쌍방적인 운동이 되어야 한다. 이는 단기적인 접근방법으로는 실효성을 거두기 어렵다. 국가, 자치단체와 진정한 개별행정법령의 전문가들이 협업이 가능한 네트워크조직을 통해 철저한 계획속에서 이 문제에 접근해야 한다. 시간을 들여 단계적으로 국가법령정보센터의 자치법규 의견제시사례들과 같이 이미 축적되어 있는 수많은 사례들을 심층분석하여 지방화를 진행하고 지방이후의 법체계도 안정적으로 설계할 수 있는 방안을 찾아야 한다.

질문하는 여러 자치단체들이 동일하거나 유사한 질문을 매년 반복하는 것을 단순히 질의하는 것으로 인식해서는 안된다. 자치권침해에 대한 구제소송이 없는 현실에서 많은 경우 항의하고 있는 것이라고 이해해야 한다. 그렇지 않으면 그 자치단체들이 실행을 위해 위법무효로 평가받을 조례안까지 미리 만들었을 리 없다는 것은 알아야 한다. 국가는 천편일률적인 동일한 답변을 내놓기 전에 근본적인 마인드의 전환이 필요하다. 국가는 자치단체나 전문가들에 대해서 기득권과 주도하려는 의지를 내려놓고 협업으로 자치입법역량의 강화운동을 적극적으로 전개해야 한다. 자치단체도 국가에 의한 제도적 분권화를 자치행정에 안정적으로 정착시키기 위해 자치단체 스스로 분권의 필요가 큰 대상을 찾아서 적극적으로 움직여가야 한다.

참고문헌

제1편 제1장

김명연, 지방자치행정의 제도적 보장의 의의와 내용, 공법연구 제32집 제5호, 2004.

김배원, 헌법적 관점에서의 지방자치의 본질, 공법학연구 제9권 제1호, 2008.

류시조, 지방자치제의 보장을 위한 논의와 한계, 공법학연구 제11권 제1호, 2010.

문상덕, 지방자치제도의 활성화와 행정소송 : 지방자치관련 대법원판례 검토를 중심으로, 행정법연구 제25호, 2009.

박정훈, 지방자치단체의 자치권을 보장하기 위한 행정소송, 지방자치법연구 제1권 제2호, 2001.

방승주, 중앙정부와 지방자치단체와의 관계 - 지방자치에 대한 헌법적 보장의 내용과 한계를 중심으로 -, 공법연구 제35집 제1호, 2006.

석종현, 독일에 있어서의 지방자치단체의 헌법소원, 헌법재판 제3권, 1991.

선정원, 입헌주의적 지방자치와 조직고권, 지방자치법연구 제7권 제2호, 2007.

정종섭, 헌법학원론, 박영사 2006.

정재황(공동연구책임자), 지방자치의 헌법적 보장 - 지방자치와 입법권의 한계 -, 헌법재판연구 제17권, 2006.

조성규, 지방자치단체의 공법상 지위에 관한 연구 : 독일 게마인데(Gemeinde)의 행정소송상 원고적격을 중심으로, 2001(서울대 박사).

조성규, 지방자치제의 헌법적 보장의 의미, 공법연구 제30집 제2호, 2001.

최상한, 입헌주의적 지방자치론과 자치제도의 확대, 정부학연구 제18권 제3호, 2012.

허영, 한국헌법론, 2006.

David J. Barron, THE PROMISE OF COOLEY'S CITY: TRACES OF LOCAL CONSTITUTIONALISM, University of Pennsylvania Law Review 147, 1999.

David J. Barron, A LOCALIST CRITIQUE OF THE NEW FEDERALISM, Duke Law Journal 51, 2001.

Jake Sullivan, THE TENTH AMENDMENT AND LOCAL GOVERNMENT, Yale

Law Journal 112, 2003.

Richard C. Schragger, CITIES AS CONSTITUTIONAL ACTORS: THE CASE OF SAME-SEX MARRIAGE, Journal of Law and Politics 21, 2005.

Roderick M. Hills, Jr., IS FEDERALISM GOOD FOR LOCALISM? THE LOCALIST CASE FOR FEDERAL REGIMES, Journal of Law and Politics 21, 2005.

제1편 제2장

김남진, 행정법Ⅱ, 법문사, 2001.

김대휘, 법률유보의 원칙, 사법행정, 1993.

김동희, 행정법Ⅱ, 박영사, 2004.

박윤흔, 행정법강의(하), 박영사, 2004.

서원우, 지방자치의 헌법적 보장, 고시연구, 1993.

유지태, 행정법신론, 신영사, 2004.

허영, 헌법이론과 헌법, 박영사, 2000.

홍정선, 지방자치법학, 박영사, 2002.

Löwer, in: von Münch/ Kunig, Grundgesetz-Kommentar, 3. Aufl., 1995.

Maurer, Allgemeines Verwaltungsrecht, 12. Aufl.

Schmidt-Aßmann, Die kommunale Rechtsetzung im Gefuge der administrativen Handlungs und Rechtsquellen, 1981.

Schmidt-Aßmann, Kommunalrecht, in: ders.(Hg.), Besonderes Verwaltungsrecht, 11. Aufl., 1999.

Seewald, Kommunalrecht, in: Steiner(Hrgs.), Besonderes Verwaltungsrecht, 5. Aufl.

Stober, Kommunalrecht in der Bundesrepublik Deutschland, 2. Aufl.

제1편 제3장

권영성, 헌법학원론, 박영사, 2011.

김철수, 헌법학개론, 박영사, 2013.

허 영, 한국헌법론, 박영사, 2013.

홍정선, 신지방자치법, 박영사, 2009.

김배원, 헌법적 관점에서의 지방자치의 본질, 공법학연구 제9권 제1호, 2008.

김성호, 조례제정권의 범위와 한계, 법과 정책연구 제4집 제1호, 2004.

김재호, 지방자치단체의 사무와 조례제정권, 지방자치법연구 제7호, 2004.

문상덕, 조례와 법률유보 재론(再論) : 지방자치법 제22조 단서를 중심으로, 행정법연구 19호, 2007.

윤재만, 자치입법권의 국가입법권에 의한 제한, 공법학연구 제14권 1호, 2013.

이관행, 지방자치단체의 조례제정권에 관한 고찰, 강원법학 제15집, 2002.

이영호, 조례제정권과 법률의 관계, 법제, 2002.

조성규, 국가와 지방자치단체간 입법, 사무권한 및 재원의 배분, 공법연구 제36집 제2호, 2007.

조성규, 법치행정의 원리와 조례제정권의 관계 - 조례에 대한 법률유보의 문제를 중심으로 -, 공법연구 제33집 제3호, 2005.

조성규, 지방자치제도에 있어 사법권의 의의와 역할, 행정법연구 제34호, 2012.

조성규, 행정법령의 해석과 지방자치권, 행정법연구 제32호, 2012.

조성규, 지방자치법제에 있어 분권개헌의 의의 및 과제, 지방자치법연구 제12권 제3호, 2012.

최승원, 조례의 본질, 지방자치법연구 제11호, 2006.

최영규, 조례제정권의 한계, 경남법학 제11집, 1996.

최우용, 지방자치단체의 법적 지위 및 자치입법권 재론, 동아법학 제29집, 2001.

제1편 제4장

[기획좌담] 개헌론에 따른 지방자치제도 발전 방안, 입법&정책 제15호, 서울특별시의회 발간, 2016.9.20.

강수경, 지방자치단체의 조례제정권의 한계, 법학연구 제24집, 2006.11.

고려대학교 박물관 편, 현민 유진오 건국헌법 관계 자료집, 고려대학교 출판부, 2009.8.

김도창, 一般 行政法論(上) 第4全訂版, 청운사, 1992.

김성호, 조례제정권의 범위와 한계, 법과 정책연구 제4집 제1호, 2004.

김수용, 건국과 헌법, 경인문화사, 2008.

김홍대, 지방자치입법론, 박영사, 1999.

김희곤, 자치입법권의 헌법상 보장과 조례제정절차에의 주민의 참가, 우석대학교 논문집

문병효, 지방분권과 개헌, 토지공법연구 제79집, 2017.8.

문상덕, 지방의회제도의 문제점과 발전방안, 행정법연구 제34호, 2012.12.

문상덕, 자치입법의 위상과 기능 재고, 행정법연구 제7호, 2001.9.

문상덕, 조례와 법률유보 재론, 행정법연구 제19호, 2007.12.

박균성, 행정법론(下), 박영사, 2012.

박영도, 자치입법의 이론과 실제, 한국법제연구원, 1998.

박찬주, 조례제정권의 근거와 범위, 법학 제50권 1호, 서울대 법학연구소, 2009.

선정원, 입헌주의적 지방자치와 조직고권, 지방자치법연구 제7권 제2호, 2007.

양승미·최승원, 지방의회 활성화를 위한 지방자치법 개정, 지방자치법연구 제15권 4호, 2015.12.

俞鎭午, 新稿 憲法解義, 一潮閣, 1954.

俞鎭午, 憲法基礎回顧錄, 一潮閣, 1980.

이기우, 지방분권 개헌의 방안, 지방분권개헌 국민대토론회 자료집, 2017.7.18.

이기우, 부담적 조례와 법률유보, 자치행정 No.234, 2007.9.

이기우, 지방자치 기반강화를 위한 헌법개정, 한국지방자치학회보 제17권 제4호, 2005.12.

정종섭, 헌법학원론(제5판), 박영사, 2010.

조성규, 지방자치법제에 있어 분권개헌의 의의 및 과제, 지방자치법연구 제12권 제3호, 2012.9.

조성규, 법치행정의 원리와 조례제정권의 관계 - 조례에 대한 법률유보의 문제를 중심으로 -, 공법연구 제33집 제3호, 2005.5.

조성규, 지방자치의 보장과 헌법개정, 공법연구 제34집 제1호, 2005.11.

조정찬, 위임조례 위주의 조례입법 극복방안, 지방자치법연구 제4권 제2호, 2004.12.

최봉석, 분권헌법으로의 전환을 위한 개헌과제, 지방자치법연구 제10권 제3호, 2010.9.

최승원, 조례와 규율분담, 지방자치법연구 제7권 제3호(통권 제15호), 2007.9.

최봉석, 지방분권의 보장을 위한 헌법개정의 과제, 법학논총 제42권 제2호, 2018.6.

최승원, 조례의 본질, 지방자치법연구 제6권 제1호(통권 11호), 2006.6.25.

최우용, 지방분권형 헌법개정의 과제와 방향, 법제 통권 679호, 2017.12.

최우용, 지방자치단체의 법적 지위 및 자치입법권 재론, 동아법학 제29호, 2001.6.
최우용, 지방자치의 관점에서 본 헌법개정, 지방자치법연구 제8권 제3호, 2008.9.
최철호, 일본 지방자치법상의 자치입법권의 해석 및 한계, 지방자치법연구 제7권
　　제3호, 2007.9.20.
최환용, 기초지방자치단체의 자치입법 실태와 법제 발전방안, 지방자치법연구 통
　　권 제24호.
최환용, 자치입법의 현황과 과제, 지방자치법연구 통권 제20호, 2008.12.
홍정선, 지방분권 강화를 위한 헌법 개정의 방향, '2017년 경기도의회 자치입법 역
　　량 강화를 위한 지방분권형 헌법개정 학술대회 자료집, 2017.3.14.
홍정선, 新지방자치법, 박영사, 2009.
홍정선, 조례의 법리, 법학논집 제2권 1호, 1997.

木佐茂男, 自治立法の理論と手法, ぎょうせい, 1998.
門山泰明, 最新 地方自治法講座2 條例と規則, ぎょうせい, 2003.
北村喜宣, 自治体環境行政法, 良書普及會, 1997.
松本英昭, 『新地方自治制度詳細』, ぎょうせい, 2000.
田中孝男, 條例づくりのための政策法務, 第一法規, 2010.

제2편 제1장

김재광, 지방분권개혁과 조례제정권의 범위, 지방자치법연구 제5권 제2호, 2005.
김해룡, 지방자치단체의 조례, 법제연구 제21호, 2001.
문상덕, 자치입법의 기능 및 위상 재고 - 한·일에 있어서의 자치입법 한계논의를
　　기초로 -, 행정법연구 제7호, 2001.
선정원, 자치법규기본조례와 자치입법권의 보장, 지방자치법연구 제4권 제2호, 2004.
신봉기/조연팔, 자치입법권의 범위와 한계에 관한 일 고찰, 토지공법연구 제58집,
　　2012.
이경준/서문진희, 농촌지역 노인들의 이동권증진을 위한 교통복지적 대안연구, 한
　　국자치행정학보 제27권 제1호, 2013.
이혜영, 자치조례의 범위와 한계, 지방자치법연구 제16권 4호, 2016.
조정찬, 위임조례위주의 조례입법 극복방안, 지방자치법연구 제4권 제2호, 2004.

Eva Schmidt, Kommunalaufsicht in Hessen, 1990.

제2편 제2장

김해룡, 지방자치권의 내용에 관한 법령제정의 한계에 관한 연구 - 독일에서의
　　　논의를 중심으로 -, 토지공법연구 제11집, 2001.
김희곤, 자치행정시대에 있어 국가입법권행사의 원칙, 지방자치법연구 제43호,
　　　2014.
문상덕, 국가와 지방자치단체간 입법권 배분 - 자치입법권의 해석론과 입법론
　　　-, 지방자치법연구 제36호, 2012.
박민영, 미국 지방자치법상 Dillon의 원칙과 선점주의의 조화, 지방자치법연구 제
　　　32호, 2011.
신봉기, 자치입법권의 범위와 실효성 확보방안, 지방자치법연구 제2호, 2001.
임재근, 부과·징수 법규로서 지방자치단체 조례의 역할과 한계, 조세연구 8-1호,
　　　2008.
장교식, 일본의 지방분권개혁과 조례제정권에 관한 고찰, 토지공법연구 제58집,
　　　2012.
조성규, 조례와 법률의 관계, 국가법연구 제12집 1호, 2016.
조정찬, 위임조례 위주의 조례입법 극복방안, 지방자치법연구 제4권 제2호, 2004.
최환용, 자치입법의 현황과 과제, 지방자치법연구 제20호, 2008.
최환용, 기초지방자치단체의 자치입법실태와 법제발전방안, 지방자치법연구 제24
　　　호, 2009.
최환용, 국가입법과 자치입법의 제도적 갈등문제와 해결방안, 비교법연구 제15권
　　　제3호, 2015.

岩橋健定, 分權時代の條例制定權 - 現狀と課題, 自治体政策法務(北村喜宣
　　　/山口道昭/出石稔/ 礒崎 初仁 編), 2011.
礒崎初仁, 自治体政策法務講義, 2012.
Alfons Gern, Deutsches Kommunalrecht, 3.Aufl., 2003.
Daniela Birkenfeld-Pfeiffer/Alfons Gern, Kommunalrecht 3.Aufl., 2001.
Doles/Plate, Kommunalrecht, 5.Aufl., 1999.

제2편 제3장

김철용, 행정법 제8판, 2019.
문상덕, 지방자치단체의 자주적 법해석권 - 한일비교를 중심으로 -, 행정법연구
　　제5호, 1999.11.
문상덕, 조례와 법률유보 재론 - 지방자치법 제22조 단서를 중심으로 -, 행정법
　　연구 제19호, 2007.12.
박균성, 행정법론(상) 제16판, 2017.
박민영, 미국 지방자치법상 Dillon의 원칙과 선점주의의 조화, 지방자치법연구 제
　　32호, 2011.
선정원, 침익적 위임조례에 있어 위임의 포괄성과 그 한계 - 과태료조례를 중심
　　으로 -, 지방자치법연구 제60호, 2018.12.
송시강, 미국의 지방자치제도 개관, 행정법연구 제19호, 2017.12.
임성훈, 지방보조금 환수에 관한 법률의 위임 여부, 대법원판례해설 제118호, 2019.
조성규, 법치행정의 원리와 조례제정권의 관계 - 조례에 대한 법률유보의 문제를
　　중심으로 -, 공법연구 제33집 제3호, 2005.
조성규, 행정법령의 해석과 지방자치권, 행정법연구 제32호, 2012.4.
조정환, 자치입법권 특히 조례제정권과 법률우위와의 관계문제, 공법연구 제29집
　　제1호, 2000.
홍정선, 행정법론(상) 제18판, 2010.

제2편 제4장

권영성, 헌법학원론, 법문사, 2007.
양건, 헌법강의 Ⅰ, 법문사, 2007.
윤찬영, 사회복지조례의 제정운동의 필요성과 전망, 자치행정연구 제2호, 1997.
윤찬영, 지역복지의 규범으로서 조례의 가능성과 한계, 비판사회정책 4, 1998.
이호용, 지역사회복지를 위한 사회복지조례의 역할과 과제 - 경기도 지역의 사회
　　복지조례 입법 현황과 평가 -, 법학논총(단국대) 제36권 제1호, 2012.
전광석, 한국헌법론, 법문사, 2006.
조성규, 국가와 지방자치단체간 입법, 사무권한 및 재원의 배분, 공법연구 제36집

제2호, 2007.

조성규, 법치행정의 원리와 조례제정권의 관계, 공법연구 제33집 제3호, 2005.

조성규, 복지사무와 지방자치단체의 역할, 지방자치법연구 제13권 제3호, 2013.

조성규, 조례의 제정과정에 대한 법적 검토, 지방자치법연구 제7권 제1호, 2007.

최승원, 사회복지법의 기초, 사회복지법제연구 제1권 제1호, 2010.

홍정선, 신지방자치법, 박영사, 2009.

제2편 5장

김명식, 지방자치의 본질과 자치입법권에 관한 재고찰, 공법학연구 제16권 제4호, 2015.

김문길, 일본 특정비영리활동법인(NPO법인) 육성정책과 시사점, 보건복지포럼 제179호, 2011.

김성수, 개별행정법: 협조적 법치주의와 행정법원리, 법문사, 2001.

김정욱·진성만, 인천시 공익활동 지원방안 연구, 인천발전연구원, 2017.

김지영, 지방보조금 법제 개선방안에 관한 연구, 한국법제연구원, 2013.

김태영, 사회적경제 영역의 광역단위 중간지원조직 역할 수행 분석: 근거이론 연구 방법의 적용, 정부학연구 제22권 제2호, 2016.

노진철, 불확실성 시대의 위험사회학, 한울, 2010.

문상덕, 정책 중시의 행정법학과 지방자치행정의 정책법무에 관한 연구 – 우리나라와 일본의 행정법학방법 논의와 자치법무 실태 분석을 기초로, 서울대 박사학위논문, 2000.

박균성·함태성, 환경법 제3판, 박영사, 2008.

박영도, 기본법의 입법모델연구, 한국법제연구원, 2006.

박영도, 입법이론연구(6) – 자치입법의 이론과 실제, 한국법제연구원, 1998.

박영선, 비영리민간단체지원법을 중심으로 살펴 본 시민사회 활성화 정책 방안 연구, NGO연구 제10권 제1호, 2015.

박영선, 정부의 민간공익활동 지원 제도 연구 – 시민사회 조직 지원법을 중심으로, 시민사회와 NGO 제13권 제2호, 2015.

법제처, 지방자치관계법 해설, 2004.

선정원, 마을공동체의 활성화를 통한 주거환경의 개선 : 생존배려이론의 재조명,

행정법연구 제12권, 2004.

선정원, 새마을운동과 주민자치방식의 지역발전, 지방자치법연구 제6권 제2호, 2006.

선정원, 자치단체와 지역시민단체(NPO)의 협력관계형성을 위한 제도적 과제, 지방
        자치법연구 제3권 2호, 2003.

송경재, 한국의 사회적 자본과 시민참여, 국가전략 제13권 4호, 2007.

시민사회활성화법제개선위원회, 시민사회 활성화를 위한 법제 개선의 방향과 과
        제, 시민사회 활성화 집담회, 2016.

이동건, 위험사회에서의 형법의 임무, 고려대학교 석사학위논문, 2006.

이순태, 민간단체의 공익성 및 신뢰성 확보를 위한 공익법인제도에 관한 연구, 한
        국법제연구원, 2013.

이용식, 인천광역시 사회단체보조금지원 운영개선 방안, 인천발전연구원, 2012.

이웅철, 일본 지역사회의 노력, 한국법제연구원, 2013.

임승빈, 정부와 NGO, 대영문화사, 2009.

장수찬 외, 지방정부의 공익활동 지원시스템에 대한 비교 연구 – 대전광역시를
        중심으로 –, 대전발전연구원, 2015.

전병태, 팔길이 원칙, 문화 민주주의, 창조적 산업, 정치와 예술, 2002.

전훈, 보충성원칙과 실험법 : 지방분권을 위한 2003년 프랑스 개정헌법과 그 시사
        점, 한국프랑스학논집 제50집, 2005.

정상우, 지방분권형 헌법개정, 공법학연구 제17권 제4호, 2016.

조홍식 외, 정부의 비영리민간단체 지원 백서, 한국NPO공동회의, 2010.

최환용·정명운, 자치기본조례의 현황과 입법체계 개선방안, 한국법제연구원, 2014.

한국지방행정연구원, 사무구분체계 개선방안에 관한 연구, 2006.

한귀현, 일본의 지방분권화와 관련법제, 법제, 2003.

행정안전부, 지방보조금 관리기준, 2017.

21世紀における社會基盤整備ビジョン並びに情報發信に關する特別委員會,
        望ましい社會基盤整備に向けて, 土木學會, 1999年.

公益財団法人 福岡縣市町村振興協會, NPOと自治体, 2011年.

大森弥, 地域福祉と自治体行政, ぎょうせい, 2005年.

東京市政調査會(編), 分權改革の新展開に向けて, 日本評論社, 2002年.

北村喜宣, 法律實施條例の法律牴觸性判斷基準·試論, 自治總研通卷453号, 2016年.

北村喜宣, 分任條例の法理論, 自治研究89卷7号, 2013年.

北村喜宣, 枠付け見直しの動きと條例による決定, 都市問題104卷 5号, 2016年.

石狩市, NPO法人の 條例個別指定制度 について, 2014年.

阿部泰隆, 政策法學講座, 第一法規, 2003年.

礒崎初仁, 自治体政策法務講義, 第一法規, 2012年.

礒崎初仁, 地方分權改革の成果と課題 – 義務付け·枠付け改革を中心に–, 自治研究84卷9号, 2013年.

彩の國さいたま人づくり廣域連合, 政策形成の手引, 2015年.

筑紫圭一, 義務付け·枠付けの見直しに伴う條例の制定と規則委任の可否, 自治總研通卷431号, 2014年.

豊中市, 市民公益活動のポイント, 2013年.

Haddad, Mary A., A State-in-Society Approach to the Nonprofit Sector: Welfare Services in Japan, Voluntas, 22 (2012).

Offe. Claus, The theory of the capitalist state and the problem of policy formation, Lexington Books (1975).

Young, Dennis R., Government Failure Theory. In J. S. Ott & L. A. Dicke. (Eds.), The Nature of Nonprofit Sector 2nd ed. Boulder, CO: Westview Press (1989).

제2편 제6장

김동련, 지방의회 입법보좌관제도의 도입 필요성과 법적 문제, 토지공법연구 제60집, 2013.

김해룡, 지방자치단체의 조직 및 인사고권, 저스티스 제34권 제4호, 2001.

류춘호, 지방의회 전문위원제도와 정책보좌관제 도입에 관한 연구, 한국지방정부학회 2017년도 하계학술대회 발표논문, 2017.

문병효, 지방의회의 자치입법제도 운영현황 및 문제점, 강원법학 제38권, 2013.

박순종·박노수, 지방의회 의원 보좌관제도의 차등적 도입에 관한 연구, 도시행정학보 제27집 제3호, 2014.

조성규, 법치행정의 원리와 조례제정권의 관계, 공법연구 제33집 제3호, 2005.

조성규, 지방자치제의 헌법적 보장의 의미, 공법연구 제30집 제2호, 2001.

조성규, 지방재정과 자치조직권, 지방자치법연구 제14권 제4호, 2014.

홍정선, 신지방자치법, 박영사, 2009.

Löwer, in: von Münch / Kunig, Grundgesetz-Kommentar, 3. Aufl.

제2편 제7장

권영성, 헌법학원론, 법문사, 2007.
김대영, 과세자주권 확충에 관한 소고, 한국지방재정논집 제5권 제1호, 2000.
김완석, 지방세법과 지방세조례와의 관계에 관한 연구, 세무학연구 제15호, 2000.
김웅희, 헌법상 과세권과 납세자기본권에 관한 연구, 아·태공법연구 제12집, 2004.
김철수, 헌법학개론, 박영사, 2001.
김철영·박일흠, 지방세의 신세원 개발을 통한 세수증대 방안, 산업경제연구 제16
　　　권 1호, 2003.
박균성, 행정법론(상), 박영사, 2007.
배인명, 재정분권화의 현실과 개혁방안, 한국행정학회 2003년 춘계학술대회 발표
　　　논문집, 2003.
양건, 헌법강의 I, 법문사, 2007.
원윤희, 지방분권화 시대의 지방재정 및 지방세제 발전방향, 한국지방재정논집 제8
　　　권 제1호, 2003.
유지태, 행정법신론, 신영사, 2007.
장기용, 조세법률주의와 위임입법의 한계에 관한 연구, 세무학연구 제22권 제1호,
　　　2005.
전광석, 한국헌법론, 법문사, 2006.
정수현, 지방자치단체의 재정자주권에 관한 연구, 공법학연구 제3권 제1호, 2001.
조성규, 법치행정의 원리와 조례제정권의 관계, 공법연구 제33집 제3호, 2005.
조성규, 지방자치단체의 자주재정권에 대한 법제도적 고찰, 행정법연구 제9호, 2003.
조성규, 지방자치제의 헌법적 보장의 의미, 공법연구 제30집 제2호, 2001.
조정찬, 행정입법에서의 죄형법정주의와 조세법률주의의 구현, 법제연구 제10호, 1996.
차상붕, 지방자치단체의 자주과세권 확대를 위한 법리적 고찰, 지방자치법연구 제1
　　　권 제1호, 2001.
행정안전부, 2015년도 지방자치단체 통합재정 개요(상), 2015.
허영, 한국헌법론, 박영사, 2000.
홍정선, 조례의 법리, 이화여대 법학논집 제2권, 1997.

홍정선, 지방자치법학, 법문사, 2001.
홍정선, 행정법원론(상), 박영사, 2007.

Schmidt-Aßmann, Kommunalrecht, in ; ders (Hrsg.), Besonderes Verwaltungsrecht, 11.
    Aufl.
Seewald, Kommunalrecht, in: Steiner (Hrsg.), Besonderes Verwaltungsrecht, 5. Aufl.

제3편 제1장

강석정, 미군정기 '서울시헌장'의 재발견 – '지방-국민국가-동아시아'의 구조와 긴
    장, 한국법사학회 法史學研究 Vol.58, 2018.
김용섭, 서울특별시 자치헌장조례에 대한 법적 검토, 행정법연구 (53), 2018.5.
문상덕, 자치입법의 위상 및 기능 재고, 행정법연구 제7호, 2001.
문상덕, 지방자치와 법치주의 – 분권적 법치국가시스템을 지향하며, 법과 사회
    제25권 제4호, 2003.
신득원외, 경기도의회기본조례(안) 제정 구상, 경기개발연구원, 2014.
안효섭, 조례 제정의 법체계적 허용 범위, 법과 정책 제20집 제2호, 2014.
윤재만, 자치입법권의 국가입법권에 의한 제한, 공법학연구 제14권 제1호, 2014.
이광수, 서울지방변호사회 서울시자치헌장조례안 검토의견서, 2015.
이자성, 일본의 자치기본조례 주요 내용 및 시사점, 경남발전연구원, 2012.
정부혁신지방분권위원회, 「지방분권 5개년 종합실행계획」, 2004.
조성규, 법치행정의 원리와 조례제정권의 관계 – 조례에 대한 법률유보의 문제를
    중심으로 –, 공법연구 제33집 제3호, 2005.5.
조시중, 지방자치 홈-룰 차터의 법률적 지위 검토 : 미국 켈리포니아 주(州) 헌법과
    사례를 중심으로, 지방행정연구 제30권 제3호(통권 106호), 2016.9.
최우용, 自治憲章 또는 자치기본조례에 관한 小考 – 서울특별시자치기본조례안
    을 소재로 하여, 공법학연구 제18권 제1호, 2017.2.
최환용·정명운, 자치기본조례의 현황과 입법체계 개선방안, 한국법제연구원, 2014.
하인리히 숄러(저)·김해룡(역), 독일지방자치법연구, 한울아카데미, 1994.
한국법제연구원, 독일자치법제연구Ⅰ, 1991.

群馬縣企劃部, 政策研究會報告書 - 群馬縣自治基本條例の制定推進, 1996.

木佐茂男, 自治基本條例の論点と到達點, (地方自治)職員研修 臨時增刊號 71, 公職研, 2002.11.

木佐茂生/田中孝男, 自治体法務入門, 公人の友社, 2016.

福士 明, 自治体の憲法 - アメリカの憲章(Charter)制度, 北海道町村會, フロ ンティア180, 2000年 春季号(第33号).

三宅雄彦, 自治基本條例の憲法性, 政策と調査 2卷, 2012.

西田裕子, 都市憲章·自治基本條例とは何か, 自治立法の理論と手法, ぎょう せい, 1998.

小林直樹, 自治体憲章の可能性, 都市問題 74권 10호, 1982.

松下啓一, 自治基本條例のつくり方, ぎょうせい, 2007.

神原勝, 自治基本條例の理論と方法, 公人の友社, 2006.

田中孝男, 入門·自治基本條例論, 2002.

出石捻, 自治基本條例の最高規範性の確保に關する一考察, 地域社會の法社 會學, 2011.

제3편 제2장

계인국, 규제개혁과 행정법 - 규제완화와 혁신, 규제전략 -, 공법연구 제44집 제 1호, 2015.

권경선, 보장국가에 있어서 지방자치단체의 역무와 책임, 외법논집 제40권 제4호, 2016.

김남진, 경제에 대한 국가의 역할 규제와 법정책 제2호, 2014.4월.

김남진, 자본주의 4.0과 보장국가·보장책임론, 학술원통신, 제221호, 2011.12.

김선혁·최병선·김병기외 11인, 국가 - 지방자치단체 관계 재정립을 위한 헌법 개 정안 연구, EAI 분권화센터, 2006.

김진한, 지방자치단체 자치입법권의 헌법적 보장 및 법률유보 원칙과의 관계, 헌법 학연구 제16권 제4호, 2012.

김해룡, 자치입법권의 확대와 실효성 제고, 한양대학교 지방자치연구소 국내세미 나 논문집 vol.2001 no.12, 2001.

김해룡, 지방자치권의 내용과 그 보장을 위한 법적 과제, 공법연구 제33집 제1호, 2004.

김현준, 공공갈등과 행정법학: 보장국가에서의 갈등해결형 행정법 서설, 서강법학
    연구 제11권 제1호, 2009.
김환학, 법률유보 – 중요성설은 보장행정에서도 타당한가 –, 행정법연구 제40호,
    2014.
문병효, 최근 독일행정법의 변화와 시사점 – 유럽화, 민영화, 규제완화를 중심으
    로 –, 고려법학 제52호, 고려대학교 법학연구소, 2009.
성봉근, 보장국가에서의 위험에 대한 대응 – 전자정부를 통한 보장국가의 관점에
    서 본 위험 –, 법과 정책연구 제15집 제3호, 2015.
성봉근, 보장국가로 인한 행정법의 구조변화, 지방자치법연구 제15권3호(통권 제47
    호), 2015.
이기우·김순은·권영주, 시·도의 법적 위상에 관한 연구, 전국시도지사협의회 연구
    자료집, 2009.
이부하, 위험사회에서의 국민의 안전보호의무를 지는 보장국가의 역할, 서울대학
    교 법학 제56권 제1호, 2015.
이원우, 경제규제법론, 홍문사, 2010.
정기태, 현대국가에 있어서 행정의 역할변화와 보장국가적 책임, 공법연구 제44집
    제1호, 2015.
조성규, 법치행정의 원리와 조례제정권의 관계, 공법연구 제33집 제3호, 2005.
조성규, 지방자치 20년을 통한 자치입법권 보장의 평가와 과제, 지방자치법연구 제
    15권 제2호(통권 제46호), 2015.6
조정환, 자치입법권 특히 조례제정권과 법률우위와의 관계문제, 공법연구 제29집
    제1호, 2000.
조홍석, 현행 지방자치제의 현실과 한계 그리고 개선방안, 한양법학 제26권 제3호,
    2015.
최우용, 지치입법권의 현실 및 과제 – 자치입법권 확충 방안을 중심으로 –, 국가
    법연구 Vol.11 No.2, 2015.
홍석한, 민영화에 따른 국가의 책임에 관한 독일에서의 논의, 법학논총 제17권 제
    3호, 조선대학교 법학연구원, 2010.
홍석한, 새로운 국가역할 모델로서 보장국가론의 의미와 가능성, 공법학연구 제17
    권 제2호, 2016.
홍석한, 정보사회에서 국가의 역할에 관한 시론적 고찰, 세계헌법연구 제15권 제1
    호, 2009.

Franzius, Claudio, Der "Gewährleistungsstaat" - Ein neues Leitbild für den sich wandelnden Staat?, Der Staat, Bd. 42 Hf. 4, 2003.

Hermes, Georg, Staatliche Infrastrukturverantwortung, Mohr Siebeck, 1998.

Hoffmann-Riem, Wolfgang, Das Recht des Gewährleistungsstaates, in: Gunnar Folke Schuppert (Hrsg.), Der Gewärleistungsstaat - Ein Leitbild auf dem Prüstand, Nomos, 2005.

Knauff, Matthias, Der Gewärleistungsstaat : Reform der Daseinsvorsorge, Duncker & Humblot, 2004.

Ruge, Reinhard, Die Gewärleistungsverantwortung des Staates und der Regulatory State, Duncker & Humblot, 2004.

Schoch, Friedrich, Gewährleistungsverwaltung: Stärkung der Privatrechtsgesellschaft?, NVwZ 2008.

Schuppert, Gunnar Folke, "Die öffentliche Verwaltung im Kooperationsspektrum staatlicher und privater Aufgabenerfüllung" Die Verwaltung, 1998.

Schuppert, Gunnar Folke, Das Konzept der regulierten Selbstregulierung als Bestandteil einer als Regelungswissenschaft verstandenen Rechtswissenschaft, Die Verwaltung, Beiheft 4, 2001.

Schulze-Fielitz, Helmuth, Aufgabe der öffentlichen Verwaltung - Grundmodi der Aufgabenwahrnehmung, in: Wolfgang Hoffmann-Riem/Eberhard Schmidt-Aßmann/ Andreas Voßkuhle(Hrsg.), Grundlagen des Verwaltungsrecht, 2.Auflage, 2012.

Walter B. Wriston, Bits, Bytes, and Diplomacy, Foreign affairs Vol.76 No.5, PALM COAST DATA, 1997.

Weick Karl E. "Educational Organization as Loosely coupled systems", Administrative Science Quaterly, vol.21, 1976.

Ziekow, Jan, "Gewährleistungsstaat und Regulierungsreform in Deutschland: From deregulation to smart regulation"(김환학 번역, "독일의 보장국가와 규제개혁: 규제완화에서 스마트 규제로의 이동"), 법학논집 제19권 제4호, 이화여자대학교 법학연구소, 2015.

三宅雄彥, 保障國家と公法理論 - ドイツ規制緩和における國家任務の位置, 社會科學論集/埼玉大経濟學會 編 第126号, 2009.3.

제3편 제3장

류성진, 법령해석제도 지난 10년의 성과와 개선방안에 관한 연구, 법학논총 35(2) (전남대), 2015.8.

문상덕, 지방자치단체의 자주적 법해석권 - 한일비교를 중심으로-, 행정법연구 제5호, 1999.11.

문상덕, 자치기본조례의 구상, 한림법학 Forum 15, 2004.

석종현, 독일에 있어서의 지방자치단체의 헌법소원, 헌법재판 제3권, 1991.

박영도, 자치입법의 이론과 실제, 한국법제연구원, 1998

선정원, 입헌주의적 지방자치와 조직고권, 지방자치법연구 제7권 제2호, 2007.

선정원, 침익적 위임조례에 있어 위임의 포괄성과 그 한계 - 과태료조례를 중심 으로 -, 지방자치법연구 제18권 제4호, 2018.

선정원, 수익적 조례에 관한 법적 고찰, 행정판례연구 제24권 제2호, 2019.

신봉기, 자치입법권의 범위와 실효성확보방안, 지방자치법연구 제1권 제2호 2001. 12.

옥무석 외 3인, 자치법규의 해석지원을 위한 법제처 의견제시의 제도화방안 및 법 령해석심의위원회의 기능재정립, 법제처보고서, 2011.7.

조성규, 지방자치단체의 공법상 지위에 관한 연구 : 독일 게마인데(Gemeinde)의 행 정소송상 원고적격을 중심으로, 2001(서울대 박사).

조성규, 행정법령의 해석과 지방자치권, 행정법연구 제32호, 2012.4.

홍정선, 지방자치법주해 서문, 지방자치법주해 (한국지방자치법학회편), 2004.8.

田中孝南/木佐茂南, 自治体法務, 2004.

北村喜宣, 自治体の 法環境と 政策法務, 都市問題 2004.5.

天野巡一, 自治体政策法務と訴訟法務, 都市問題 제95권 제5호, 2004.5.

Brian Jones/ Katharine Thompson, Administrative Law, 1996.

Christoph Gößwein, Allgemeines Verwaltungs(verfahrens)recht der administrativen Normsetzung?, 2000.

Ernst Pappermann, Bürokratische Beeinträchtigungen der kommunalen Selbstverwaltung : Regelungsperfektionismus und Zweckzuweisungssystem, in, ; Deutsche Richterakademie (hg.), Kommunen, Bürger und Verwaltungsgerichte, 1984.

Ferdinand Kirchhof, Rechtspflicht zur Zusatzveröffentlichung kommunaler Normen, DÖV 1982.

Hermann Hill, Soll das kommunale Satzungsrecht gegenüber staatlicher und gerichtlicher Kontrolle gestärk werden?, 1990.

Hermann Pünder, Exekutive Normsetzung in den Vereinigten Staaten von Amerika und der Bundesrepublik Deutschland, 1995.

Janbernd Oebbecke, Kommunale Satzungsgebung und verwaltungsgerichtliche Kontrolle, NVwZ 2003.

Martin Weber, Die gemeindliche Satzungsgewalt im Spannungsverhältnis zwischen autonomer Rechtsgestaltung und staatlicher Einflußnahme, BayVBl. 1998.

원문출처

제1편 자치입법의 기초

제1장 입헌주의적 지방자치와 지방자치법 이념의 변화·발전 (입헌주의적 지방
  자치와 조직고권, 지방자치법연구 제7권 제2호, 2007, 145-172면. 원문의
  일부만을 수정보완하여 수록함.)
제2장 법치행정의 원리와 조례제정권의 관계 - 조례에 대한 법률유보의 문제
  를 중심으로 (공법연구 제33집 제3호, 2005, 371-399면.)
제3장 조례와 법률의 관계 (이 글은 2015. 12. 16. 한국국가법학회에서 발표한 글
  을 일부 수정한 것임.)
제4장 국가와 지방자치단체 간 입법권 배분 (국가와 지방자치단체 간 입법권 배
  분 - 자치입법권의 해석론과 입법론, 지방자치법연구 제36호, 2012.12,
  49-74면. 원문의 일부를 수정·보완하여 수록함.)

제2편 자치입법의 전개

제1장 도와 시·군간 조례제정권의 배분기준 (도와 시·군간 조례제정권의 배분기
  준에 관한 고찰, (초출) 지방자치법연구 제18권 제2호, 2018, 133-159면 ;
  (재출) 행정법의 작용형식, 경인문화사, 2019, 657-684면.)
제2장 침익적 위임조례와 엄격해석론의 극복 (침익적 위임조례에 있어 위임의 포
  괄성과 그 한계, (초출) 지방자치법연구 제60호, 2018.12, 3-27면 ; (재출) 행
  정법의 작용형식, 경인문화사, 2019, 685-711면.)
제3장 수익적 조례에 관한 위법 심사와 합리적 해석론의 전개 (수익적 조례에

관한 고찰, 행정판례연구 제24권 제2호, 2019, 411-444면.)

제4장 사회보장법제에 있어 조례의 역할과 한계 (이 글은 2013. 10. 11. 한국사회
　　보장법학회 학술대회에서 발표한 글을 일부 수정·보완한 것임.)

제5장 공익활동지원 조례의 제정과 주민자치강화 (지방자치권 강화를 위한 지방
　　자치단체의 공익활동지원의 과제, 지방자치법연구제17권 제4호, 2017,
　　129-165면 논문을 수정·보완하여 수록함.)

제6장 조례에 의한 지방의원 유급보좌인력 도입의 허용성 (지방자치법연구 제17
　　권 제4호, 2017, 359-392면.)

제7장 조세법률주의 하에서 지방세조례주의의 허용성 (이 글은 2007. 6. 26. 법제
　　연구원 전문가회의에서 발표한 글을 수정·보완한 것임.)

제3편 자치입법의 발전

제1장 자치기본조례의 구상 (자치기본조례의 구상, 한림법학FORUM 제15권, 한
　　림대 법학연구소, 2004.12, 199-220면. 원문을 대폭 수정하고 보완하여 수
　　록함.)

제2장 보장국가와 자치입법권 (보장국가에서 지방자치권의 의미와 보장방향-
　　자치입법권을 중심으로-, 지방자치법연구 제17권 제2호, 2017, 47-78면
　　논문을 수정한 글임.)

제3장 자치입법역량의 강화를 통한 집권적 자치입법관의 극복 (자치법규기본조
　　례와 자치입법권의 보장, 지방자치법연구 제4권 제2호, 2004, 59-80면을
　　전면 수정하고 대폭 보완함.)

저자소개

선정원

〈약력〉
서울대학교 법과대학 졸업
서울대학교 대학원 석사, 동대학원 박사
독일 Bayreuth 대학교 방문교수
미국 Texas Law School 방문교수
법제처 법령해석심의위원
중앙선거관리위원회 행정심판위원
명지대학교 법과대학 학장, 대학원장
현재 한국지방자치법학회 이사장
현재 명지대학교 연구부총장

〈저서〉
·지방자치법주해(공저), 박영사, 2004.
·주민소송(공저), 박영사, 2005.
·행정소송Ⅰ, Ⅱ(공저), 한국사법행정학회, 2007.
·공무원과 법, 박영사, 2013.
·규제개혁과 정부책임, 대영문화사, 2017.
·행정법의 작용형식, 경인문화사, 2019.
·의약법연구, 박영사, 2019.
·행정법의 개혁, 경인문화사, 2020.

조성규

〈약력〉
서울대학교 법과대학 졸업
서울대학교 대학원 석사, 동대학원 박사
(사)행정법이론실무학회 회장
(사)한국공법학회 부회장
국무총리소속 행정협의조정위원회 위원

전라북도 행정심판위원회 위원
전북대학교 법학전문대학원 부원장
현재 전북대학교 법학전문대학원 교수

〈논문 및 저서〉
· 판례를 통해서 본 지방자치단체에 대한 국가감독의 법적 쟁점, 행정법연구 제58호. 2019.8.
· 지방자치법제의 발전 과정과 지방자치법 개정안의 평가, 지방자치법연구 제19권 제2호, 2019.6.
· 「학교폭력예방 및 대책에 관한 법률」의 법적 문제, 행정법연구 제56호, 2019.2.
· 행정심판 재결의 기속력과 피청구인인 행정청의 불복가능성, 행정법연구 제54호, 2018.8.
· 지방자치단체의 자주재정권의 보장과 헌법 개정, 지방자치법연구 제18권 제1호, 2018.3.
· 지방자치단체에 대한 감독청의 직권취소의 범위와 한계, 행정판례연구 제22-2권, 2017.12.
· 지방자치제의 본질과 자치경찰제 논의, 행정법연구 제50호, 2017.8.
· 입법과정에 대한 지방자치단체의 참여, 공법연구 제45집 제2호, 2016.12.
· 지방자치단체에 대한 국가감독의 법적 쟁점, 지방자치법연구 제16권 제3호, 2016.9.
· 지방교육자치의 본질과 교육감의 지위, 행정법연구 제46호, 2016.8.
· (공저) 인권과 지방자치, 국가인권위원회, 2014
· (공저) 중앙과 지방의 사회복지재정 형평화 연구, 한국보건사회연구원, 2013
· (공저) 물과 인권, 도서출판 피어나, 2012
· (공저) 행정판례평선, 박영사, 2011
· (공저) 정보통신법연구 I · IV, 경인문화사, 2008
· (공저) 지방자치법주해, 박영사, 2004.9.

권경선

〈약력〉
한국외국어대학교 법과대학 졸업
한국외국어대학교 대학원 석사, 동대학원 박사
한국지방자치법학회, 한국국가법학회 간사
한국지방자치법학회 분권이론실무연구팀 간사 · 위원
한국법제연구원 지방자치법 신진연구포럼 위원
현재 한국외국어대학교 학술연구교수

〈논문 및 저서〉
• 참여정부의 지방분권정책과 문재인 정부의 과제, 국가법연구 제14권 제2호, 2018.6.
• 지방선거에 있어서 지방분권 실현 방안에 관한 연구 – 정당 참여를 중심으로 –, 지방자치법연구 제18권 제2호, 2018.6.
• 보장국가에서 지방자치권의 의미와 보장방향–자치입법권을 중심으로, 지방자치법연구 제17권 제2호, 2017.6.
• 보장국가에 있어서 지방자치단체의 역무와 책임, 외법논집 제40권 제4호, 2016.11.

진성만

〈약력〉
명지대학교 법과대학 졸업
명지대학교 대학원 석사, 동대학원 박사
한국지방자치법학회, 한국환경법학회 간사
한국지방자치법학회 분권이론실무연구팀 간사·위원
한국법제연구원 지방자치법 신진연구포럼 위원
현재 과학기술정책연구원 연구원

〈논문 및 저서〉
• 지방자치법상 지방행정체제의 변화와 향후 과제, 지방자치법연구 제20권 제3호, 2020.
• 기초지방자치단체 조례의 위법성 판단에 관한 고찰, 지방자치법연구 제20권 제2호, 2020.
• 자치분권시대의 지방 행정법 – 지방과학기술 정책법무를 중심으로 –, 지방자치법연구 제19권 제4호, 2019.
• 지방자치단체의 사회성과보상사업(SIB) 활성화를 위한 정책적 함의 : 국내·외 SIB 사례를 중심으로, 사회적기업연구 제12권 제2호, 2019.
• 중간지원조직을 통한 지방자치단체의 공익활동 지원과 정책적 함의–특별시·광역시 중간지원조직의 사례를 중심으로–, 한국지방자치학회보 제31권 제2호, 2019.
• 강화군 마을사업에서 주민조직의 참여와 역량분석: 'Chaskin의 공동체 역량 분석기법'을 적용하여, IDI 도시연구 제15호, 2019.
• 일본『자치체 정책법무』의 개관과 향후 연구과제, 지방자치법연구 제18권 제1호, 2018.
• 지방자치권 강화를 위한 지방자치단체의 공익활동지원의 과제, 지방자치법연구 제17권 제4호, 2017.
• 도시재생법의 한계와 향후 개선과제, 현대사회와 행정 제25권 제3호, 2015.
• 새로운 기업가정신의 육성을 위한 지역신용보증재단의 역할, KOREG Research 제2권 제1호,

2014.
•불확실한 위험의 규제, 명지법학 제13호, 2014.
•규제의 이유, 그리고 좋은 규제란?, 명지법학 제12호, 2013.

문상덕

〈약력〉
서울대학교 법과대학 졸업
서울대학교 대학원 석사, 동대학원 박사
법제처 법령해석심의위원회 위원
(사)한국지방자치법학회 부회장
(사)행정법이론실무학회 회장
법제처 국민법제관
대한민국 국회 입법지원위원
대통령소속 지방분권촉진위원회 실무위원
대법원 판례심사위원회 조사위원
현재 서울시립대학교 법학전문대학원 교수

〈논문 및 저서〉
•지방자치단체 연계 협력 강화를 위한 지방자치법의 개정과 공법적 평가, 지방자치법연구
  제19권 제3호, 2019.9.
•지방자치 관련 소송제도의 재검토, 행정법연구 제54호, 2018.8.
•현행 지방자치법의 한계와 개선방안, 지방자치법연구 제18권 제2호, 2018.6.
•주민자치조직의 법제화, 행정법연구 제48호, 2017.2.28
•시·군·구 통합과정과 관련 법제에 관한 고찰, 지방자치법연구 제16권 제1호, 2016.3.21
•지방자치와 감사제도, 행정법연구 제42호, 2015.7.30
•도시공원에 관한 법제적 고찰, 지방자치법연구 제14권 제4호, 2014.12.20
•지방자치단체에서 처리하는 사무의 유형과 구분, 특별법연구 제11권, 2014.2.
•서울특별시의회 기본조례안 무효판결에 대한 평석, 입법&정책 창간호, 2013.4.
•지방의회제도의 문제점과 발전방안, 행정법연구 제34호, 2012.12.30.
•국가와 지방자치단체 간 입법권 배분, 지방자치법연구 제12권 제4호, 2012.12.30.
•지방자치쟁송과 민주주의, 지방자치법연구 제10권 제2호, 2010.6.20
•자치입법의 현황 및 문제점과 발전방향, 법제연구 제37호, 한국법제연구원, 2009.12
•제주특별자치도의 자치입법기능 제고방안, 지방자치법연구 제9권 제3호, 2009.9.20

·조례와 법률유보 재론 − 지방자치법 제22조 단서를 중심으로, 행정법연구 제19호, 2007.12.
·(공저) 정보통신법연구 I · II · III, 경인문화사, 2008.5.27.
·(공저) 행정절차와 행정소송(김철용 편), 피앤씨미디어, 2017.1.5.
·(공저) 기후변화시대의 에너지법정책, 박영사, 2013.1.
·(공저) 지방자치법주해, 박영사, 2004.9.

지방정책법의 연구 1

자치입법론

초판 1쇄 인쇄 2020년 10월 8일
초판 1쇄 발행 2020년 10월 15일
지 은 이 선정원 조성규 권경선 진성만 문상덕

발 행 인 한정희
발 행 처 경인문화사
편 집 부 김지선 유지혜 박지현 한주연
마 케 팅 전병관 하재일 유인순
출 판 번 호 제406-1973-000003호
주   소 파주시 회동길 445-1 경인빌딩 B동 4층
전   화 031-955-9300 팩 스   031-955-9310
홈 페 이 지 www.kyunginp.co.kr
이 메 일 kyungin@kyunginp.co.kr

ISBN 978-89-499-4909-3 93360
값 35,000원